Haack

MW01687414

TaschenAtlas Weltgeschichte
Europa und die Welt

Herausgegeben von
Hans Ulrich Rudolf und Vadim Oswalt

Klett PERTHES

Redaktion:
Willi Stegner

Textbearbeitung:
Prof. Dr. Dietmar Schillig (Seiten 10–19)
Prof. Dr. Hans Ulrich Rudolf (Seiten 20–115)
Dr. Vadim Oswalt (Seiten 116–231)

Kartenbearbeitung:
Prof. Dr. Dietmar Schillig
Prof. Dr. Hans Ulrich Rudolf
Dr. Vadim Oswalt
Willi Stegner (Kartenentwürfe)

Kartographie: *Klett-Perthes*
Thomas Hönicke
Bernd Creutzburg,
Dr. Manfred Reckziegel

Flaggen:
Jiří Tenora, Das Flaggenkabinett, Berlin

Einbandgestaltung/Grafiken:
Grafikdesign Kerstin Brüning, Erfurt

Druck, buchbinderische Verarbeitung:
Salzland Druck & Verlag, Staßfurt

Bildquellen:
Sämtliche Grafiken wurden überwiegend nach verlagseigenen Quellen (Klett-Atlanten, Folienbücher, Wandkarten und Schulbücher) gestaltet.
Es wurden in allen Fällen neue digitale Karten- und Bildoriginale geschaffen, deren Nachnutzung nur mit Zustimmung des Verlages möglich ist.

Redaktionsschluss: *31. Juli 2002*

1. Auflage 2002 A

http://www.klett-verlag.de/klett-perthes

ISBN 3-623-00010-8

Der Haack TaschenAtlas Weltgeschichte behandelt die aus heutiger Sicht zentralen Themen der Menschheits- und Staatengeschichte von der Vor- und Frühgeschichte bis zur Gegenwart in 120 anschaulichen und allgemein verständlichen Karten. Aufgrund der wachsenden Bedeutung der globalen Ereignisse, der „Weltgeschichte“, für unser Leben konzentriert er sich auf „Europa und die Welt“; für die speziellere deutsche Geschichte ist ein weiterer Taschenatlas als eigenständiges Werk in Vorbereitung.

Der Atlas – als Informations- und Nachschlagemedium in handlicher Form – bildet in Zeiten wachsender Informationsflut ein kompaktes Nachschlagewerk für jeden geschichtlich und politisch Interessierten. Durch die breite Berücksichtigung von Entwicklungen der jüngeren Vergangenheit ermöglicht der Atlas auch eine hervorragende Orientierung im Hinblick auf zahlreiche aktuelle Konflikte und Tendenzen. Im Geschichtsunterricht bietet er sich zusätzlich als Lehr- und Lernmittel für Lehrer und Schüler an, da er nicht nur die wichtigsten weltgeschichtlichen Lehrplanthemen enthält, sondern darüber hinaus auch zahlreiche weitere Themenbereiche zur Ausweitung und Vertiefung.

Jede Karte wird durch einen einführenden Text begleitet, der die geschichtlichen Hintergründe des kartographisch dargestellten Themas erläutert.

Die inhaltlich und grafisch einheitliche Gestaltung soll den Gebrauch dieses geschichtlichen Informationsspeichers erleichtern. Durchgängig sind z. B. die in den Textzusammenhang eingebetteten Begriffserklärungen und chronologischen Übersichten. Ein ausführliches Register erschließt neben den Karten auch die Texte.

Dieser Atlas wurde mit größtmöglicher Sorgfalt erstellt, wir sind aber dennoch für inhaltliche und gestalterische Verbesserungsvorschläge dankbar.

Die Herausgeber und der Verlag

Inhaltsverzeichnis

Europa, Asien und der Islam im Hoch- und Spätmittelalter vom 12. bis 14./17.Jh.

Handel und Staatenwelt Europas im Spätmittelalter (13.–16. Jh.)

Entdeckungen, Eroberungen, Kolonien vom 15. bis 18. Jh.

Glaubensspaltung, Konfessionskriege und habsburgisch-spanische Hegemonie vom 16. Jh. bis 1648

Europa im Zeitalter des Absolutismus im 17. und 18. Jh.

Modernisierung in Europa: Politische Revolutionen und Industrialisierung im 18. und 19. Jh.

allg.	allgemein
amer.	amerikanisch
ASSR	**Autonome Sozialistische Sowjetrepublik**
austr.	australisch
aut.	autonom
bes.	besonders
Bez., bez.	Bezeichnung bezeichnet
...bg.	...berg
...b˘g.	...burg
Bm.	**Bistum**
brand.	brandenburgisch
byz.	byzantinisch
chin.	chinesisch
Dep.	**Departement**
d. Gr.	der (die) Große
d. h.	das heißt
Dom.	**Dominium**
dt.	deutsch
Ebm.	**Erzbistum**
ehem.	ehemalig
Ehzm.	**Erzherzogtum**
Eidg.	Eidgenossen, Eidgenossenschaft
eig.	eigentlich
einz.	einzeln
erob., Erob.	erobert Eroberung
europ.	europäisch
Ew.	Einwohner
Fgft.	**Freigrafschaft**
frz.	französisch
Fsm.	**Fürstentum**
G.	Golf
gen.	genannt
gegr.	gegründet
Gfsm.	**Großfürstentum**
Gft.	**Grafschaft**
Ghzm.	**Großherzogtum**
Hft.	**Herrschaft**
gr.	groß
habsb.	habsburgisch
hellen.	hellenistisch
hist.	historisch
hl.	heilig
Hl. Röm. R.	Heiliges Römisches Reich
...hsn.	...hausen
Hz.	Herzog
Hzm.	**Herzogtum**
i. Allg.	im Allgemeinen
i. d. R.	in der Regel
imp.	imperialistisch
insbes.	insbesondere
int.	international
ital.	italienisch
i. W.	im Wesentlichen
i. w. S.	im weiteren Sinne
jap.	japanisch
Jh.	Jahrhundert
Jt.	Jahrtausend
K.	Kap
kath.	katholisch
Kf.	Kurfürst
Kfsm.	**Kurfürstentum**
Kg.	König
kgl.	königlich
Kgr.	**Königreich**
Kgt.	Königtum
kl.	klein
Ks.	Kaiser
ksl.	kaiserlich
Ksr.	**Kaiserreich**
kult.	kulturell
leh.	lehensabhängig
Lgft.	**Landgrafschaft**
lit.	litauisch
M.	Meer
mak.	makedonisch
Mgft.	**Markgrafschaft**
Mio.	Million
Mrd.	Milliarde
Mz.	Mehrzahl
N	Norden
nat.	national
n. Chr.	nach Christus
ndl.	niederländisch
neus.	neuseeländisch
norm.	normannisch
norw.	norwegisch
O	Osten
osm.	osmanisch
österr.	österreichisch
phön.	phönikisch
port.	portugiesisch
prot.	protestantisch
Prov.	**Provinz**
R.	**Reich**
Rep.	**Republik**
rep.	republikanisch
Rev. rev.	Revolution, revolutionär
S	Süden
selbst.	selbständig
sog.	so genannt
sowj.	sowjetisch
soz.	sozial
SSR	**Sozialistische Sowjetrepublik**
St., Sta.	Sankt, Santa, Saint
SVR	**Sozialistische Volksrepublik**
teilw.	teilweise
terr.	territorial
Terr.	Territorium
trad.	traditionell
u.	und
u. a.	und andere, unter anderem
urspr.	ursprünglich
US-am.	US-amerikanisch
v. a.	vor allem
vgl.	vergleiche
v. Chr.	vor Christus
Vertr.	Vertrag
vgl.	vergleiche
VR	**Volksrepublik**
W	Westen
wiss.	wissenschaftlich
zahlr.	zahlreich
z. B.	zum Beispiel
zeitw.	zeitweise, zeitweilig
zus.	zusammen
zw.	zwischen
z. Z.	zur Zeit

sowie Endungen auf -lich und -isch (nördl., griech., engl.).

Abkürzungen in Karten:
Staatennamen und andere Territorialnamen werden mittels Ziffern, Siedlungs- und Flussnamen mittels Anfangsbuchstaben abgekürzt und erläutert. Politische Gattungsnamen (z.B. Kgr., Hzm. Fsm. oder Gft.) werden im oben stehenden Verzeichnis erläutert und sind hervorgehoben.

egende (Zeichenerklärung)

Der Karteninhalt wird durch Einzellegenden und durch die Sammellegende erschlossen. Die ***Einzellegende*** erklärt vorwiegend *Signaturen (Kartenzeichen)* zur Thematik der Karte und spezielle kartengestalterische Ausdrucksmittel. Die ***Sammellegende*** erkärt Kartenschriften und Signaturen, die ständig auftreten. Außer topographischen Zeichen sind das Grenzen, Siedlungen, Vertragsorte, Verkehrswege und Signaturen zur Sozial- und Militärgeschichte, z. B. Aufstände und Schlachten.

Grenzen: Soweit nicht anders angegeben, entspricht die Grenzdarstellung der Situation am Ende des im Kartentitel genannten Zeitraumes. Zeitlich davor liegende Veränderungen und zeitweilige Erwerbungen werden durch Farbbänder markiert. Staatengrenzen sind mittels durchgehender grauer Grenzlinien und innerstaatliche Grenzen (Herrschaften, Bundesstaaten, Provinzen) mittels gerissener grauer Grenzen dargestellt. Unsichere Grenzverläufe und unscharfe Abgrenzungen von früheren Staaten und Reichen, aber auch kaum abgrenzbarer Siedlungsräume, sind durch konturlose oder verlaufende Farbflächen ausgewiesen.

Farben: Wichtige Staaten werden in der Regel durch dieselbe Farbe ***(Leitfarbe)*** gekennzeichnet. Kolonien und abhängige Gebiete weisen die entsprechende Leitfarbe auf; Erwerbungen werden durch abgestufte Aufhellung der Leitfarbe ausgewiesen. Areale, in denen sich mehrere Gebietsansprüche überschneiden, werden durch entsprechende Farbstreifen dargestellt.

Zahlenangaben: Einzeln stehende Jahreszahlen geben den Beginn der historischen Entwicklung an, z. B. das Jahr der Erwerbung eines Gebietes, Gründung eines Staates oder einer Siedlung. Steht ein Schrägstrich zwischen zwei aufeinanderfolgenden Daten, so wird damit zum Ausdruck gebracht, dass der betreffende Vorgang nicht kontinuierlich ablief.

Karten- und Textverweise: Die im Text in eckigen Klammern stehenden Verweise [→ ...] sollen den Zusammenhang mit anderen Karten und Texten erschließen.

———	Staatsgrenze, Staatengrenze
–1860–	Grenzvertrag
- - - - - -	innerstaatliche Grenze
— — — —	umstrittene Grenze
- - - - - -	Demarkationslinie, Waffenstillstandslinie
■	Hauptstadt, Residenz
■	Reichsstadt
● •	sonstige Orte
∴	Ruinenstätte
◡ ◡	Oase
	Sitz eines Papstes
	Sitz eines Erzbischofs
	Sitz eines Bischofs
+	Kloster
	Burg, Schloss
←——→	Personalunion
1919●	Vertrags- bzw. Konferenzort (mit Datum)
⚔ ⚔	Schlacht
	Belagerung
	Aufstand, Revolution, militärischer Konflikt
	Große Mauer (China)
▲▲▲▲▲▲	sonstige Grenzbefestigung (Limes)
———	Handelsweg, Karawanenweg
———	Seehandelsweg
✈	Flughafen
)(	Pass
∼	Fluss
	zeitweilig wasserführender Fluss, Wadi
	Kanal
	See
	Sumpf

Kartenschriften

BYZANZ	selbständiger Staat, Reich
Alaska	Teilstaat, Bundesstaat, Kolonie, Herrschaft
Kreta	Insel
Kalahari	Landschaft
Alpen	Gebirge
Olymp 2917	Berg mit Höhenzahl
Prag	Siedlung
Elbe	Gewässername
GOTEN	Völkergruppe, Volk, Stamm

Die Entwicklung des *Menschen (Hominisation)* war ein über Millionen Jahre andauernder, jedoch nie zielgerichteter Prozess. Obwohl die Evolution viele *Hominidenarten (Menschenartige)* hervorgebracht hat, sind sämtliche bis auf den Homo sapiens sapiens wieder ausgestorben. Jedoch war die Suche nach Fossilien und Artefakten früherer Hominiden bisher so erfolgreich, dass die Vorfahren des Menschen sich bis auf den gemeinsamen Stammvater, den Australopithecus, zurückverfolgen lassen.

Heute steht außer Zweifel, dass die Hominisation durch Klimaveränderungen beeinflusst wurde, die den Übergang Tertiär/Pleistozän (vor 2,5 Mio. J.) bestimmten. Ein zunehmend kühl-trockeneres Klima ließ die Regenwälder Afrikas schwinden und begünstigte die Ausbreitung der Savannen. Daher war es für die frühen Hominiden existenziell, sich vom Baum- auf das Bodenleben umzustellen, der entscheidende Schritt zum aufrechten Gang war getan.

Der Australopithecus – unser Urahne?
Aus dem sog. *Tier-Mensch-Übergangsfeld* lösten sich vor 8–5 Mio. Jahren der *Australopithecus* (griech.-lat. *Südaffe*) und vor 5–4 Mio. J. der *Mensch (Homo)* vom gemeinsamen Stamm der Hominiden. Sämtliche Skelettfunde deuten darauf hin, dass die ***Wiege der Menschheit*** im Ostafrikan. Grabenbruch stand, wo sich zahlreiche Fossilien unter Vulkanasche erhalten haben (Olduvai-Schlucht). Der Australopithecus bestimmte, einschließlich weiterer Hominidenarten, den Hominisationsprozess über mehr als 4 Mio. Jahre, bis er vor etwa 1 Mio. J. ausstarb. Aus der Ahnenreihe der Hominiden ragen als besonders auffällig heraus:

Als erster ist der ***Australopithecus afarensis*** (3,7 bis 2,9 Mio. J.) zu nennen, dem die berühmte Lucy angehört (3,18 Mio. J. alt, 1974 von R. Foley und D. Johanson in Hadar/Afardreieck entdeckt). Es folgen ***Paranthropus boisei***, ***Homo habilis*** *(„geschickter“ Mensch)*, ***Homo rudolfensis*** sowie ***Homo ergaster*** (*„Handwerker“*, Erfinder des Faustkeils), die sich vor 1,8 Mio. J. zeitgleich den selben Lebensraum um den Turkanasee (früher: *Rudolfsee*) teilten. Sie stellten einfache Steinwerkzeuge her und nutzten bereits das Feuer (Gerätekultur des Oldowan).

Vor ca. 1,5–2 Mio. Jahren wanderte der Homo ergaster aus Afrika aus und tauchte als ***Homo erectus*** *(„aufgerichteter Mensch“)* in zwei Populationslinien in Südost- *(Javamensch)* und Nordost-Asien *(Pekingmensch)* sowie in zwei afroeurop. Linien auf. Während sich die europ. Linie im ***Homo heidelbergensis*** (lebte vor 650 000 Jahren, Unterkiefer in Mauer/Heidelberg, 1907 entdeckt) sowie im ***Homo steinheimensis*** (Steinheim a. d. Murr, vor 300 000 Jahren) fortsetzte und ihren Höhepunkt im Neandertaler fand, dürfte aus der afrikanischen Linie (durch Rückwanderung nach Afrika?) der archaische ***Homo sapiens*** vor etwa 400 000 Jahren hervorgegangen sein.

Der Neandertaler – ein „Auslaufmodell“?
Die Frühform des Homo erectus neanderthalensis (400 000–200 000 J., Fundort Neandertal bei Düsseldorf, 1856) hatte sich zum „klassischen“ ***Homo sapiens neanderthalensis*** (125 000–30 000 J.) weiter entwickelt, der nur in Eurasien und Nordafrika beheimatet war und als Wildbeuter in Tundra und nördl. Nadelwald lebte. Wahrscheinl. existierten gleichzeitig nur wenige tausend Individuen, die sich auf die unwirtliche Umwelt am Rande der Eisschilde spezialisiert hatten. Auch wenn er gegenüber dem Homo sapiens sapiens (HSS) – trotz gleichen Gehirnvolumens von 1200 bis 1750 cm^3 – aufgrund seines gedrungenen Körperbaus als anatomisch rückständig gilt, blieb er kulturell lange Zeit auf dessen Höhe. Er verfügte über ausgezeichnete Werkzeuge (Steinklingen, Schaber, Stichel, Messer) sowie Gerätschaften aus verschiedenen Materialien wie Feuer-, Hornstein, Elfenbein, Knochen und Geweih.

Während der Neandertaler im Nahen Osten zw. 100 000 und 40 000 J. mit dem modernen Menschen koexistierte (z. B. in der Ketara- u. Qafzeh-Höhle, Israel), lebten beide Gruppen in Europa nur etwa 10 000 J. (zw. 40 000 und 30 000 J.) in Nachbarschaft.

Warum der Neandertaler sich für die Stammesentwicklung des Menschen als Sackgasse erwies und wieder verschwand, ist ungeklärt. Möglicherweise erlag er der genet. Überlegenheit des grazileren HSS und wurde von ihm „kampflos“ verdrängt.

Der Homo sapiens sapiens betritt die Weltbühne!

Der früheste bekannte HSS-Skelettfund ist auf 135 000 J. in Ostafrika datiert. Als Gruppe moderner Menschen verließ der HSS vor etwa 100 000 J. seine Urheimat und entwickelte sich in Vorderasien, im Schnittbereich von Afrika, Europa und Asien, und damit „jenseits von Afrika“, zu klimaangepassten Rassen *(Europide, Mongolide, Negride, Australide)* weiter. Erdrückende Beweise für dieses “Out of Africa”-Modell liefert heute die evolutionsgenetische Erbgutforschung, wohingegen der multiregionale Gegenentwurf, nach dem sich der HSS in verschiedenen Erdteilen aus unterschiedlichen regionalen Populationen zeitgleich entwickelt haben soll, zunehmend weniger Anhänger findet.

Der HSS verstand es ausgezeichnet, seine körperl. Vorzüge, wie aufrechter Gang, universell einsetzbare Greifhand, großes und ausdifferenziertes Gehirn und v. a. seine Sprach- und Kommunikationsfähigkeit, immer effektiver einzusetzen. Allerdings erlauben die Fossilfunde keine Rückschlüsse auf die Entwicklung der kognitiven Fähigkeit des Menschen im Verlauf der Evolution.

Der erste fassbare Vertreter des HSS ist der ***Cro-Magnon-Mensch*** *(Aurignacien)*, der vor 40 000 Jahren am Übergang vom Mittel- zum Jungpaläolithikum auftrat. Mit reicher Werkzeugpalette sowie der Schaffung von Kleinplastiken aus Elfenbein (Lonetal, Schwäb. Alb) erwies er sich uns als ebenbürtig. Als herausragende Ergebnisse seines Kunstschaffens gelten die magischen Bildergalerien des Aurignacien (Chauvet-Höhle in der Ardèche, vor 30 000 J.) und des Magdalénien, der letzten großen Epoche der Eiszeitkunst vor 17–15 000 J. (Lascaux im Vézère-Tal, Altamira in N-Spanien). Außerdem wusste er die Natur sich immer dienstbarer zu machen. Dies führte in der Jungsteinzeit, nach vorangegangener karger Subsistenzwirtschaft und Nomadenleben, letztlich zur Sesshaftigkeit, die die *Entwicklung zahlreicher neuer Kulturtechniken*, insbes. auf dem Agrarsektor, in Geräteproduktion und Metallurgie, förderte.

Der Mensch – ein Spielball des Klimas?

Warum beschleunigte sich die Entwicklung des Menschengeschlechts, das sich über Jahrmillionen sehr viel Zeit gelassen und unterschiedlichste Stammbaumverzweigungen erprobt hatte, in den letzten 500 000 Jahren so auffällig und erfolgreich? Ein Grund hierfür könnte im mindestens *sechsmaligen Wechsel von Warm- und Kaltzeiten* im jüngeren Pleistozän zu suchen sein. Diese Wechsel haben zu erheblichen Einengungen bzw. Ausweitungen der Lebensräume in Eurasien geführt. Denn Kaltzeiten bewirkten stark verkleinerte und isolierte Lebensräume mit reduzierten Nahrungsangeboten, die letztlich zu erhebl. Bevölkerungsrückgang führten. In den Warmzeiten boten sich den dezimierten, genet. an die Umwelt jedoch besser angepassten Gruppen größere Nahrungsräume. Sie konnten sich vermehren und waren für die nächste Kaltzeit habituell besser gerüstet als zuvor. Da sich dieses *„Selektions-Propagations“-Spiel*, (G. Wunderlich: *„genet. Pumpe“*), in geolog. und populationsgenet. relativ kurzen Zeitabständen wiederholte, erfuhren die Frühmenschen kurz hintereinander mehrmalige Entwicklungsschübe. Der Jetztmensch entstammt demnach einer kleinen, krassen Klimawechseln und scharfer Auslese unterworfenen Gründerpopulation aus Ostafrika. In wenigen Jahrzehntausenden hat er sich „erfolgreich“ zum Alleinherrscher der Erde entwickelt.

Marksteine auf dem Weg zum Menschen

- Ablösung des Australopithecus aus dem Tier-Mensch-Übergangsfeld vor 8/5 Mio. Jahren.
- Entwicklung des Homo aus dem Hominidenstamm vor 5/4 Mio. Jahren.
- Aufrechter Gang vor 4/3 Mio. Jahren.
- Deutliche Zunahme des Gehirnvolumens vor 3 Mio. Jahren.
- Homo erectus (früher Mensch) vor 2 Mio. Jahren, erste Steinwerkzeuge.
- Totenbestattung vor 100 000 Jahren.
- Künstlerisches Schaffen des Cro-Magnon-Menschen vor 40 000 Jahren.

Die Anfänge des Menschen und seiner Kultur vor etwa

Sibirien
Ob
Irtysch
Jenissei
Baikalsee
Amur
Besiedlung Amerikas
(vor 30–15 000 Jahren)
Aralsee
Syr-Darja
Amu-Darja
Asien
Teshik-Tasch
Indus
Ganges
73 000–56 000 Jahre
Jinniushan
Choukoutien
(Peking)
Huang He
Japanisches Meer
Lantian
Dali
China
Jangtsekiang
PAZIFISCHER
OZEAN
Yamashita
Minatogawa
vor 30 000 Jahren
Maba
Liujiang
Indien
Narmada
vor 60–30 000 Jahren
Golf v. Bengalen
Arabisches Meer
Mekong
Südchinesisches Meer
Batadomba
Lena
Niah
Trinil
Modjokerto
Java
INDISCHER OZEAN
Australien
Cossack
II Fundorte im Ostafrikan. Grabenbruch
Singa
Tanasee
Hadar
Dschibuti
Golf von Aden
Weißer Nil
Addis Abeba
Blauer Nil
Sobat
Diredaua
Aramis
Awash
Bergnil
Omo
Schebeli
INDISCHER OZEAN
Koobi Fora
Turkanasee
(Rudolfsee)
Eliye Springs
Juba
Mogadischu
Kampala
Chemeron
Kenia
Victoriasee
Tana
Nairobi
Peninj
Olduvai
Kilimandscharo
Laetoli
Eyasi
Mumba Rock Shelter
Tanganjikasee
Dodoma
Sansibar
Malema
Uraha
Malawisee
(Njassasee)
0 250 500 km
+ Australopithecus afarensis
Paranthropus (aethiopicus und boisei)
Homo rudolfensis
Homo ergaster
Homo sapiens sap. (archaisch)
Homo sapiens sap. (modern)
Fundort früher Hominiden
Verbreitung des klassischen Neandertalers zwischen 100 000 und 30 000 Jahren
Fundort des Neandertalers
Fundort des spätarchaisch. Homo sapiens sap.
Fossilfunde des modernen Homo sapiens sap.
Ausbreitungsrichtung des Homo sapiens sap. nach
"Out of africa"-Theorie
genetischer Analyse
(weibl. Mitochondrien-DNS)

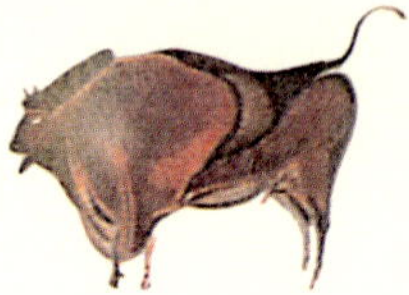

Höhlenmalerei von Altamira
Diese meisterhafte Darstellung eines Wisents befindet sich im Innern einer Höhle in Nordspanien.

Die Steinzeit
Die Geschichte der Menschheit begann, als der Gebrauch des Feuers und primitiver Steinwerkzeuge erstmals menschliches Handeln belegten. Ihre entscheidende Entwicklung erfuhr sie im *Pleistozän (Eiszeitalter)*. Dieses setzte vor 2,5 Mio. Jahren mit kräftigem Temperatursturz ein, erfuhr einen mehrmaligen Wechsel von Warm- und Kaltzeiten und leitete mit globaler Klimabesserung um 9500 v. Chr. in die *Nacheiszeit (Holozän)* über. Zahlreiche Bodenfunde, wie Geräte und Werkzeuge aus Naturmaterialien (Gerölle, Feuer- und Hornstein, Obsidian, aber auch Geweih, Elfenbein, Knochen), sind namengebend für die ***Steinzeit***.

Die Steinzeit wird kulturgeschichtlich gegliedert (bezogen auf Mitteleuropa)**:**
- ***Altsteinzeit*** *(Paläolithikum):* 2,5 Mio.–9 500 v. Chr. (griech. *palaios = alt; lithos = Stein*).
- ***Mittelsteinzeit*** *(Mesolithikum):* 9 500–5 500 v. Chr. (griech. *mesos = mittel*).
- ***Jungsteinzeit*** *(Neolithikum):* 5 500–2 200 v. Chr. (griech. *neos = neu*).

Die erste Kulturepoche des Menschen, die Altsteinzeit, wird unterteilt in:
Altpaläolithikum (2,5 Mio.–200 000 J.) mit *Homo erectus* und *Heidelberger Mensch.*
Mittelpaläolithikum (200 000–50/35 000), geprägt durch die größte Vergletscherung, die Saale- bzw. Rißkaltzeit sowie die letzte, die Weichsel- bzw. Würmkaltzeit. Jetzt traten *Homo sapiens* (Mensch unserer Art) und *Neandertaler* auf (Skelettfund 1856 im Neandertal b. Düsseldorf). Letzterer verstand Jagd- und Werkzeugtechnik deutlich zu verbessern. Typ. Artefakte sind Faustkeile, scharfkantige Klingen aus Feuerstein-, Hornsteinabschlägen (Schaber, Messer, Stichel).

Der Durchbruch zur höheren Kulturstufe erfolgte schließlich im ***Jungpaläolithikum*** (50/35 000–9 500). Als einzige Hominidenart überlebte die lange Ahnenreihe nur der *Homo sapiens sapiens* im *Cro-Magnon-Menschen* (5 Skelettfunde 1868 im Vézèretal, Dordogne), der vor 30 000 Jahren den Neandertaler nach etwa 10 000 Jahren Koexistenz biologisch verdrängt hatte.

Die eiszeitlichen Jäger auf Großwild (Ren, Ur, Wisent, Mammut, Wildpferd) in den Tundren und Steppen Eurasiens verstanden sich nicht nur ausgezeichnet auf Waffen (Speerschleuder, Wurfspeer, Pfeilbogen) und Werkzeuggebrauch (Klingen, Blattspitzen), sondern fanden auch Zeit für eindrucksvolle ***Höhlenmalereien***, wie z. B. die von *Lascaux* (17/15 000 J., Magdalénien), *Chauvet* (Aurignacien, im *Ardèchetal*) und *Altamira* (Nordspanien). Diese wie die ersten Tier-, Menschen und Symbolplastiken (z. B. *Lonetal*) legen Zeugnis künstlerischer Gestaltungsfähigkeit der Jungpaläolithiker ab.

Mit dem Abschmelzen der Eisschilde in Nord- und Mitteleuropa endete auch das Jungpaläolithikum um 10 000 v. Chr. Es setzte die Wiederbewaldung (Kiefer, Birke) ein und die Großwildherden wanderten nach Norden ab.

Im nun anschließenden ***Mesolithikum*** (9 500–5 500 v. Chr.) schöpften die Menschen sämtliche Umweltressourcen aus: als Sammler pflanzlicher Produkte (Haselnuss, Holzapfel, Beeren, Schlehe, Feldkohl) und Waldjäger auf Standwild (Rot-, Rehwild, Elch, Wildschwein). Neuerdings gewinnt die Mittelsteinzeit als Kulturepoche aufgrund zahlreicher Grabungsfunde zunehmend an Eigenständigkeit. Ihre Bevölkerungsdichte lag bei ca. 0,1 Person je km^2, was 35 000 Menschen für die Fläche der Bundesrep. Deutschland entspricht. Infolge Rohstoffmangels konzentrierten sie sich auf die Herstellung von Kleinwerkzeugen *(Mikrolithe)*, für die europaweiter Handelsaustausch nachgewiesen ist. Als Halbnomaden bewohnten sie Hütte, Zelt, Abri (Felsdach) und Höhle (z. B. *Ofnet-Höhle* im Ries/Nördlingen). Sicherlich besaß die Bevölkerung bereits ökonomische und technische Voraussetzungen für Ackerbau und Viehhaltung. Gegenwärtig wird diskutiert, ob die Mesolithiker am Übergang zur Jungsteinzeit durch Zuwanderer aus dem Südosten kolonisiert bzw. assimiliert wurden oder ob sie die neue Agrartechniken ohne größere Bevölkerungsverschiebung im Sinne der Akkulturation übernahmen.

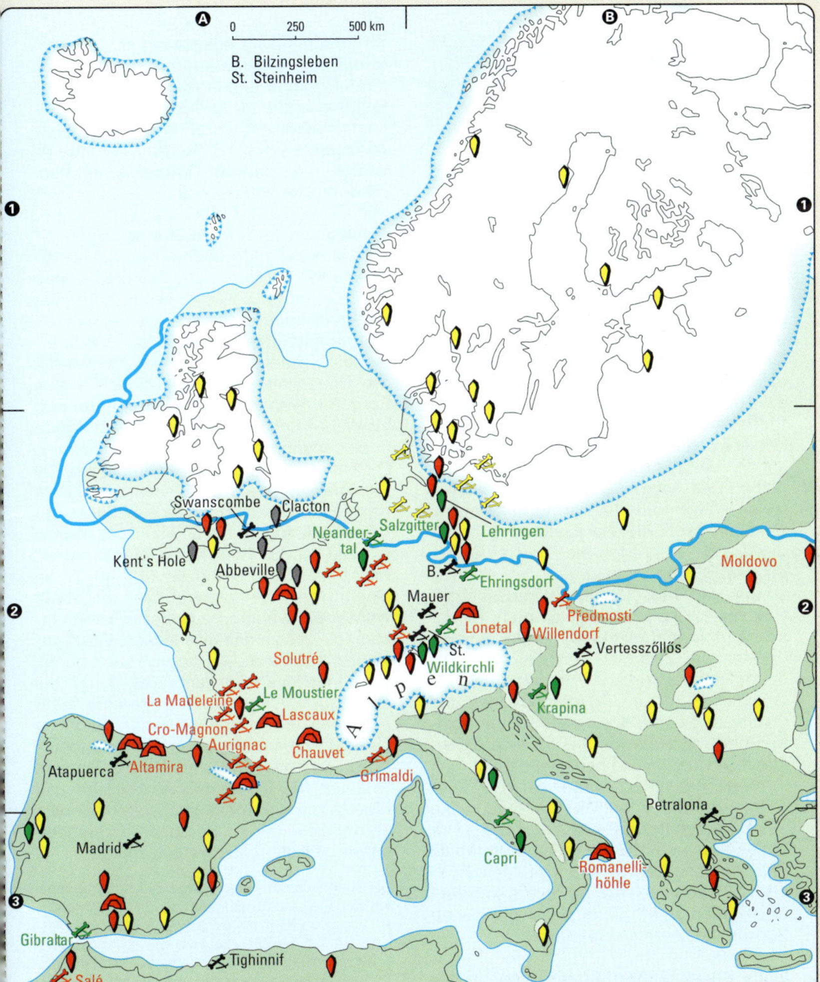

größter Vorstoß des nordeurop. Eisschildes in der Saale-Kaltzeit (vor ca. 150000 Jahren)

weitester Gletschervorstoß während der Weichsel-Kaltzeit (70000–8000 v. Chr.)

Küstenlinie z. Z. des weichselkaltzeitlichen Gletscherhöchststandes vor 20000 Jahren

Küstenlinie heute

vegetationsfreie Gebiete und Tundra

bewaldete Gebiete

Fundorte und Funde aus der Steinzeit

	Skelettfunde	Höhlenmalereien	sonstige Artefakte
Altpaläolithikum (2,5 Mio.–200000 Jahre)			
Mittelpaläolithikum (200000–50/35000 Jahre)			
Jungpaläolithikum (50/35000–9500 Jahre)			
Mesolithikum (9500–5500 Jahre)			

Pfahlbauten am Bodensee bei Sipplingen

Tiefer Wandel der Menschheit

In der Nacheiszeit, im Meso- und Neolithikum, trat der Mensch endgültig aus dem Dunkel der „geschichtslosen" Altsteinzeit, zuerst wohl im *„Fruchtbaren Halbmond"*, dem sichelförmigen Streifen zwischen Palästina und Zagrosgebirge. Hier wurde das ***Wildbeutertum*** (Sammeln und Jagen) ab 10. Jt. v. Chr. von ***Feldbau*** (Wildgetreidearten wie Emmer, Einkorn, Gerste, Hülsenfrüchte) ***und Viehhaltung*** (Domestikation von Wildschaf, -ziege und -rind) abgelöst. Bes. Merkmale der neuen Lebensweise waren außer Agrarproduktion und Sesshaftigkeit die Herausbildung handwerklicher Fertigkeiten wie Töpferei, Weberei und Kupfermetallurgie, die Arbeitsteilung und Tauschhandel voraussetzten. Bevölkerungszuwachs wie auch Klimaschwankungen mit zunehmender Bodentrockenheit zwangen zur Suche nach neuen Lebensräumen. Diese boten sich in Griechenland (7. Jt.), Ägypten, Südost- und Ostasien, westmediterranen Küstenregionen und Mitteleuropa an, wo sich eigenständige Kulturkreise herausbildeten.

Möglicherweise wurde der Bevölkerungsaufbruch nach Westen durch eine „Sintflutkatastrophe" verursacht, als der ansteigende Mittelmeerspiegel (globale Eisschmelze) um 7750 v. Chr. den Bosporus durchbrach und die bereits kultivierten Küsten des 150 m tiefer gelegenen Schwarzen Meeres überflutete.

Erste Bauernkultur Mitteleuropas in der Jungsteinzeit (5500–2200 Jahre v. Chr.)

Vor 5600 v. Chr., in feuchtwarmer Klimaphase mit Eichenmischwäldern, erfolgte in Mitteleuropa der Übergang vom Meso- zum Neolithikum. Mit der Umstellung beim Nahrungserwerb auf Feldbau und Viehhaltung leiteten die ***Bandkeramiker*** (nach Liniarbandschmuck auf Keramik) tiefgreifende Veränderungen in Umwelt, Agrarwesen, Kulturtechnik und Besiedlung ein, auch als ***Neolithische Revolution*** bezeichnet. Da das Wildbeutertum in der Nacheiszeit den Nahrungsbedarf nicht mehr sichern konnte, bot sich alternativ nur die bodengebundene Wirtschaftsweise mit der Kultivierung von Wildgetreide und der Domestikation tierischer Wildformen an.

Ackerbau erfordert Dauersiedlungen

Voraussetzung für Feldbau war die Urbarmachung mineral- und klimagünstiger Waldstandorte sowie Einsatz effizienter Werkzeuge wie Hacke, Hakenpflug usw. Da die ungedüngten Böden jedoch rasch ermüdeten, waren oft Rodungen im Umkreis der Dauersiedlungen unerlässlich – eine Form der Wanderhackbaukultur hatte sich als Wald-Feldbau-Wechselsystem etabliert.

Bodengebundene Wirtschaftsweise und Dauersiedlung bedingten einander, was die Siedlungsmobilität jedoch nicht ausschloss. Nach H. Schlichtherle blieb eine Siedlergemeinschaft von 20 bis 50 Familieneinheiten mit 100 bis 300 Personen (Oberschwaben) für mehrere Generationen (40–80 J.) an einem Ort, wobei letzterer öfter umgebaut wurde. Sie wohnten zumeist in Langhäusern, die zusammen eine lockere Gruppensiedlung bildeten. Als populärste archäol. Siedlungsdenkmäler jener Zeit gelten die *Pfahlbausiedlungen* an den Ufern randalpiner Seen (Bodensee) und der Moore in Oberschwaben. Allein im südwestdeutschen Alpenvorland sind für die Zeit zw. 4400 und 800 v. Chr. mehr als 100 Ufer- und Moorsiedlungen bekannt, wobei Dendrochronologie und Radiocarbonmethode exakte zeitliche Zuordnungen erlauben.

Die Jungsteinzeit – eine völlig neue Kulturepoche

- Die bäuerl. Kultur entsteht im Vorderen Orient.
- Das Wildbeutertum mit karger Subsistenzwirtschaft u. hoher Mobilität wird im Neolithikum von bäuerlich. und sesshafter Lebensweise abgelöst.
- Wandel der Bautradition: Anstelle von Höhlen, Abris (Felsdächer) und Schutzhütten treten Dauersiedlungen mit differenzierter Dorf- und Gesellschaftsordnung .
- Gilt die Altsteinzeit als *Ära des „geschlagenen Steins"*, so die Jungsteinzeit als die des *„geschliffenen Steins"*, zu dem erste Kupferwerkzeuge treten.
- Die Erfindung von Rad und Wagen erleichtert den Handelsaustausch von Rohstoffen über große Entfernungen.

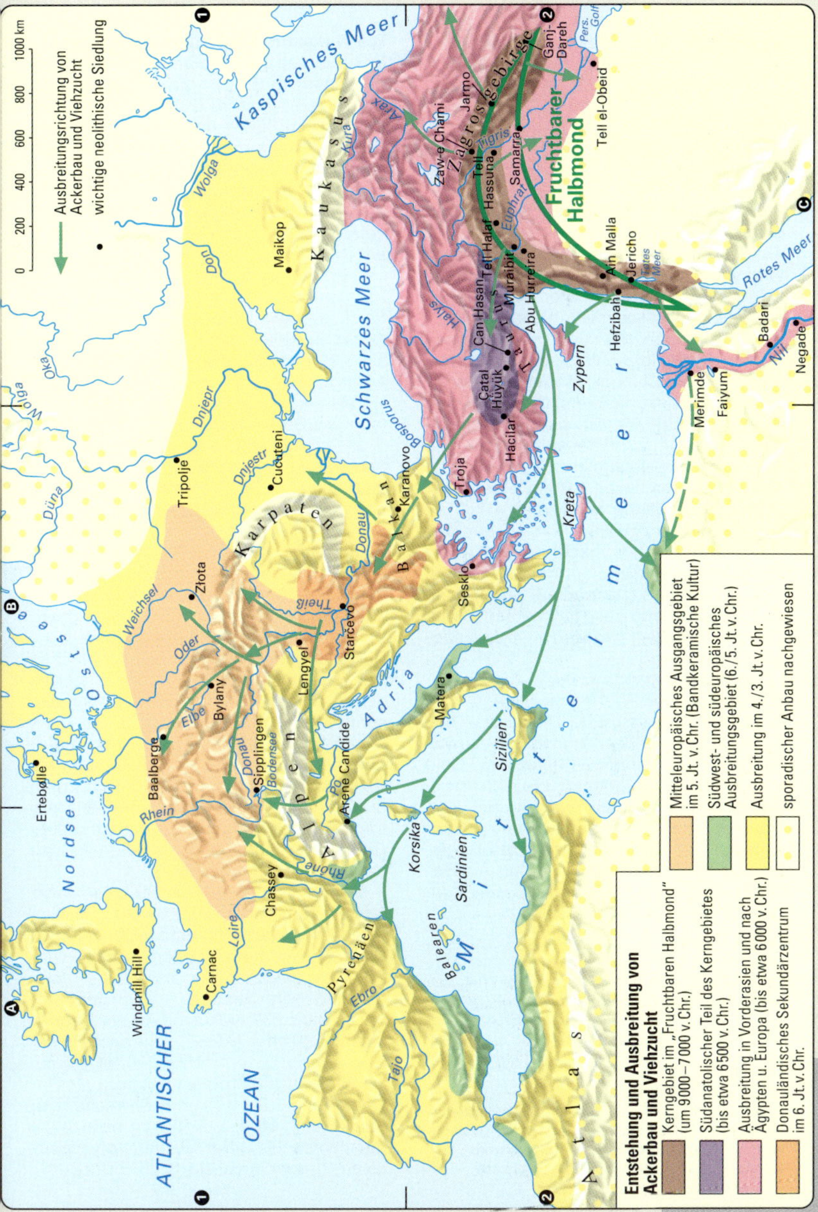
Entstehung und Ausbreitung von Ackerbau und Viehzucht
Kerngebiet im „Fruchtbaren Halbmond" (um 9000–7000 v. Chr.)
Südanatolischer Teil des Kerngebietes (bis etwa 6500 v. Chr.)
Ausbreitung in Vorderasien und nach Ägypten u. Europa (bis etwa 6000 v. Chr.)
Donauländisches Sekundärzentrum im 6. Jt. v. Chr.
Mitteleuropäisches Ausgangsgebiet im 5. Jt. v. Chr. (Bandkeramische Kultur)
Südwest- und südeuropäisches Ausbreitungsgebiet (6./5. Jt. v. Chr.)
Ausbreitung im 4./3. Jt. v. Chr.
sporadischer Anbau nachgewiesen
Ausbreitungsrichtung von Ackerbau und Viehzucht
wichtige neolithische Siedlung
0 200 400 600 800 1000 km
ATLANTISCHER OZEAN
Nordsee
Ostsee
Kaspisches Meer
Schwarzes Meer
Mittelmeer
Adria
Rotes Meer
Pers. Golf
Totes Meer
Fruchtbarer Halbmond
Kaukasus
Karpaten
Balkan
Alpen
Pyrenäen
Atlas
Taurus
Zagrosgebirge
Wolga
Don
Oka
Dnjepr
Dnjestr
Düna
Weichsel
Oder
Elbe
Rhein
Donau
Theiß
Loire
Rhone
Po
Ebro
Tajo
Kura
Arax
Halys
Tigris
Euphrat
Nil
Bosporus
Bodensee
Korsika
Sardinien
Sizilien
Balearen
Kreta
Zypern
Windmill Hill
Carnac
Chassey
Ertebølle
Baalberge
Sipplingen
Arene Candide
Bylany
Lengyel
Złota
Starčevo
Tripolje
Cucuteni
Karanovo
Sesklo
Matera
Troja
Maikop
Hacilar
Catal Hüyük
Can Hasan
Abu Hurreira
Muraibit
Tell Halaf
Tell Hassuna
Samarra
Zawi Chemi
Jarmo
Ganj-Dareh
Tell el-Obeid
Ain Malla
Jericho
Hefzibah
Merimde
Faiyum
Badari
Negade

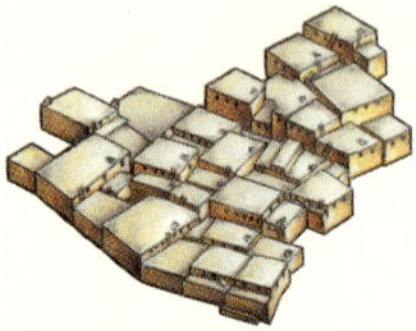

Çatal Hüyük
Rekonstruktion eines Teils der Siedlung

Zum Stein tritt das Metall – Kupfer- und Bronzezeit

Auf der Suche nach Ersatz für den spröden Werkstoff Stein „erfand“ man im Vorderen Orient den Rohstoff Kupfer. Aus Kupfernuggets in Flusssedimenten und bergmännisch gewonnenem Erz schmolz man das Metall mittels Holzkohle heraus und verarbeitete es zu Schmuck, Waffen und Gerätschaften aller Art. Während die ***Kupferzeit*** *(Chalkolithikum)* für den östl. Mittelmeerraum als eigenständige Kulturpoche gilt, herrschten im Neolithikum Mitteleuropas weiter Steinwerkzeuge vor, auch wenn hier Kupfergegenstände bereits seit 4000 vor Chr. in Gebrauch waren. Trotz enger Verzahnung mit der Jungsteinzeit stellte die ***Bronzezeit*** (für Mitteleuropa: 2200–800) eine eigene und glanzvolle Kulturepoche dar, die erst nach ca. 1500 Jahren in das „eiserne Zeitalter“ *(Hallstatt- und La Tène-Kultur)* überging.

Als herausragende Kulturleistungen gelten außer der Weiterentwicklung des Agrarwesens (Hirse und Dinkel als neue Getreidearten) insbes. Zugang und Vermittlung von Rohstoffen wie Kupfer, Zinn, Gold und Bernstein. So prägten das bronzezeitl. Erwerbsleben neben den Bauern nun Händler, Krieger und Künstler sowie Spezialisten für Bergbau und Metallurgie. Gerade letztere schufen erstmals ein Gewerbe, das wirtschaftlich nicht mehr zum bäuerlichen Lebenskreis zählte.

Bronze (von *aes brundusinum = braunes Erz*) ist eine gelblich-braune Legierung mit ca. 90 % Kupfer- und 10 % Zinnanteil. Zinn ist erst seit dem 3. Jt. aus Iberien, Sardinien und Anatolien bekannt und wurde von den Phönikern in die Bronzegießereien nach Kleinasien verschifft (Seifenzinn von Cornwall und Devonshire erst ab dem 1. Jt. vor Chr.). Erzabbau, Bronzeguss- (bei 1000° C) und Bronzetechnologie erforderten ein hohes Maß an Spezialisierung und weitgespannte Handelsnetze. Bronze erwies sich als überaus vielseitiger Werkstoff für Geräte und Waffen; Bronzebarren und -schmuck dienten zudem als Zahlungsmittel.

Die Wiege der Stadtkultur – Vorderasien

Im „Fruchtbaren Halbmond“ zwischen Mittelmeer im Westen, Zagrosgebirge und Persischem Golf im Osten, den Wüsten Arabiens im Süden und den wasserspendenden Gebirgen im Norden ließen sich aufgrund von Klima-und Bodengunst bereits zwischen 9. und 8. Jt. v. Chr. erste autarke Bauern nieder (Anbau von Wildgetreide wie Emmer, Einkorn). Die südlich anschließenden mineralreichen, aber trockenen Ebenen des Zweistromlandes konnten erst ab dem 6. Jt. bewässert und damit kultiviert werden. Als Folge verbesserter Agrarwirtschaft um 7700 bildete sich eine sesshafte und differenzierte Agrargesellschaft mit arbeitsteiligem Handwerk, komplexen Organisationsformen und Güteraustausch heraus.

In Bergfußoasen oder dort, wo Karawanenstraßen Ströme querten, entstanden stadtähnliche Brückenorte, die aufgrund der wertvollen Handelsgüter immer auch Schutzbauten nach sich zogen.

Jericho (8500 v. Chr., seit 8000 ummauert) gilt als weltälteste Stadt, doch steht ihm ***Çatal Hüyük*** (bei Konia in Anatolien, 7000–6500) infolge Kupfergewinnung und -verarbeitung an Bedeutung kaum nach. Der Übergang zwischen dörflichem und städt. Gemeinwesen dürfte erst zwischen dem 5. und 3. Jt. erfolgt sein, so bei den sumerischen Städte ***Ur*** (5000) und ***Uruk*** (3500). Etwa 1000 Jahre jünger sind ***Babylon*** und ***Ninive***; zeitgleich entstanden am Nil ***Memphis*** und ***Theben***. Zumeist waren diese frühen Städte wichtige Handelszentren sowie befestigte Mittelpunkte großer Gebietsherrschaften mit straffer Verwaltung und Militärorganisation.

Obgleich die europ. Stadtkultur an orientalische Vorbilder anknüpfte, vollzog sich im östlichen Mittelmeer eine *eigenständige Stadtgenese*, die mit *der ägäischen Kultur* (***Knossos*** auf Kreta) einsetzte. Auf sie folgten *griechische Stadtgründungen* der Frühzeit (800 bis 500 v. Chr.) mit ***Athen, Korinth*** usw. in typischer Akropolislage sowie in der klassischen Epoche (500–336 v. Chr.) die zahlreichen griechischen Kolonien als Hafenstädte an den Küsten Kleinasiens bzw. Süditaliens. Häufig orientierten sie sich am geometrischen Gitternetzplan von Hippodamos (griech. Architekt, 5. Jh. v. Chr.).

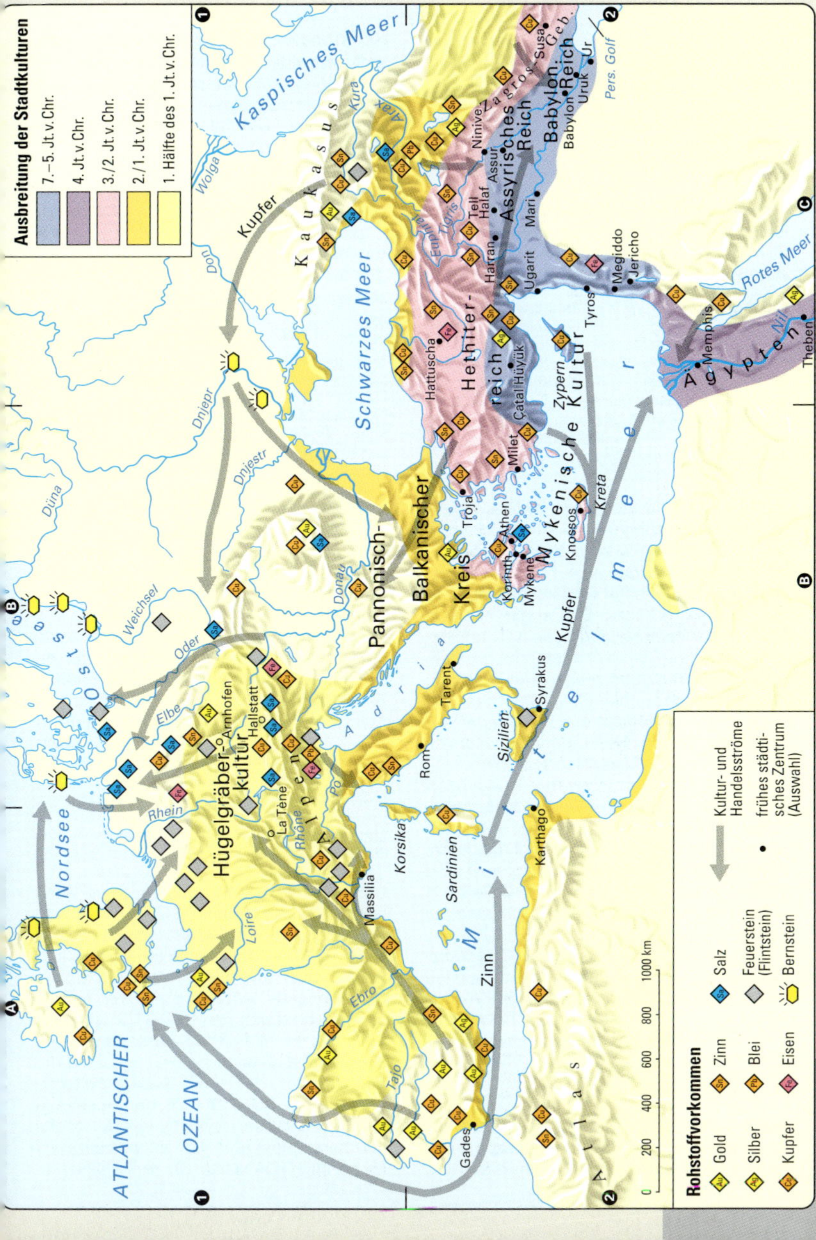
Ausbreitung der Stadtkulturen
7.–5. Jt. v. Chr.
4. Jt. v. Chr.
3./2. Jt. v. Chr.
2./1. Jt. v. Chr.
1. Hälfte des 1. Jt. v. Chr.
Rohstoffvorkommen
Gold
Silber
Kupfer
Zinn
Blei
Eisen
Salz
Feuerstein (Flintstein)
Bernstein
Kultur- und Handelsströme
frühes städtisches Zentrum (Auswahl)
0 200 400 600 800 1000 km
ATLANTISCHER OZEAN
Nordsee
Ostsee
Mittelmeer
Schwarzes Meer
Kaspisches Meer
Rotes Meer
Pers. Golf
Adria
Hügelgräber-kultur
Pannonisch-Balkanischer Kreis
Mykenische Kultur
Hethiterreich
Assyrisches Reich
Babylon. Reich
Ägypten
Alpen
Kaukasus
Atlas
Zagros-Geb.
Kupfer
Zinn
Gades
Massilia
La Tène
Hallstatt
Arnhofen
Rom
Tarent
Syrakus
Karthago
Korsika
Sardinien
Sizilien
Troja
Athen
Korinth
Mykene
Knossos
Kreta
Milet
Zypern
Hattuscha
Catal Hüyük
Ugarit
Harran
Tell Halaf
Assur
Ninive
Mari
Babylon
Uruk
Ur
Susa
Tyros
Megiddo
Jericho
Memphis
Theben
Wolga
Don
Dnjepr
Dnjestr
Düna
Weichsel
Oder
Elbe
Rhein
Donau
Loire
Rhône
Po
Ebro
Tajo
Nil
Euphrat
Tigris
Kura
Arax

Die Zikkurat von Ur: *Der bibl. „Turm von Babel" spielt auf den höchsten babyl. Hochtempel (Zikkurat) für Gott Mardok an, dessen Form dem von Ur ähnelte.*

Karte I: Frühe Hochkulturen

Eine wichtige Vorstufe für die Entwicklung des menschl. Individuums und des modernen Staates bildeten sog. ***Hochkulturen****.

Hochkulturen: Frühe Kulturen, die sich infolge ihrer politisch-staatlichen Organisation (Stadt, Reich, Ständegesellschaft, Gottkönigtum, gestufte Beamten- und Priesterschaft), ihrer Wirtschaftsstruktur (Vorratshaltung, Handwerk, Handel) und Kulturtechnik (Steinbau, Kunst, Schrift, Technik, Wissenschaft) stark von den Nachbarvölkern unterschieden, welche mehr oder weniger entweder der Stufe der Jäger und Sammler oder der der reinen Agrargesellschaft verhaftet blieben.

Die besten Voraussetzungen für eine derartige Fortentwicklung von Jäger- und Sammler- zu Bauernkulturen und von diesen zu Hochkulturen fanden sich in großen Flussoasen, wo fruchtbarer Boden, Wasserreichtum und Klima reiche Ernten garantierten, welche die Herausbildung von arbeitsteilig-differenzierten Gesellschaften ermöglichten. Der Entwicklungsprozess wurde dadurch ausgelöst, dass die Bevölkerungen der begehrten Flussoasen durch Nomadenvölker mit starkem Herrschaftsbewusstsein unterworfen und überschichtet wurden.

Hochkulturen entstanden in ***Ägypten*** am Nil (ca. 3000 v. Chr.) und in ***Mesopotamien*** zw. Euphrat und Tigris (ca. 3000), auf ***Kreta*** und in ***Indien*** im Industal (beide ca. 2500 v. Chr.). Zu nennen sind auch die ***Hethiter*** (ca. 1700 v. Chr.) in Anatolien und die Hochkulturen in ***China*** am Huang He und am Jangtsekiang (ca. 1500 v. Chr.).

Nachgeordnet sind auch die ***Griechenstädte*** und ***Rom*** dazuzurechnen, ebenso die ***abendländ.*** und die ***islamische Kultur*** sowie zeitl. viel später in Amerika die Kulturen der ***Azteken, Maya*** und ***Inka***. Außerdem gab es Zwischen- und Nachahmeformen, wie z. B. die afrikan. Reiche [→88/89].

Karte II: Mesopotamien im 3./2. Jt. v. Chr.

Die Hochkultur im Süden ***Mesopotamiens**** wurde wohl durch die Einwanderung der ***Sumerer*** nach 3300 v. Chr. (aus Indien?) ausgelöst. Darauf deuten die um 3000 geschaffene *älteste Schrift der Menschheit (Keilschrift)* sowie die straffe *städt. Organisationsform*, welche eine Voraussetzung für die Nutzung des Bodens mittels Be- und Entwässerung bildete. Bedeutsam unter den zahlreichen Stadtstaaten waren ***Uruk, Agade, Ur, Lagasch*** und ***Kisch***.

Sargon I. von Agade (2330–2274) errichtete das ***Reich von Akkad*** (2350–2170/50), ***das erste Großreich der Geschichte***, das zeitweise vom SW-Iran bis Syrien und Kleinasien reichte, aber relativ kurzlebig war.

Mesopotamien (seit Alexander d. Gr. griech. *„Zwischenstromland"*, auch *Zweistromland* gen.): Das fruchtbare Schwemmland von Euphrat und Tigris südl. Bagdad. Seine Regenarmut zwang zu künstl. Bewässerung unter Nutzung des Frühjahrshochwassers. Dies setzte wohlgeordnete Staaten voraus. Die Flussmündungen lagen im 3. Jt. noch nördl. von Basra; im 4. Jt. waren wohl auch Ur und Eridu Küstenstädte.

Um 2000 entwickelte sich im S der Stadtstaat Babylon zum ***(Alt-)Babylonischen Reich*** (ca. 1720–1530 v. Chr.), das sein erster bedeutender Herrscher *Hammurabi* (1729 bis 1686) auf Kosten des Assyr. Reiches stark erweiterte und zu hoher kultureller Blüte führte (Beispiel: *Codex Hammurabi**). Es zerbrach unter dem Ansturm der Hethiter (Reich Hatti), die 1531 Babylon zerstörten.

Codex Hammurabi: Die 1901 in Susa aufgefundene Stele mit einer Sammlung strafrechtl., bürgerl.-rechtl. und handelsrechtl. Vorschriften, Teil einer Rechtsreform des Königs, die diesen als „Hirten der Menschen" bez., der von Gott eingesetzt worden ist, um „Gerechtigkeit im Lande sehen zu lassen".

Um 1800 war in N-Mesopotamien um Assur das ***(Alt-)Assyr. Reich*** (1800–612) entstanden, das unter Kg. Schamschi-Adad I. (ca. 1749–1717 v. Chr.) seine größte Ausdehnung besaß und bis nach N-Babylonien (Mari) reichte. Auch die Assyrer wurden schon bald durch den Einfall benachbarter Völker in die blühende Flussoase bedroht. So entstand ab etwa 1680 v. Chr. das ***Reich der Hurriter***, das zeitw. Syrien, Palästina und Ägypten (dort *Hyksos* gen.) umfasste und sich nach der Vertreibung aus Ägypten im oberen Mesopotamien als ***Mitannireich*** (Blütezeit 1460–1340 v. Chr.) konsolidierte.

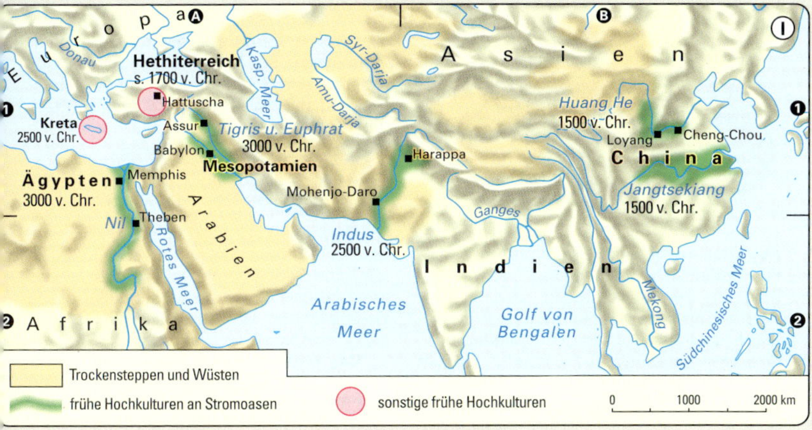
I
Europa
Asien
Afrika
Donau
Hethiterreich
s. 1700 v. Chr.
Hattuscha
Kreta
2500 v. Chr.
Assur
Babylon
Tigris u. Euphrat
3000 v. Chr.
Mesopotamien
Ägypten
3000 v. Chr.
Memphis
Nil
Theben
Rotes Meer
Arabien
Kasp. Meer
Syr-Darja
Amu-Darja
Harappa
Mohenjo-Daro
Indus
2500 v. Chr.
Indien
Ganges
Arabisches Meer
Golf von Bengalen
Huang He
1500 v. Chr.
Loyang
Cheng-Chou
China
Jangtsekiang
1500 v. Chr.
Mekong
Südchinesisches Meer
Trockensteppen und Wüsten
frühe Hochkulturen an Stromoasen
sonstige frühe Hochkulturen
0 1000 2000 km

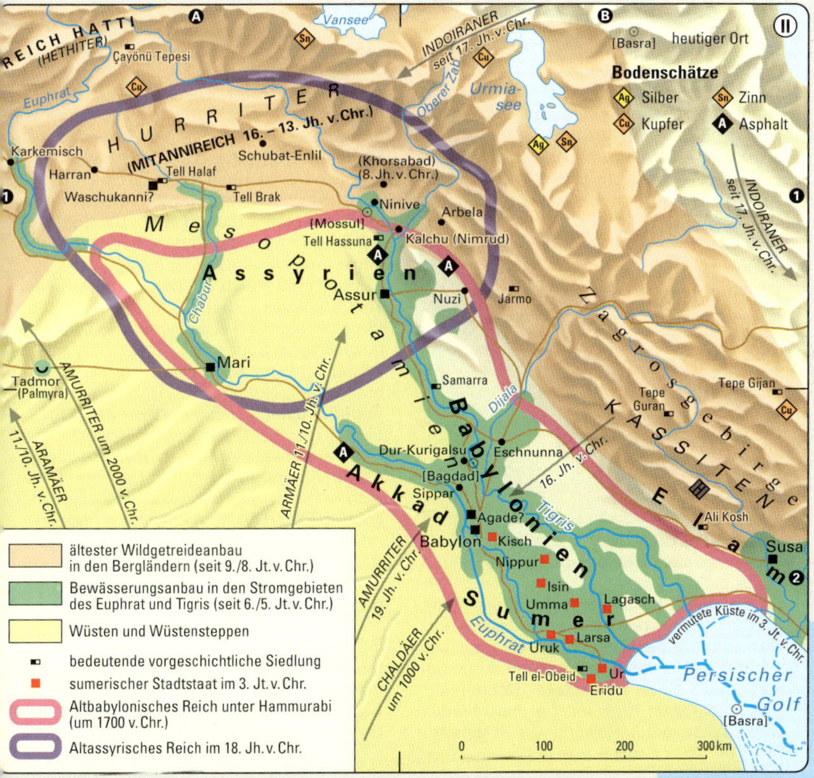
II
REICH HATTI (HETHITER)
Çayönü Tepesi
Vansee
INDOIRANER seit 17. Jh. v. Chr.
Oberer Zab
Urmiasee
[Basra] heutiger Ort
Bodenschätze
Ag Silber
Sn Zinn
Cu Kupfer
A Asphalt
Euphrat
HURRITER
(MITANNIREICH 16. – 13. Jh. v. Chr.)
Karkemisch
Harran
Schubat-Enlil
Tell Halaf
Waschukanni?
Tell Brak
(Khorsabad)
(8. Jh. v. Chr.)
Ninive
Arbela
[Mossul]
Kalchu (Nimrud)
Tell Hassuna
Mesopotamien
Assyrien
Assur
Nuzi
Jarmo
Chabur
Mari
Tadmor
(Palmyra)
AMURRITER um 2000 v. Chr.
ARAMÄER 11./10. Jh. v. Chr.
ARAMÄER 11./10. Jh. v. Chr.
INDOIRANER seit 17. Jh. v. Chr.
Zagrosgebirge
Samarra
Dijala
Tepe Guran
Tepe Gijan
KASSITEN
16. Jh. v. Chr.
Babylonien
Dur-Kurigalsu
Eschnunna
[Bagdad]
Sippar
Akkad
Agade?
Babylon
Kisch
Tigris
Ali Kosh
Elam
Susa
Nippur
Isin
Umma
Lagasch
Sumer
Larsa
Uruk
Euphrat
AMURRITER 19. Jh. v. Chr.
CHALDÄER um 1000 v. Chr.
Tell el-Obeid
Ur
Eridu
vermutete Küste im 3. Jt. v. Chr.
Persischer Golf
[Basra]
0 100 200 300 km
ältester Wildgetreideanbau in den Bergländern (seit 9./8. Jt. v. Chr.)
Bewässerungsanbau in den Stromgebieten des Euphrat und Tigris (seit 6./5. Jt. v. Chr.)
Wüsten und Wüstensteppen
bedeutende vorgeschichtliche Siedlung
sumerischer Stadtstaat im 3. Jt. v. Chr.
Altbabylonisches Reich unter Hammurabi (um 1700 v. Chr.)
Altassyrisches Reich im 18. Jh. v. Chr.

Totenmaske des Pharao Tutenchamun
Die Haube des Pharao ist mit Symbolen des Königtums von Ober- (Geierkopf) und Unterägypten (Kobra) geschmückt.

Ägypten – eine frühe Hochkultur

Für die Antike reichte Ägypten* vom Mittelmeer bis zum ***1. Katarakt*** nördlich von ***Elephantine*** (ca. 780 km) und war unterteilt in das weite unterägypt. Nildelta und das enge oberägypt. Flussbett; südlich davon lag ***Nubien***; beidseits war ***Wüste.***

Name Ägypten: Der griech. Name für das Kulturland im Niltal, das seine Einwohner selbst *Keme* (*schwarzes Land* – im Unterschied zum *roten Land* der Wüste) nannten, wurde von der Stadt Memphis (ägyptisch *Tempel der Macht des Ptah*, assyrisch *Hikupta*) abgeleitet.

Das Leben beruhte auf dem Rythmus der jährlichen ***Überschwemmung*** *(Nilschwelle)*, die im Sept. bei Assuan bis zu 8,5 m erreichte. Zähmung und Nutzung des Nils bildeten den Ursprung des ägypt. Staates. Angebaut wurde v. a. Getreide, nämlich sechszeilige Gerste, zweizeiliger Emmer, seltener Weizen und Spelt, aber auch Flachs, Gemüse, Salate, Obst und Gewürze.

Die Hauptphasen der ägypt. Geschichte

Vorgeschichte	(vor ca. 3000 v. Chr.)
Geschichtliche Zeit:	
Altes Reich 1./3.–6. Dynastie	(ca. 2925/2700 – 2134 v. Chr.)
Mittleres Reich 11.–13. Dynastie	(ca. 2133–2220/1777 v. Chr.)
Neues Reich 18.–24. Dynastie	(ca. 1777/1550–1085 v. Chr.)
Spätzeit	(ca. 11.–4. Jh. v. Chr.)
Hellen.-röm. Epoche	(seit ca. 330 v. Chr.)

Das **Alte Reich** mit der Residenz Memphis war kulturell gekennzeichnet durch die Entwicklung der ***Hieroglyphen*** (vokallose Bilderschrift, erst 1822 vom Franzosen Champollion entschlüsselt), durch die großen Pyramiden (z. B. von Gizeh und Dahschur) sowie das erbliche und absolutist. Königtum des ***Pharaos**** und durch die Schaffung eines ***Kalenders*** (Sonnenjahr von 365 Tagen, das mit der Nilschwelle Mitte Juli begann). Religiös war es geprägt durch eine ***Sonnenreligion*** mit meist menschengestaltigen Universalgöttern *(Isis, Osiris, Seth, Horus)*, die die alte Fellachenreligion mit ihren tiergestaltigen Göttern überlagerte.

Pharao: Der Titel bedeutete ursprüngl. nur *Großes Haus* und meinte den Palast des Herrschers. Erst um 1450 v. Chr. Bezeichnung für den König.

Politisch blieb Ägypten in dieser Zeit nach außen defensiv. Gegen Ende zerfiel es in einzelne Gaufürstentümer. Die Bedrückung des Volkes durch Frondienste äußerte sich in Aufständen. Der Glaube an die Göttlichkeit des Königs ging verloren.

Das **Mittlere Reich** begann mit der erneuten Einigung Oberägyptens durch Mentuhotep um die ***neue Residenz Theben***. Im Süden erreichte es nach Eroberung Unternubiens ungefähr den heutigen Umfang Ägyptens; daneben war es in Nubien und Syrien - Palästina einflussreich.

Infolge innerer politischer Schwäche drangen um 1650 von Palästina her die mit Streitwagen ausgerüsteten ***Hyksos*** (ägypt. *Fremdlandhäuptlinge*) ein und beherrschten für ca. 100 Jahre den Norden, während im Süden Gaufürsten regierten.

Kunst und Kultur prägten reich ausgestattete Felsengräber (Gaufürsten), kleine Pyramiden (Könige) und eine reiche Bildkunst (Kolossalstatuen für Könige).

Das **Neue Reich** mit den Hauptresidenzen Memphis, Theben und Echet-Aten (Amarna) entstand aus einer nat. Einigungsbewegung im Süden und wurde zur oriental. Großmacht: Im Süden eroberte es Obernubien, im Norden das Gebiet bis zum Euphrat; unter Königin Hadschepsut (1479 bis 1457) erreichte es seinen Höhepunkt.

Eine radikale ***religiöse Reform*** unter König Amenophis (später *Echnaton*) IV. (1364 – 1347) – Abschaffung des Vielgötterglaubens (v.a. an *Ammon-Amun*) und Einführung eines Monotheismus (Sonnengott *Aton*) – scheiterte. Am Ende war Ägypten erschöpft und verlor den syrischen und nubischen Besitz.

In der ***Spätzeit*** konnte – unter meist fremden (z. B. äthiopischen) Dynastien – nur mühsam die Reichseinheit bewahrt werden. Zwischen 771 und 655 v. Chr. stand Ägypten unter assyr. Oberhoheit; 525 v. Chr. wurde es persische Satrapie (Provinz).

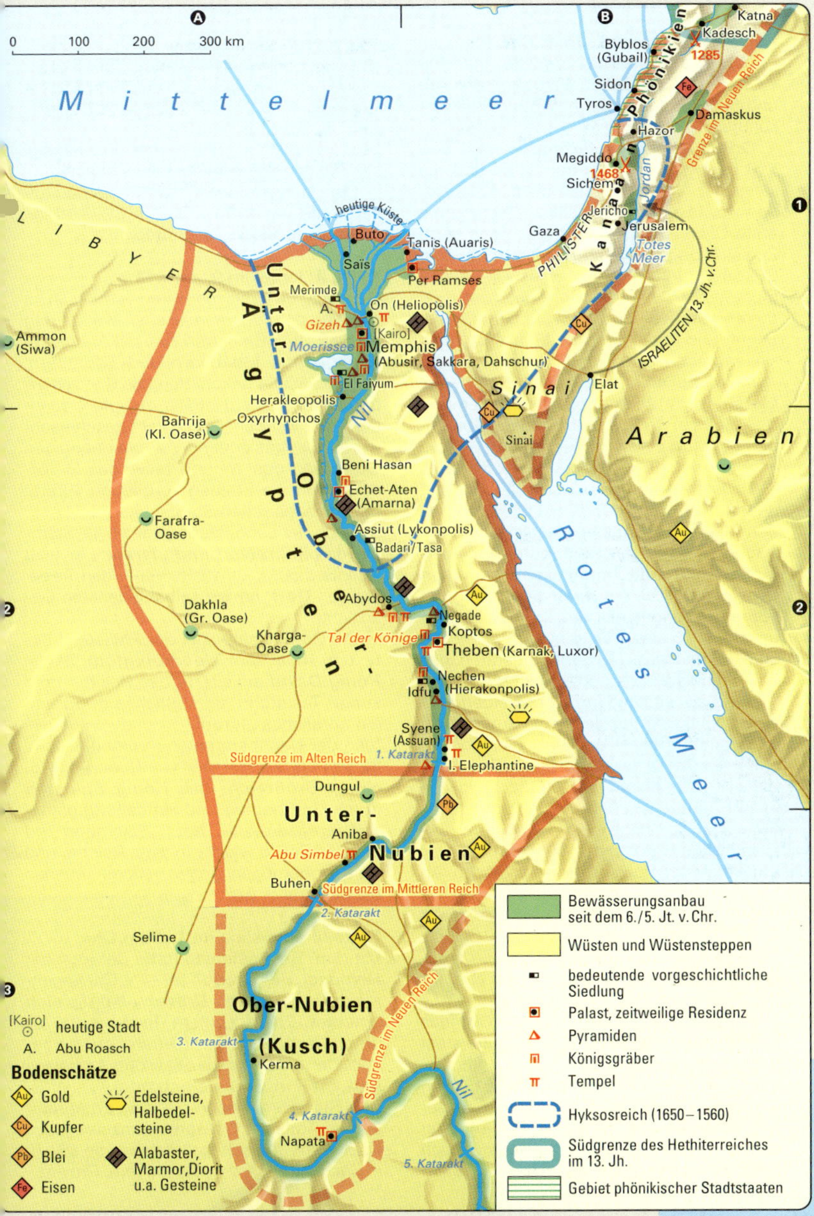
A
B
0 100 200 300 km
Mittelmeer
LIBYER
Ammon (Siwa)
Bahrija (Kl. Oase)
Farafra-Oase
Dakhla (Gr. Oase)
Kharga-Oase
Selime
Dungul
heutige Küste
Buto
Saïs
Tanis (Auaris)
Per Ramses
Merimde
A.
Gizeh
On (Heliopolis)
[Kairo]
Moerissee
Memphis
(Abusir, Sakkara, Dahschur)
El Faiyum
Herakleopolis
Oxyrhynchos
Unter-Ägypten
Ober-Ägypten
Nil
Beni Hasan
Echet-Aten (Amarna)
Assiut (Lykonpolis)
Badari/Tasa
Abydos
Negade
Koptos
Tal der Könige
Theben (Karnak, Luxor)
Nechen (Hierakonpolis)
Idfu
Syene (Assuan)
1. Katarakt
I. Elephantine
Südgrenze im Alten Reich
Unter-Nubien
Aniba
Abu Simbel
Buhen
Südgrenze im Mittleren Reich
2. Katarakt
Ober-Nubien (Kusch)
3. Katarakt
Kerma
4. Katarakt
Napata
5. Katarakt
Südgrenze im Neuen Reich
Sinai
Elat
Arabien
Rotes Meer
Gaza
PHILISTER
Kanaan
Jericho
Jerusalem
Totes Meer
Jordan
Sichem
Megiddo
1468
Hazor
Tyros
Sidon
Byblos (Gubail)
Phönikien
Kadesch
1285
Katna
Damaskus
Grenze im Neuen Reich
ISRAELITEN 13. Jh. v.Chr.
1
2
3
[Kairo] heutige Stadt
A. Abu Roasch
Bodenschätze
Au Gold
Cu Kupfer
Pb Blei
Fe Eisen
Edelsteine, Halbedelsteine
Alabaster, Marmor, Diorit u.a. Gesteine
Bewässerungsanbau seit dem 6./5. Jt. v. Chr.
Wüsten und Wüstensteppen
bedeutende vorgeschichtliche Siedlung
Palast, zeitweilige Residenz
Pyramiden
Königsgräber
Tempel
Hyksosreich (1650–1560)
Südgrenze des Hethiterreiches im 13. Jh.
Gebiet phönikischer Stadtstaaten

Karte I: Staaten im 7. Jh. v. Chr.
In **Oberitalien** erreichten die 900/800 v. Chr. eingewanderten ***Etrusker*** zw. 700 und 500 mit der Herrschaft über Rom ihre kulturelle Blütezeit.

Griechenland umfasste zw. 700 und 510 bereits die Inseln der Ägäis und die kleinasiat. W-Küste; auch die *II. Kolonisation* war fast abgeschlossen. 776 fand die erste *Olympiade* zu Ehren des Zeus statt. Zugleich begann die Zersplitterung griech. Stämme und Landschaften in kleine Einheiten: Es entstanden – gefördert v. a. durch unterschiedliche lokale Götterkulte, Schrift und Dialekte sowie Münzsysteme – kleinräumige *Polisstaaten*.

In **Vorderasien** stieg das ***Reich der Meder*** (vermutlich um 700 gegr.) empor. Das (seit ca. 1400 v. Chr. wieder selbständige) ***Neuassyrische Reich*** um Ninive erlebte seit 689 seine letzte Blüte, bevor es 612 zusammenbrach und zw. Medern und den babylon. Chaldäern, die 539 ihrerseits den Medern unterlagen, aufgeteilt wurde. Das im Norden gelegene, durch Erzreichtum bedeutende hurritische ***Reich von Urartu (ca. 900 bis nach 600)*** erlag um 585 ebenfalls den Medern. In Anatolien war um 696/695 das ***Phrygerreich*** unter die Oberhoheit des ***Lyderreiches*** geraten, das 547/546 seinerseits persisch wurde.

In **Asien** entstand im ***Tal des Huang He*** ab ca. 1500 eine Hochkultur mit Bronzekunst und Schrift (2 000 Bilder, Symbole, Wortzeichen). Im ***China*** der ***Chou-Dynastie*** (11. Jh. bis 249 v. Chr.) sank um 700 die königliche Macht; Fürstenstaaten entstanden, die ab 685 durch die Hunnen bedroht wurden.

In **Indien** waren um 2500 im ***Indus- und im Gangestal*** Hochkulturen entstanden. Ab 1500 drangen arische Nomaden im NW ein und erreichten um 600 den Ganges. Nach Alexanders Indienzug kam um 320 v. Chr. die ***Maurya-Dynastie*** an die Macht und gründete das erste ***ind. Großreich***, das aber nie ganz Indien erfasste.

In **N-Afrika** löste sich um 540 v. Chr. (das um 800 gegr.) ***Karthago*** von der Mutterstadt Tyros und errichtete ein eigenes Handelsreich. ***Ägypten*** war damals (bis 612) von den Assyrern abhängig. Das z. Z. des Mittleren Reiches [→22/23] ägypt. ***Nubien*** oder ***Kusch*** (griech. *Aithiopia*) um Napata, reich durch Goldvorkommen, Ebenholz und Elfenbein, war seit ca. 1000 wieder unabhängig; zw. 750 und 656 beherrschte es Ägypten.

Die Menora
Der siebenarmige Leuchter im Tempel von Jerusalem wurde weltweit zum Symbol des Judentums.

Den Ausgang des Roten Meers kontrollierte das um 1100 v. Chr. in SW-Arabien gegründete ***Reich der Sabäer***.

Karte II: Israel im 9. Jh. v. Chr.
Die späteren Israeliten waren vermutlich im Rahmen der sog. *aramäischen Wanderung* (Ende 2. Jt. v. Chr.), also zus. mit Aramäern, Ammonitern, Moabitern und Edomitern, nach Palästina gekommen, als die bisherigen Großmächte (Hethiter, Ägypten) durch den Ansturm der *„Seevölker“* geschwächt waren. Sie besiedelten v. a. die gebirgigen Gegenden des W- und teilw. des O-Jordanlands; die Ebenen verblieben vorerst den kanaanäischen Stadtstaaten.

Nach der Landnahme bildeten 12 Stämme den ***Sakralverband „Israel“***. Er hielt sich für das „auserwählte Volk“, den Träger der von ***Gott Jahwe*** selbst gelenkten Geschichte.

Die Großmachtpolitik der ***Philister*** führte um 1000 zum ***Heerkönigtum*** Sauls. ***König David*** erweiterte das Reich – trotz kurzer Teilung in ein südliches **Juda** und ein nördliches **„Israel“** – durch Unterwerfung der Nachbarstaaten (Ammon, Edom, Moab und die Aramäer von Damaskus) zu einem ***Großreich***, das ***König Salomon*** durch Großbauten und Hofhaltung glanzvoll repräsentierte. Nach Salomons Tod (932) zerfiel es wieder in zwei Reiche, und viele Eroberungen gingen verloren, ebenso die Selbständigkeit.

Karte III: Palästina im 1. Jh. n. Chr.
Mit röm. Begünstigung hatte der Idumäer ***Herodes „der Große“*** (37–4 v. Chr.) nochmals ein ***jüdisches Universalkönigreich*** errichtet. Nach seinem Tode wurde es unter vier Nachfolger *(Tetrarchen)* aufgeteilt. Der unfähige Herodessohn Archelaos (4 v. bis 7 n. Chr.) veranlasste Augustus, sein Reich 6 n. Chr. in die röm. *Prokuratur* Judäa (Amtssitz Caesarea) umzuwandeln. Nach dem *Jüdischen Aufstand von 66–70 n. Chr.* wurde ganz Palästina röm. Provinz.

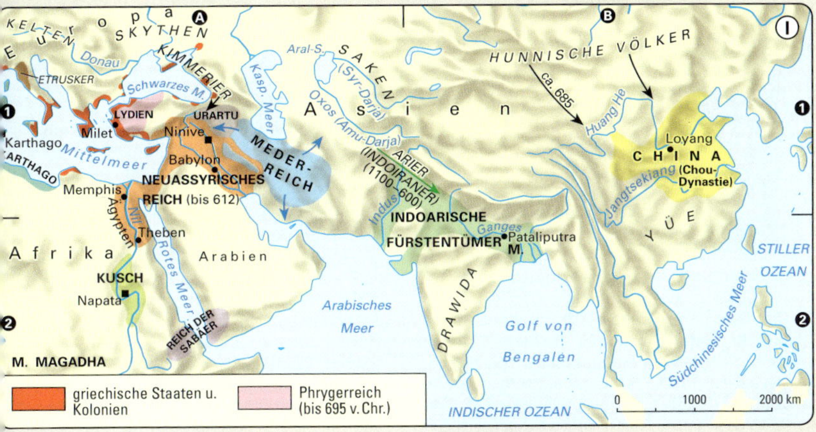

I
E u r o p a
KELTEN
SKYTHEN
KIMMERIER
Donau
ETRUSKER
Schwarzes M.
LYDIEN
URARTU
Milet
Ninive
Karthago
KARTHAGO
Mittelmeer
Babylon
NEUASSYRISCHES REICH (bis 612)
MEDER-REICH
Kasp. Meer
Memphis
Ägypten
Nil
Theben
Rotes Meer
A f r i k a
Arabien
KUSCH
Napata
REICH DER SABÄER
M. MAGADHA
Aral-S.
SAKEN
(Syr-Darja)
Oxos (Amu-Darja)
A s i e n
ARIER (INDOIRANER) (1100–600)
Indus
INDOARISCHE FÜRSTENTÜMER
Ganges
Pataliputra
M.
DRAWIDA
Arabisches Meer
Golf von Bengalen
INDISCHER OZEAN
HUNNISCHE VÖLKER
ca. 685
Huang He
Loyang
CHINA (Chou-Dynastie)
Jangtsekiang
YÜE
STILLER OZEAN
Südchinesisches Meer
griechische Staaten u. Kolonien
Phrygerreich (bis 695 v. Chr.)
0 1000 2000 km

Palästina im 9. Jh. v. Chr.
II
Byblos
Berytos (Beirut)
Sidon
Tyros
Phönikien
Damaskus
Syrien
ARAMÄER
Dan
Hazor
Akko
See Genezareth
Mittel-meer
Megiddo
ISRAEL
Samaria 825
Sichem
Silo
Jordan
Gilead
AMMONITER
Rabbat Ammon (Amman)
Jaffa
Jericho
Hesbon
Asdod
Askalon
Jerusalem
PHILISTER
Totes Meer
Gaza
Hebron
MOABITER
JUDA
Beerscheba
Soar
Arabische Wüste
Edom
Israel und abhängige Gebiete
vorübergehend zum Reich der Israeliten
Juda und abhängige Gebiete
0 50 100 km

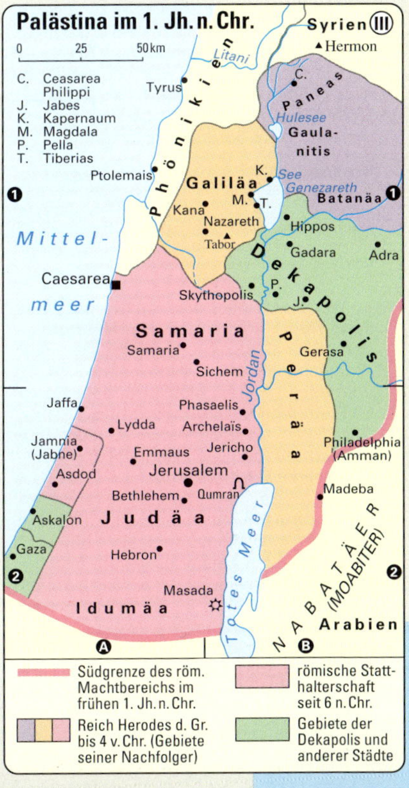

Palästina im 1. Jh. n. Chr.
Syrien
III
Hermon
0 25 50 km
C. Ceasarea Philippi
J. Jabes
K. Kapernaum
M. Magdala
P. Pella
T. Tiberias
Litani
Tyrus
Phönikien
C.
Paneas
Hulesee
Gaulanitis
Ptolemais
Galiläa
K.
See Genezareth
M.
T.
Batanäa
Kana
Nazareth
Tabor
Hippos
Gadara
Adra
Mittel-meer
Caesarea
Dekapolis
P.
Skythopolis
J.
Samaria
Samaria
Sichem
Peräa
Gerasa
Jordan
Jaffa
Phasaelis
Lydda
Archelaïs
Jamnia (Jabne)
Emmaus
Jericho
Philadelphia (Amman)
Jerusalem
Asdod
Bethlehem
Qumran
Madeba
Askalon
Judäa
Totes Meer
Gaza
Hebron
NABATÄER (MOABITER)
Masada
Idumäa
Arabien
Südgrenze des röm. Machtbereichs im frühen 1. Jh. n. Chr.
römische Statthalterschaft seit 6 n. Chr.
Reich Herodes d. Gr. bis 4 v. Chr. (Gebiete seiner Nachfolger)
Gebiete der Dekapolis und anderer Städte

Persische Palastwache
Krieger, mit Bogen und Speeren bewaffnet, am Königspalast der persischen Hauptstadt Susa. Glasierte Ziegel, 6. Jh. v. Chr.

Medien und das Neubabylonische Reich
Um 800 entstand im W-Iran das ***Reich der Meder*** mit der Hauptstadt Ekbatana. Dejokes II. (700–647) einigte die med. Stämme und drängte den Einfluss Assyriens zurück. ***Kyaxares (625–585)*** vernichtete dann im Bunde mit Babylonien zwischen 616 und 609 das Assyr. Reich, teilte es auf und begründete damit das ***Medische Großreich***. Danach unterwarf er große Teile des Irans sowie Armenien und drang nach Kleinasien vor, wo 585 der Halys zur Grenze gegen das Kgr. Lydien wurde. Sein Sohn ***Astyages (585–550)*** unterlag freilich 550 den Persern, die Medien zur ***Satrapie**** machten.

Satrapie: Bez. der 20 pers. Provinzen, die den mit höchsten administrativen, richterl., militär. und wirtschaftl. Vollmachten ausgestatteten *Satrapen* (pers. *Schirmer der Herrschaft*), oft Verwandten des Königs, unterstanden und zu bestimmten Tributen und Heereskontingenten verpflichtet waren.

Im Westen Mediens war das ***Neubabylonische Reich*** entstanden. ***Kg. Nabupolassar (626–605)*** von Babylon aus dem Aramäerstamm der Chaldäer hatte sich 626 vom Assyr. Reich gelöst und dieses dann im Bund mit Medien vernichtet und beerbt. Sein Sohn ***Nebukadnezar II. (605–562)*** behauptete die Großmachtstellung Babylons gegen Aufstände einzelner Völker: Das unbotmäßige Judäa wurde unterworfen, seine Oberschicht deportiert *(„Babylon. Gefangenschaft“)* und Jerusalem 587 nach einem erneuten Aufstand zerstört. Auch die Versuche Ägyptens Syrien zurückzuerobern wurden abgewehrt. In seiner Hauptstadt Babylon entwickelte Nebukadnezar eine große Bautätigkeit: U.a. ließ er den Hochtempel *(Zikkurat)* des Marduk (biblischer *„Turm zu Babel“*), die *„Medische Mauer“*, Paläste, Festungswerke und die *„Hängenden Gärten“* (Terrassengärten) errichten.

Nach seinem Tod zerfiel das Reich rasch. 539 eroberten die Perser Babylon und machten das „Chaldäerreich“ zur Satrapie.

Aufstieg Persiens zum Weltreich (6. Jh.)
Die Perser hatten lange unmittelbar südl. von Medien gesessen und waren ab ca. 700 in den Süd-Iran (Fars) abgewandert. Über sie herrschte seit ca. 700 die ***Dynastie der Achämeniden***, anfangs unter medischer Oberhoheit. Diese Abhängigkeit endete ***550***, als der Perserkönig ***Kyros II. (559 bis 529)*** das Mederreich eroberte, seinen Schwiegervater und Lehensherrn Astyages stürzte und an seiner Stelle den Thron bestieg. Wenig später eroberte Kyros auch die Reiche der Lydier (546) und der Babylonier (539) sowie die griech. Städte im Westen Kleinasiens und, in einem großen Feldzug nach Nordosten, auch Baktrien und Sogdiana (Samarkand, 529). Sein Sohn Kambyses II. (529–522) unterwarf Ägypten und die griech. Städte der Kyrenaika (525). ***Persien wurde zum Weltreich***, das die assyrische Reichsidee übernahm, alle Völker der Welt unter dem ***Großkönig*** *(„König der Könige“)* zusammenzufassen.

Achämeniden-Dynastie

Hachmanisch (Ahnvater (ca. 700 v. Chr.)	**Dareios I.** (521–485)
Teispes (675–640)	**Xerxes I.** (485–465)
Kyros I. (640–600)	**Artaxerxes I.** (465–424)
Kambyses I. (ca. 600–559)	**Xerxes II.** (424)
Kyros II. (559–529)	**Dareios II.** (424–405)
Kambyses II. (529–522)	**Artaxerxes II.** (405–359)
	Artaxerxes III. (359–338)
	Dareios III. (336–330)

Die Perser haben nie ernstlich versucht, ihr Gesamtreich zu „iranisieren“. Schon die Assyrer und Chaldäer hatten begonnen, weite Teile Vorderasiens polit. und zivilisator. zu vereinheitlichen. Die Perser übertrugen diese Errungenschaften auf ihre Neueroberungen. So wurde z.B. das als Verkehrssprache schon vorher geläufige ***Aramäisch*** als pers. Verwaltungssprache noch weiter verbreitet. Gewachsene Einheiten ließen die Perser als Satrapien weiter bestehen.

Dareios I. (521–485) eroberte 512 das Industal (Pandschab) und bedrohte nach Besetzung Thrakiens und Makedoniens (513) auch Griechenland; einzelne griech. Staaten, darunter auch Athen, unterwarfen sich daraufhin den Persern.

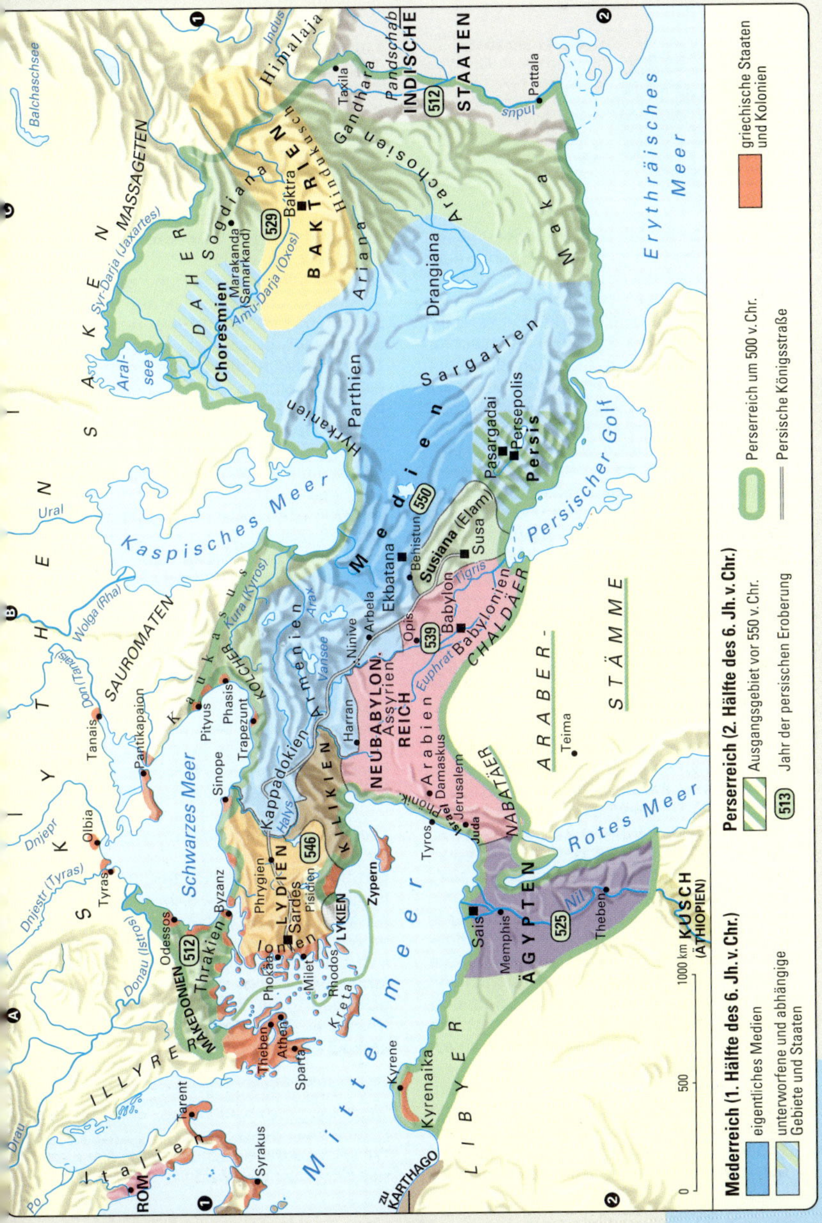
Mederreich (1. Hälfte des 6. Jh. v. Chr.)
eigentliches Medien
unterworfene und abhängige Gebiete und Staaten
Perserreich (2. Hälfte des 6. Jh. v. Chr.)
Ausgangsgebiet vor 550 v. Chr.
513 Jahr der persischen Eroberung
Perserreich um 500 v. Chr.
Persische Königsstraße
griechische Staaten und Kolonien
0
500
1000 km
Mittelmeer
Schwarzes Meer
Kaspisches Meer
Rotes Meer
Persischer Golf
Erythräisches Meer
Aralsee
Balchaschsee
SKYTHEN
SAKEN
MASSAGETEN
SAUROMATEN
ILLYRER
LIBYER
ARABER-STÄMME
ROM
Italien
Tarent
Syrakus
zu KARTHAGO
Kyrene
Kyrenaika
MAKEDONIEN
Thrakien
Odessos
Byzanz
Theben
Athen
Sparta
Kreta
Rhodos
Milet
Phokäa
Ionien
Sardes
LYDIEN
Phrygien
Pisidien
LYKIEN
KILIKIEN
Kappadokien
Halys
Zypern
Sinope
Trapezunt
Phasis
Pityus
KOLCHER
Kaukasus
Kura (Kyros)
Armenien
Arax
Vansee
Harran
Ninive
Arbela
Ekbatana
Behistun
Medien
Hyrkanien
Parthien
Sargatien
Persis
Pasargadai
Persepolis
Susiana (Elam)
Susa
Tigris
Euphrat
Opis
Babylon
Babylonien
CHALDÄER
NEUBABYLON. REICH
Assyrien
Arabien
Damaskus
Jerusalem
Juda
Israel
Phönikien
Tyros
NABATÄER
Teima
ÄGYPTEN
Sais
Memphis
Theben
Nil
KUSCH (ÄTHIOPIEN)
Choresmien
DAHER
Sogdiana
Marakanda (Samarkand)
Amu-Darja (Oxos)
Syr-Darja (Jaxartes)
BAKTRIEN
Baktra
Hindukusch
Himalaja
Ariana
Drangiana
Arachosien
Gandhara
Taxila
Pandschab
Indus
INDISCHE STAATEN
Pattala
Maka
Ural
Wolga (Rha)
Don (Tanais)
Tanais
Pantikapaion
Olbia
Dnjepr
Dnjestr (Tyras)
Tyras
Donau (Istros)
Drau
Po
512
546
539
550
529
525

Ein Achäerkönig
Die goldene Totenmaske aus einem Königsgrab von Mykene war von Schliemann fälschlich Agamemnon zugeordnet worden, ist aber älter. Vor 1200 v. Chr.

Die Einwanderung der Griechenvölker
Die Griechen sind ihrer Herkunft nach Indoeuropäer, die um 1900 v. Chr. aus den baltischen oder kaspischen Regionen kamen. Die erste Welle der Einwanderer umfasste die mit Thrakern vermischten ***Ionier*** und die nördlich angrenzenden sprachlich verwandten ***Aioler (Achäer)***. Ohne ihre Herkunft aus dem Norden je ganz zu verleugnen, verschmolzen sie mit den frühhelladischen Bewohnern zu einem Volk. Die Unterworfenen nahmen die griech. Sprache an, die Eroberer bäuerl. oder städt. Lebensweise. Die kulturelle und polit. Vorherrschaft in der Ägäis lag damals bei ***Kreta***; die Aioler waren ihm zeitweise tributpflichtig. Ab ca. 1600 scheint Kreta (durch Erdbeben, Flutwellen?) in eine Krise geraten zu sein. Um 1500/1400 schüttelten die Aioler schließlich ihre Tributpflicht ab. Es folgte eine Epoche der ***Vorherrschaft Mykenes in Kultur und Politik***, die durch eine starke Synthese griech. und kretisch-minoischer Kultur gekennzeichnet war. Trotzdem blieb die Kultur Mykenes noch stark kriegerisch (z. B. hochstehende Waffenschmiedekunst, strategische Straßen, befestigte Paläste, wuchtige Grabgewölbe in Quaderbauweise). Ägypt. Einflüsse führten zur Übernahme der pferdebespannten Streitwagen. Auch die Begräbnissitte wandelte sich: Statt Hockergräbern wurde die gestreckte Bestattung üblich, und das Gesicht der in golddurchwirkte Kleider gehüllten vornehmen Toten wurde mit einer goldenen Maske bedeckt. Als Beigaben fanden sich in von Hügeln *(tumuli)* überwölbten *Schachtgräbern* prächtiger Schmuck, Waffen und Tongefäße, Indizien für den Glauben an ein Fortleben nach dem Tode.

Die „Staaten" der Achäer, die sog. *Kultur von Mykene*, erstreckten sich schließlich von Sizilien bis Zypern, von Thessalien bis Anatolien. Um 1150 fand der ***„Trojanische Krieg"*** statt, dessen Ende, die Zerstörung des mykenischen Troja, Homers „Ilias" spiegelt. Ab 1300 verdrängten ***nordgriechische Einwanderer*** die Aioler (Achäer) aus Nord-Thessalien nach Böotien, auf die Ägäischen Inseln sowie in die sog. „Aiolis" im Nordwesten Kleinasiens.

Von der Ankunft der Dorer und Nordwestgriechen zur I. Griech. Kolonisation, ca. 12. – 8. Jh. v. Chr.
Um die Mitte des 12. Jh. zerbrach die myken. Staatenwelt. Darauf wanderten zwischen 1100 und 900 neue griech. Stammesgruppen mit Eisenkultur und Totenverbrennung ein. Die ***Dorer*** erreichten die Meerenge von Naupaktos, eroberten auf der Peloponnes Elis, um sich um 900 in Sparta festzusetzen und in der Folge vom Argolischen Golf (Golf von Nauplia) aus die Inseln Kreta, Thera, Kos, Rhodos, aber auch die SW-Küste Kleinasiens („Doris"), zu besetzen. Zwischen 740 und 720 eroberten sie auch Messenien, vertrieben die Ionier aus den östl. Spitzen der Peloponnes und die Aioler aus Achaia auf die sog. Ionischen Inseln (Kephallenia, Leukas, Ithaka). Der gewaltsamen dor. Expansion konnten sich in Attika, auf Euböa sowie auf den Kykladen um Delos nur die Ionier, auf der Peloponnes nur die arkad. Aioler erwehren; flüchtige Ionier gelangten bis zur Westküste Kleinasiens („Ionien"). Stark illyr. gemischte, als Halbbarbaren betrachtete ***Nordwestgriechen*** besetzten Epirus, Ätolien und Akarnanien.

Die griechischen Siedlungsgebiete um 800 v. Chr.
Um 800 war die dorische Einwanderung abgeschlossen. Die Siedlungs- und Dialektgebiete hatten sich konsolidiert und bildeten fortan vier Streifen, welche durch Kultur und Staaten der ***Aioler (Achäer)***, ***Ionier*** und ***Dorer*** sowie der ***„Nordwestgriechen"***, die ihren indogermanischen Charakter am reinsten bewahrt hatten, geprägt wurden.

Olympische Spiele: Altes gesamtgriechisches Fest zu Ehren des Zeus in Olympia/Elis. Alle 4 Jahre *(Olympiade)* mit vielfältigen sportlichen und künstler. Wettkämpfen *(Agone)* ausgetragen. Seit 776 v. Chr. Aufzeichnung der Sieger. 394 n. Chr. vom röm. Kaiser als heidnisch verboten.

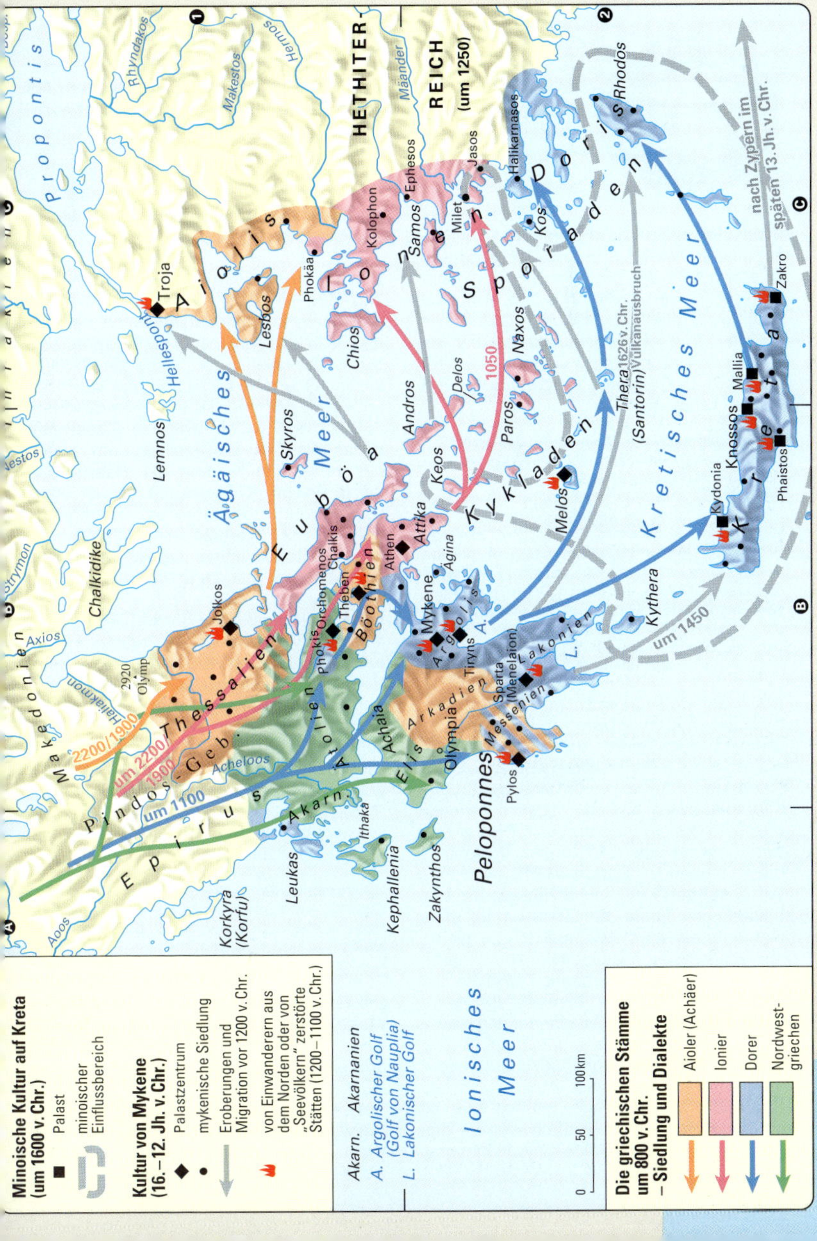
Minoische Kultur auf Kreta (um 1600 v. Chr.)
Palast
minoischer Einflussbereich
Kultur von Mykene (16.–12. Jh. v. Chr.)
Palastzentrum
mykenische Siedlung
Eroberungen und Migration vor 1200 v. Chr.
von Einwanderern aus dem Norden oder von „Seevölkern" zerstörte Stätten (1200–1100 v. Chr.)
Akarn. Akarnanien
A. Argolischer Golf (Golf von Nauplia)
L. Lakonischer Golf
Die griechischen Stämme um 800 v. Chr. – Siedlung und Dialekte
Aioler (Achäer)
Ionier
Dorer
Nordwest-griechen
0 50 100 km
Ionisches Meer
Ägäisches Meer
Kretisches Meer
Propontis
HETHITER-REICH (um 1250)
Makedonien
Thessalien
Pindos-Geb.
Epirus
Ätolien
Akarn.
Phokis
Böotien
Euböa
Attika
Argolis
Arkadien
Achaia
Elis
Messenien
Lakonien
Peloponnes
Aiolis
Ionien
Doris
Kykladen
Sporaden
Kreta
Chalkidike
Troja
Hellespont
Lemnos
Lesbos
Chios
Samos
Skyros
Andros
Keos
Delos
Naxos
Paros
Melos
Thera 1626 v. Chr. (Santorin) Vulkanausbruch
Kos
Rhodos
Halikarnassos
Jasos
Milet
Ephesos
Kolophon
Phokäa
Rhyndakos
Makestos
Hermos
Mäander
Nestos
Strymon
Axios
Haliakmon
Acheloos
Aoos
Olymp 2920
Jolkos
Orchomenos
Theben
Chalkis
Athen
Ägina
Mykene
Tiryns
Sparta
Menelaion
Olympia
Pylos
Leukas
Ithaka
Kephallenia
Zakynthos
Korkyra (Korfu)
Kythera
Kydonia
Knossos
Mallia
Phaistos
Zakro
2200/1900
um 2200/1900
um 1100
1050
um 1450
nach Zypern im späten 13. Jh. v. Chr.
A
B
C
1
2

Galeere der Phöniker
Das Seepferd unter dem phön. Kriegschiff symbolisiert den Meeresgott.
Phönikische Münze.

Die Kolonisation der Phöniker
Phönikien hieß im Altertum das gebirgige Küstengebiet des heutigen Libanon. Sein Hafenreichtum verschaffte ihm früh eine wichtige Rolle im Zwischenhandel mit Ägypten. Wie im übrigen Vorderasien wanderten dort ab ca. 2000 v. Chr. *Kanaanäer* ein und gründeten Küstenstädte mit kleinen Staaten.

Die Phöniker und die Entwicklung der Schrift
Durch babylon. und ägypt. Kultureinflüsse waren in Phönikien bereits um 2000 ***Keilschrift*** und ***Hieroglyphen*** bekannt. Aus ihrer Synthese wurde um 1700 eine stark vereinfachte Schrift für das ***Kanaanäische*** entwickelt, eine teilw. bildhafte Silbenschrift mit ca. 100 Zeichen. Daraus entstand das erstmals um 1500 bezeugte ***phön. Alphabet*** mit 30 Buchstaben, das um 1000(?) von den Arabern übernommen wurde. Von ihm stammen über die Griechen, welche die der phön. Schrift fehlenden *Vokalzeichen* hinzufügten, mittel- oder unmittelbar alle übrigen Buchstabenschriften der Erde ab.

Als das Hethiterreich zerfiel und die Aramäer Syrien eroberten, konnten die phön. Städte ihren Bevölkerungsüberschuss nicht mehr im Hinterland ansiedeln. Nach dem Zusammenbruch Kretas um 1400 begannen sie ihren *Mittelmeerhandel* auszuweiten. Spätestens seit 1200 gründeten sie im westl. Mittelmeer Kolonien, die zu blühenden Handelsstädten wurden. Wohl schon 1100 durchfuhren sie die Straße von Gibraltar; Zentrum für den Nordwesten Marokkos und den Südwesten Spaniens wurde Gades *(Cadix)*. Motor der Kolonisation war anfangs ***Sidon*** (heute: *Saida*), nach 1000 aber ***Tyros*** (heute: *Sur*).

Den seit 750 v. Chr. vordringenden Assyrern konnten die stets uneinigen phön. Staaten nicht widerstehen (677 Sidon zerstört, Tyros 573 erobert). Auch unter den Chaldäern und Persern blieben sie im Mittelmeerhandel führend, obwohl sie der Aufstieg der griech. Städte und Karthagos empfindlich traf.

Karthagos Aufstieg ab ca. 650 v. Chr.
814 wurde Karthago *(Neustadt)* gegründet. Jedoch seine Verbindung zur Mutterstadt Tyros wurde durch den ab 800 wachsenden griech. Druck und die assyr. Unterwerfung des phön. „Mutterlandes" geschwächt. Ab ca. 650 v. Chr. besaß es daher eine eigene Flotte und ein Heer und wurde zur Schutzherrin der phön. Kolonien im westl. Mittelmeer (Reich von Karthago).

Die II. Griechische Kolonisation, ca. 750–550 v. Chr.: Die Ausbreitung der griech. Aioler, Ionier und Dorer zw. dem 12. und 8. Jh. über die Inseln der Ägäis und die Küste Kleinasiens, die „Große Wanderung" (auch *I. Griech. Kolonisation*) war kaum beendet, da gerieten die Griechen zwischen 750 und 550 v. Chr. erneut in Bewegung. Viele verließen die Heimat, um neuen Lebensraum zu suchen. Der Hauptgrund der ***II. Griech. Kolonisation**** waren Übervölkerung, aber auch unbefriedigende polit. und soz. Verhältnisse, Handelsinteressen anfangs weniger. Die Auswanderung entsprang zumeist der Initiative Einzelner.

Ausgangsgebiete waren v. a. der ionische Stammesraum, Städte und griech. Inseln der Ägäis sowie die Gebiete um den Isthmos, darunter Korinth und Megara. Rein agrar. Gebiete waren mit Ausnahme Achaias nicht beteiligt, auch Athen nicht.

Das Ziel waren Räume, die polit. schwach strukturiert („Machtvakuen") und wirtschaftl. sowie zivilisator. unterentwickelt waren; daher entstanden z. B. in Syrien (Assyr. Reich!) und Ägypten kaum Kolonien. Gravierende Hindernisse bildeten auch die Phöniker und das Reich von Karthago.

Hauptgebiete der II. Griech. Kolonisation:
Süditalien und Sizilien – Gallien und Iberien (von Massilia aus) – Griechenland und die Ionischen Inseln – Makedonien und Thrakien – Hellespont, Bosporus und der Schwarzmeerraum.

Die Gründungsstädte lagen stets an der Küste (Platon: *„wie Frösche am Rande eines Teiches"*) und waren selbständig; größere Zusammenschlüsse wie noch bei der I. Kolonisation blieben aus. Heimische Sitte, Kultur und Einrichtungen nahmen die Auswanderer mit, auch wahrten sie meist Verbindungen zur Mutterstadt und galten weiterhin als *Glieder der griechischen Welt*.

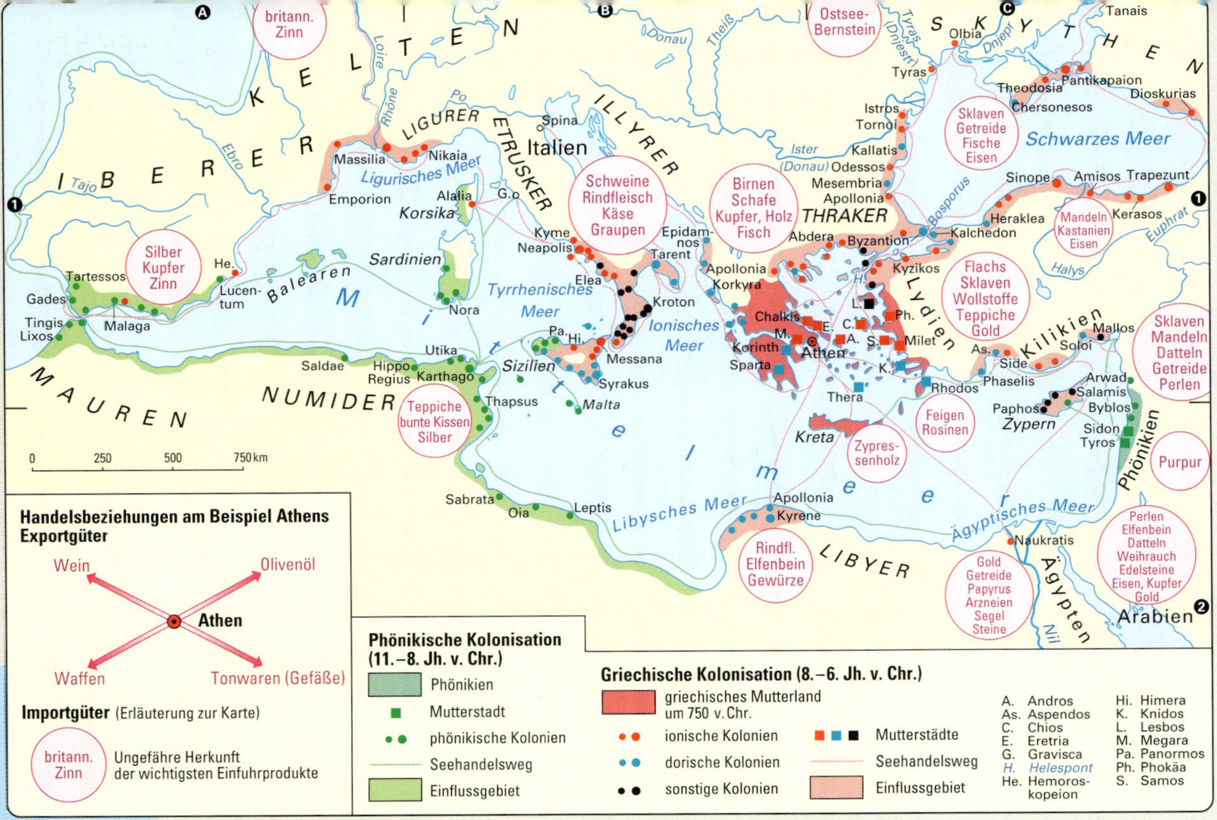
K E L T E N
I B E R E R
LIGURER
ETRUSKER
ILLYRER
THRAKER
S K Y T H E N
Lydien
Kilikien
Phönikien
Zypern
Kreta
Ägypten
Arabien
LIBYER
NUMIDER
M A U R E N
Italien
Korsika
Sardinien
Sizilien
Malta
Balearen
Mittelmeer
Schwarzes Meer
Ligurisches Meer
Tyrrhenisches Meer
Ionisches Meer
Libysches Meer
Ägyptisches Meer
Bosporus
Tajo
Ebro
Rhône
Loire
Po
Donau
Theiß
Ister (Donau)
Tyras (Dnjestr)
Dnjepr
Halys
Euphrat
Nil
Gades
Tartessos
Malaga
Tingis
Lixos
He.
Lucentum
Emporion
Massilia
Nikaia
Alalia
G.
Spina
Kyme
Neapolis
Elea
Tarent
Kroton
Messana
Syrakus
Pa.
Hi.
Epidamnos
Apollonia
Korkyra
Nora
Utika
Karthago
Hippo Regius
Saldae
Thapsus
Sabrata
Oia
Leptis
Kyrene
Apollonia
Naukratis
Chalkis
E.
M.
Athen
Korinth
Sparta
A.
S.
C.
L.
Ph.
Milet
K.
Thera
Rhodos
Abdera
Byzantion
Kyzikos
H.
Kalchedon
Heraklea
Sinope
Amisos
Trapezunt
Kerasos
Dioskurias
Pantikapaion
Theodosia
Chersonesos
Tanais
Olbia
Tyras
Istros
Tornoi
Kallatis
Odessos
Mesembria
Apollonia
As.
Side
Phaselis
Soloi
Mallos
Paphos
Salamis
Arwad
Byblos
Sidon
Tyros
britann. Zinn
Silber Kupfer Zinn
Schweine Rindfleisch Käse Graupen
Birnen Schafe Kupfer, Holz Fisch
Ostsee-Bernstein
Sklaven Getreide Fische Eisen
Mandeln Kastanien Eisen
Flachs Sklaven Wollstoffe Teppiche Gold
Sklaven Mandeln Datteln Getreide Perlen
Purpur
Perlen Elfenbein Datteln Weihrauch Edelsteine Eisen, Kupfer Gold
Gold Getreide Papyrus Arzneien Segel Steine
Rindfl. Elfenbein Gewürze
Zypressenholz
Feigen Rosinen
Teppiche bunte Kissen Silber
0 250 500 750 km
Handelsbeziehungen am Beispiel Athens
Exportgüter
Wein
Olivenöl
Athen
Waffen
Tonwaren (Gefäße)
Importgüter (Erläuterung zur Karte)
britann. Zinn
Ungefähre Herkunft der wichtigsten Einfuhrprodukte
Phönikische Kolonisation (11.–8. Jh. v. Chr.)
Phönikien
Mutterstadt
phönikische Kolonien
Seehandelsweg
Einflussgebiet
Griechische Kolonisation (8.–6. Jh. v. Chr.)
griechisches Mutterland um 750 v. Chr.
ionische Kolonien
dorische Kolonien
sonstige Kolonien
Mutterstädte
Seehandelsweg
Einflussgebiet
A. Andros
As. Aspendos
C. Chios
E. Eretria
G. Gravisca
H. Helespont
He. Hemoroskopeion
Hi. Himera
K. Knidos
L. Lesbos
M. Megara
Pa. Panormos
Ph. Phokäa
S. Samos

Stadtgöttin und Symbol Athens: *Die Münze zeigt Athene und Athens „Wappentier", die Eule mit Olivenzweig. Attische Silbermünze, nach 500 v. Chr.*

Zu den für die Ausbildung der europ. Kultur wichtigsten Staatenbildungen im Altertum gehörte die Entwicklung der griech. Staatenwelt, die ***Entstehung Griechenlands****.

Der Name Griechenland – Hellas:
Seit der indogerman. Einwanderung hieß der südl. Balkan *Griechenland* (vom latein. *Graeci*) oder– nach der späteren Selbstbez. der *Hellenen – Hellas*. Nach der griech. Ausbreitung über die Inseln und die kleinasiat. Küste gehörte auch die *Ägäis* mit *Kreta* zum Schauplatz der griech. Geschichte, nicht dagegen die griech. Städte der Adria und im westl. Mittelmeer, auch wenn Sizilien zeitweise noch als *Magna Graecia* bezeichnet wurde.

Das Meer als griechisches Bindeglied

Nach Klima, Bodenverhältnissen und Wirtschaft weist Griechenland starke Unterschiede auf. Eine gewisse O–W-Scheidung bewirkt der Pindos. Überhaupt erlauben die Gebirge eine bessere N–S- als O–W-Durchlässigkeit. Davon abgesehen ist die O-Küste buchtenreich, ebenso die Inselwelt der Ägäis. Doch erschweren fast überall hohe und zur Küste steil abfallende Gebirgsränder den Landverkehr zw. den Buchten. Im Landesinnern bilden wasserarme Gebirge, steile Pässe, Bewaldung, Sümpfe und Seen natürliche Grenzen. Diese ***Parzellierung des Lebensraumes*** setzt sich in der Ägäis und an der W-Küste Kleinasiens fort. Das Schiff bildete daher das Hauptverkehrsmittel, wobei Strömungen und Winde die Seefahrt nur in der günstigen Jahreszeit erlaubten.

Gesellschaft und Staat

Die ***Kleinkammerigkeit*** des Naturraumes ließ die indogerman. Gemeinsamkeiten der griech. Einwanderer allmählich in den Hintergrund treten und ***förderte den Partikularismus***: Die griech. Geschichte war im Altertum nur ausnahmsweise die Geschichte d e r Griechen, sondern die von kleinen Gemeindestaaten. Diese hatten – von ***Sparta**** abgesehen – eine ***Polis* (Stadt)*** zum Mittelpunkt, welche anfänglich überwiegend Ackerbürgerstadt war. Die große Zahl solcher Stadtstaaten erklärt sich aus der Häufung von Kleinlandschaften. Ein Zusammenschluss zu großen Einheiten war i. d. R. abhängig vom Vorhandensein gemeinsamer Lebensbedingungen in einer Großlandschaft, auch von der Überflügelung kleinerer Polisgebiete durch benachbarte größere oder auch von starker Abschließung nach außen (Halbinselcharakter Attikas, große Inseln).

Sparta: Eine der polit. bedeutendsten „Städte" Griechenlands. Offene Siedlung von vier Dörfern (Limnaii, Kynosura, Mesoa, Pitane, dazu später Amyklai) am Eurotas. Mittelpunkt des spartan. Staates, dessen Bevölkerung dreigeschichtet war: grundbesitzende adlige ***Spartiaten*** (eig. *die Gleichen*), bäuerliche freie ***Periöken*** *(Umwohnende)* und unfreie ***Heloten*** *(schollengebundene, unfreie, weitgehend rechtlose Landbevölkerung).*

Einen Einheitsstaat erstrebten die Griechen nie; nur äußere Gewalt vereinte sie zeitweise in einem (nichtgriechischen) Reich.

Polis, *Mz.* ***poleis*** *(eig. „Burg"):* Anfangs *Burg* (1), dann dorfartige Siedlung, politischer Mittelpunkt des Umlandes und Sitz der Magistrate (2) und schließlich der ***„Stadtstaat"*** (3). Ursprung des heutigen Begriffs *Politik*.

Und die Gemeinschaft der Griechen?

Zeitweise bildete der ***Glaube an dieselben Hauptgötter**** die stärkste Klammer.

Griech. Hauptgötter und ihre „Zuständigkeiten"
Zeus: Wetter (Donner, Blitz), Göttervater; ***Hera:*** Frauen, Gemahlin des Zeus; ***Hermes:*** Bote, Herr des rechten Weges; ***Poseidon:*** Erdtiefen, Meer und alle Beben; ***Demeter:*** Fruchtbarkeit des Bodens; ***Apollon:*** Krankheit, Heil- und Dichtkunst, Musik; ***Athene:*** Schützerin der Stadt, weiblichen Arbeit; ***Aphrodite:*** Liebe; ***Artemis:*** Wildnis und Jagd sowie Geburt; ***Ares:*** Krieg; ***Hades:*** Tod, Unterwelt. Andere Götter kamen später hinzu.

Als sich die agonale Idee (griech. *agon = Wettkampf*) verbreitete, wurden lokale Kultfeiern zu ***überregionalen Festen***: Beispiele *Nemea* und *Olympia*: Zeus, *Delphi:* Apollon, *Isthmos von Korinth:* Poseidon.

Hinzu kam die gemeinsame ***Sprache***, die allerdings in unterschiedliche Dialekte zerfiel. Und dazu gesellte sich seit dem 10./9. Jh. die ***Schrift***, welche in zwei Varianten von den Phönikern übernommen und zur *ersten reinen Lautschrift der Welt* weiterentwickelt worden war.

Makedonien
Aigai (Vergina)
Methone
Pydna
Haliakmon
Aoos
Chalkidike
Akanthos
Kanal des Xerxes
Olynthos
Olophyxos
Poteidaia
Athos 2033
Torone
Mende
Thermäischer Golf
Olymp 2917
Herakleion
1978 Ossa
Magnesia
Epirus
Molossis
Pindos
2637
2469
Dodona (Zeus)
Trikka
Peneios
Larisa
Kasthanaia
Thessalien
Enipeus
Pherai
Jolkos
Pagasai
Pharsalos
Aphetai
Thrakisches Meer
Skiathos
Ikos
Peparethos
Sporaden
Kap Artemision
Histiaia
Oreos
Ambrakia
Anaktorion
Leukas
Akarnanien
Acheloos
G. v. Malia
Thermopylen
Doris
Ätolien
Lokris Eoia
Euböa
2510
Phokis
Parnassos 2457
Orchomenos
Kopais see
1743
Chalkis
1171
I.
Ithaka
Naupaktos
Lokris Ozolis
Delphi (Apollon)
Chaironea
Aulis
Eretria
Böotien
Theben
Tanagra
Same
Kephallenia
Patrai
Rhion
Aigion
Golf von Korinth
Platää
1413
Attika
Eleusis (Demeter)
Marathon
Achaia
Megara
Athen
Elis
2223
2376
Sikyon
(Poseidon)
Piräus
Salamis
Zakynthos
Korinth
Saronischer Golf
Ägina
Elis
Orchomenos
Nemea (Zeus)
Argolis
Keos
Olympia (Zeus)
Arkadien
Mykene
Tiryns
Epidauros
(Poseidon) Kap Sunion
Alpheios
Mantineia
Argos
(Asklepios)
Ionisches Meer
Nauplia
Kalaureia (Poseidon)
Lepreon
Bassai (Apollon)
Tegea
Troizen
Megalopolis (371 v. Chr. gegr.)
Hermione
Argolischer Golf
Hydrea
Peloponnes
Ithome 802
Eurotas
Parnon
Messenien
Taygetos
Sparta
Amyklai
Myrtoisches Meer
Pylos
2404
Lakonien
Methone
Messenischer Golf
Gytheion
Lakonischer Golf
Kap Malea
Kythera
Skandeia
0 50 100 km
Burg/Palast aus frühgriech. Zeit (vor 1200 v. Chr.)
Kuppelgräber
wichtiger Stadtstaat (Polis)
Kultzentrum/Heiligtum (Verehrung einer Gottheit)
Grenzen von Staaten oder Polis-Gemeinschaften
Gebirge
Ebenen (Tal- und Beckenlandschaften)

Griech. Triere: *Die „Dreidecker", 40–50 m lang, waren in den Seeschlachten kriegsentscheidend.*

Griechenaufstand Kleinasiens und der 1. Perserkrieg (500–494 v. Chr.)

Im Jahre **500** erhoben sich die Ionier Kleinasiens unter Führung Milets gegen die persische Oberherrschaft. Der Aufstand scheiterte, weil ihn nur Athen und Eretria (Euböa) unterstützten. Diese Einmischung bot aber Persien den Vorwand, nun ganz Hellas zu erobern. Ein erster Rachefeldzug im Jahre 492 scheiterte: Schwere Verluste gegen die Thraker und der Untergang der Flotte in Stürmen am Vorgebirge Athos zwangen die Perser zur Umkehr.

2. und 3. Perserkrieg (490–479 v. Chr.)

Schon **490** segelte eine neue pers. Flotte über Rhodos und Euböa nach Attika*, um Athen zu Land anzugreifen. Bei ***Marathon*** scheiterte auch dieser Feldzug: Ein athen. Heer von nur 10 000 Hopliten siegte aufgrund überlegener Taktik. In den folgenden Jahren baute Athen seine Flotte stark aus, und auch in Persien rüsteten Dareios und sein Sohn ***Xerxes (485–465)***; u. a. wurde der Athos-Kanal gebaut. Wegen Aufständen im Reich brach das pers. Heer erst 480 von Sardes auf. Die Griechen waren uneins: Nordwestgriechen und Kreter blieben neutral, Thessalier und Böotier persertreu. Alle übrigen bildeten einen antipersischen ***Kampfbund (Symmachie)***, dessen Kern der *Peloponnesische Bund* unter Führung Spartas bildete; ihm ordnete sich die Seemacht Athen unter.

Noch 480 zog Xerxes mit dem Heer durch Thessalien, während seine Flotte (1 207 Schiffe!) von Kleinasien aus die Küste entlang segelte. Mittels des Kanals vermied man bei Athos das gefährliche Südkap, erreichte aber nur unter großen Verlusten durch Stürme die *Bucht von Aphetai*, wo die griech. Flotte bei Kap Artemision ankerte.

Der spartan. König Leonidas verteidigte mit ca. 6 000 Mann, darunter 300 Spartiaten, den ***Thermopylenpass***. Als die Perser ihn umgingen, entließ Leonidas das Heer und verteidigte mit seinen Spartiaten den Pass bis zum letzten Mann. Die griech. Flotte zog sich daraufhin, gefolgt von den Persern, nach Athen zurück. Dessen Bevölkerung wurde aus der mauerlosen Stadt auf die Inseln Salamis, Ägina und Troizen evakuiert, während die Peloponnesier den Isthmos befestigten. Griechenlands Schicksal hing nun an seiner Flotte, und diese siegte überraschend ***480*** bei ***Salamis*** mit nur 310 Trieren klar gegen die pers. Übermacht.

Im folgenden Jahr ***479*** gelang Spartanern und Athenern ein Landsieg bei ***Platää*** sowie ein Seesieg bei ***Mykale***, der die Griechenstädte Kleinasiens von der persischen Herrschaft befreite. Auch Athen wurde nun durch eine Mauer befestigt.

Attika, *das athenische Land:*
Östlichste Halbinsel Mittelgriechenlands, abseits der zentralen N–S-Straße zur Peloponnes, durch Gebirge im NW gegen die Megaris, im N gegen Böotien abgegrenzt und geschützt, bestehend aus zwei größeren Ebenen, der Thriasischen und der Attischen Ebene, und am Kap Sunion endend. Stadt und Land waren in *ca. 175 Stadtteile* und *Gemeinden (Demen)* eingeteilt. Wichtigste Straße war in klassischer Zeit die vom Hafen Piräus nach Athen, die 461–456 von zwei Mauern *(Lange Mauern)* gesichert, als unüberwindliche Festung der attischen Landbevölkerung Schutz bot.

Der 1. Delisch-Attische Seebund 477

Die Griechen hatten 478 die Führung im Seekrieg von Sparta auf Athen übertragen. 477 schlossen die Städte der Ägäis mit Athen einen antipersischen *Kampfbund*. Sitz der Bundeskasse wurde Delos.

Bedeutung der Perserkriege

Das kleine griech. Volk am Rande Europas hatte sich gegen die Übermacht des asiat. Perserreiches verteidigt. Dieser Erfolg stärkte einerseits Selbstbewusstsein und Freiheitsliebe der Griechen, machte ihnen aber anderseits auch den Wert von Einigkeit und Solidarität bewusst. Der Delisch-Attische Seebund bildete den ersten Versuch einer griech. Einigung, die als Staatenbund die urgriech. Lebensform der Polis bewahrte; er ermöglichte darüber hinaus die Entfaltung der attischen Kultur zur Klassik und schuf somit eine Voraussetzung für die *Befruchtung der europäischen Kultur durch den griechischen Geist.*

Perserreich und Vasallen
Griechischer Kampfbund gegen Persien
neutrale oder perserfreundliche Staaten
Feldzüge 492 bis 482/479 v. Chr.
persische Flotten 492 u. 490
persisches Heer 480
persische Flotte 480
griechische Flotte 479
befreite griechische Staaten, die dem Attischen Seebund beitraten
Schlachten
persischer Sieg
griechischer Sieg
Auswahl großer und kleiner Poleis (Stadtstaaten)
Attika
Grenze von Attika
Stadtmauern von Athen
Tempel, Heiligtum
Hauptweg, Straße
200 500 1000m
Bosp. Bosporos
P. Piräus
M. Megara
Thrakien
Makedonien (Vasall Persiens)
Thessalien
Epirus
Phrygien
Mysien
Lydien
Karien
Propontis
Ägäisches Meer
Myrtoisches Meer
Ionisches Meer
Kretisches Meer
Kykladen
Sporaden
Euböa
Peloponnes
Arkadien
Kreta
Marathon
Salamis
Thermopylen
Plataiai
Mykale
Athen
Sparta
Sardes (489 von Griechen zerstört)
Königsstraße
Kanal des Xerxes
Hellespont

Scherbengericht Athens
Wessen Name (oben: Themistokles aus Phreareios) auf den Tonscherben am häufigsten erschien, den erwarteten 10 Jahre Verbannung.

Der Dualismus Athen – Sparta

Der Sieg über Persien hatte Athen polit. gestärkt. Als Haupt des Attischen Seebundes war es die tonangebende griech. Seemacht. Sparta dagegen – obwohl als Haupt des Peloponnes. Bundes weiterhin die führende griech. Landmacht – hatte an Einfluss verloren. Dies bewirkte eine scharfe polit. Rivalität beider Poleis, zumal sie entsprechend ihren verschiedenen gesellschaftl.-polit. Systemen auch sonst grundverschiedene Ziele verfolgten: Das stärker aristokrat. Sparta war eher defensiv eingestellt, konservativ und selbstsicher. Das demokrat. Athen dagegen war eher aggressiv, wagemutig und misstrauisch. Seine führenden Politiker gingen davon aus, dass Sparta auf Dauer den Aufstieg Athens nicht dulden werde und rechneten mit einem Präventivkrieg. Um ihm zuvorzukommen, begannen sie früh, Sparta politisch zu provozieren.

Vom Attisch-Delischen Seebund zum Attischen Reich

Athen setzte in der Folgezeit den Kampf gegen Persien fort: ***465*** siegte es am ***Eurymedon*** in Pamphylien zu Land und zu Wasser, und ***449*** kam nach einem weiteren Sieg bei ***Salamis*** auf Zypern ein Friede *(Kimonischer* oder *Kalliasfriede)* mit Persien zustande. Persien erkannte die Autonomie der Griechenstädte Kleinasiens an, und im Gegenzug verzichtete Athen darauf, Aufstände im Perserreich zu unterstützen. Das Ziel des Seebundes schien erreicht, viele Mitglieder hielten ihn nun für überflüssig und stellten die Tributzahlung ein.

Perikles jedoch, der als einer der 10 leitenden *Strategen* (einziges athen. Wahlamt) von 443 bis 429 die Politik Athens bestimmte, wollte den Bund zum ***Attischen Reich*** umwandeln. Die Bundesgenossen galten ihm wegen der Verdienste Athens in den Perserkriegen als *Untertanen* und sollten künftig den Interessen Athens dienen. Die Tribute sollten Getreideimporte nach Athen zur Sicherung der Demokratie finanzieren und eine prachtvolle Kunstentfaltung* ermöglichen, die freilich nur Athen zugute kam. Abfall wurde hart bestraft.

Kunstentfaltung in Athen
447 Baubeginn des ***Parthenontempels*** zu Ehren der „Reichsgöttin" Athene, der Patronin Athens. Kostbarste Ausstattung (Phidias) des Parthenons und großartiger ***Ausbau der Akropolis****.
436 Baubeginn der ***Propyläen*** (Mnesikles). Entfaltung der ***Tragödie*** (Sophokles, Euripides).

Die Folge dieser athen. Politik waren Konflikte mit den Bundesgenossen, in welche sich die Rivalin Sparta einmischte. Aus einem solchen Konflikt entstand dann der verheerende ***Peloponnesische Krieg (431 bis 404)***, mit dem die klass. Kulturphase Griechenlands endete. Zwar musste Athen schließlich bedingungslos kapitulieren, doch war auch Sparta, das nur mit pers. Hilfe gesiegt hatte, geschwächt. Das so bewirkte Machtvakuum führte nicht nur zur Preisgabe der kleinasiat. Griechenstädte an Persien, sondern – beim Fehlen einer starken innergriech. Macht – auch zu ständig neuen Kriegen zwischen den Poleis selbst.

Die Stadt Athen

Ihre wichtigsten topographischen Punkte waren Agora*, Akropolis* und Areopag*.

Agora: Öffentl. Platz in der Polis für Beratung, Gericht und Wettspiele, Tanz und Opfer, durchzogen von der Straße der *Panathenäen*, umgeben von öffentl. Bauten, wie *Stoen* (Säulenhallen), Tempeln (v.a. für Aphrodite, Apollon, Ares, Athene und Hephaistos), dem *Bouleuterion (Rathaus)*, dem *Metroon (Staatsarchiv)*, der *Münze*, dem *Odeion (Musikhalle)* und dem *Geschworenengericht*.

Akropolis (eig. *Oberstadt*): Zentrum griech. Stadtstaaten, im Athen der myken. Zeit noch starke Festung mit Königspalast; ab dem 6. Jh. zunehmend Festplatz der Götter mit *Statue der Stadtgöttin Athene*, deren goldene Speerspitze weithin zu sehen war. Die Anlage umfasste auch mehrere *Tempel*, v.a. für Artemis, Athene (*Parthenon*, 447–438), Nike (Siegesgöttin), Zeus und Erechtheus *(Erechtheion)*, sowie das prachtvolle Burgtor (*Propyläen*, 437–432).

Areopag (eig. *Areshügel*): Hügel im westlichen Stadtgebiet Athens, ursprüngl. heilige Stätte, wo der *Archon Basileus* mit ehem. *Archonten* über Blutgerichtsfälle wie Mord und Brandstiftung zu Gericht saß. Später Bez. für den *Rat (Bule)* selbst, der ursprüngl. auch die Oberbeamten kontrolliert hatte.

Beginn des Peloponnesischen Krieges um 431 v. Chr.

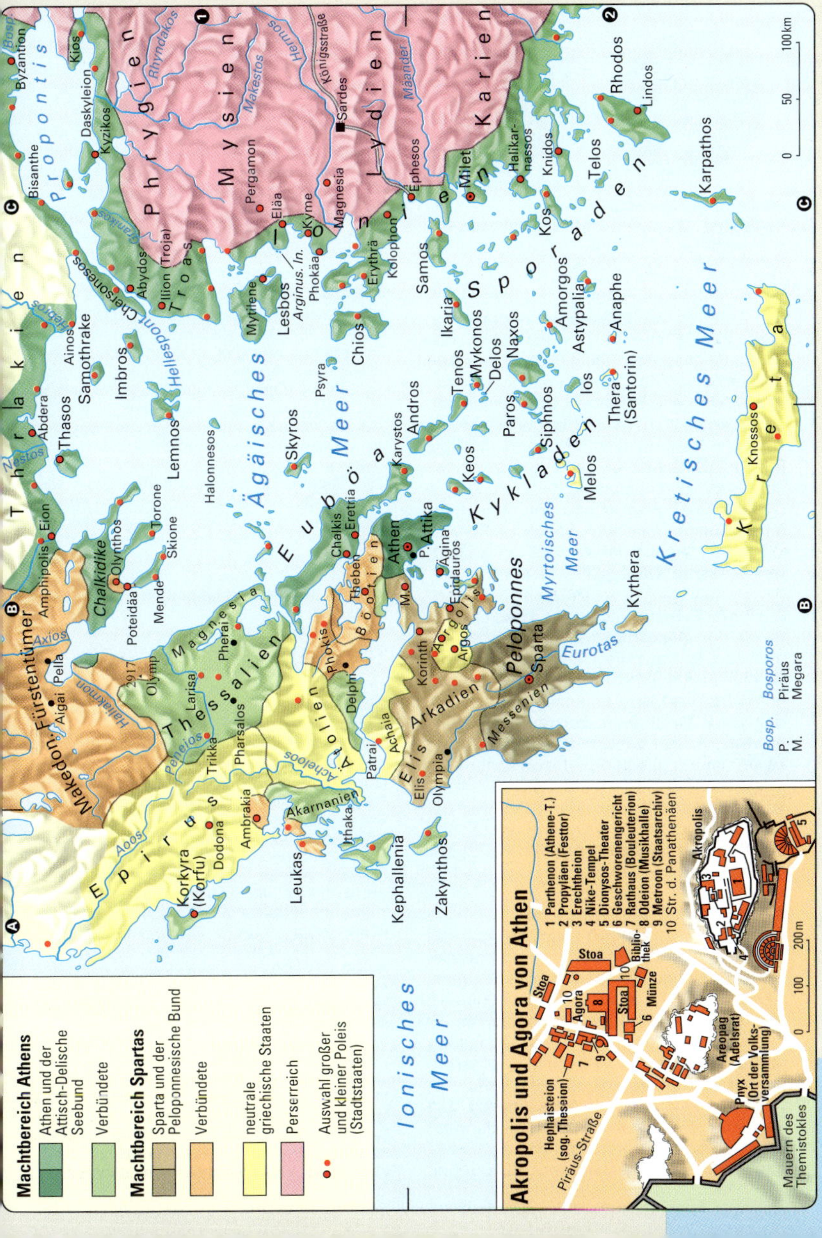

Münze Alexanders des Großen
Vorderseite: Alexanders Kopf mit Stirnband (pers. Königsdiadem) u. Widderhörnern (Zeus-Ammun). Rückseite: kriegerische Schutzgöttin Athene mit Nike. Silbermünze, 4. Jh. v. Chr.

Der Aufstieg des Makedonenreiches
Makedonien, von den Frühgriechen des achäisch-äolischen Dialekts u. a. besiedelt, bestand ursprünglich aus vielen selbständigen Völkern und Stämmen. Der Zusammenschluss ging vom niedermakedon. Reich um Aigai aus. Sein Herrscher ***Philipp II. (359 bis 336, ab 355 König)*** vereinigte die mak. Fürstentümer und erlangte durch Bündnisse und Kriege die ***Hegemonie über Griechenland***, dessen Vormacht, Theben (371–362 *„Theban. Hegemonie"*), er ***338*** bei ***Chaironea*** besiegte. 336 wurde er ermordet.

Der pers. Feldzug Alexanders des Großen
Sein Sohn ***Alexander (III.)*** zerstörte Theben und festigte die Herrschaft über die Griechen. Als ihr Oberfeldherr *(Strategos autokrator)* erklärte er Persien den Krieg, das unter Großkönig ***Dareios III. Kodomannos*** immer wieder die mak. Grenzen bedrohte und griech. Aufstände schürte.

Im Verlaufe dieses Feldzuges dehnte er seine Herrschaft über einen Großteil der damals bekannten Welt hinaus aus und schuf ***das erste bekannte Weltreich der Geschichte****.

Alexander und sein Weltreich
Alexander begünstigte zwar die Ausbreitung griech. Kultur im Osten, erstrebte aber nicht die völlige Hellenisierung und Unterwerfung seines asiat. Reiches, sondern eher Kultursynthese und Personalunion. Er behielt die einheimischen Verwaltungseinrichtungen bei und ließ nur die Finanzen durch Makedonen kontrollieren.

Seine meist ***Alexandreia*** (griech. *Ort Alexanders*) genannten „Stadtgründungen" waren primär Militärstützpunkte an wichtigen Verkehrsknotenpunkten oder gegen Grenzvölker gerichtet. Er siedelte dort zwar Griechen an, doch sollten diese nicht das Umland hellenisieren.

Als Alexanders Absicht zutage trat, alle seine Untertanenen zu verschmelzen (z. B. Massenhochzeit von 324 in Susa) und sich nach pers. Beispiel, z. B. durch den Kniefall *(Proskynese)*, göttliche Verehrung erweisen zu lassen, stieß er in seiner makedonischen Umgebung auf großen Widerstand.

Die Entstehung des Weltreichs Alexanders 334–323 v. Chr.

334 Mit nur 30 000 Soldaten und 5 000 Reitern rückte A. über den Hellespont in Vorderasien ein. Am ***Granikos*** schlug er die pers. Satrapen Kleinasiens und den griech. Söldnerführer Memnon; die Griechenstädte der Troas und Ioniens einigte er in Städtebünden unter mak. Führung.

333 Bei ***Issos*** besiegte er ein großes Perserheer; danach vernichtete er die Flotte der propersischen Phöniker.

332 Nach der Einnahme von ***Tyros*** rückte A. ohne Widerstand in Ägypten ein und nahm den ***Pharaotitel*** an. Um seine göttl. Mission als Sohn des Zeus unter Beweis zu stellen, besuchte er die Gott Ammon geweihte Oase Siwa. Als Festung und Denkmal gründete er die griech. Stadt ***Alexandria***.

331 Mit der Überschreitung von Euphrat und Tigris nahm er den pers. Krieg wieder auf und siegte bei ***Arbela*** und ***Gaugamela*** erneut über Dareios, der nach Medien floh. Alexander nannte sich jetzt ***König von Asien*** und besetzte die wichtigsten Städte des Persischen Reiches: Babylon (als künftige Hauptstadt), Susa, Persepolis (das er niederbrannte) und Pasargadai.

330 In Ekbatana entließ er die griech. Soldaten, um zu zeigen, dass der „griech. Krieg" beendet und der weitere Krieg die Sache Makedoniens sei. Als Alexander Dareios in den Ostiran verfolgte, ließ der Satrap Bessos den Großkönig ermorden und schwang sich in Baktrien zum König auf; der Thronstreit endete 329 mit Bessos' Tod.

327–325 Auf der Suche nach O- und S-Grenze der bewohnten Welt *(Oikumene)* zog A. nach NW-Indien. Am ***Hydaspes*** siegte er ***326*** über Poros, übertrug ihm die Herrschaft als mak. Vasall und gründete Nikaia und Bukephala. Am ***Hyphasis*** zwang ihn eine Meuterei des mak. Heeres zur ***Umkehr***. Alexander ließ eine Flotte bauen und schickte sie zur Mündung des Tigris; er selbst marschierte auf dem Landweg zurück.

324 In Susa feierte er seine Rückkehr und vermählte sich mit der pers. Prinzessin Barsane. Als er das Perserreich nicht zerschlug, sondern als Verwaltungseinheit übernahm, musste er eine Meuterei unzufriedener Makedonen unterdrücken.

323 In Babylon starb A. an Fieber. Angeblich hatte er noch die Umsegelung Afrikas und die Eroberung des Westens bis Gibraltar geplant.

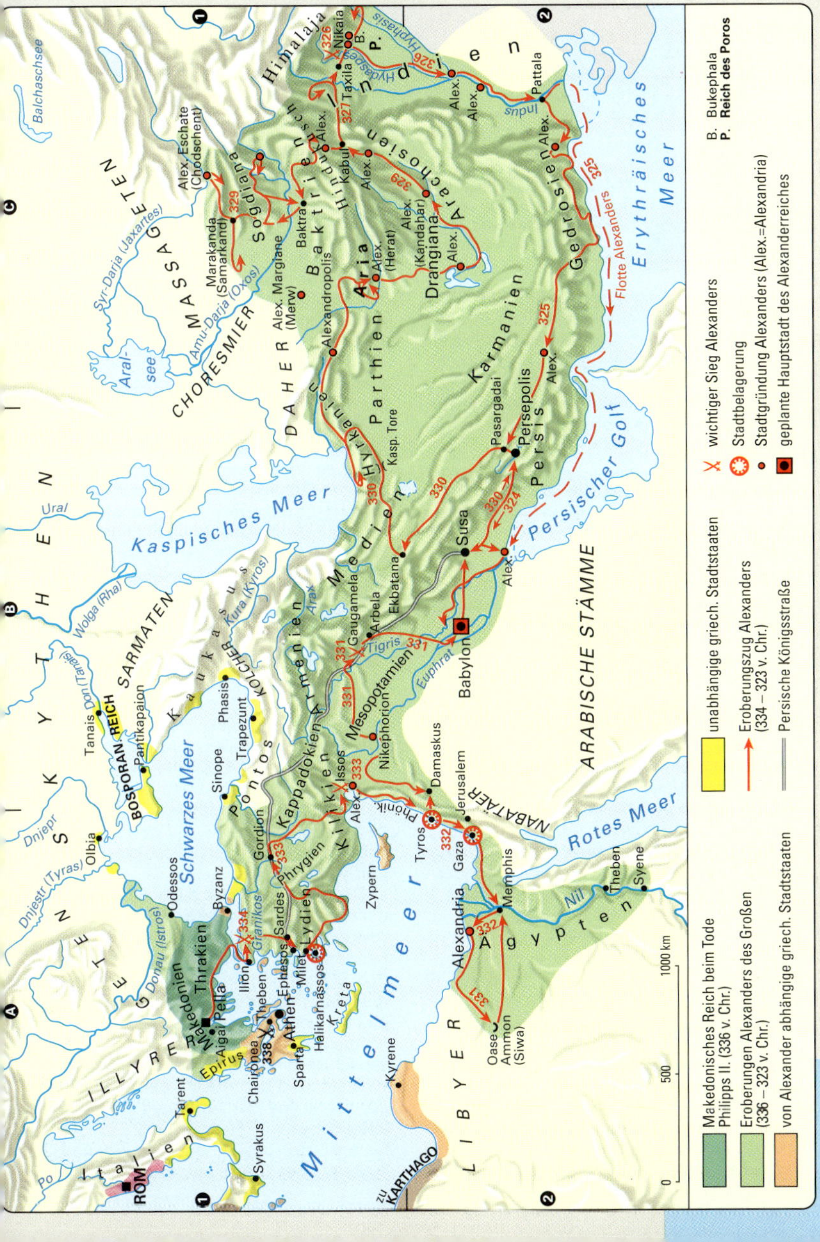
Makedonisches Reich beim Tode Philipps II. (336 v. Chr.)
Eroberungen Alexanders des Großen (336 – 323 v. Chr.)
von Alexander abhängige griech. Stadtstaaten
unabhängige griech. Stadtstaaten
Eroberungszug Alexanders (334 – 323 v. Chr.)
Persische Königsstraße
wichtiger Sieg Alexanders
Stadtbelagerung
Stadtgründung Alexanders (Alex.=Alexandria)
geplante Hauptstadt des Alexanderreiches
B. Bukephala
P. Reich des Poros
0
500
1000 km
Kaspisches Meer
Schwarzes Meer
Mittelmeer
Persischer Golf
Erythräisches Meer
Rotes Meer
Aralsee
Balchaschsee
SKYTHEN
SARMATEN
MASSAGETEN
CHORESMIER
DAHER
ARABISCHE STÄMME
NABATÄER
LIBYER
ILLYRER
GETEN
BOSPORAN. REICH
KOLCHER
KARTHAGO
zu KARTHAGO
ROM
Italien
Makedonien
Thrakien
Epirus
Pella
Aigai
Chaironea 338
Theben
Athen
Sparta
Kreta
Kyrene
Syrakus
Tarent
Ilion
Granikos
Byzanz
Odessos
Olbia
Tanais
Pantikapaion
Sinope
Trapezunt
Phasis
Pontos
Kaukasus
Gordion
Phrygien
Lydien
Sardes
Ephesos
Milet
Halikarnassos
Kappadokien
Kilikien
Issos 333
Alex.
Armenien
Zypern
Phönikien
Tyros
Gaza
Jerusalem
Damaskus
Alexandria
Memphis
Ägypten
Oase Ammon (Siwa)
Theben
Syene
Nil
Mesopotamien
Nikephorion
Gaugamela 331
Arbela
Babylon
Euphrat
Tigris
Medien
Ekbatana
Susa
Persis
Persepolis
Pasargadai
Karmanien
Hyrkanien
Kasp. Tore
Parthien
Aria
Alex. (Herat)
Alexandropolis
Alex. Margiane (Merw)
Drangiana
Alex. (Kandahar)
Arachosien
Gedrosien
Baktrien
Baktra
Sogdiana
Marakanda (Samarkand)
Alex. Eschate (Chodschent)
Amu-Darja (Oxos)
Syr-Darja (Jaxartes)
Hindukusch
Kabul
Taxila
Nikaia
Hydaspes 326
Hyphasis
Himalaja
Indien
Indus
Pattala
Flotte Alexanders
Wolga (Rha)
Ural
Don (Tanais)
Dnjepr
Dnjestr (Tyras)
Donau (Istros)
Kura (Kyros)
Arax
Po

Ein Weltwunder

Der 110 m hohe Leuchtturm auf der Insel Pharos bei Alexandria, 299/279 v. Chr erbaut, zählt neben dem Koloss von Rhodos, der Zeusstatue von Olympia, den Pyramiden in Ägypten etc. zu den antiken Weltwundern: Auf einem quadrat. Sockel und einem achteckigen Mittelteil stand der eig. runde Leuchtturm.

Die Zeit der Diadochen (323–280 v. Chr.)

Die Zeit nach Alexander gilt als Epoche des ***Hellenismus*****.* Der Tod Alexanders erwies, dass das makedonische Weltreich ganz auf seine Person zugeschnitten war und nun an zahlreichen zentrifugalen Kräften zu zerbrechen drohte.

Hellenismus:
Die Zeit von Alexander d. Gr. (336–323) bis zu Augustus (31 v.–14 n. Chr.), genauer die Kultur des Weltreiches Alexanders und seiner Nachfolgereiche *(Diadochen, Epigonen)* bis zu deren Aufgehen im Röm. Imperium, wird mit dem von *J. G. Droysen 1836* geprägten Begriff *Hellenismus* (von griech. *hellenizein = griechisch sprechen und denken*) genannt. H. meint die Ausbreitung griech. Kultur und ihre Vermischung mit anderen Kulturen, einen Vorgang also, den Alexander und seine Nachfolger wesentlich gefördert haben.

Hellenismus i. w. S. umfasste auch die ganze zeitliche Dauer der Geltung der griechischen Sprache außerhalb der Ägäis bis zur Vertreibung der Griechen aus der Türkei 1923.

Alle Versuche, das Reich seinen unmündigen Söhnen als Ganzes zu erhalten oder unter einem seiner Nachfolger wieder zu vereinigen, scheiterten. Alexanders ehem. Feldherrn und Nachfolger (griech. ***Diadochen****) konnten sich nicht einigen, sondern teilten die Hauptprovinzen unter sich auf.

Die Diadochen und ihre Reiche

Ptolemaios (Ptolemäer): Ägypten.
Antigonos (Antigoniden): Lykien, Phrygien und Pamphylien.
Lysimachos: Thrakien.
Seleukos (Seleukiden): Babylonien.
Antipater: Makedonien (und Griechenland).
Andere Teile des Reiches, wie z. B. Pergamon, blieben unabhängig.

Auseinandersetzungen untereinander, die sog. *Diadochenkämpfe* (322–281 v. Chr.), endeten mit den ***Schlachten bei Ipsos (301 v. Chr.)*** und ***Kurupedion (281 v. Chr.)***, und als der letzte Kampfgefährte Alexanders, Seleukos I., 280 starb, war die *Zeit der Diadochen* vorüber.

Die Bedeutung des Hellenismus

Unter den Nachfolgern der Diadochen, den sog. ***Epigonen***, festigten sich drei Reiche, ***Ägypten, Makedonien*** und ***Syrien*** *(Seleukiden)*, zu denen später noch ***Pergamon*** trat, die auf lange Zeit die polit. Verhältnisse im Osten weit nach Asien hinein bestimmten. Bei aller Rückbesinnung auf eigene Wurzeln, wie z. B. in Ägypten, verbreiteten sie griech. Kultur im Orient und oriental. Kultur unter den Griechen. Aber auch die im Westen tonangebenden Mächte Karthago und Rom wurden vom Hellenismus erfasst.

Bei Seleukiden und Ptolemäern etwa vermischten sich Herrschaftsformen der Achämeniden bzw. der Pharaonen (z. B. Zeremoniell und königliche Tracht) mit solchen des makedon. Königtums, so dass sich teilweise Gemeinsamkeiten mit den Antigoniden ergaben, die ihrerseits von der Entwicklung im Osten beeinflusst waren. Die staatl. Einheit verkörperte die Person des absoluten Herrschers, der seine Legitimität aus dem *Recht des speererworbenen Landes* ableitete. Überall nahmen Griechen die obersten Verwaltungsämter ein; erst spät wurden Einheimische berücksichtigt. Im anfangs rein mak. Heer ging die Verschmelzung schneller voran. Eine einheitl. Vermischung der Bevölkerung fand aber nicht statt, vielmehr blieb eine Kluft, die durch soziale Unterschiede zwischen der fremden Oberschicht und den wirtschaftlich und politisch benachteiligten „Barbaren" vertieft wurde.

Die hellenist. Kultur blieb auch innerhalb der neuen Reiche städtisch. Die Stadtgründungen legten seit Alexander griechische Lebensweise zugrunde und übernahmen das Schachbrettmuster der griech. Polis mit Markt (Agora), Säulenhalle, Tempel, Theater und Gymnasium.

Auch bildende Kunst, Literatur und Wissenschaften nährten sich aus griechischen Wurzeln, und der attisch-ionischen Dialekt *(Koine)* wurde zur Amtssprache. Ebenso lebte die griech. Religion fort: Die Götterfeste wurden gefeiert und griechische Heiligtümer oder Orakel aufgesucht.

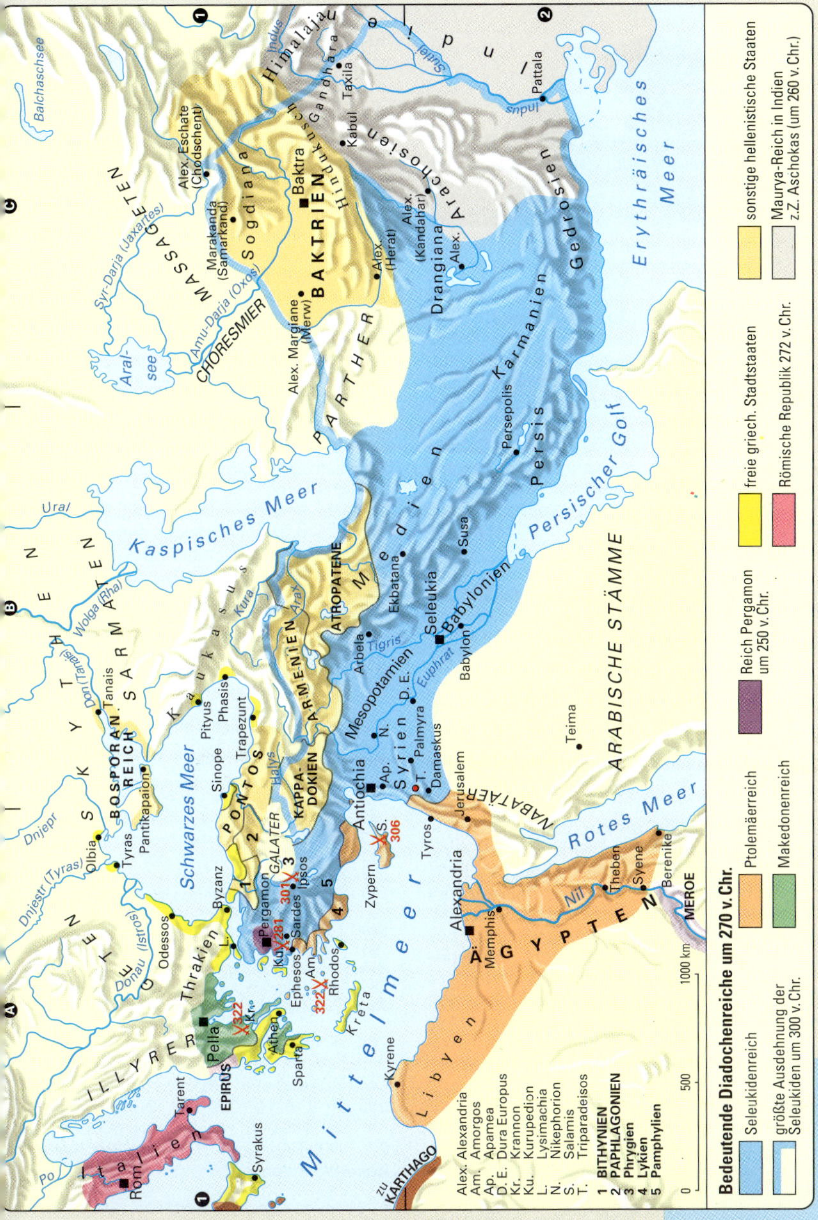
Bedeutende Diadochenreiche um 270 v. Chr.
Seleukidenreich
größte Ausdehnung der Seleukiden um 300 v. Chr.
Ptolemäerreich
Makedonenreich
Reich Pergamon um 250 v. Chr.
freie griech. Stadtstaaten
Römische Republik 272 v. Chr.
sonstige hellenistische Staaten
Maurya-Reich in Indien z.Z. Aschokas (um 260 v. Chr.)
Alex. Alexandria
Am. Amorgos
Ap. Apamea
D. E. Dura Europus
Kr. Krannon
Ku. Kurupedion
L. Lysimachia
N. Nikephorion
S. Salamis
T. Triparadeisos
1 BITHYNIEN
2 PAPHLAGONIEN
3 Phrygien
4 Lykien
5 Pamphylien
0 500 1000 km

Via Appia: *Die älteste römische Straße zwischen Rom und Capua, um 312 v. Chr. fertig gestellt, später bis Tarent verlängert.*

Entstehung und Charakter Roms

Am schiffbaren Tiber, im Brennpunkt Mittelitaliens, entstand Rom. Seine Geschichtsschreiber hatten die Gründung fiktiv ins Jahr 753 v. Chr. gesetzt. Archäolog. begann Rom im 9. Jh. mit einer latinischen Siedlung auf dem Palatin. Ab ca. 800 besetzten Sabiner den Quirinal und die Nachbarhügel. Um 650 wurden alle Siedlungen nach der Sitte der ***Etrusker**** zu einer Stadt vereinigt. Zw. 600 und 510 stand Rom unter der Fremdherrschaft etrusk. Könige, die es polit., sakral und kulturell prägten, während Sprache und Familie latinische Wurzeln behielten. Unter etrusk. Herrschaft erweiterte Rom sein Gebiet in Latium von 150 auf ca. 822 km^2.

Die Etrusker: Ihre Herkunft ist umstritten. Die nicht indogerman. *Sprache* ist kaum übersetzbar, da Vergleiche fehlen. Die *Schrift* hat westgriech. Wurzeln. Zeitw. umfasste der etrusk. Einfluss außer Etrurien die Poebene im N, Kampanien und Latium im S sowie Elba u. Korsika. Polit. bildeten die E. einen Bund von 12 bis 15 selbst. Königreichen. Den E. war die Metallverarbeitung bekannt.

Die Einführung der Republik, um 510

Um 510 wurde die ***Monarchie*** abgeschafft und die ***Republik*** eingeführt. Polit. Rechte besaßen nur Grundbesitzer; nur sie leisteten Militärdienst. Besitzlose zählten zum ***Proletariat***. Jährlich wurden aus dem ***Patriziat*** (Adelsfamilien) zwei ***Konsuln*** (Oberbeamte) gewählt, denen die oberste militär. und zivile Befehlsgewalt zukam und nach denen man das Jahr benannte. Zu ihrer Entlastung dienten zwei (seit 447 gewählte) patriz. *Quaestoren* (Staatskasse), seit 443 zwei *Zensoren* sowie seit 366 ein *Prätor* (Richter) und zwei *Ädilen* (Polizei). In Notzeiten konnte ein Konsul einen *Diktator* ernennen, der auf ein halbes Jahr *unbeschränkte Gewalt* besaß. Auch die *Priesterämter* waren den Patriziern vorbehalten.

Den größten polit. Einfluss aber erlangte aufgrund seiner Kontinuität der aus den Oberhäuptern der patriz. Familien sowie den ehem. Konsuln zusammengesetzte ***Senat*** (Ältestenrat). Seine Beschlüsse hatten die (Ober-)Beamten auszuführen.

Das nichtpatrizische Volk, die ***Plebejer***, waren in drei Verbände *(Tribus)* zu je 10 Kurien unterteilt, welche anfänglich die ***Volksversammlung*** zur Wahl der Beamten bildeten. In den *Ständekämpfen* der folgenden Zeit erlangten dann auch die Plebejer Anteil an der Leitung der Republik: sie wurden zu den Ämtern zugelassen und wählten eigene Beamte *(Volkstribunen)*.

Aufstieg zur Herrin Italiens (ca. 500–264)

Die äußere Entwicklung blieb trotz harter Rückschläge erfolgreich: Staatsgebiet und Zahl der Bundesgenossen Roms nahmen stetig zu. Angriffs- und Verteidigungskriege erforderten ein wachsendes plebej. Aufgebot und erzwangen immer neue patrizische Zugeständnisse.

Kriege, Expansion und Bundesgenossen

509 (?)	I. Vertrag mit Karthago: Terracina u. a. Städte als römische Bündner.
396	Eroberung des etruskischen Veji.
387	Einfall der keltischen Senonen: ***Niederlage an der Allia.*** Einäscherung Roms.
362–358	Unterwerfung der Aurunker und Herniker.
358	Antikeltischer Bund mit den Latinern und Hernikern.
354	Bündnis mit den Samniten.
348	II. Vertrag mit Karthago.
343–341	***1. Samnitenkrieg*** nach Capuas Hilferuf.
340–338	Latinischer Aufstand scheitert.
329	Neapel sucht röm. Schutz geg. Samniten.
326–304, 298–390	***2. und 3. Samnitenkrieg:*** Sieg Roms; Sabiner erhalten röm Bürgerrecht.
306	III. Vertrag mit Karthago geg. Seeräuber.
295	Sieg über Kelten und Etrusker.
293	Sieg über Samniten und Bund.
285–282	Keltenkriege: Gewinn des *ager Gallicus*.
282–272	Krieg mit Tarent und Annexion.

264 reichte Rom vom Arno bis Süditalien, umfasste ca. 130 000 km^2, davon 24 000 Quadratkilometer Staatsgebiet *(ager Romanus)* und 106 000 km^2 Bundesgebiet, mit ca. 900 000 röm. Bürgern und ca. 2 175 000 Bündnern. ***Rom war zur Herrin Italiens geworden.***

Rom um 500 v. Chr.
römischer Machtbereich um 338 v. Chr.
römischer Machtbereich um 272/263 v. Chr. (einschließlich Gebiete der Bundesgenossen)
Gebiete römischer Bürger
Gebiete mit begrenztem Bürgerrecht
Kolonien
Sieg der Senonen in der Schlacht an der Allia 387
römischer Sieg
267 Jahr der römischen Erwerbung
Via Appia 312 v. Chr.
weitere Römerstraßen um 220 v. Chr.
A. AURUNKER und HERNIKER
V. Veji 396
karthagischer Machtbereich
Etrusker
Griechen
griechische Stadt
Kelten (Gallier)
0 50 100 150 km
KELTEN (GALLIER)
VENETER
LIGURER
SENONEN
Ager Gallicus
UMBRER
SABINER
Etrurien
Latium
LATINER
VOLSKER
SAMNITEN
OSKER
MESSAPIER
LUKANIER
BRUTTIER
Kampanien
SIKANER
SIKULER
Sizilien
REICH KARTHAGO
REICH VON SYRAKUS
Adria
Tyrrhenisches Meer
Ionisches Meer
Mantua
Adria
Spina
Felsina
Ariminum
Pisa
Ancona
Arritium
Volaterrae
Trasimen. See
Sentinum
295
Perusia
Clusium
Elba
Spoleto
Castrum Novum
Telamon
Vulci
Tarquinii
387
Alba
V.
Rom
Tusculum 381
Ostia
A.
Luceria 320
Terracina
Cannae
Canusium 318
275
Benevent 268
Venusia 291
Capua
Neapolis
Vesuv
Via Appia
Brundisium 267
272
Taras (Tarent)
Kyme (Cumae)
Poseidonia (Paestum)
303
Metapont
Heraclea
Elea (Velia)
Thurii (Copia) 303
Kroton
Liparische In.
Messana
Mylae
Locri 282
Rhegion 282
Panormos
Drepanon
Ägatische In.
Himera
Ätna
Naxos
Lilybaeum
Selinus
Katane
Akragas (Agrigent)
Eknomus
Syrakus
Gela
Utika
Karthago
Adda
Piave
Etsch
Padus (Po)
Save
Arno
Metaurus
Tiber
Aufidus (Ofando)
Bradano

Kriegselefanten
Eine neue und gefährliche karthag. Kriegswaffe zu Lande waren Elefanten mit Kampftürmen.
(Etrusk. Teller, 3. Jh. v. Chr.)

Der östl. Mittelmeerraum und Kleinasien
Das Alexanderreich war um 280 in die drei ***Diadochenreiche*** der Makedonen, Seleukiden und Ptolemäer [→40/41] zerfallen. Machthunger und Rivalität kennzeichneten ihr Verhältnis untereinander.

Das ***Seleukidenreich*** war bes. gefährdet. Im Norden waren eigenständige Reiche (Pontus, Galater, Armenien, Kappadokien, Bithynien) benachbart. Im Süden griffen die Ptolemäer nach Syrien und Palästina, das sie 217 auch annektierten. Im Westen löste sich 263/262 ***Eumenes I. (263–241)***, Stadtherr von ***Pergamon***, im Bündnis mit den Ptolemäern, aus der seleukidische Abhängigkeit. Sein Nachfolger ***Attalos I. (241–197)*** nahm 233 den Königstitel an und entriss 229/228 den ehemaligen Lehensherrn Teile Kleinasiens; auch behauptete er sich gegen die seit 278 eingewanderten keltischen Galater. Im Osten verloren die Seleukiden Baktrien und Sogdiana an das unter den Arsakiden 247 entstandene *Partherreich*.

Der westliche Mittelmeerraum
Der 1. Punische Krieg 264–241 v. Chr.
Als Herrin Italiens kam Rom schon bald in Berührung mit Sizilien, das sich das Königreich Syrakus und Karthago teilten. Als ehem. samnitische Söldner Messana besetzten und König Hieron von Syrakus sie angriff, baten die Belagerten Rom um Hilfe. Rom setzte Truppen nach Messana über und vertrieb die Karthager. Damit herrschte Krieg zwischen der *Landmacht* Rom und der *Seemacht* Karthago.

Um den karthagischen Nerv zu treffen, bauten die Römer 260 eine Kriegsflotte. Rasch „lernten" sie den Seekrieg: ***259*** siegten sie bei ***Mylae***. Der Sieg ***256*** bei ***Eknomos*** sicherte die Überfahrt des Heeres nach Karthago. Doch erst 15 Jahre später gelang ihnen bei den ***Ägatischen Inseln 241*** der entscheidende Seesieg. Karthago trat Sizilien ab und zahlte eine riesige Kriegsentschädigung. Der Westen Siziliens wurde zur ersten römischen „Provinz", wertvoll v. a. durch ihren Getreidereichtum. 238 erzwang Rom noch die Abtretung Sardiniens, das mit Korsika zur zweiten röm. Provinz wurde.

Der 2. Punische Krieg 218–201 v. Chr.
Das Kräfteverhältnis der beiden Mächte war nicht definitiv geklärt. Karthago war zwar geschwächt, blieb aber mit seinen Kolonien in Afrika und Spanien sowie seiner Handelskraft weiterhin gefährlich. Erneut wurde Spanien zum Konfliktherd. Dort hatte Hamilkar aus der einflussreichen Familie Barkas seit 236 das erzreiche Hinterland der Ostküste erobert und sein Schwiegersohn Hasdrubal 227 ***Carthago Nova*** (*Neu-Karthago*, heute: *Cartagena*) gegründet. Rom wertete dies als provokativen Anspruch auf das westl. Mittelmeer und verbündete sich 229 mit der Stadt ***Sagunt***. Als Hamilkars Sohn Hannibal 219 Sagunt einnahm und Karthago ihn schützte, erklärte Rom den Krieg.

Hannibal vereitelte den röm. Kriegsplan, in Afrika zu landen und ein anderes Heer in Spanien operieren zu lassen: Er zog 218 durch Südgallien über die Alpen und erschien ***217*** überraschend in Oberitalien. Trotz großer Siege am ***Trasimenischen See*** sowie ***216*** bei ***Cannae*** und trotz des Abfalls vieler römischer Bundesgenossen konnte er aber Roms Wehrkraft nicht zerstören. Sein *Bündnis mit Makedonien* (215) blieb durch das röm. Gegenbündnis mit dem *Ätolischen Bund* wirkungslos. Als Rom dann ein Heer bei Karthago landete, zwang es Hannibal zur Rückkehr nach Afrika, um ihn ***202*** bei ***Zama*** entscheidend zu schlagen.

Ergebnis und Auswirkungen
Karthago trat Spanien und alle Inseln an Rom ab, lieferte die Kriegsflotte aus und zahlte 50 Jahre lang eine hohe Kriegsentschädigung. Der 2. Punische Krieg war die größte Bewährungsprobe Roms, das nun Herrin im westl. Mittelmeer war. Aber der makedon. Krieg zog Rom bereits ins östl. Mittelmeer, wo es sich 209 mit Attalos von Pergamon verbündet hatte. Das Ausgreifen Roms in den griech. und kleinasiat. Raum war damit vorgezeichnet.

Die Punischen Kriege von 264 bis 201 v. Chr.

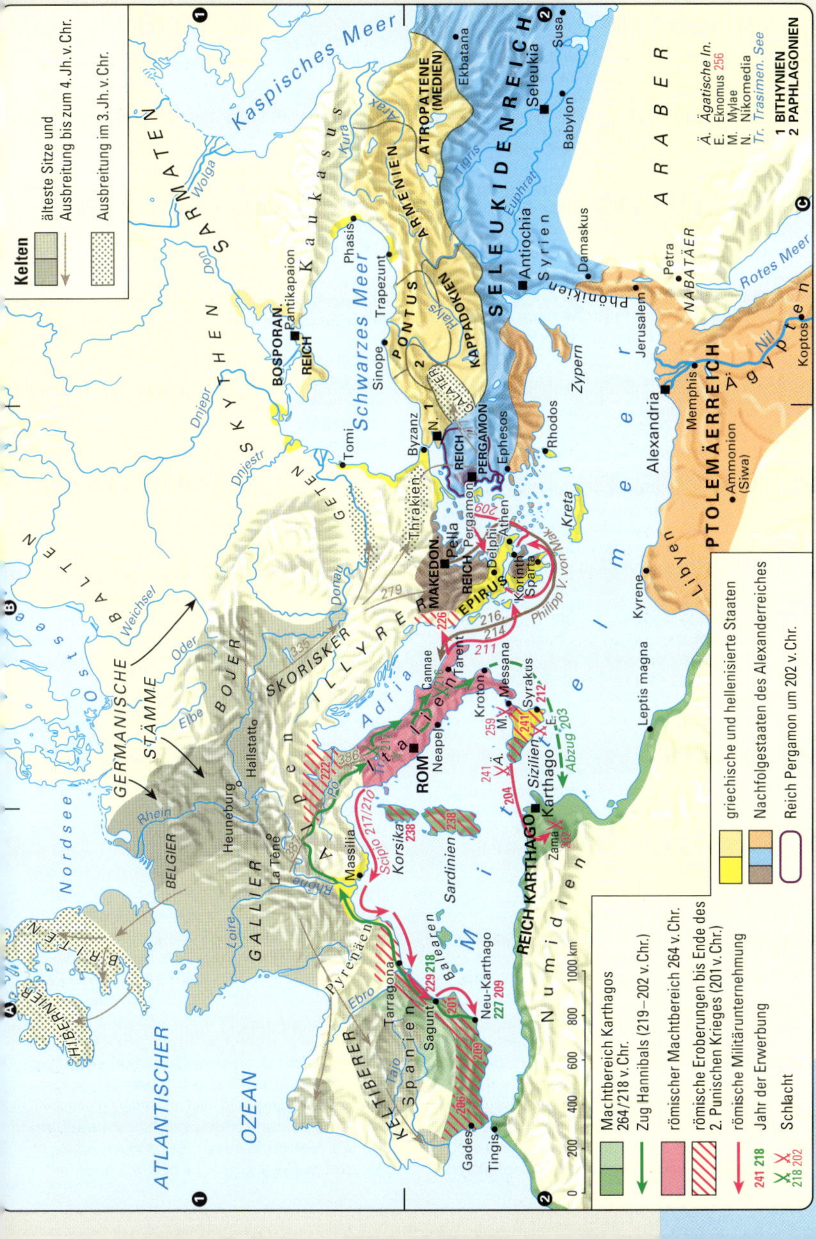

Senatus Populusque Romanus = Senat und Volk von Rom
Diese Formel, die viele Inschriften enthalten, kennzeichnet die republikan. Verfassung.

Rom – Schiedsrichterin im gesamten Mittelmeerraum (201–168 v. Chr.)

Die Verbindung mit dem Reich von Pergamon verwickelte Rom in den folgenden Jahren in alle griech. und kleinasiat. Konflikte. Seiner Militärmacht waren das mak. und das syr. Reich nicht gewachsen. Im Jahre 168 war Rom die Herrin des Mittelmeeres, und 146 v. Chr. schlug auch die letzte Stunde der alten Rivalin Karthago.

Schlachten – Siege – neue Provinzen: Roms Expansion 200–31 v. Chr.

200–197	***II. Mak. Krieg*** um Philipps V. Einfluss in Griechenland.
197	Sieg bei ***Kynoskephalai*** (Thessalien): Mak. Verzicht auf *griech. Hegemonie*.
196	***Griechenstädte*** werden von Rom feierlich für ***frei*** erklärt.
192–188	***Krieg mit Antiochos III. von Syrien***.
189	Römischer Sieg bei ***Magnesia***.
188	Friede von ***Apamea***: Pergamon erhält seleukidische Gebiete in Kleinasien.
171–168	***III. Mak. Krieg:*** Kg. Perseus versucht die griech. Hegemonie zu erneuern.
168	Röm. Sieg bei ***Pydna***: Ende des Makedonenreiches (148 Provinz Makedonien).
133	König Attalos III. vererbt Rom das ***Reich von Pergamon: Provinz Asien.***
149–46	***III. Pun. Krieg:*** Zerstörung Karthagos. Landgebiet wird zur ***Provinz Afrika***.
154–133	Nach Aufständen wird ***Spanien*** unterworfen: ***zwei spanische Provinzen***.
121	Als gallische (keltische) Stämme Massilia bedrohen, werden sie durch Rom unterworfen: ***Provinz Gallia Narbonensis*** (= Brücke zw. Italien und Spanien).
74	Nikomedes IV. von ***Bithynien*** vererbt sein Reich an Rom.
58–51	Gaius Julius Caesar erobert ***Gallien*** und macht es zur ***Provinz***.
30 v. Chr.	Auch ***Ägypten*** wird nach Augustus' Sieg über Kleopatra ***Provinz***.

Roms Expansion bewirkte allerorts die Schwächung und das Verschwinden polit. Ordnungsmächte. Rom war nun selbst gefordert, als Schutzmacht militär. überall präsent zu sein. Im Osten machte der Niedergang der syrischen Seleukiden neuen aggressiven Reichen* Platz, deren Abwehr durch bürgerkriegsähnliche Machtkämpfe im Innern Roms erschwert wurden.

Neue Gegner Roms

Das Reich Pontus: Im Norden Vorderasiens unterwirft ***Kg. Mithradates VI. von Pontus*** (120–63) das Bosporan. Reich, Bithynien sowie Kappadokien und wiegelt 88 die Provinz Asien gegen die verhassten Römer auf. Es bedarf dreier ***„Mithradatischer Kriege“*** (88–84, 83–81, 66–63), um ihn zu besiegen und Vorderasien 63 neu zu ordnen.

Das Partherreich: Im Süden Vorderasiens rücken die ***Parther*** über Medien und Babylonien nach Westen vor: neue Hauptstadt Ktesiphon. Roms Versuch sie zurückzudrängen scheitert ***53*** in der ***Schlacht bei Carrhae*** *(Harran)*.

Von der Republik zum Kaisertum – Der innere Wandel Roms

Dem starken äußeren Wachstum Roms entsprach ein starker innerer Wandel. Fremde Kulte drangen in die röm. Religion ein. Der Einfluss *griechischer Denkweise, Kunst und Kultur* nahm zu: großartige, das Stadtbild prägende Bauten, röm. Literatur und Geschichtsschreibung, Streben nach Individualismus und Luxus. Wachsender Reichtum (Beute, Großgrundbesitz) und Berührung mit hellenist. Herrschern erhöhten das *Selbstbewußtsein des römischen Adels*, der sich sozial nach unten abschloss. Das Aufkommen der ***Geldwirtschaft*** brachte dem Ritterstand polit. Macht. ***Italien*** begann zu veröden, weil das vom Militärdienst ruinierte landlose Bauerntum das Proletariat der Hauptstadt vermehrte; die ***Reformversuche der Gracchen*** (133, 123 v. Chr.) scheiterten. Die ***Provinzen*** litten unter schamloser Ausbeutung durch Feldherrn, Statthalter und Steuerpächter.

Die ***wachsende Bedeutung des Heeres*** (Aufstände, Grenzunruhen, Eroberungen) führte weg vom röm. Bürgeraufgebot zum ***Berufsheer***. Die Soldaten waren aufgrund ihrer langen Dienstzeit ihren Feldherrn völlig ergeben. Sie konnten daher leicht zum Aufbau von Diktaturen dienen (z. B. 88–82 die Bürgerkriege zw. Marius und Sulla, 60 das 1. Triumvirat und schließlich ***48–44 v. Chr.*** die ***Diktatur G. Julius Caesars***). Caesars Ermordung (15. März 44) führte zu Bürgerkriegen, die erst 31 mit dem Seesieg von Actium und dem ***„Prinzipat“ (= Kaisertum)*** seines Neffen ***Caesar Octavian*** genannt ***Augustus (31 v. Chr.–14 n. Chr.)*** endeten.

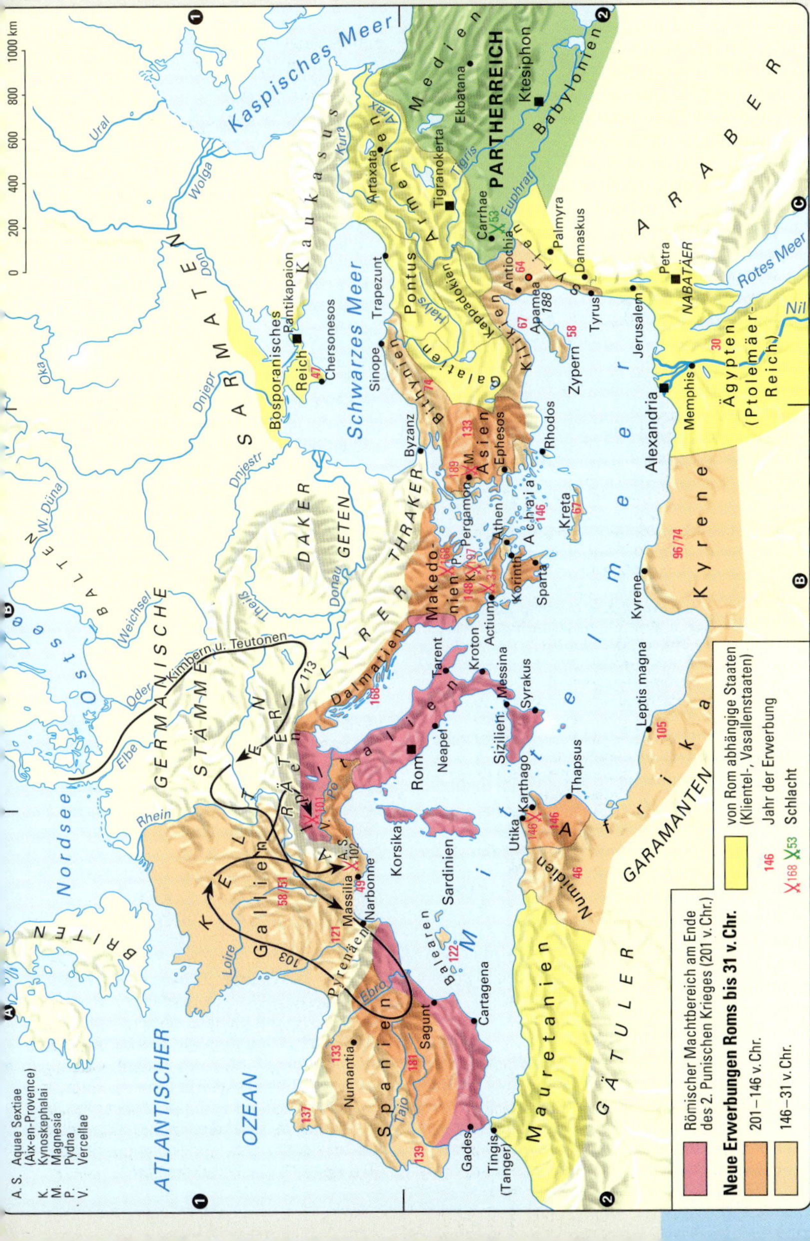
A. S. Aquae Sextiae (Aix-en-Provence)
K. Kynoskephalai
M. Magnesia
P. Pydna
V. Vercellae
0 200 400 600 800 1000 km
Römischer Machtbereich am Ende des 2. Punischen Krieges (201 v. Chr.)
Neue Erwerbungen Roms bis 31 v. Chr.
201–146 v. Chr.
146–31 v. Chr.
von Rom abhängige Staaten (Klientel-, Vasallenstaaten)
146 Jahr der Erwerbung
168 53 Schlacht
ATLANTISCHER OZEAN
Nordsee
Ostsee
BRITEN
GERMANISCHE STÄMME
Kimbern u. Teutonen
KELTEN
RÄTER
ILLYRER
DAKER
GETEN
THRAKER
SARMATEN
Kaspisches Meer
Schwarzes Meer
Bosporanisches Reich
Kaukasus
Armenien
Medien
PARTHERREICH
Babylonien
ARABER
NABATÄER
Rotes Meer
Ägypten (Ptolemäer-Reich)
Kyrene
Afrika
GARAMANTEN
GÄTULER
Mauretanien
Numidien
Mittelmeer
Spanien
Gallien
Italien
Dalmatien
Makedonien
Achaia
Asien
Bithynien
Pontus
Galatien
Kappadokien
Kilikien
Syrien
Zypern
Kreta
Rhodos
Sizilien
Sardinien
Korsika
Balearen
Pyrenäen
Tingis (Tanger)
Gades
Numantia
Sagunt
Cartagena
Narbonne
Massilia
Rom
Neapel
Tarent
Kroton
Messina
Syrakus
Utika
Karthago
Thapsus
Leptis magna
Actium
Korinth
Sparta
Athen
Pergamon
Ephesos
Byzanz
Sinope
Trapezunt
Chersonesos
Pantikapaion
Artaxata
Tigranokerta
Ekbatana
Ktesiphon
Carrhae
Antiochia
Apamea
Palmyra
Damaskus
Tyrus
Jerusalem
Petra
Alexandria
Memphis
Kyrene
Rhein
Elbe
Oder
Weichsel
Donau
Theiß
Dnjestr
Dnjepr
Don
Wolga
Ural
Oka
W. Düna
Kura
Arax
Tigris
Euphrat
Halys
Nil
Loire
Ebro
Tajo
Po

Triumphbogen
In Rom und den Provinzen konnten Sieg, Eroberung, Friede oder allgem. Ehrung Anlass zur Errichtung eines Triumphbogens durch Feldherrn, Senat und Kaiser bieten.

Das äußere Wachstum Roms 14–138 n. Chr.
Unter ***Kaiser Augustus (31 v.–14 n. Chr.)*** wuchs Rom weiter [→46/47]; allerdings endete sein Versuch, die Germanen zwischen Rhein, Donau und Elbe dem Reich einzugliedern, ***9 n. Chr.*** im ***Teutoburger Wald*** mit der verheerenden Niederlage des P. Quintilius Varus. Augustus begnügte sich danach mit der Sicherung der ***Rhein-Donau-Grenze***. Später wuchs das Reich nur noch geringfügig. Immer öfter mussten ***Unruhen**** gestillt oder die Reichsgrenzen verteidigt werden.

Innere Unruhen und Grenzbedrohung

16 n. Chr.	Verzicht auf das rechtsrheinische ***Germanien*** (Elbe-Grenze).
17–24	Aufstand des Tacfarinas in ***Numidien***.
21	Aufstand des Sacrovir in ***Gallien***.
24	Sklavenunruhen in ***Unteritalien***.
26	Erhebung der ***Thraker***.
66–70	Aufstand in ***Judäa*** (Eroberung und Zerstörung ***Jerusalems 70***).
68	Aufstand des ***Aquitaniers*** C. Julius Vindex.
69–71	Erhebung des ***Batavers*** Julius Civilis.
77	Aufstand der ***Brukterer***.
83 u. 89	Feldzüge Domitians gegen die ***Chatten; Baubeginn des Limes***.
86–90	Erfolgloser Krieg gegen die ***Daker***.
92	Jazygeneinfall in ***Pannonien***.
114–118	Aufstand der Juden in ***Ägypten***, in der ***Cyrenaica*** und auf ***Zypern***.
132–135	Aufstand Bar Kochbas in J***erusalem.***

Seine größte territoriale Ausdehnung erreichte Rom unter ***Kaiser Trajan (98–117)***. Dieser eroberte das erzreiche Dakien (101/102 und 105/106; 107 „Provinz"), vertrieb die Parther aus Armenien, Assyrien und Mesopotamien (114–117) und wandelte das Nabatäerreich zur ***Provinz Arabien*** um. Bereits sein Nachfolger ***Kaiser Hadrian (117–138)*** musste die parthischen Provinzen wieder aufgeben und sich mit der Euphratgrenze begnügen. Als Denkmale der erstarrten Offensiven entstanden an gefährdeten Stellen die ***Limites****, großartige Grenzsicherungen, v.a. in Britannien (Clyde-Forth-Linie von 142 n. Chr. und die Solway-Tyne-Linie, der sog. *Hadrianswall*), in Germanien *(obergermanischer und rätischer Limes)*, in Dakien, im Orient (Syrien, Arabien) und in Nordafrika (Numidien, Regio Tripolitana, Mauretanien).

Limes, Mz. **Limites** (eig. *Grenzweg*): Ein Limes bestand im Vollausbau i. d. R. aus: Graben, Erdwall, Palisadenzaun oder Steinmauer (Rätien) sowie Holz- oder Steinwachtürmen. Straßen vernetzten ihn mit Kastellen und Legionslagern .

Die Verwaltung der Provinzen
Anfangs wurden die Statthalter *(Prokonsuln)* vom Senat aus den ehem. Konsuln und Prätoren – i. d. R. für das auf das Amt folgende Jahr – bestimmt. Die Staatsämter brachten als ***Ehrenämter*** keine Einkünfte, verursachten vielmehr große Ausgaben (Bewerbung, Amtsführung, Spiele, Bauten). Daher nutzten viele Statthalter ihre großen staatl. Vollmachten (Gerichtsbarkeit, Steuern, Zölle), um sich im Amtsjahr rücksichtslos persönlich zu bereichern (Korruption, Erpressung, Kunstraub etc.).

Die Kaiser suchten dies zu ändern: Augustus unterschied 27 v. Chr. zwischen ***kaiserlichen*** und ***senatorischen Provinzen***. So reservierte er sich alle für die militär.-polit. Sicherheit des Reiches wichtigen Provinzen, in denen Truppen standen, dazu Ägypten, von dessen Getreide Rom abhängig war, und ließ sie durch Vertraute verwalten. Die senator. Provinzen vergab zwar weiter der Senat; da jedoch der Kaiser die Mitglieder des Senats bestimmte und auch die Wahl der Oberbeamten und späteren senator. Statthalter beeinflusste, kamen eigentlich auch dort nur kaiserliche Anhänger zum Zuge.

Entschieden bekämpfte ***Augustus*** die Ausbeutung der Provinzen. Die Statthalter bekamen feste Gehälter, Provinzlandtage erhielten ein Beschwerderecht. Die kaiserliche Oberaufsicht über alle (auch die senator.) Provinzen schritt gegen Korruption und Erpressung ein. Die missbräuchliche Steuerverpachtung wurde aufgegeben und ein fester Zins eingeführt.

Diokletian hob 297 die Unterscheidung in kaiserliche und senatorische Provinzen auf und teilte das ganze Reichsgebiet in 101 (später 117) Provinzen ein.

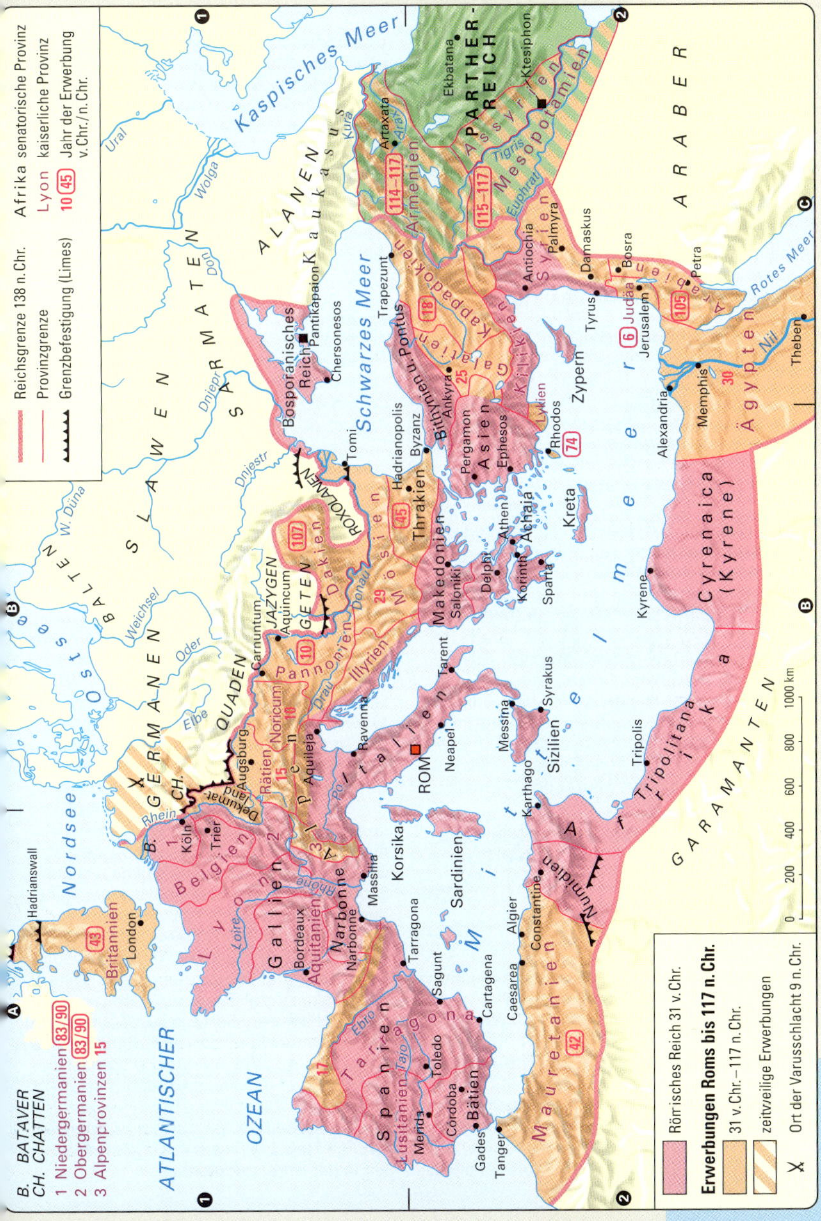

Reichsgrenze 138 n. Chr.
Provinzgrenze
Grenzbefestigung (Limes)
Afrika senatorische Provinz
Lyon kaiserliche Provinz
10 45 Jahr der Erwerbung v. Chr./n. Chr.
B. BATAVER
CH. CHATTEN
1 Niedergermanien 83/90
2 Obergermanien 83/90
3 Alpenprovinzen 15
Römisches Reich 31 v. Chr.
Erwerbungen Roms bis 117 n. Chr.
31 v. Chr.–117 n. Chr.
zeitweilige Erwerbungen
Ort der Varusschlacht 9 n. Chr.
0 200 400 600 800 1000 km
ATLANTISCHER OZEAN
Nordsee
Ostsee
Kaspisches Meer
Schwarzes Meer
Mittelmeer
Rotes Meer
Britannien
Hadrianswall
London
Gallien
Belgien
Lyon
Aquitanien
Narbonne
Bordeaux
Massilia
Köln
Trier
Rhein
Rhône
Loire
Dekumatland
Germanen
Quaden
Jazygen
Geten
Roxolanen
Balten
Slawen
Sarmaten
Alanen
Augsburg
Rätien
Noricum
Pannonien
Illyrien
Dakien
Mösien
Thrakien
Makedonien
Achaia
Carnuntum
Aquincum
Aquileja
Ravenna
Donau
Drau
Elbe
Oder
Weichsel
W. Düna
Dnjestr
Dnjepr
Don
Wolga
Ural
Kaukasus
Kura
Arax
Bosporanisches Reich
Pantikapaion
Chersonesos
Tomi
Hadrianopolis
Byzanz
Bithynien u. Pontus
Trapezunt
Kappadokien
Galatien
Ankyra
Asien
Pergamon
Ephesos
Lykien
Rhodos
Kilikien
Zypern
Armenien
Artaxata
Mesopotamien
Assyrien
Parther-Reich
Ekbatana
Ktesiphon
Tigris
Euphrat
Syrien
Antiochia
Palmyra
Damaskus
Bosra
Tyrus
Judäa
Jerusalem
Arabien
Petra
Araber
Ägypten
Alexandria
Memphis
Theben
Nil
Cyrenaica (Kyrene)
Kyrene
Kreta
Athen
Delphi
Korinth
Sparta
Saloniki
Italien
Rom
Neapel
Tarent
Po
Korsika
Sardinien
Sizilien
Messina
Syrakus
Karthago
Afrika
Tripolitana
Tripolis
Numidien
Constantine
Algier
Caesarea
Mauretanien
Tanger
Garamanten
Spanien
Tarragona
Tarraconensis
Sagunt
Cartagena
Toledo
Córdoba
Bätien
Lusitanien
Merida
Gades
Ebro
Tajo

Die kapitolin. Wölfin
Röm. Gründungssage von Romulus und Remus. Etruskische Bronzeplastik, ca. 500 v. Chr. (Hinzufügung im 16. Jh.)

Roms Stadtplan ist eine erstrangige Quelle der inneren und äußeren Geschichte Roms bis in die Spätantike, für die Entwicklung vom Dorf zur Stadt, vom lokalen/regionalen Agrarstaat zur internat. Handels- und Gewerbemacht, von der Monarchie über die Republik zum Kaisertum.

Von den Hügeldörfern zur Weltstadt – Die Siedlungsentwicklung Roms

Trotz aller Überformung durch die lange kaiserliche Bautätigkeit erinnert im kaiserzeitlichen Rom noch Vieles an den Weg der ehemaligen Hügeldörfer zur Weltstadt mit ca. eineinhalb Millionen Einwohnern.

Die ***Anfänge*** bildeten im 10./9. Jh. v. Chr. latinische Dörfer auf den Hügeln (zuerst Palatin). Einen ersten Höhepunkt des ***republ. Roms*** mit der Unterwerfung der mittelitalischen Stämme um 340 markiert der Bau der ersten röm. Stadtmauer*, der sog. ***Servianischen Mauer ab 378 v. Chr.***, welche i. W. die noch bäuerl. Stadt der „klass." 7 Hügel (Palatin, Kapitol, Quirinal, Viminal, Esquilin, Cälius, Aventin) umschloss. Die Ausdehnung des ***kaiserl. Roms*** markiert – nachdem die Stadt nach 80 v. Chr. durch ihr starkes Wachstum ihren Festungscharakter verloren hatte – der Bau der ***Aurelianischen Mauer ab 271 n. Chr.***.

Stadtmauern Roms:

	Servian. Mauer	*Aurelian. Mauer*
Bauzeit	ab 378 v. Chr.	ab 271 n. Chr.
Länge	11,8 km	18,8 km
Türme	?	381
Tore	37	18
Fläche (ha)	385,5	1372,5

Öffentliche Plätze und Bauten zwischen Republik und Kaiserzeit

Das seit Mitte 19. Jh. wieder freigelegte ***Forum Romanum*** (lat. *forum = Markt, Platz*) war das Herz Roms z. Z. der Republik. Die Niederung zw. Palatin und Quirinal, Kapitol und Velia kam nach ihrer Entwässerung vor 500 v. Chr. zum Stadtgebiet. Bis Caesar stand dort der *Tempel des Comitiums*, Ort der Bürgerversammlung und der Rechtsprechung, an den sich der eigentliche Markt mit den Buden der Händler und Handwerker anschloss. Neue Märkte (z.B. *Forum Boarium*) entlasteten später das Forum, dessen Bebauung ständig zunahm: Tempel für die Staatsgötter, der Versammlungsort des Senats *(Curia)*, das *Tabularium* (Staatsarchiv), die Rednertribüne *(Rostra)*, Basiliken, Triumphbögen, Siegessäulen u.a. umgaben scheinbar planlos einen Platz, dessen Ausmaße ständig variierten. In seinem hellen Travertinpflaster war mit schwarzen Marmorplatten das angebliche Grab des Romulus gekennzeichnet, der *Schwarze Stein (lapis niger)*.

Um die Überbauung zu verhindern, ließ Caesar das vorbildliche *Forum Julium* anlegen; in der Kaiserzeit folgten die Foren des Augustus, des Vespasian und des Nerva. Die Entwicklung gipfelte im Forum des Trajan mit seiner einheitl. Abfolge von Propylon, Peristylhof, quergelagerter Basilika, Grabsäule, Bibliotheken und Tempel. Die Provinzen ahmten diese Vorbilder nach.

Der Funktion des Platzes als Zentrum aller städtischen Organe entsprach auch seine Lage an der Kreuzung von Via Sacra und Vicus Tuscus (*cardo* und *decumanus*). Von Ost nach West durchzieht die ***Via Sacra*** das Forum und führt zum Kapitol.

Seine glanzvolle Ausgestaltung erfuhr Rom in der Kaiserzeit. Von den zahllosen ***luxuriösen Privatbauten*** der Reichen (Ritter, Senatoren u. a.) ist nur wenig erhalten. Groß aber ist die Zahl der ***öffentlichen Bauten***, welche die Kaiser errichten ließen. Wir finden sie auch außerhalb des Forums über die ganze Stadt verstreut: Amphitheater (v.a. auch das Colosseum), Aquädukte, Basiliken, Circen, Foren, Paläste (Palatin), Stadien, Tempel, Theater, Thermen (Vergnügungsbäder).

Die Nennung der Stifter in den Bezeichnungen belegt, dass solche Bauten auch Denkmale ihrer Auftraggeber sein sollten. Die Funktion der Bauten macht deutlich, dass die Kaiser die Massen Roms nicht ignorieren durften, sondern durch Bäder, Brotspenden und öffentliche Spiele beschwichtigen mussten. Auf den Zwang zur ständigen Absicherung des Kaisertums deuten auch die Kasernen im Stadtgebiet hin; die Republik hatte noch keine Soldaten in der Stadt geduldet.

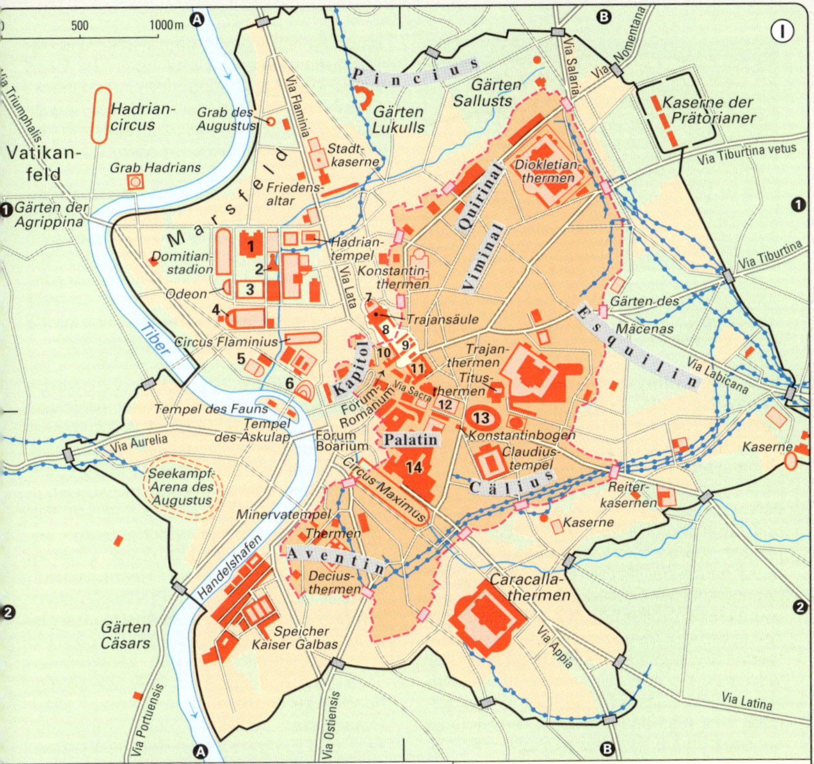

Forum Romanum und Kapitol

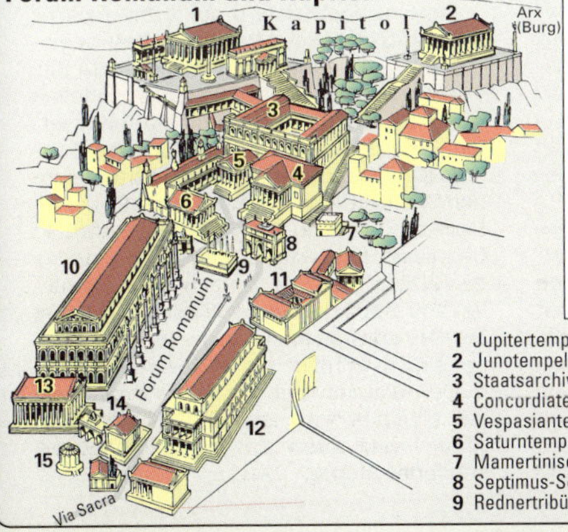

- - ▭ - - Servianische Mauer: Stadtmauer und Tore (Porta) z. Z. der Republik, nachweisbar seit 378 v. Chr.

—▭— Aurelianische Mauer: Stadtmauer und Tore der Kaiserzeit, seit 271 n. Chr.

•–•–• Wasserleitung (Aquädukt)

Palatin Haupthügel Roms

1 Nerothermen
2 Pantheon
3 Agrippathermen
4 Pompejustheater
5 Balbustheater
6 Marcellustheater
7 Trajantempel
8 Trajanplatz
9 Augustusplatz
10 Cäsarplatz
11 Friedensplatz
12 Venus- und Romatempel
13 Amphitheater der Flavier (Colosseum)
14 Kaiserpaläste

1 Jupitertempel
2 Junotempel
3 Staatsarchiv (Tabularium)
4 Concordiatempel
5 Vespasiantempel
6 Saturntempel
7 Mamertinischer Kerker
8 Septimus-Severusbogen
9 Rednertribüne (Rostra)
10 Markt- und Gerichtshalle (Basilica Julia)
11 Senatshaus (Curia)
12 Markt- und Gerichtshalle (Basilica Aemilia)
13 Castor- und Polluxtempel
14 Augustusbogen und Cäsartempel
15 Vestatempel

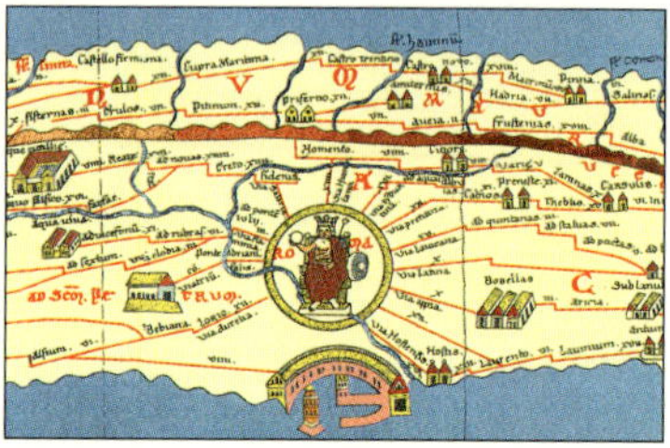

Spätrömische Straßenkarte: *Schemat. Darstellung des Hauptstraßennetzes des Röm. Reiches, 4./5. Jh. (**Peutingersche Tafel:** Kopie 12. Jh., Pergamentstreifen 675x34 cm)*

Vom Bauernhof zum Latifundium – Die Landwirtschaft

Die Karte zeigt die hauptsächl. Anbaugebiete der für die Ernährung der Bevölkerung Roms und seines Imperiums *wichtigsten Agrarprodukte* (Getreide, Oliven, Wein). Freilich die gleichfalls wichtige *Viehwirtschaft* und *Gemüseproduktion* sind kartographisch nicht darstellbar. Auch verschweigt die Karte die *Struktur der Agrarverfassung* und ihre hauptsächlichen Entwicklungen, insbes. den wachsenden Latifundienbesitz, die wachsende wirtschaftl.-soziale Kluft, die Krise der kleinen und mittleren Landbesitzer sowie die wachsende *Abhängigkeit Roms und Italiens von den Provinzen*. An der Getreideversorgung wird dies deutlich: Rom benötigte für die ca. 1 Mio. Einwohner zu Beginn der Kaiserzeit jährlich 800–1 000 Schiffsladungen Getreide, ca. 250 000 Tonnen, die großteils aus Ägypten kamen.

Die letzten Jahrhunderte der Republik hatten als hervorstechende Wirtschaftsform das Großgut oder ***Latifundium*** hervorgebracht. Es befand sich überwiegend im Besitz der senator. Familien, denen der Handel untersagt war. Seine intensive Bewirtschaftung setzte fremde Arbeitskräfte voraus, v.a. also *Sklaven*, welche die Kriege Roms und der Sklavenhandel in ausreichender Zahl bereitstellten, aber auch *Tagelöhner* und *Saisonarbeiter*. Angebaut wurden v.a. weniger arbeitsintensive Produkte wie Oliven (Öl), Wein und Obst, während der Getreideanbau zurücktrat. Als das Sklavenreservoir Roms durch lange Friedenszeiten und die Unterdrückung von Menschenraub und Piraterie knapp wurde, gingen private Großgrundbesitzer und der Staat zunehmend dazu über, ihr Land gegen Pacht an Kleinbauern auszugeben. Diese Entwicklung zum Großgut wurde durch die zeitweise *Massenansiedlung von Veteranen* als Kleinbauern allenfalls verzögert.

Seit Ende des 2. Jh. führte die Übernahme röm. Agrartechnik (Pflanzen und Obstsorten, Veredelungsmethoden, Maschinen, Düngemittel und -methoden) durch die Landwirtschaft in den Kolonien Europas, Asiens und Afrikas zu wachsender Autarkie der Provinzen; dies bedeutete eine große Konkurrenz für die röm. Landwirtschaft.

Friedenszeit für Handel und Gewerbe

Die stabilen inneren und äußeren polit. Verhältnisse der Regierungszeit des Augustus *(pax Augusta)* und seiner Nachfolger bis ins 3. Jh., eine *fast 300-jährige Friedenszeit*, ließen den schon vorher bedeutenden Fernhandel im Röm. Reich aufblühen. Der Warenverkehr kannte keinerlei Beschränkungen und brachte alle Güter in jeden Winkel der Welt. Flotte und Heer schützten Händler und Reisende im Reichsgebiet vor Piraten und Straßenräubern. Der Handel machte aber an den Reichsgrenzen keineswegs halt. Aus den entlegensten Teilen der Erde wurden über Zwischenhändler zu Lande und zur See vor allem Luxuswaren ins Röm. Reich importiert. *Aus- und Einfuhrzölle* an den Reichsgrenzen waren gering (anfangs ca. 25%, später die Hälfte).

Der gezielte ***Ausbau der Infrastruktur*** unterstützte die günstigen Rahmenbedingungen. Zu nennen ist in erster Linie das ***Verkehrswesen***: Das Netz der Straßen mit Rasthäusern und Umspannstationen erfuhr eine ungeheure Ausweitung (schließlich ca. 100000 km) und beschleunigte den Reiseverkehr. Die *kaiserliche Post* z.B. legte zu Land ca. 200 km täglich zurück; bequeme Reisewagen brachten es auf bis zu 100 km. Zur See ging es noch schneller: Von Ostia bis Gades (Cádiz) im W oder bis Alexandria im O brauchte man bei günstigem Wind eine gute Woche,

Den Warenaustausch förderte auch ein einheitliches und stabiles ***Münz- und Währungssystem***, das den Zahlungsverkehr erleichterte.

Wirtschaft im Römischen Reich im 2. Jh. n. Chr.

Das Labarum Konstantins
Angeblich siegte Kaiser Konstantin 312 n. Chr. in der Schlacht an der Milvischen Brücke (Rom) unter dem auf göttl. Rat mit dem ***Christusmonogramm (ChiRo)*** *versehenen römischen Feldzeichen.*

Anfänge und Verfolgung

Die christl. Lehre hatte sich zuerst in Galiläa und Jerusalem verbreitet. 50 Tage nach der Auferstehung, am Pfingstfest, entstand die Urgemeinde; sie beachtete das jüd. Gesetz und verchristlichte die jüd. Kultfeiern. Zugleich begannen die Missionsreisen der Apostel, darunter die des ***Paulus****. Aber auch Kaufleute und Soldaten trugen zur Verbreitung der christlichen Lehre bei.

Die Paulusreisen (45–48, 49–52 und 53–58)
Die drei Reisen, die Paulus über Zypern nach Kleinasien und Griechenland führten, sowie seine theolog. wegweisenden Briefe machten ihn zum bedeutendsten Apostel neben Petrus. 62 starb er in Rom als Märtyrer.

Die Christen erregten Anstoß durch ihre zurückgezogene Lebensweise, ihren monotheist. Glauben, der vom röm. Polytheismus abstach, und ihre Kultfeier mit dem Abendmahl, das Anlass zu vielen Verdächtigungen gab. Häufig wurden sie aufgrund des mosaischen Gesetzes mit den gleichfalls verhassten Juden verwechselt. Beide eigneten sich als Sündenböcke, denen man leicht Katastrophen, Krisen und Verbrechen anlasten konnte, und waren schon früh Verfolgungen (erstmals 64 nach dem Brand Roms) ausgesetzt. Verhängnisvoll wirkte sich ihre Ablehnung des ***Kaiserkults**** aus. Sie verstärkte die Isolation der Christen, stempelte sie zu Staatsfeinden, zur *„Menschenrasse ohne Vaterland“* (Celsus 178).

Kaiserkult: Wie die Juden verweigerten die Christen die gottgleiche Verehrung der Kaiser durch ein formales Opfer, da ihr Glaube keine weiteren Götter duldete.

Waren Verfolgungen im 2. Jh. noch selten, so wurde das 3. Jh. (bis 313) zum *„Jahrhundert der Märtyrer“*. Die damalige Reichskrise galt öffentlich als Strafe für die Missachtung der altröm. Götter, und es kam zu Verfolgungen, v. a. unter den Kaisern Valerian (257/258), Aurelian (270–275) und Diokletian (284–305).

Von Toleranz zur Staatsreligion

Kaiser Galerius beendete die Verfolgungen der Christen (Edikt vom 30. 4. 311), Kaiser Konstantin (306–337) gewährte ihnen nach seinem Sieg an der ***Milvischen Brücke (312)***, den er dem Christengott zuschrieb, dauerhaft Gleichberechtigung mit dem röm. Staatsglauben ***(Mailänder Toleranzedikt)***. Die christl. Kirche konnte sich nun frei entfalten: Schenkungen, Rückgabe der Kirchen und Kirchengüter sowie Steuerfreiheit der Kleriker halfen dabei. Auf ***Konzilien**** wurde die Lehre geklärt.

Konzil von Nikäa 325: Formulierung des „kath.“ Glaubensbekenntnisses, das die Lehre von der ***Gottgleichheit Christi*** (Bischof Athanasius von Alexandria) anerkannte und die Lehre von der ***„Gottähnlichkeit“*** (Priester Arius von Alexandria) verwarf. Die Ostgermanen neigten zum ***Arianismus***, weil ihnen dessen Heroisierung Christi und die lockere Kirchenorganisation näher standen.

Kaiser Theodosius (379 – 395) verbot ***391*** alle heidnischen Kulte (393 letzte Olympiade), erhob das ***Christentum zur Staatsreligion*** und trat an die Spitze der Kirche *(Cäsaropapismus)*. Im Besitz des „Monopols“ stellte sich der christl. Kirche seit dem 3./4. Jh. die neue Aufgabe der „Bekehrung“ der german. Völker, die in der *Völkerwanderung* auf dem röm. Staatsgebiet Reiche gegr. und das Christentum meist in der arian. Form [→56/59] angenommen hatten.

Gefährliche Konkurrenz erwuchs im ***Islam***, der sich zwischen 622 und 750 im ganzen Mittelmeerraum verbreitete. ***732*** wurde sein Vormarsch ins Frankenreich durch Karl Martell bei ***Tours und Poitiers*** gestoppt [→60/61].

Zwischen dem 5. und 10. Jh. erfasste das Christentum nur noch im Norden und Osten Europas neue Gebiete: *Schottland* (ab 400/563), *Irland* (ab 432), *England* (ab 596), das rechtsrhein. *Germanien* (6./7. Jh.) und die Slawen (10./11. Jh.). ***1054*** zerbrach die Einheit der Christen im ***Großen Schisma****.

Großes Ost-West-Schisma 1054: Den im 11. Jh. erhobenen ***Universalanspruch der röm. Päpste*** lehnte Byzanz ab. Die Differenzen bewirkten 1054 die bis heute dauernde Trennung zwischen der römischen Papstkirche und der Ostkirche.

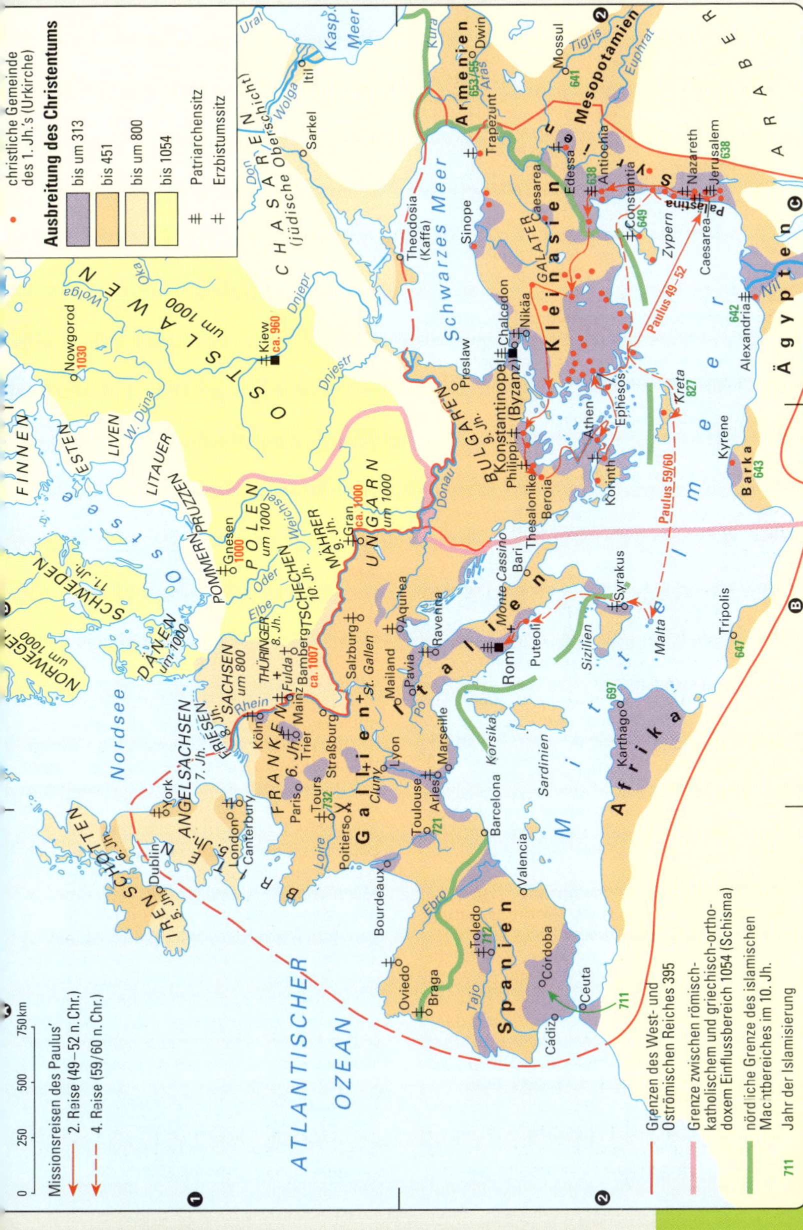
christliche Gemeinde des 1. Jh.'s (Urkirche)
Ausbreitung des Christentums
bis um 313
bis 451
bis um 800
bis 1054
Patriarchensitz
Erzbistumssitz
Missionsreisen des Paulus'
2. Reise (49–52 n. Chr.)
4. Reise (59/60 n. Chr.)
0 250 500 750 km
Grenzen des West- und Oströmischen Reiches 395
Grenze zwischen römisch-katholischem und griechisch-orthodoxem Einflussbereich 1054 (Schisma)
nördliche Grenze des islamischen Machtbereiches im 10. Jh.
711 Jahr der Islamisierung
ATLANTISCHER OZEAN
Nordsee
Schwarzes Meer
Mittelmeer
Kasp. Meer
IREN 5. Jh.
SCHOTTEN 6. Jh.
ANGELSACHSEN 7. Jh.
FRIESEN 8. Jh.
SACHSEN um 800
THÜRINGER 8. Jh.
FRANKEN 6. Jh.
NORWEGER um 1000
SCHWEDEN 11. Jh.
DÄNEN um 1000
POMMERN
PRUZZEN
POLEN um 1000
TSCHECHEN 10. Jh.
MÄHRER 9. Jh.
UNGARN um 1000
BULGAREN 9. Jh.
OSTSLAWEN um 1000
FINNEN
ESTEN
LIVEN
LITAUER
CHASAREN (jüdische Oberschicht)
Gallien
Spanien
Italien
Afrika
Ägypten
Kleinasien
Armenien
Mesopotamien
Syrien
Palästina
GALATER
ARABER
Dublin
York
London
Canterbury
Paris
Tours 732
Poitiers
Bordeaux
Toulouse 721
Arles
Lyon
Cluny
Marseille
Trier
Köln
Mainz
Fulda
Bamberg ca. 1007
Straßburg
St. Gallen
Salzburg
Mailand
Pavia
Ravenna
Aquileia
Rom
Monte Cassino
Puteoli
Bari
Syrakus
Gran ca. 1000
Gnesen 1000
Kiew ca. 960
Nowgorod 1030
Konstantinopel (Byzanz)
Chalcedon
Nikäa
Preslaw
Philippi
Thesalonike
Beroia
Athen
Korinth
Ephesos
Kreta 827
Zypern
Constantia 649
Sinope
Trapezunt
Theodosia (Kaffa)
Caesarea
Edessa
Antiochia 638
Nazareth
Jerusalem 638
Caesarea
Alexandria 642
Kyrene
Barka 643
Tripolis 647
Karthago 697
Malta
Sizilien
Sardinien
Korsika
Barcelona
Valencia
Toledo 712
Córdoba
Cádiz
Ceuta
711
Oviedo
Braga
Mossul 641
Dwin
Armenien 653/55
Sarkel
Itil
Paulus 49–52
Paulus 59/60
Rhein
Elbe
Oder
Weichsel
Donau
Dnjepr
Dnjestr
Don
Wolga
Oka
Ural
Kura
Aras
Tigris
Euphrat
Nil
Po
Loire
Ebro
Tajo
W. Düna

Germanischer Reiterkrieger: *Die leichtbewaffneten wendigen german. Reiter waren den schwergerüsteten u. unbeweglichen röm. Fußtruppen oft überlegen. (Reiterstein von Hornhausen bei Magdeburg)*

Die ***Völkerwanderung**** traf das Röm. Reich kurz nach der Teilung von 395 in Ost- und Westrom. Während der Osten standhielt, zerbrach der Westen an den germanischen Invasionen und Reichsgründungen. Der Anstoß zu diesen Umwälzungen ging wesentlich vom mongolischen Reitervolk der ***Hunnen**** aus.

Die große Völkerwanderung:
Die Züge der Ost- u. West-Germanen im 4.–6. Jh. nach S- und W-Europa sowie die Ausbreitung der Slawen im Osten zw. Elbe und Wolga sowie zw. Ostsee und Schwarzem Meer. Ursachen waren Klimawechsel, Bevölkerungszunahme, Abenteuer- und Beutegier sowie der Druck der Hunnen.

Die Hunnen und Europa

Zw. 209 und 174 v. Chr. Die Hunnen bilden ein Großreich von der Mongolei bis zum Pamir.
Seit 85 n. Chr. Allmähl. Vordringen nach Westen. Dabei lösen sie die ***Völkerwanderung*** aus.
Um 350 n. Chr. Zerstörung des Alanenreiches.
375 Sieg über ***Ostgoten***. Besetzung der Donau- und Theißebenen (neuer polit. Mittelpunkt).
441 Vordringen auf dem Balkan.
Seit 445/446 Attila (*Etzel*, got. *Väterchen*) eint alle Horden. Reich vom Kaukasus bis zum Rhein, von der Donau bis zur Ostsee.
451 Attila zieht gegen Gallien und wird auf den ***Katalaunischen Feldern*** vom röm. Heermeister Aetius mit westgot. Hilfe besiegt.
453 Tod Attilas. Sein Reich zerfällt.

Germanische Wanderungen

Die Ostgoten waren ein Teil der ursprüngl. skandinav. ***Goten***, die sich um 200 in Dakien in West- und Ostgoten geschieden hatten. Im 4. Jh. gründeten sie im N des Schwarzen Meeres ein großes Reich, das die Hunnen 375 unterwarfen. Nach deren Abzug zogen sie 454 als ***Föderaten**** nach Pannonien, 471 auf den Balkan und von dort 488 unter Theoderich nach Italien.

Föderaten (lat. *Bundesgenossen*)
Völker, die inner- und außerhalb des Röm. Reiches vertraglich zum Heeresdienst und zu Abgaben verpflichtet waren und oft neue Reiche gründeten.

Die Westgoten wurden beim Ansturm der Hunnen 376 zu oström. Föderaten* und erstmals auf Reichsgebiet angesiedelt. ***378*** kam es zum Konflikt: In der ***Schlacht bei Adrianopel*** siegten die Westgoten und ließen sich in Mösien nieder. 395 verließen sie die Provinz, um unter ***Alarich*** plündernd durch den Balkan auf die Peloponnes zu ziehen. Obwohl vom Kaiser zum *Heermeister für Illyrien* ernannt, drang Alarich 401 in Italien ein. Nach Niederlagen bei Pollentia (402) und Verona (403) eroberte und plünderte er 410 Rom. Auf dem Weg nach Afrika starb er beim unterital. Cosenza. Sein Schwager Athaulf führte die Westgoten nach Südgallien, wo sie – nach Vernichtung von Teilen der Vandalen und Alanen in Spanien (418) im röm. Auftrag – angesiedelt wurden und das ***Tolosanische Reich*** begründeten.

Die Burgunder waren um 100 v. Chr. aus Skandinavien über Bornholm in das Land zw. Oder und Weichsel gezogen. Von Goten und Rugiern bedrängt wanderten sie über die Niederlausitz (um 200) ins Maingebiet (3. Jh.). Die Römer wiesen ihnen als Föderaten* um 413 das Gebiet um Worms zu. Als aber Kg. Gundahar 435 die Provinz Belgien angriff, ließ der römische Heermeister Aetius sein Reich durch Hunnen vernichten *(Nibelungenlied)* und siedelte die Überlebenden (gegen die Alamannen) am Genfer See an. Rasch entstand um Lyon ein neues Burgunderreich.

Die Vandalen hatten sich bis 400 zw. Weichsel und Oder angesiedelt, erreichten zus. mit Sueben (Quaden) und Alanen den Rhein. Auf der Iber. Halbinsel wurden die silingischen Vandalen im S (daher Bez. *Andalusien*), die Alanen in Mittelspanien und die Sueben und asdingischen Vandalen im NW *(Gallaezien)* angesiedelt. Nachdem die Silingen und Alanen im Auftrag Roms 418 von den Westgoten weitgehend vernichtet worden waren, setzten die Asdingen 429 unter *Kg. Geiserich (428–477)* nach Nordafrika über. Um Karthago errichteten sie das erste unabhängige german. Reich auf römischen Boden, erlangten die Seeherrschaft im westlichen Mittelmeer und besetzten die Mittelmeerinseln. Einen auch symbolischen Höhepunkt der Reichsgeschichte bedeutete ***455*** ihre ***Plünderung Roms***. Der Verlust des als Kornkammer wichtigen Afrikas trug wesentlich zum Ende Westroms bei.

Die Germanische Völkerwanderung im 4. u. 5. Jh. n. Chr.

Grabmal Theoderichs in Ravenna
Mit dem Ostgotenkönig starb 526 ein Politiker, der für eine solidarische germanische Politik gegenüber Byzanz eintrat.

Das Ende Westroms?

Mit der Absetzung des letzten Kaisers im Westen, ***Romulus Augustulus***, durch den german. Heermeister Odoaker im Jahre ***476*** war das Röm. Reich im Westen ideell noch nicht beendet. Das Oström. Reich befand sich zwar gleichfalls in einer Schwächeperiode, doch der Kaiser betrachtete die Reichseinheit als staatsrechtlich wiederhergestellt und die Germanenkönige im W nur als seine Beauftragten. Faktisch standen jedoch West- und Mitteleuropa sowie Nordafrika zw. 476 und 533 unter germanischer Herrschaft, also bis zum Beginn der Rückeroberungspolitik ***Ks. Justinians (527–565)***.

Germanenreiche auf weström. Boden

Ostgotenreich Theoderichs des Gr. (489–526)

488 Theoderich wird *Heermeister* und *Patricius* für Italien.
489 Ostgot. Siege über Odoaker bei Verona und
490 an der Adda.
493 ***Eroberung Ravennas*** und Einwanderung der Ostgoten aus Mösien.

Theoderichs Reich wird die stärkste german. Macht, auch wenn der Versuch, ein antibyzantinisches Bündnis zu errichten, am Widerstand des fränk. Königs Chlodwig scheitert. Theoderich schützt in der Folge die von den Franken bedrohten Alamannen (496 Niederlage an unbekanntem Ort) und Westgoten (507 Niederlage bei Vouillé).

526 ***Tod Theoderichs*** bei der Vorbereitung eines Seekrieges gegen die Vandalen.
Ab 535 Kaiser Justinian lässt die Ostgoten durch seinen Feldherrn Belisar angreifen.
553 Entscheidende ostgot. ***Niederlage am Vesuv***.

Das Westgotenreich hatte damals seinen polit. Höhepunkt überschritten. Die Westgoten, als röm. Föderaten seit 375 nach Westen gewandert, hatten seit 418 im Süden Galliens um Toulouse ein Reich aufgebaut, das auch große Teile Spaniens beherrschte und unter ***Kg. Eurich II.**** *(466 – 484)* seine innere und äußere Blütezeit erreicht hatte.

Mit der ***Niederlage von Vouillé 507*** gegen die Franken endete das ***Tolosanische Reich*** in Gallien; westgot. blieb nur

Regierungszeit König Eurichs II. (466–484)

Seit 468 Eroberungskrieg gegen die Sueben.
Nach 468 Eroberung der Provinz Tarragona mit Pamplona und Zaragoza.
475 ***Unabhängigkeit von Rom.*** *Codex Euricianus:* Älteste Kodifikation des germanischen Stammesrechts.

die Küste zwischen Narbonne und Rhônemündung. Auf der Iber. Halbinsel erlag das Westgotenreich erst 711 der arab. Invasion.

Das Burgunderreich hatte bereits um ***500*** in der ***Schlacht bei Dijon*** die fränk. Expansion nur mit westgot. Unterstützung abwehren können. Nach dem Ende des Tolosan. Reiches und Theoderichs Tod half auch der Wechsel vom arianischen zum kath. Glauben nicht mehr. Nach der Niederlage bei ***Autun 532*** wurde Burgund fränkisch.

Das Vandalenreich verfiel seit Geiserichs Tod 477. Zwischen 534 und 535 eroberte und zerstörte der byzantinische Feldherr Belisar im Auftrag Ks. Justinians, der die Rückeroberung Westroms erstrebte, das Vandalenreich. Nach der ***Schlacht bei Tricamarum 533*** wurde Afrika oström. Provinz.

Das Frankenreich entstand um 500. Die Franken, die sich an Maas und Mosel niedergelassen hatten, wurden ursprünglich von Kleinkönigen regiert. Einer von ihnen, ***Kg. Chlodwig (482–511)***, beseitigte alle übrigen und einigte das Reich. Unablässig – gebremst nur durch Theoderichs Schutzpolitik – erweiterte er das Frankenreich kriegerisch zum ***Großreich**** und wurde um 500 Christ.

Mit dem Tod Theoderichs wurde das Frankenreich in Westeuropa übermächtig. Auch seine athanasische „Rechtgläubigkeit" verschaffte ihm gegenüber den anderen fast durchgehend arianischen Germanenreichen erhebliche Vorteile.

Über Siege zum fränkischen Großreich

486 Sieg über den *dux Syagrius*: Ende der letzten römischen Provinz.
496? *Zülpich?:* Annexion (wegen Theoderich nur des nördlichen) Alamanniens.
507 *Vouillé:* Nur der Raum zwischen Rhône und Pyrenäen bleibt westgotisch.
531 *Unstrut:* Annexion des Thüringerreiches.
532 *Autun:* Annexion des Burgunderreiches.
Mitte 6. Jh. Bayern unter fränkischer Herrschaft.

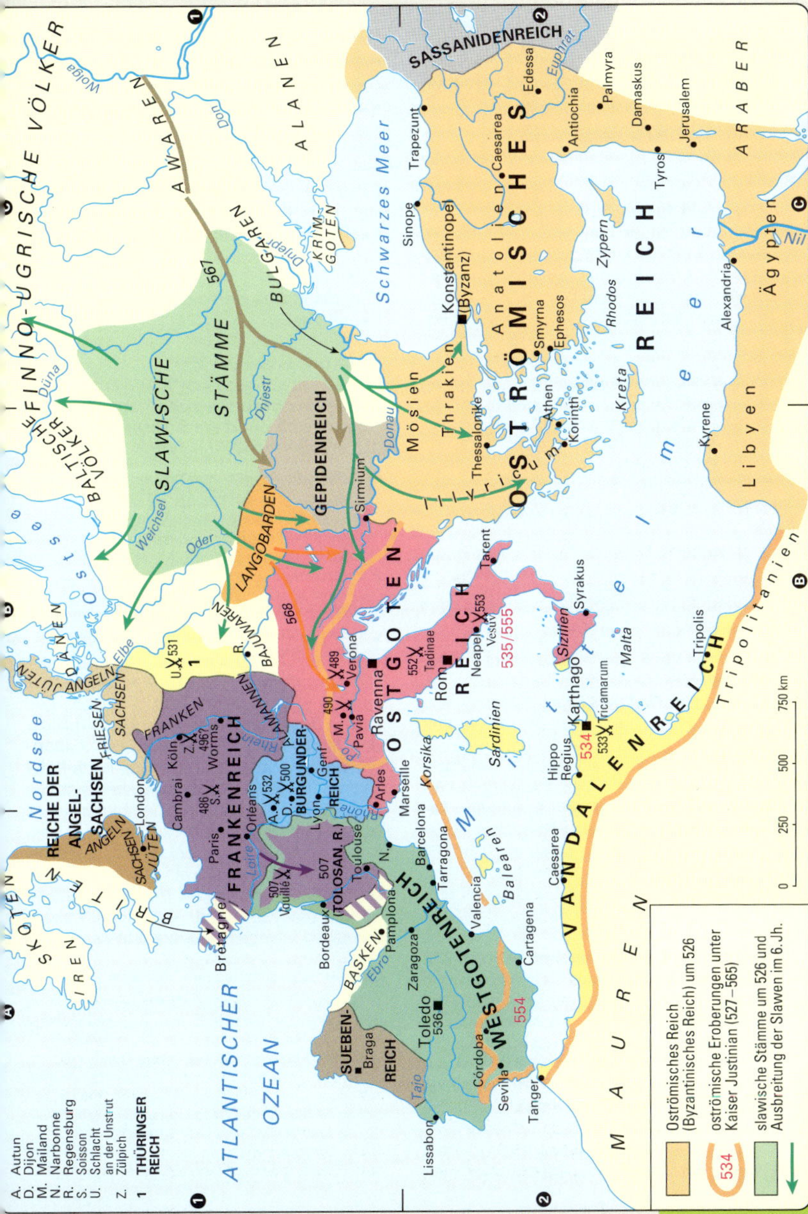
A. Autun
D. Dijon
M. Mailand
N. Narbonne
R. Regensburg
S. Soisson
U. Schlacht an der Unstrut
Z. Zülpich
1 THÜRINGER REICH
ATLANTISCHER OZEAN
Nordsee
Ostsee
Schwarzes Meer
Mittelmeer
REICHE DER ANGEL-SACHSEN
ANGELN
SACHSEN
JÜTEN
London
IREN
SKOTEN
BRITEN
Bretagne
FRANKENREICH
FRANKEN
FRIESEN
Paris
Orléans
Cambrai
Köln
Worms
486 S.
496 Z.
507 Vouillé
ALAMANNEN
BAJUWAREN
BURGUNDER-REICH
Genf
Lyon
532 A.
500 D.
TOLOSAN. R.
Toulouse
Bordeaux
BASKEN
Pamplona
N.
WESTGOTENREICH
Barcelona
Tarragona
Valencia
Zaragoza
Toledo
536
Cartagena
Córdoba
Sevilla
554
SUEBEN-REICH
Braga
Lissabon
Tajo
Ebro
Loire
Rhein
Rhône
Elbe
Oder
Weichsel
Düna
Dnjestr
Dnjepr
Don
Wolga
Donau
Po
DÄNEN
u. 531
LANGOBARDEN
568
GEPIDENREICH
Sirmium
OSTGOTENREICH
Verona
489
M. 490
Pavia
Ravenna
Arles
Marseille
Rom
Tadinae 552
Neapel
Vesuv 553
535/555
Tarent
Korsika
Sardinien
Sizilien
Syrakus
Malta
Balearen
VANDALENREICH
Karthago
Tricamarum
533
534
Hippo Regius
Caesarea
Tanger
MAUREN
Tripolis
Tripolitanien
SLAWISCHE STÄMME
BALTISCHE VÖLKER
FINNO-UGRISCHE VÖLKER
AWAREN
567
ALANEN
BULGAREN
KRIM-GOTEN
SASSANIDENREICH
Euphrat
OSTRÖMISCHES REICH
Mösien
Thrakien
Illyricum
Anatolien
Konstantinopel (Byzanz)
Thessalonike
Athen
Korinth
Smyrna
Ephesos
Sinope
Trapezunt
Caesarea
Edessa
Antiochia
Palmyra
Damaskus
Tyros
Jerusalem
Zypern
Rhodos
Kreta
Kyrene
Libyen
Alexandria
Ägypten
Nil
ARABER
0 250 500 750 km
Oströmisches Reich (Byzantinisches Reich) um 526
534 oströmische Eroberungen unter Kaiser Justinian (527–565)
slawische Stämme um 526 und Ausbreitung der Slawen im 6. Jh.

In Metall gravierte arabische Schrift

Die Übersetzung lautet: „Im Namen Gottes, des Allbarmherzigen des Allerbarmers".

Islam und Christentum nach 622

Bis zum Auftreten der vom „Propheten" ***Mohammed (571 – 632)*** zw. 610 und 632 in Mekka und Medina gegr. ***Religion des Islam**** hatte das Christentum alle ehem. Provinzen des Römischen Reiches erobert.

Zur Lehre des Islam

Der ***Islam*** (arab. *Ergebung, Hingabe an den Willen Allahs*) beinhaltet den Glauben an den absolut ***einen, allmächtigen und ewigen Gott (Allah)***, der die Welt erschaffen hat, sie regiert und alles vorherbestimmt. Der ***Koran*** (arab. *das zu Rezitierende*) offenbart Allahs grundlegende Glaubenswahrheiten und religiöse Pflichten. Ihre Verkündigung war Aufgabe der ***Propheten.*** Die Gläubigen haben sich in Gottes Hl. Willen *(Kismet)* zu ergeben; sie sind verpflichtet zum Glaubensbekenntnis, zu täglich fünfmaligem Gebet, vollständigem Fasten tagsüber im *Ramadan*, Almosengeben und zur Wallfahrt nach Mekka.
Mohammeds Nachfolger und legitime Herrscher sind die ***Kalifen*** (arab. *Stellvertreter*).

Als 622 mit der Flucht (arab. *Hedschra*) Mohammeds von Mekka nach Medina die polit. Expansion im ***Heiligen Krieg*** einsetzte, war das Christentum polit. entweder im ***Ksr. von Byzanz*** organisiert oder in den german. Nachfolgereichen des Weström. Reiches. Der ***Dschihad*** (arab. *Anstrengung = Hl. Krieg*) schränkte – trotz der ***Islamischen Toleranz*** gegenüber anderen Religionen – den christl. Geltungsbereich rasch ein. Um 650 hatten die Araber das Byz. Reich auf Kleinasien und Armenien reduziert und neben Arabien auch das Perserreich unterworfen.

Die Rettung des christlichen Europa 732

Im Rahmen einer neuen Expansionswelle überquerte 711 der Feldherr Tarik die Meerenge bei Gibraltar (arab. *Dschebel-al-Tarik*), um rasch die gesamte Iberische Halbinsel – ausgenommen das kleine christl. Kgr. Asturien – zu erobern. 718 scheiterte allerdings der Versuch, das Ksr. Byzanz durch die Eroberung der Hauptstadt zu vernichten.

Im Westen dagegen drang man über die Pyrenäen in Gallien ein. Jedoch unterlagen die Araber ***732*** in der weltgeschichtlich bedeutenden ***Schlacht bei Tours und Poitiers*** den Franken unter dem Hausmeier Karl Martell aus der Familie der Karolinger. Als dessen Sohn Pipin 751 das fränkische Königtum übernahm, erhielt das Frankenreich eine neue Dynamik. Diese führte kulturell zur Entstehung des christlichen Abendlandes, machtpolitisch zu weiterer Expansion und zum Kaisertum Karls des Großen und kirchlich-religiös zum Sieg der athanasischen Richtung des Katholizismus über die arianische sowie zum Aufstieg des Papsttums.

Krise des Islam um 750

Für den Islam ging um 750 nicht nur die zweite ***Eroberungswelle**** zu Ende, es zeigten sich auch erste Risse im Gefüge des arabischen Weltreiches:

Die arabisch-islamischen Eroberungen

1. ***Eroberungswelle (634 bis ca. 650)***
   Nordafrikas bis zur Cyrenaica und Asien – ausgenommen das byz. Kleinasien – bis zum ostiranischen Gebirge und zum Amu-Darja (Oxus).
2. ***Eroberungswelle (711 bis ca. 750)***
   711 ff. Spanien und Südfrankreich.
   In Zentralasien Choresmien (südlich des Aralsees), Transoxanien mit Buchara und Samarkand sowie das untere Industal.

Die ***Omaijaden (661–750)*** in *Damaskus* wurden 750 gestürzt, und die nach dem Oheim des Propheten *Abbas* gen. ***Abbasiden (750 – 1258)*** übernahmen das ***Kalifat***, um wenig später die Residenz nach *Bagdad* zu verlegen. Allerdings hielten sich die Omaijaden auf der Iber. Halbinsel noch lange . Hier begründeten sie das erste vom Kalifat unabhängige islam. Reich, das ***Emirat von Córdoba*** (arab. *emir = Beherrscher der Gläubigen*), ein Beispiel, das bald Schule machte. Hinzu kam die Trennung des Islam in verschiedene ***Konfessionen****.

Die hauptsächlichen islam. Konfessionen

1. Die mehrheitlichen ***Sunniten*** beachten neben dem Koran die ***Sunna*** (Leben, Aussprüche und Ratschläge Mohammeds). Das Kalifat steht männlichen Nachkommen Mohammeds offen.
2. Für die ***Schiiten*** besitzen nur die Nachfahren Alis (Vetter und Schwiegersohn Mohammeds), der *Schiat'Ali* (arab. *Partei Alis*), das nötige Charisma, um als *Imame* die Gemeinde zu leiten.
3. Die ***Charidschiten*** wollen nur die Frömmsten, ohne Standesrücksicht, als *Kalifen* akzeptieren.

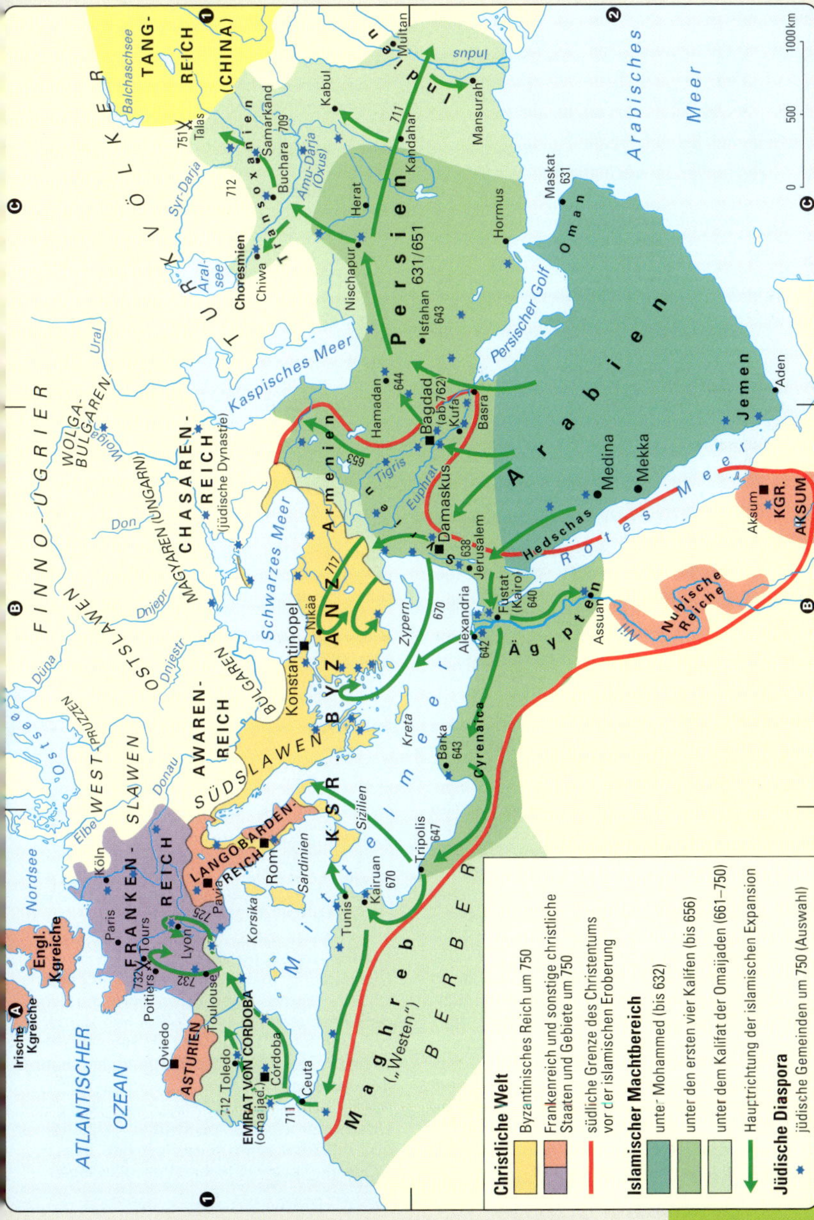
Christliche Welt
Byzantinisches Reich um 750
Frankenreich und sonstige christliche Staaten und Gebiete um 750
südliche Grenze des Christentums vor der islamischen Eroberung
Islamischer Machtbereich
unter Mohammed (bis 632)
unter den ersten vier Kalifen (bis 656)
unter dem Kalifat der Omaijaden (661–750)
Hauptrichtung der islamischen Expansion
Jüdische Diaspora
jüdische Gemeinden um 750 (Auswahl)
ATLANTISCHER OZEAN
Irische Kgreiche
Engl. Kgreiche
Nordsee
FRANKEN-REICH
LANGOBARDEN-REICH
ASTURIEN
EMIRAT VON CORDOBA (omaijad.)
Maghreb („Westen“)
BERBER
Mittelmeer
BYZANZ
Konstantinopel
Schwarzes Meer
AWAREN-REICH
CHASAREN-REICH (jüdische Dynastie)
FINNO-UGRIER
TURKVÖLKER
TANG-REICH (CHINA)
Kaspisches Meer
Persien 631/651
Transoxanien
Arabien
Persischer Golf
Arabisches Meer
Rotes Meer
Ägypten
Nubische Reiche
KGR. AKSUM
Bagdad (ab 762)
Damaskus
Jerusalem
Medina
Mekka
Alexandria
Fustat (Kairo)
Indus
0 500 1000 km

Kaiser Karl der Große
Das durch ihn erneuerte Kaisertum stand nur teilweise in der röm. Tradition. Die Insignien (Kreuz auf Krone und Reichsapfel) weisen deutlich auf die christl. Grundlage seiner Herrscherstellung hin.

Vom Merowinger- zum Karolingerreich 751/52
Seit 687 beherrschten die *Karolinger* (auch *Arnulfinger* oder *Pipiniden*) als ***Hausmeier*** *(major domus)* faktisch das Frankenreich. Die machtlosen merowing. Könige besaßen das Königtum nur noch nominell *(Schattenkönigtum)*.

751 schickte ***Pipin***, Sohn Karl Martells, der ***732*** durch den ***Sieg bei Tours und Poitiers*** das Frankenreich vor den Arabern gerettet hatte, eine ***Gesandtschaft zum Papst***. Sie fragte an, wer König sein solle, der, der (nur) den Namen trage oder der, der die tatsächl. Macht habe. Papst Zacharias antwortete im karoling. Sinne, und so wurde Pipin ***751/752*** zu ***Soisson*** auf einer fränk. Reichsversammlung zum Kg. der Franken erhoben. Das fehlende german. ***Geblütsrecht*** ersetzte Bischof Bonifatius durch eine (alttestamentl.) ***geistl. Salbung***.

Der Herrschaftsantritt Karls 768

Nach dem Tode Pipins (751–68) erhielt sein Sohn Karl (768–814) den Nordteil, Sohn Karlmann (768–71) den Südteil des Reiches. Nach dem Tode des Bruders übernahm Karl – unter Übergehung seiner erbberechtigten Neffen – die Alleinherrschaft. Karl, den schon die Zeitgenossen *„den Großen"* nannten, und der später zum Inbegriff des Reichsgründers und weisen Herrschers wurde, hat in der Folge nicht nur fast das ganze christliche Abendland polit. geeint, sondern es durch seine Herrschaft so tief geprägt, dass es auch nach dem unter seinem Sohn Ludwig dem Frommen (814–840) einsetzenden Verfall auf Jahrhunderte hin seine geistige Einheit behielt. Karl gilt daher mit Recht noch heute als *Vater Europas*.

Karls Eroberungen

Zu den wichtigsten Eroberungen gehörten die Gebiete der Sachsen, das ehem. Langobardenreich und das Hzm. Bayern. Unterwerfung und Christianisierung des german. ***Sachsenvolkes*** 772–804 zogen sich über Jahrzehnte hin. Karls Erfolg aber gab dem *ostfränk. Reich* einen stärkeren german. Charakter und trug so zur Entstehung des ***Deutschen Reiches*** bei, in dem den Sachsen eine führende Stellung zufiel.

Durch die Unterwerfung des ***Langobardenreiches 774*** und die Übernahme des Königstitels erlangte Karl die ständige Herrschaft über Nord- und Mittelitalien mit Rom und dem Patrimonium Petri. Er beherrschte somit weite Teile Süd- und Westeuropas, einen Großteil des ehem. Weström. Reiches. Damit besaß das Frankenreich dauernde Berührung mit dem *Papsttum*, das immer wieder von den Langobarden bedroht gewesen war, zuletzt in Byzanz aber keinen wirksamen Schutz mehr gefunden hatte.

Das ***Hzm. Bayern*** gehörte dem Frankenreich schon seit früher Zeit locker an, doch suchten die Herzöge aus der Familie der *Agilolfinger* immer wieder eine eigene Politik zu betreiben. Erst die ***Absetzung Hz. Tassilos III.*** im Jahr ***788*** ermöglichte die endgültige *Eingliederung Bayerns* in das Reich. Damit war nicht nur das letzte Stammesherzogtum beseitigt, sondern stand auch das wegen seiner Nähe zu Italien, seinen traditionellen langobard. Beziehungen und seiner Kontrolle zentraler Alpenpässe für die Italien- und Papstpolitik der fränk. Herrscher wichtige Bayern endgültig in karolingischer Verfügung.

Karls Kaisertum 800

Seit 787 unterhielt Karl auf der Basis der Gleichrangigkeit diplomatischer Beziehungen zum Kalifat von Bagdad. Seine Stellung fand ihren Ausdruck in der nach Ablauf und Motivation umstrittenen *Erhebung Karls zum Kaiser* am 25.12.800 in Rom, an der sich alle späteren Kaisererhebungen des Mittelalters orientierten.

Karls Herrschertitel seit 800
„Karl der Große von Gott gekrönter friedbringender Kaiser und Augustus, der das Römische Reich regiert, und durch die Milde Gottes auch König der Franken und der Langobarden ist."

Die Reichsteilung von 843

Das karoling. Imperium war nur von kurzer Dauer. Bereits unter Karls Sohn *Ludwig dem Frommen (814–840)* brachen bürgerkriegsähnliche Kämpfe unter dessen drei Söhnen aus. Nach der blutigen Schlacht bei ***Fontenoy 841*** musste der älteste Sohn, *Kaiser Lothar I. (843–855)*, auf jegliche Oberhoheit über seine Brüder verzichten und im ***Vertrag von Verdun 843*** in eine *Dreiteilung des Frankenreiches* einwilligen.

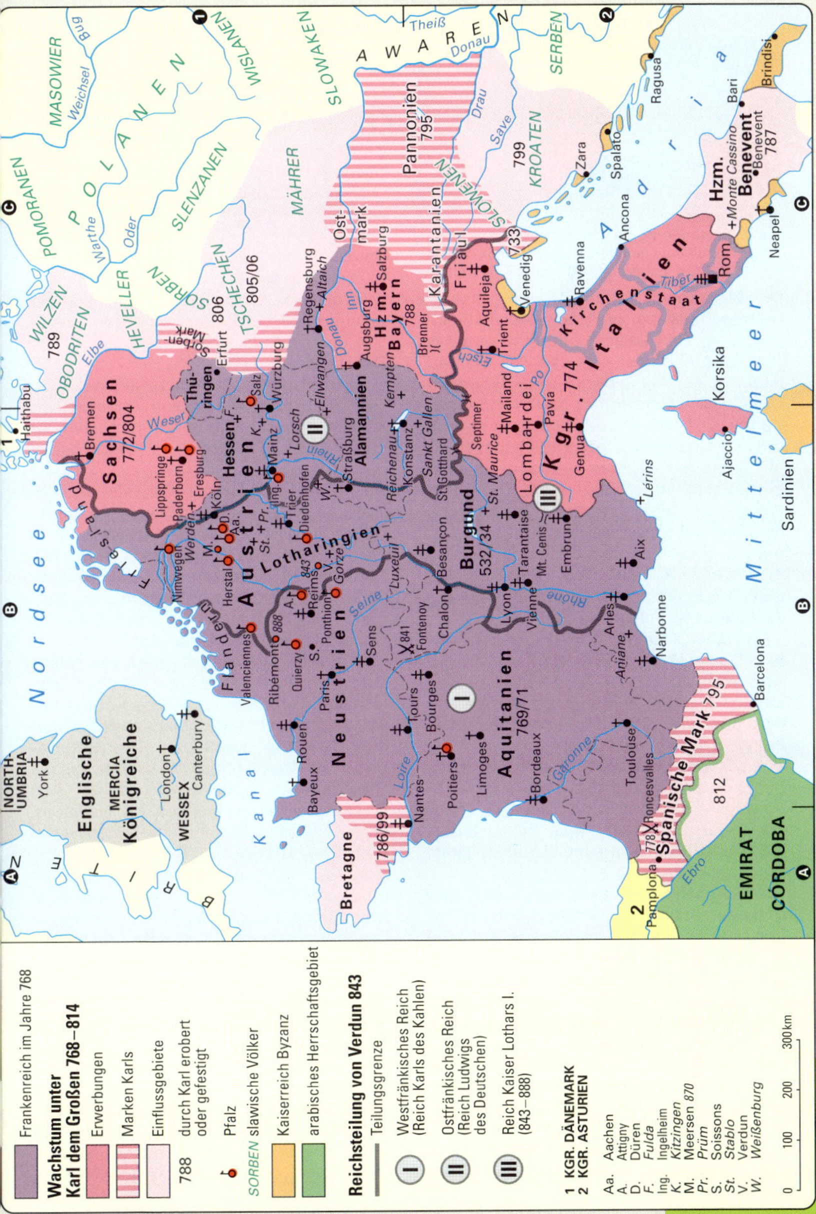
Frankenreich im Jahre 768
Wachstum unter Karl dem Großen 768–814
Erwerbungen
Marken Karls
Einflussgebiete
788 durch Karl erobert oder gefestigt
Pfalz
SORBEN slawische Völker
Kaiserreich Byzanz
arabisches Herrschaftsgebiet
Reichsteilung von Verdun 843
Teilungsgrenze
I Westfränkisches Reich (Reich Karls des Kahlen)
II Ostfränkisches Reich (Reich Ludwigs des Deutschen)
III Reich Kaiser Lothars I. (843–888)
1 KGR. DÄNEMARK
2 KGR. ASTURIEN
Aa. Aachen
A. Attigny
D. Düren
F. Fulda
Ing. Ingelheim
K. Kitzingen
M. Meersen 870
Pr. Prüm
S. Soissons
St. Stablo
V. Verdun
W. Weißenburg
0 100 200 300 km
Nordsee
Kanal
Mittelmeer
Adria
Englische Königreiche
NORTHUMBRIA
MERCIA
WESSEX
York
London
Canterbury
Bretagne 786/99
Neustrien
Austrien
Aquitanien 769/71
Burgund 532/34
Alamannien
Sachsen 772/804
Thüringen
Hessen
Friesland
Flandern
Lotharingien
Hzm. Bayern 788
Ostmark
Pannonien 795
Karantanien
Friaul
Lombardei
Kgr. Italien 774
Kirchenstaat
Hzm. Benevent 787
Spanische Mark 795
812
EMIRAT CÓRDOBA
POMORANEN
POLANEN
MASOWIER
WISLANEN
SLENZANEN
WILZEN
OBODRITEN
HEVELLER
SORBEN
TSCHECHEN
MÄHRER
SLOWAKEN
AWAREN
SLOWENEN
KROATEN
SERBEN
Sorben-Mark
789
806
805/06
799
Haithabu
Bremen
Lippspringe
Paderborn
Eresburg
Köln
Werden
Nimwegen
Herstal
Mainz
Lorsch
Salz
Würzburg
Erfurt
Regensburg
Altaich
Ellwangen
Augsburg
Kempten
Salzburg
Brenner
Trient
Aquileja
Venedig
Ravenna
Rom
Neapel
Monte Cassino
Benevent
Bari
Brindisi
Ragusa
Spalato
Zara
Ancona
Mailand
Pavia
Genua
Septimer
St. Gotthard
Sankt Gallen
Konstanz
Reichenau
Straßburg
Trier
Diedenhofen
Reims
Gorze
Luxeuil
Besançon
Chalon
Lyon
Vienne
Tarantaise
Mt. Cenis
Embrun
St. Maurice
Lérins
Aix
Arles
Narbonne
Aniane
Toulouse
Roncesvalles 778
Pamplona
Barcelona
Bordeaux
Limoges
Poitiers
Bourges
Tours
Nantes
Fontenoy 841
Sens
Paris
Ponthion
Quierzy
Ribémont 888
Valenciennes
Rouen
Bayeux
Korsika
Ajaccio
Sardinien
Elbe
Weser
Rhein
Donau
Inn
Etsch
Po
Drau
Save
Theiß
Weichsel
Bug
Oder
Warthe
Seine
Loire
Garonne
Rhône
Tiber
Ebro

Normannenschiffe
Die Normannen bedienten sich wendiger Langboote, die sowohl gerudert als auch mit Segeln gefahren wurden. Englische Buchmalerei, 12. Jh.

Die Normannen
Überbevölkerung, polit. und religiöse Gegensätze, Beutegier sowie eine gewisse Abenteuerlust bewogen seit 787 die german. Völker *Dänemarks* und *Skandinaviens*, die ***Normannen*** (auch *Wikinger, Dänen, Ostmannen, Waräger* gen.), in oft jährl. Raubzügen Europa heimzusuchen. Mit wendigen Booten drangen sie über Flüsse weit ins Landesinnere vor. Überraschend erschienen sie vor Städten und Klöstern und plünderten sie.

Ziele waren Spanien (827, 844, 859) und Mittelitalien (860), v. a. aber das Frankenreich, die brit. Inseln und Osteuropa.

Die fränk. Abwehrkraft war durch Reichsteilungen (843, 870, 888) und Thronstreitigkeiten geschwächt. Auch unfähige Könige oder Heerführer und die ungewöhnliche normannische Kampfesweise und Tapferkeit erschwerten die Abwehr.

Im **Ostfrankenreich** wurden 845 Hamburg zerstört, 880 die Sachsen geschlagen sowie 881/82 Neuß, Köln, Bonn und Trier geplündert. Erst fränk. Siege bei ***Saucourt (881)*** und bei ***Löwen an der Dyle (891)*** brachten Entlastung.

Im **Westfrankenreich** ließen sich seit Ende des 9. Jh. Normannen dauerhaft nieder, und ihr Herzog Rollo wurde 911 vom frz. Kg. mit seinen Eroberungen am Unterlauf der Seine ***(Normandie)*** belehnt, von wo aus später die Eroberung Englands erfolgte.

In **England** überfielen sie 793 das Kloster Lindisfarne, bald kamen sie jährlich. Ab 830 ließen sie sich in Schottland und Irland nieder, und Ende 9. Jh. eroberten sie NW-England. Der dän. Kg. Knut eroberte 1016 ganz England (bis 1042 dän.).

Die normann. Aktivitäten reichten aber weiter: In ***Osteuropa*** drangen sie – *Rus* oder *Waräger* genannt – seit 800 vor und gründeten im Gebiet der Slawen und Finnen Fürstentümer (v. a. um ***Nowgorod*** seit 862, und um ***Kiew*** 882), den Kern des späteren Russland. Über die ***Shetland***- und ***Faröer-Inseln*** gelangten sie 860 nach ***Island***, 982 nach ***Grönland*** und um 1000 unter Leif Eriksson nach ***Amerika***. Ab 1016 setzten sich französische Normannen in ***Süditalien*** (Apulien und Sizilien) fest. So weiträumig wie die Raubzüge war der normann. Handel (Pelze, Sklaven, Schmuck). Er reichte von den Stützpunkten Birka, Haithabu, Nowgorod und Kiew aus bis Byzanz und in den Orient.

Die Ungarn
Mitte 9. Jh. durch die Petschenegen aus der Heimat zw. Don und Dnjepr vertrieben, erreichten die Ungarn (oder *Magyaren*) 889 die untere Donau. Im Bund mit Byzanz besetzten sie unter ***Arpad*** (Dynastie der *Arpaden*) Pannonien. ***896–907*** ließen sie sich an Theiß und mittlerer Donau nieder; die Puszta wurde zur Basis ständiger Kriegszüge nach Westen. Das ostfränk.-dt. Reich litt (32-mal heimgesucht) besonders, aber auch Italien (899, 932), Lothringen, Westfranken, Burgund und Spanien. 943 erschienen die Ungarn sogar vor Konstantinopel.

Angriffen und Verheerungen bes. hilflos ausgesetzt waren der O und SO des Fränk. Reiches. Die Ohnmacht des Königs bewirkte, dass führende Adlige zu ***Herzögen*** ihrer Stämme aufstiegen. Die Ungarngefahr konnte erst beseitigt werden, als die Stämme sich unter einem ***König*** zum ***Deutschen Reich*** vereinten. Kg. Heinrich I. (919–936) erkaufte einen Waffenstillstand und legte Burgen an. ***933*** siegte er bei ***Riade***. Den entscheidenden Sieg aber errang sein Sohn Otto I. d. Gr. (936–972) ***955*** auf dem ***Lechfeld*** bei Augsburg. Er beendete die ungar. Raubzüge und förderte Sesshaftwerdung und Christianisierung der Ungarn (975 Taufe Geisas, des Enkels Arpads). Als Stephan der Hl. (997–1038) das Ebm. Gran gründete und der Papst ihn zum *König* erhob, war die Angliederung Ungarns an die westl. Christenheit erfolgt.

Die Araber drückten Ende 9. Jh. erneut auf Byzanz. Kreta (827) und Sizilien (831 Palermo, 902 Taormina) wurden erobert, Unteritalien und Kleinasien angegriffen.

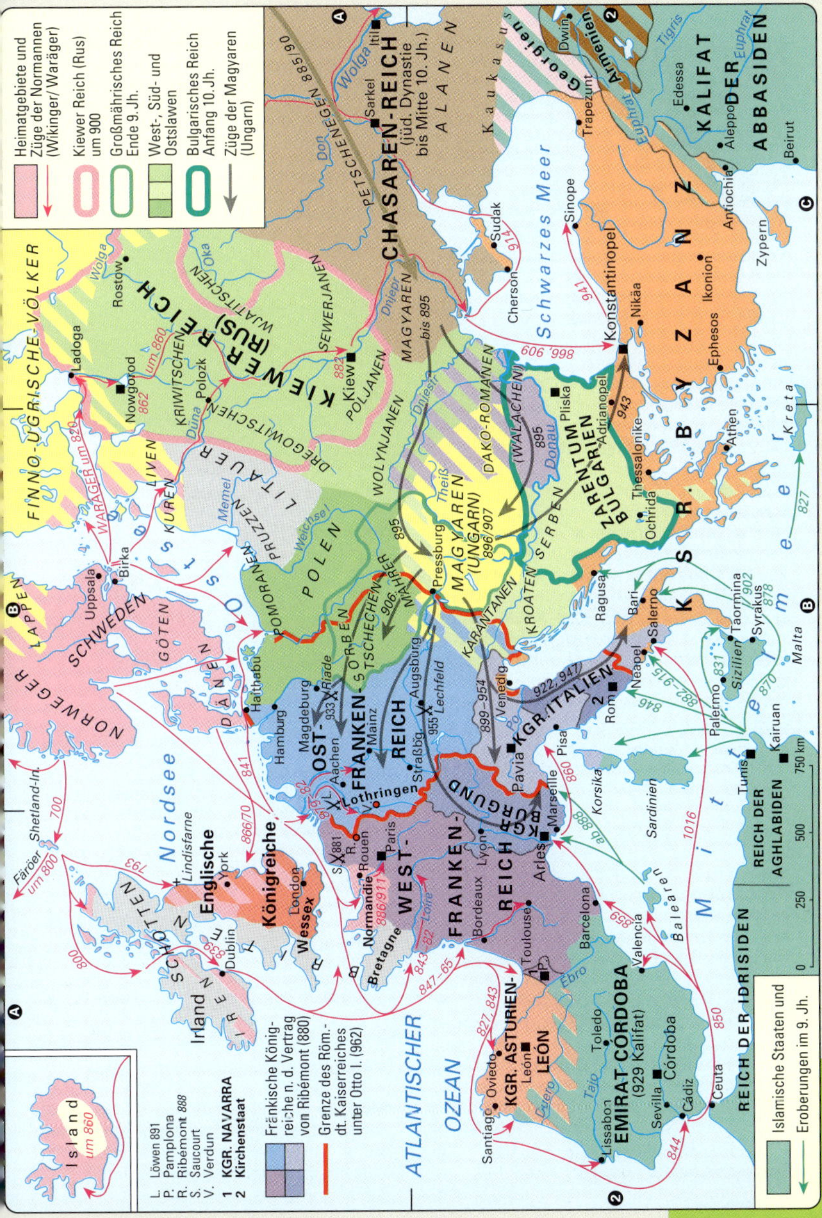
Heimatgebiete und Züge der Normannen (Wikinger/Waräger)
Kiewer Reich (Rus) um 900
Großmährisches Reich Ende 9. Jh.
West-, Süd- und Ostslawen
Bulgarisches Reich Anfang 10. Jh.
Züge der Magyaren (Ungarn)
Fränkische Königreiche n. d. Vertrag von Ribémont (880)
Grenze des Röm.-dt. Kaiserreiches unter Otto I. (962)
Islamische Staaten und Eroberungen im 9. Jh.
L. Löwen 891
P. Pamplona
R. Ribémont 888
S. Saucourt
V. Verdun
1 KGR. NAVARRA
2 Kirchenstaat
Island um 860
FINNO-UGRISCHE VÖLKER
LAPPEN
NORWEGER
SCHWEDEN
GÖTEN
DÄNEN
KIEWER REICH (RUS)
CHASAREN-REICH (jüd. Dynastie bis Mitte 10. Jh.)
ALANEN
PETSCHENEGEN 885/90
MAGYAREN bis 895
MAGYAREN (UNGARN) 896/907
ZARENTUM BULGARIEN
BYZANZ
KALIFAT DER ABBASIDEN
OST-FRANKEN-REICH
WEST-FRANKEN-REICH
KGR. BURGUND
KGR. ITALIEN
KGR. ASTURIEN-LEÓN
EMIRAT CÓRDOBA (929 Kalifat)
REICH DER IDRISIDEN
REICH DER AGHLABIDEN
Englische Königreiche
Wessex
SCHOTTEN
IREN
Irland
Nordsee
Ostsee
Schwarzes Meer
Mittelmeer
ATLANTISCHER OZEAN
POLEN
PRUZZEN
LITAUER
POMORANEN
SORBEN
TSCHECHEN
MÄHREN
KROATEN
SERBEN
KARANTANEN
DAKO-ROMANEN
(WALACHEN)
WOLYNJANEN
DREGOWITSCHEN
KRIWITSCHEN
WJATITSCHEN
SEWERJANEN
POLJANEN
LIVEN
KUREN
Georgien
Armenien
Kaukasus
Lothringen
Normandie 886/911
Bretagne
Sizilien
Kreta
Zypern
Korsika
Sardinien
Balearen
Malta
Färöer um 800
Shetland-In.
WARÄGER um 820
0 250 500 750 km

Christus führt die Kreuzfahrer. *Christus mit der Hl. Schrift und dem Richterschwert reitet an der Spitze der Kreuzfahrer (Apok. 19, 11–15), deren Fahnen und Schilde das Kreuz tragen. Englische Miniatur.*

Von Jerusalemwallfahrten zu Kreuzzügen

Seit der Spätantike pilgerten Christen ins Hl. Land, um das Hl. Grab Christi in Jerusalem und andere Stätten von Leben, Leiden und Tod Christi aufzusuchen. Die arab. *Besetzung Jerusalems 638* hatte diese Wallfahrt, die auch als Buße für schwere Sünden galt, nicht beeinträchtigt, obwohl Jerusalem als Ort der nächtlichen Himmelsreise Mohammeds auch ein großer islamischer Wallfahrtsort war.

Jedoch ***1055*** beendeten die türk. Seldschuken mit der ***Eroberung Bagdads*** die Herrschaft der Buyiden; sie besetzten auch Jerusalem und belästigten christl. Pilgerzüge. ***1071*** besiegten sie bei ***Mantzikert*** das Ksr. Byzanz und gründeten im byz. Kleinasien das ***Sultanat der Rum-Seldschuken.***

Als Papst Urban II. am ***27. 11. 1095*** zu Clermont zum ***Hl. Krieg**** aufrief, um Byzanz zu helfen und das Hl. Grab zu befreien, begann die Epoche der ***Kreuzzüge****.

Heiliger Krieg – Kreuzzug: Gemäß der Lehre Augustins vom ***„gerechten Krieg"*** muss dieser drei Kriterien erfüllen. Er darf geführt werden: 1. auf Anordnung einer *legitimen Autorität* (Kaiser, Papst), – 2. aus einem *gerechten Grund*, – 3. nur für *gute Absichten*, wie z.B. zur Verteidigung des Glaubens oder zur Buße.

Sieben Kreuzzüge gelten als die ***„großen Kreuzzüge".*** Daneben gab es zahlreiche weitere Kreuzzüge, auch spontane Volkskreuzzüge, wie etwa den des Einsiedlers Peter von Amiens (1096) oder den Kinderkreuzzug (1212). Außerhalb des Orients erfolgten die ***Reconquista*** der Iber. Halbinsel (bis 1492), Kreuzzüge gegen Wenden (1147), Mongolen (nach 1241) und Türken. Die Kreuzzugsidee überlebte das Mittelalter (z.B. 1571 Lepanto, 1588 Armada, 1683 ff. Türkenkriege). „Kreuzzüge" bekämpften aber auch sog. *„Ketzer" (Albigenser* 1209–29, *Hussiten* 1419–36) und polit. Gegner (*Stedinger Bauern* 1234).

Die „großen Kreuzzüge" 11.–13. Jh. – Übersicht

1. Kreuzzug (1096–1099)
Ziel: Befreiung des Hl. Grabes zu Jerusalem. Ritterkreuzzug unter Gottfried von Bouillon.
Ergebnis: Eroberung Antiochias (1098) und Jerusalems (1099). Gründung des christl. Kgr. Jerusalem und des Fürstentums Antiochia sowie der Grafschaften Edessa und Tripolis.

2. Kreuzzug (1147–1149)
Auslöser: Der Fall Edessas (1141).
Führer: Dt. Kg. Konrad III., frz. Kg. Ludwig VII.
Ergebnis: Christl. Niederlagen von Dorylaion und vor Damaskus. Eroberung Lissabons.

3. Kreuzzug (1189–1192)
Auslöser: Niederlage bei Hattin 1187.
Ziel: Rückeroberung Jerusalems und Akkons.
Teilnehmer: Kaiser Friedrich I., der engl. König Richard I. und der frz. König Philipp II.
Ergebnis: Nur die Rückeroberung Akkons 1191.

4. Kreuzzug (1202–1204)
Auslöser: Aufruf Papst Innozenz' III. (1198).
Teilnehmer: überwiegend frz. Adelige.
Ziel: Rückeroberung Jerusalems.
Ergebnis: Fehlschlag. Eroberung Konstantinopels auf Wunsch Venedigs und Errichtung des *Lateinischen Kaisertums* (1204–61).

5. Kreuzug (1213–1221)
Auslöser: Aufruf Papst Innozenz' III. von 1213.
Teilnehmer: Ungar. König Andreas II. u.a.
Ziel: Befreiung Jerusalems von Ägypten aus.
Ergebnis: Nach Eroberung Damiettes am Nil (1219) bei Mansurah (1221) Kapitulation der Kreuzfahrer und Abzug.

1228/29 Kreuzzug Kaiser Friedrichs II.
Auslöser: Kreuzzugsgelöbnis von 1215.
Wegen Krankheit brach ihn Ks. Friedrich II. 1227 ab. Start 1228 als Gebannter Papst Gregors IX.
Ergebnis: Sultan al-Kamil gibt Jerusalem für 10 Jahre an die Christen zurück.

6. Kreuzzug (1248–1254)
Auslöser: Islam. Rückeroberung Jerusalems 1244. Teilnehmer: frz. König Ludwig IX. d. Hl.
Ziel: Eroberung Ägyptens.
Ergebnis: Nach Einnahme Damiettes 1249 Niederlage bei Mansurah 1250 und Gefangennahme Ludwigs IX.

7. Kreuzzug (1270)
Anlass: Kreuznahme Kg. Ludwigs IX. von 1267.
Teilnehmer: Könige von Frankreich, Aragon und England.
Ziel: Eroberung von Tunis.
Ergebnis: Erfolglos – Tod Kg. Ludwigs IX.

Ergebnis der Kreuzzüge: Zwar waren die Kreuzzüge polit. und militär. erfolglos, bewirkten aber eine unschätzbare kulturelle Begegnung Europas mit griech. und arab. Philosophie, Wissenschaft, Literatur und Kunst, förderten Handel und Verkehr und stärkten die Autorität des Papsttums.

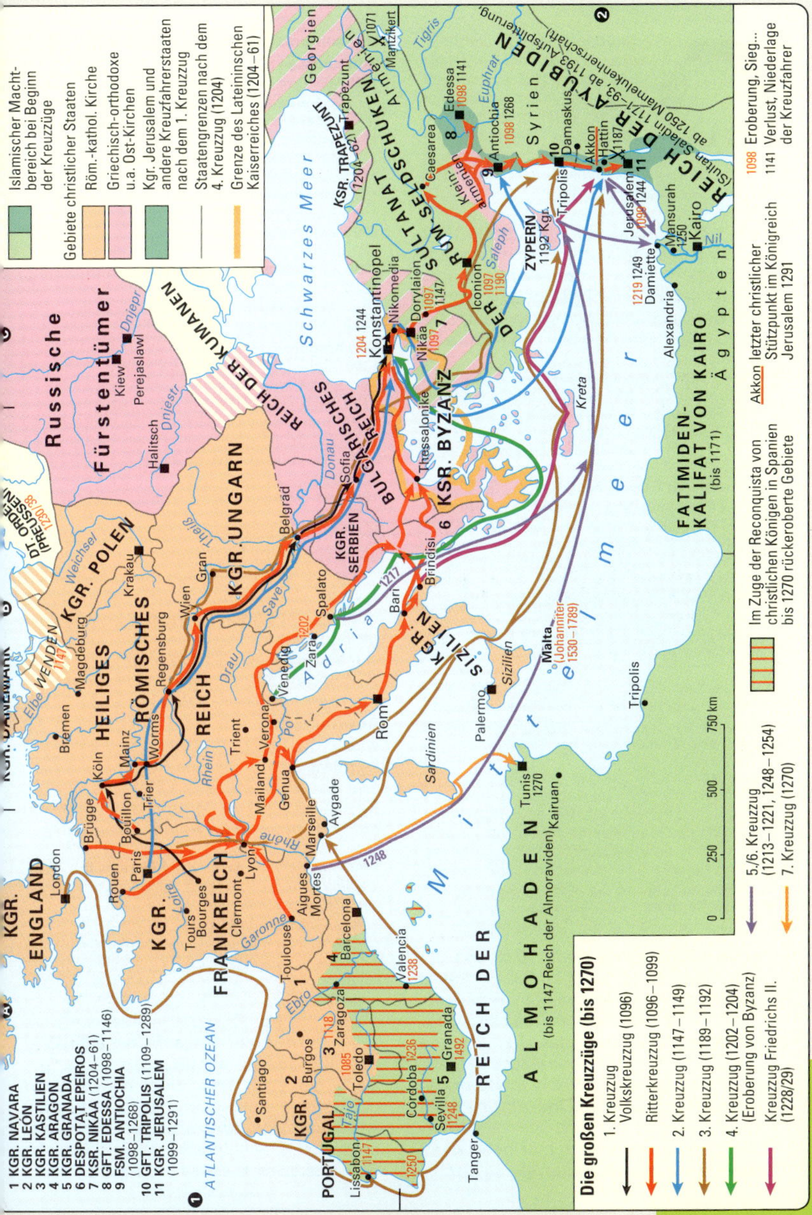
Islamischer Machtbereich bei Beginn der Kreuzzüge
Gebiete christlicher Staaten
Röm.-kathol. Kirche
Griechisch-orthodoxe u.a. Ost-Kirchen
Kgr. Jerusalem und andere Kreuzfahrerstaaten nach dem 1. Kreuzzug
Staatengrenzen nach dem 4. Kreuzzug (1204)
Grenze des Lateinischen Kaiserreiches (1204–61)
1 KGR. NAVARA
2 KGR. LEON
3 KGR. KASTILIEN
4 KGR. ARAGON
5 KGR. GRANADA
6 DESPOTAT EPEIROS
7 KSR. NIKÄA (1204–61)
8 GFT. EDESSA (1098–1146)
9 FSM. ANTIOCHIA (1098–1268)
10 GFT. TRIPOLIS (1109–1289)
11 KGR. JERUSALEM (1099–1291)
Die großen Kreuzzüge (bis 1270)
1. Kreuzzug Volkskreuzzug (1096)
Ritterkreuzzug (1096–1099)
2. Kreuzzug (1147–1149)
3. Kreuzzug (1189–1192)
4. Kreuzzug (1202–1204) (Eroberung von Byzanz)
Kreuzzug Friedrichs II. (1228/29)
5./6. Kreuzzug (1213–1221, 1248–1254)
7. Kreuzzug (1270)
Im Zuge der Reconquista von christlichen Königen in Spanien bis 1270 rückeroberte Gebiete
Akkon letzter christlicher Stützpunkt im Königreich Jerusalem 1291
1098 Eroberung, Sieg...
1141 Verlust, Niederlage der Kreuzfahrer
0 250 500 750 km
KGR. ENGLAND
KGR. FRANKREICH
HEILIGES RÖMISCHES REICH
KGR. POLEN
KGR. UNGARN
Russische Fürstentümer
REICH DER KUMANEN
BULGARISCHES REICH
KGR. SERBIEN
KSR. BYZANZ
KGR. SIZILIEN
KGR. PORTUGAL
REICH DER ALMOHADEN (bis 1147 Reich der Almoraviden)
FATIMIDEN-KALIFAT VON KAIRO (bis 1171)
SULTANAT DER RUM-SELDSCHUKEN
KSR. TRAPEZUNT (1204–62)
REICH DER AYUBIDEN (Sultan Saladin 1171–93, ab 1193 Aufsplitterung, ab 1250 Mamelukenherrschaft)
DT. ORDEN (PREUSSEN) 1230/38
WENDEN 1147
ATLANTISCHER OZEAN
Schwarzes Meer
Mittelmeer
Ägypten
Syrien
Armenien
Georgien
ZYPERN 1192 Kgr.
Malta (Johanniter 1530–1789)
Konstantinopel 1204 1244
Jerusalem 1099 1244
Akkon 1187
Edessa 1098 1141
Antiochia 1098 1268
Mansurah 1250
Damiette 1219 1249
Tunis 1270
Lissabon 1147
Toledo 1085
Zaragoza 1118
Valencia 1238
Córdoba 1236
Sevilla 1248
Granada 1492
Zara 1202
Dorylaion 1097
Nikäa 1097
Iconion 1097 1190

Santiago! *Die Reconquista erfolgte unter dem Schlachtruf* ***„St. Jakob!"*** *Das mutmaßl. Grab des Apostels Jakob d. Ä., des* ***Metamoros („Maurentöters")****, zu Compostela wurde spanisches Nationalheiligtum und europäischer Wallfahrtsort unter dem Zeichen der Jakobsmuschel..*

Karte I: Die Reconquista 11. Jh. bis 1492

Aus der ***Reconquista**** erwuchs bis Ende 15. Jh. die bis heute grundlegende polit. Ordnung der Iber. Halbinsel, gekennzeichnet durch den Dualismus der Königreiche Spanien (Kastilien* und Aragon*) und Portugal*.

Reconquista (span. *Rückeroberung*):
Bez. für die polit. und militär. Bemühungen der christl. Reiche der Pyrenäenhalbinsel vom 8. Jh. bis 1492 zur Rückgewinnung und Rechristianisierung der seit 711 arabisch-islamischen Gebiete.

Kgr. Kastilien: Es war die führende Macht nach seiner Vereinigung mit León 1037. ***Kg. Alfons VI. (1072–1109)*** beanspruchte als ***Kaiser*** den Vorrang vor den übrigen christl. und islam. Staaten. Zentrum des Reiches wurde das 1085 eroberte *Toledo*. Die militär. Erfolge errang i. W. Roderich Diaz de Vivar (ca. 1043–99), genannt ***Cid*** (arab. *Herr*).

Kgr. Aragon: Es entstand 1035, als sich ein Sohn Kg. Sanchos von Navarra (1000–35) zum Kg. von Aragon ausrufen ließ. In der Folge wuchs Aragon durch die Reconquista weiter, bis es ***1243/44*** durch die kastil. Eroberung des Fsms. Murcia von weiterer Expansion abgeschnürt wurde. Fortan strebte es den Erwerb mittelmeerischer Territorien an.

Kgr. Portugal: N-Portugal war durch Kastilien rückerobert und 1095 als Lehen an Heinrich von Burgund gegeben worden. Der ***1139*** nach einem Sieg über die Mauren zum König ausgerufene Alfons I. löste sich ***1143*** aus der kastil. Lehenshoheit und gewann 1147 Lissabon. ***1250*** eroberte Kg. Alfons III. Südportugal. Weitere Gebietsgewinne verhinderte das Kgr. Granada. Portugal war künftig auf den atlantischen Raum verwiesen.

Der ***Sturz der Omaijaden 1010*** und der Zerfall des Kalifats von Córdoba in kleine Fürstentümer (zeitw. Málaga, Algeciras, Granada, Córdoba, Toledo, Valencia, Zaragoza, Denia, Murcia, Badajoz) erleichterte die v. a. von Kastilien und Aragon getragene Reconquista Spaniens. Diese erhielt nun zunehmend den ***Charakter eines Kreuzzuges***, an dem sich spezielle Ritterorden und europ. Kreuzfahrer beteiligten. Um 1250 war nur noch Granada arabisch.

Die spanische Reconquista 11.–13. Jh.

Kgr. Kastilien

1080–85 Eroberung Toledos. Der arab. Teil Spaniens fällt 1090 an das nordafrikan. Almoravidenreich (ab 1145/50 an die Almohaden).
1179 Vertrag von Cazorla: Kastilien und Aragon teilen sich prophylakt. das islam. Gebiet.
1195 Alarcos: Niederlage gegen die Almohaden.
1212 Navas de Tolosa: Sieg der vereinten Heere Kastiliens, Aragons und Navarras.
1225 Die Almohaden räumen die Iber. Halbinsel bis auf Granada.
1230 Endgültige Vereinigung Leóns mit Kastilien.
1236 Eroberung Córdobas, des Fürstentums Murcia ***(1243/44)*** und Sevillas ***(1248)***.
1492 Fall Granadas: Ende der Reconquista.

Kgr. Aragon

1096 Eroberung Huescas, Zaragozas u. Tarragonas ***(1118)***, Tortosas ***(1148)*** und Léridas ***(1149)***.
1179 Vertrag von Cazorla: siehe unter Kastilien.
1171 Beginn der Eroberung des Kgr. Valencia.
1212 Navas de Tolosa: siehe unter Kastilien.
1228–35 Eroberung der Balearen.
1238 Eroberung Valencias.
1243–44 Ende der iber. Reconquista Aragons.

Karte II: Frankreich und das Angevinische Reich im 12./13. Jh.

Um 1100 war Frankreich feudal stark zersplittert. Die kleinen Kronvasallen waren ebenso unbotmäßig wie die Inhaber der großen Lehen. Hauptziel des Königtums war es, die lehnsrechtl. Bindungen wieder zu festigen. Der Erfolg schien greifbar, als Kg. Ludwig VII. 1137 ***Eleonore***, die ***Erbin Aquitaniens***, ehelichte. Jedoch 1152 wurde die Ehe geschieden, und Eleonore heiratete den Sohn Graf Fulkos von Anjou und der engl. Prinzessin Mathilde, der als Kg. Heinrich II. von England (1154–89) das große ***Angevinische Reich**** beherrschte.

Das Angevinische Reich Kg. Heinrichs II.

England u. Normandie samt dem frz. Lehen *Bretagne*	(mütterliches Erbe)
Anjou, Maine u. Touraine	(väterliches Erbe)
Poitou, Aquitanien (Guyenne u. Gascogne)	(Heiratsgut/Erbe der Ehefrau Eleonore)
Irland	(Eroberung ab 1171)

Als der frz. Kg. Philipp II. August (1180 bis 1223) ***1214*** in der ***Schlacht bei Bouvines*** über Kg. Johann von England siegte, trat dieser den engl. Besitz nördl. der Loire und nach erneuten Kämpfen (1224, 1242) ***1259*** im ***Frieden von Paris*** alle ehem. frz. Lehen nördl. der Charente an Frankreich ab; für ***Guyenne*** huldigte er dem frz. Kg. als Vasall.

I
Golf von Biscaya
KGR. FRANKREICH
Albi
Toulouse
Santander
Bilbao
La Coruña
Santiago de Compostela
Asturien
Oviedo
Kgr. Galicien
León
Personalunion 1037–1157, s. 1230
Burgos
KGR. NAVARRA
Pamplona
ANDORRA
Gft. Roussillon
Perpiñán (1172 aragon.)
Aragon 1137
Personalunion
Gft. Barcelona
Huesca 1096
KGR. Lérida 1149
Zaragoza 1118
Katalonien
Barcelona
Tarragona 1118
ARAGON (seit 1035)
Tortosa 1148
KGR.
Ebro
Valladolid
Duero
Douro
Braga
Porto
Gft. Portugal (bis 1143 zu León)
Tordesillas
Medina del Campo
Salamanca
Segovia
Tajo
KASTILIEN
Madrid 1083
Albarracín
1064 Coimbra
KGR. PORTUGAL (seit 1139/43)
Aljubarrota 1385
Alcántara 1177
Toledo 1085
(seit 1035)
Lissabon 1147
Aviz
1086 Badajoz 1228
Guadiana
Calatrava 1147
Alarcos 1195
Júcar
Montesa
Valencia 1238
Dénia
1212 Navas de Tolosa
Murcia 1243/44
Alicante 1248
Córdoba 1236
Guadalquivir
1179 Cazorla
1139 Ourique 1139
Algarve 1250
Tavira
Sevilla 1248
KGR. Granada 1492 Granada
GRANADA (1230–1492)
Cartagena 1248
Cádiz 1262
Málaga
Almería
Gibraltar
Algeciras
Oran
ATLANTISCHER OZEAN
Mittelmeer
Balearen
Menorca 1232
Palma
Mallorca 1228
Ibiza 1232
0 100 200 km
nördl. Begrenzung des Vordringens der Araber im 8. Jh.
christliche Staaten um 1050
Durch die Reconquista von maurisch-islam. Herrschaft befreite Gebiete
bis 1090
bis 1264
bis 1220
Hauptrichtung und
1085 Jahr der Reconquista
islam. Staaten Ende 13. Jh.
Grenze im 13. Jh.
Tavira zeitw. arab. Residenz

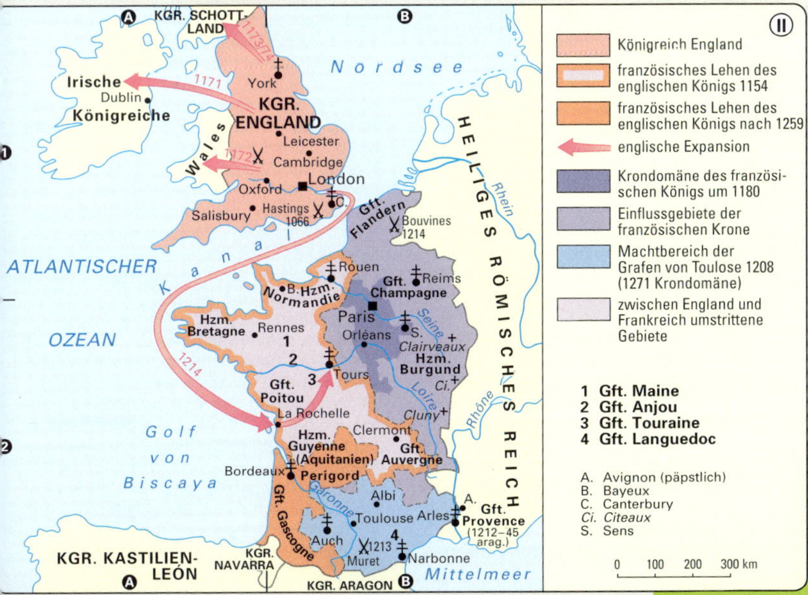
II
KGR. SCHOTTLAND
1173/74
Nordsee
York
Irische Königreiche
1171
Dublin
KGR. ENGLAND
Wales
1172
Leicester
Cambridge
London
Oxford
Salisbury
Hastings 1066
C.
Gft. Flandern
Bouvines 1214
HEILIGES RÖMISCHES REICH
Rhein
Kanal
ATLANTISCHER OZEAN
Rouen
Reims
B. Hzm. Normandie
Gft. Champagne
Paris
Seine
S.
Hzm. Bretagne
Rennes
Orléans
Clairveaux
Hzm. Burgund
1214
Tours
Ci.
Loire
Gft. Poitou
Rhône
Cluny
La Rochelle
Clermont
Golf von Biscaya
Hzm. Guyenne (Aquitanien)
Gft. Auvergne
Bordeaux
Perigord
Gft. Gascogne
Garonne
Albi
A.
Toulouse
Arles
Gft. Provence (1212–45 arag.)
Auch
1213 Muret
Narbonne
KGR. KASTILIEN-LEÓN
KGR. NAVARRA
KGR. ARAGON
Mittelmeer
Königreich England
französisches Lehen des englischen Königs 1154
französisches Lehen des englischen Königs nach 1259
englische Expansion
Krondomäne des französischen Königs um 1180
Einflussgebiete der französischen Krone
Machtbereich der Grafen von Toulose 1208 (1271 Krondomäne)
zwischen England und Frankreich umstrittene Gebiete
1 Gft. Maine
2 Gft. Anjou
3 Gft. Touraine
4 Gft. Languedoc
A. Avignon (päpstlich)
B. Bayeux
C. Canterbury
Ci. Citeaux
S. Sens
0 100 200 300 km

Mongolische Reiterfahne (um 1310)

Der Aufbau des Weltreiches durch Dschingis Khan

Begründer des Mongolenreiches war ***Temudschin*** (*„Schmied“*, ca. 1155/1167–1227), Fürst des kleinen Stammes Mongol, der in blutigen Kriegen die Tatarenstämme unterwarf. Auf einer Reichsversammlung wurde er ***1206*** zum ***Oberherrscher aller Mongolen*** mit dem (ungedeuteten) Titel ***Dschingis Khan*** erwählt. Durch seine ***Eroberungen**** schuf er ein Großreich vom Pazif. Ozean bis Südrussland (Dnjestr) mit ca. 12 Mio. km^2. Unter seinen Nachfolgern wuchs es weiter, von den innerasiat. Hochsteppen mit dem Kern südl. des Baikalsees in der N-Mongolei und der Hauptresidenz der Khane in ***Karakorum*** (seit 1220) bis zu den fruchtbareren und dichter besiedelten Gebieten Eurasiens.

Die Eroberungen Dschingis Khans (1202–1227)

1202	Tataren.
1203	Keraiten.
1204	Merkiten.
1204/05	Naimanen.
1209	Tangutenreich.
1211/13	Nordchina (Dynastie Kin).
1215	Eroberung Pekings.
1217/19	Korea.
1219/25	Uiguren, Karakitai, Karluken.
1220	R. der Choresmier (W-Turkestan/O-Iran).
1223	Sieg an der Kalka gegen Südrussen.
1224	Nordpersien durch Sohn Tului erobert.
1227	Tod Dschingis Khans bei der Belagerung der tangutischen Hauptstadt.

Höhepunkt des Mongolenreiches

Nach dem Tode Dschingis Khans wurde sein Sohn ***Ügedei*** (allein?) Großkhan (1229 bis 1241). Im Osten vollendete er bis 1234 die Eroberung N-Chinas, im SW die Persiens.

1236 wurde ***Batu*** (Enkel Dschingis Khans, † 1255) vom Reichstag *(Kurultai)* die Eroberung Russlands, Polens, Ungarns und schließlich ganz Europas aufgetragen: 1236 wurden die Kama-Bulgaren vernichtet, 1238 Moskau eingenommen, 1240 schließlich Kiew und die Fürstentümer Halitsch und Wolhynien erobert. Nun drang das mongol. Heer gegen Polen, Schlesien, die Walachei und Ungarn vor. ***1241*** siegte Batu bei ***Liegnitz*** (Wahlstatt/Schlesien) über ein deutsch-polnisches Ritterheer, ein anderes Mongolenheer am ***Fluss Sajo*** über die Ungarn. Europa schien verloren, als Batu infolge des Todes des Großkhans plötzlich den Rückmarsch antrat.

Das Reich zerbrach: Im Westen gründete Batu 1251 um ***Sarai*** das ***Khanat der Goldenen Horde***, das Bulgarien, Transkaukasien und Russland (bis zum 15. Jh.) beherrschte. Die Folgen waren wirtschaftl. Ausbeutung und kultureller Verfall. Die Abschließung Russlands vom Westen wurde auch durch die Spaltung in röm. Katholiken und orthodoxe Christen verstärkt. Im Osten eroberte 1258 der ***Großkhan Kublai-Khan*** (Enkel Dschingis Khans, ***1259–94***) mit 500 000 Mann Nordchina. Als Kaiser (Residenz das heutige Peking) und Vertreter eines an städt. Kultur orientierten Mongolentums musste er sich gegen einen mehr nomadisch geprägten Gegenkhan durchsetzen. Nach der Eroberung Südchinas und der Absetzung der Sung-Dynastie um 1279 war Kublai Khan Kaiser ganz Chinas (1280–94) mit seinen ca. 50 Mio. Einwohnern, die er durch eine dünne mongolische Herrenschicht regierte. Die rege Kommunikation des Weltreiches mit dem Ausland wird auch deutlich an der Chinareise des Venezianers ***Marco Polo (1271–1295)***.

Im Südwesten eroberte Hülägü, Bruder des Großkhans Möngkä (1251–59), mit 500 000 Mann Persien und errichtete das ***Reich der Ilkhane***. 1258 zerstörte er die Millionenstadt Bagdad und vernichtete das Kalifat der Abbasiden. Der mongolische Vorstoß scheiterte jedoch ***1260*** bei ***Ain Dschalut*** (Goliatsquelle) am Widerstand der *Mameluken* (Söldnersklaven vom Schwarzen Meer, die eine Militärherrschaft über Ägypten ausübten); das Ilkhanat endete daher am Euphrat.

Niedergang

Im 14. Jh. spaltete sich das Reich in das von einzelnen Adelsfamilien beherrschte westl. Zentralasien *(Goldene Horde, Ilkhanat, Tschagatai)* und das vom Großkhan zentralist. gelenkte Ostreich. Die schwindende Macht der überall dünnen mongolischen Herrenschicht führte rasch zum Abbröckeln einzelner Reichsteile (z. B. ab 1368 Verlust Chinas, Ende 14. Jh. Zerfall des Ilkhanats, 1502 erlag die Goldene Horde den Krim-Tataren, 1696 wurde die Mongolei chinesisch).

Das Weltreich der Mongolen im 13. Jh.

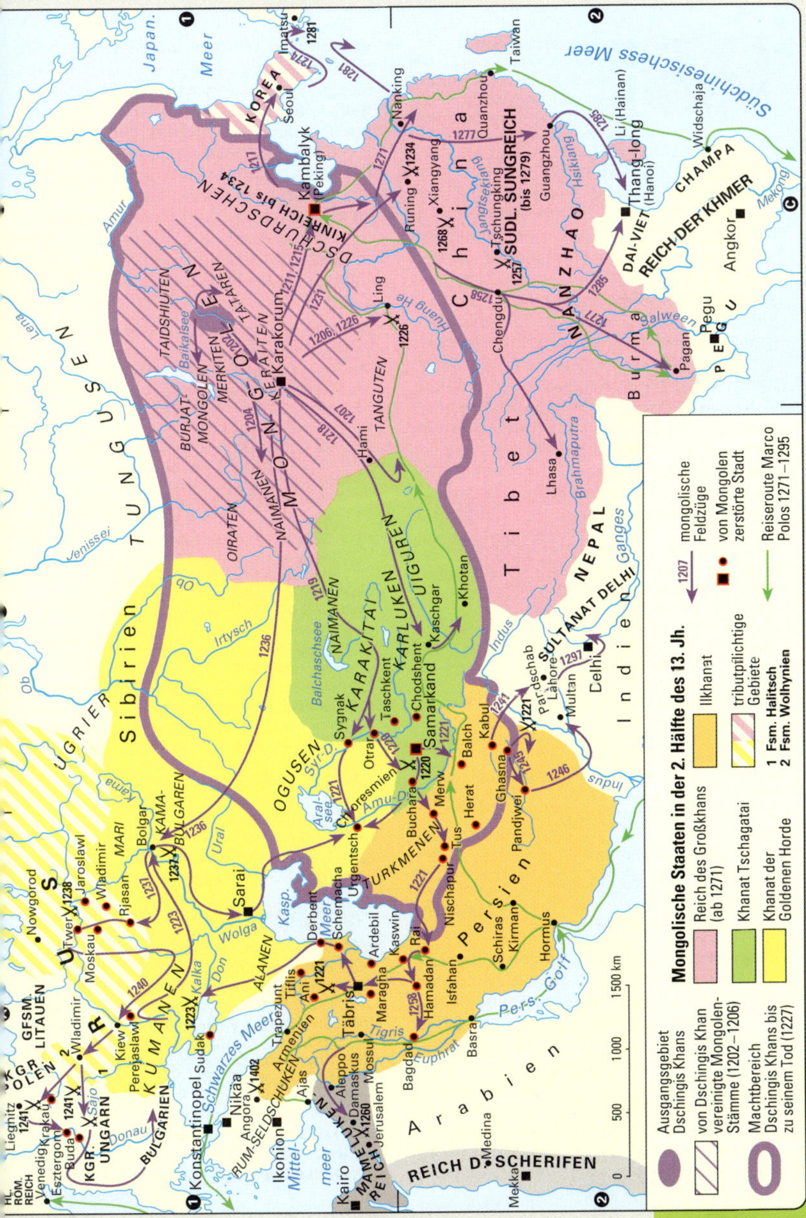

Ein Symbol des Islam
Der silberne Halbmond auf rotem Grund ist ein altes oriental. Symbol, das die Osmanen übernahmen und das dann zu einem Symbol des Islam wurde.

Erste Anfänge 1299–1453

Ursprünglich im Nordwesten Kleinasiens ansässig, profitierte die türkische Dynastie Osman vom Untergang der Rum-Seldschuken 1300 durch die Mongolen. Binnen weniger Jahrzehnte errichtete sie nun ein Reich, dem 1453 das Kaiserreich Byzanz erlag. Der militär. Erfolg der osman. Heere beruhte wesentlich auf speziell erzogenen und ausgebildeten Kriegern, welche durch die *Knabenlese* aus griechischen, später auch slawischen Kindern, gewonnen wurden. Als *Janitscharen* bildeten sie jahrhundertelang die Kerntruppe des Reiches.

Der Aufstieg der Osmanen 1299–1453

1299 Osman I. nimmt den Titel *Sultan* an. Residenz Bursa (Brussa).
1354 Überschreitung der Meerengen. Gewinn Gallipolis.
1359–89 Murad II.: Eroberungen auf dem Balkan.
1370 Adrianopel neue Residenz.
1379 Byzanz wird osmanischer Vasall.
1386 Eroberung Konias.
1389 Sieg auf dem Amselfeld *(Kosovo polje)*: Serbien teilweise erobert.
1390 Annexion des Emirats Karaman.
1393 Eroberung Bulgariens durch Bajezid I. (1389 bis 1403).
1396 Ein Kreuzzug aus dem Westen scheitert bei ***Nikopolis.***
1402 Rückschlag: Niederlage gegen Timur Lenk.
1413–21 Nach Thronstreitigkeiten setzt sich Mehmed I. wieder durch.
1444 Sieg über ein polnisches Heer bei Varna.
1448 2. Schlacht auf dem Amselfeld: Ganz Serbien erobert, Griechenland besetzt.
1453 Eroberung von Byzanz (Konstantinopel) durch Mehmed II. (1451–81), das als ***İstanbul*** die Hauptstadt des Reiches wird.

Das Osmanische Reich in der Neuzeit

Zu Beginn der europ. Neuzeit traten drei islam. Großreiche in Erscheinung, unter dem *Sultan* der Türkei, unter dem *Sophi* (Safawidenschah) Persiens und unter dem *Großmogul* Indiens (seit 1525/26). Sie verliehen auf Jahrhunderte hinaus dem Islam neue Macht und waren bis ins 18. Jh. meist Gegenspieler des christl. Europa, während sie untereinander, trotz großer religiöser Unterschiede zwischen Sunniten (Türken) und Schiiten (Perser), relativ selten Krieg führten.

Der Islam erwies sich als einzige Religion, welche dem Christentum gegenüber völlig immun blieb und war daher die feste Basis der Eigenständigkeit dieser Völker, die fast nur in der (auch militär.) Technik einem europ. Einfluss unterlagen. Umgekehrt faszinierten die Europäer in steigendem Maße Musik (türk. Musik), Literatur und schöne Künste, v.a. Persiens und Chinas, die keine dauernde Berührung mit Europa hatten.

Osmanische Expansion in der Neuzeit

1475 Der Krimkhan unterstellt sich freiwillig dem osmanischen Sultan.
1481–1512 Ruhepause des Reiches unter Bajezid II. auch wegen Thronstreit; seither „Prinzenmord" im Türkischen Reich üblich.
1512–20 Unter Selim I. dem „Grausamen" wurde das Osmananische Reich zum Großreich: Die sunnitische Richtung des Islam wird Staatsreligion. Starke Türkisierung und Islamisierung der Bevölkerung.
1513 Sieg bei Tschaldiran: Safawidische (pers.) bzw. schiitische Einmischung abgewehrt. Erwerbung Aserbaidschans.
1516 Schlacht bei Aleppo: Eroberung Syriens.
1517 Schlacht bei Kairo: Eroberung Ägyptens.
1521–26 Unter Süleiman II. (1520–66) osmanische Expansion nach Westen: Belgrad (1521), Rhodos (1522).
1521 ff. Eroberung Nordafrikas.
1526 Schlacht bei Mohács: Untergang des Königreiches Ungarn.
1529 Erste türkische Belagerung Wiens. Die türk. Flotte beherrscht das Mittelmeer.
1566 Tod Süleimans bei einer Belagerung in Ungarn. Das Osmanenreich hat den Gipfel seiner Macht erreicht.
1570/71 Osmanische Eroberung Zyperns.
1571 Seeschlacht bei Lepanto: Türkische Niederlage durch spanische und venezianische Flotte.
1578–90 Türkisch-Persischer Krieg: Landgewinne in Kaukasien (Tiflis, Täbris).
1603 Verlust Aserbeidschans an Persien.
1669 Eroberung Kretas.
1672 Türkischer Sieg bei Kamenez: Osmanische Oberhoheit über die West-Ukraine (Podolien).
1683 Die Wende: 2. Belagerung Wiens scheitert. Danach habsb. Offensive in Ungarn.
1699 Friede von Karlowitz: Verlust Ungarns, Siebenbürgens, Slawoniens und Kroatiens an Österreich.

Das Osmanenreich war fortan meistens in der Defensive. Im 18. Jh. übernahm Russland die Führung im Kampf gegen die Türken.

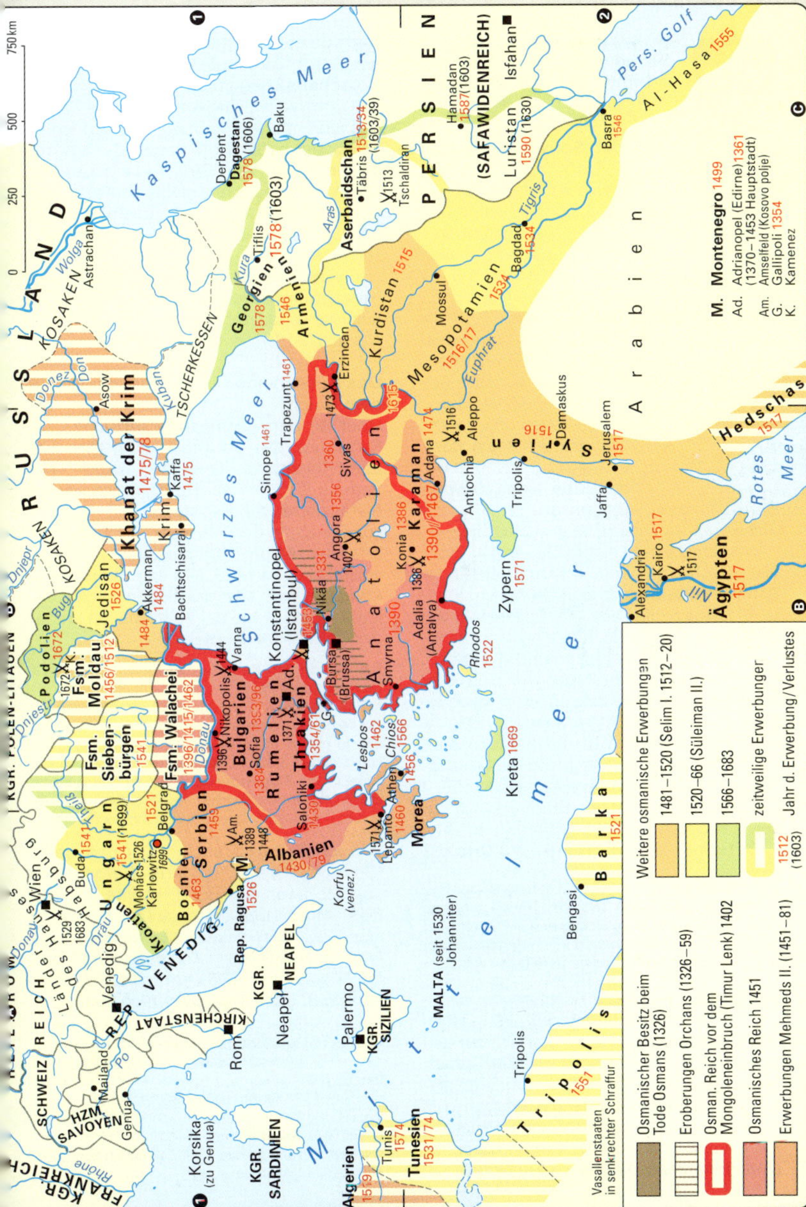

Osmanischer Besitz beim Tode Osmans (1326)
Eroberungen Orchans (1326–59)
Osman. Reich vor dem Mongoleneinbruch (Timur Lenk) 1402
Osmanisches Reich 1451
Erwerbungen Mehmeds II. (1451–81)
Weitere osmanische Erwerbungen
1481–1520 (Selim I. 1512–20)
1520–66 (Süleiman II.)
1566–1683
zeitweilige Erwerbungen
1512 (1603) Jahr d. Erwerbung/Verlustes
Vasallenstaaten in senkrechter Schraffur
M. Montenegro 1499
Ad. Adrianopel (Edirne) 1361 (1370–1453 Hauptstadt)
Am. Amselfeld (Kosovo polje)
G. Gallipoli 1354
K. Kamenez
0 250 500 750 km
R U S S L A N D
KGR. POLEN-LITAUEN
KGR. FRANKREICH
SCHWEIZ
HZM. SAVOYEN
REP. VENEDIG
KIRCHENSTAAT
KGR. NEAPEL
KGR. SARDINIEN
KGR. SIZILIEN
MALTA (seit 1530 Johanniter)
Korsika (zu Genua)
Länder des Hauses Habsburg
Wien 1529 1683
Ungarn 1541 (1699)
Mohács 1526
Karlowitz 1699
Buda 1541
Belgrad 1521
Fsm. Siebenbürgen 1541
Fsm. Walachei 1396/1415/1462
Fsm. Moldau 1456/1512
Podolien 1672
Jedisan 1526
Akkerman 1484
Khanat der Krim 1475/78
Kaffa 1475
Bachtschisarai
KOSAKEN
TSCHERKESSEN
Asow
Astrachan
Kroatien
Bosnien 1463
Serbien 1459
Rep. Ragusa 1526
Albanien 1430/79
Bulgarien
Nikopolis 1396
Varna 1444
Sofia 1384
Rumelien
Thrakien 1354/61
Saloniki 1430
Konstantinopel (Istanbul) 1453
Nikäa 1331
Bursa (Brussa)
Smyrna 1390
Morea 1460
Athen 1456
Lepanto 1571
Korfu (venez.)
Lesbos 1462
Chios 1566
Rhodos 1522
Kreta 1669
Zypern 1571
Anatolien
Angora 1402
Konia 1386
Karaman 1390/1467
Adalia (Antalya)
Sinope 1461
Trapezunt 1461
Sivas 1360
Erzincan 1473
Schwarzes Meer
Kaspisches Meer
Georgien 1578
Tiflis 1578 (1603)
Armenien 1546
Aserbaidschan 1513/34 (1603/39)
Täbris
Tschaldiran 1513
Dagestan 1578 (1606)
Derbent
Baku
Kurdistan 1515
Mossul
Mesopotamien 1516/17 1534
Bagdad 1534
Basra 1546
Al-Hasa 1555
Pers. Golf
PERSIEN (SAFAWIDENREICH)
Hamadan 1587 (1603)
Luristan 1590 (1630)
Isfahan
Adana 1474
Aleppo 1516
Antiochia
Syrien 1516
Damaskus
Tripolis
Jerusalem 1517
Jaffa
Arabien
Hedschas 1517
Ägypten 1517
Kairo 1517
Alexandria
Rotes Meer
Barka 1521
Bengasi
Tripolis 1551
Tunesien 1531/74
Tunis 1574
Algerien 1519
Mittelmeer
Rom
Neapel
Palermo
Venedig
Mailand
Genua

Schweizer Bundeswappen
Das seit dem 14. Jh. bekannte ***Schweizerkreuz*** *(in Rot ein schwebendes Silberkreuz) wurde 1889 zum Bundeswappen.*

Die Entstehung der Schweizer Eidgenossenschaft

Als im 13. Jh. die Grafen von Habsburg versuchten, ihre gräflichen, gerichtlichen und grundherrlichen Rechte im Bereich der sog. Waldorte zu einer *geschlossenen* ***Landesherrschaft*** auszubauen, griffen die Staufer ein. König Heinrich VII. kaufte – vermutlich wegen der *Gotthardpass-Straße* – 1231 die an Habsburg verpfändete Vogtei zurück und machte so ***Uri*** wieder ***reichsunmittelbar***. 1240 stellte Kaiser Friedrich II. auch das habsb. ***Schwyz*** unter seinen Schutz, doch blieb dies wegen seines Todes unwirksam. So war nur Uri reichsunmittelbar, als ***1291***, nach Kg. Rudolfs Tod, die drei Waldorte Uri, Schwyz und Unterwalden einen ***Ewigen Bund*** (*Einung, Eidgenossenschaft*) zur *Sicherung des Landfriedens* schlossen.

Der schwelende eidgenöss.-habsb. Konflikt brach 1314 mit einem Überfall der Schwyzer (Schweizer) auf das habsb. Kloster Einsiedeln offen aus. Als Hz. Leopold von Österreich die von Kg. Friedrich IV. verhängte Reichsacht vollstrecken und die habsb. Herrschaft wiederherstellen wollte, erlitt er bei ***Morgarten 1315*** eine schwere Niederlage. Daraufhin bestätigte Kaiser Ludwig IV. Rechte und Privilegien der Eidgenossenschaft, für die sich zunehmend die Gesamtbez. ***Schweiz*** und ***Schweizer*** einbürgerte.

Durch den Beitritt von Städten (1332 Luzern, 1351 Zürich, 1352 Glarus und Zug, 1353 Bern) wuchs der Bund auf 8 ***Orte****.

Orte, Kantone: Vollberechtigte Mitglieder der Eidgenossenschaft hießen *Orte* (ab 1798 dann *Kantone*), im Unterschied zu *Zugewandten Orten* oder sogar *Untertanenländern*, die keine Bundesmitglieder, sondern polit. unmündige Untertanen waren.

Weitere habsburgische Restaurationsversuche durch Herzog Leopold III. von Österreich scheiterten in den ***Schlachten bei Sempach (1386)*** und ***Näfels (1388)***. Daraufhin anerkannte Österreich die Unabhängigkeit der Schweizer Eidgenossenschaft vom habsb. Territorialstaat. 1415 annektierten die Eidgenossen den habsb. ***Aargau*** als erstes ***Untertanenland*** (1460 auch ***Thurgau***).

Nach dem Aussterben der Grafen von Toggenburg 1436 kam es zum **Toggenburger Erbschaftskrieg (1439–50)** zwischen den von Schwyz angeführten Orten und Zürich, das sich mit dem habsb. Ks. Friedrich III. verbündet hatte. Trotz der Niederlage von ***St. Jakob an der Birs 1444*** gegen frz. Söldner *(Armagnaken)* siegte schließlich die Schwyzer Partei, worauf Habsburg erneut auf alle Ansprüche in der Eidgenossenschaft verzichtete.

Gegen die ***Expansionsversuche des Herzogtums Burgund*** wehrten sich die Eidgenossen erfolgreich (Siege *1476* bei *Grandson* und *Murten*) im Bunde mit Habsburg.

Das Ausscheiden der Eidgenossen aus dem Reich

Über all den Auseinandersetzungen mit Habsburg, das ab 1439 ununterbrochen das Kaisertum innehatte, wurde das Verhältnis zum Hl. Röm. Reich immer distanzierter. Als Ks. Maximilian die Eidg. zur Annahme der Wormser Reichsreformbeschlüsse von 1495 gewaltsam zwingen wollte, kam es ***1499*** zum sog. ***Schwabenkrieg****; in dem sich die Eidgenossenschaft – u.a. durch Siege bei Schwaderloh und an der Calven – behauptete.

Der Friede von Basel – das Ende des Schwabenkrieges 1499
Kaiser Maximilian verzichtete auf die *Zuständigkeit des Reichskammergerichtes* sowie auf *Reichssteuern*. Er entließ damit de facto – ausgenommen die katholischen Stände Chur, Einsiedeln, Muri und St. Gallen – die ***Eidgenossenschaft aus dem Reich***. Diese behielt den *Thurgau*, musste aber die Oberhoheit Österreichs über *Graubünden* anerkennen.

Die von Zwingli (Zürich 1523) und Calvin (Genf 1541) durchgeführte ***Reformation*** spaltete zwar den Bund, konnte ihn aber trotz zweier *Kappeler Kriege (1529–31)* nicht sprengen. 1566 einigten sich beide Parteien in der *II. Helvetischen Konfession*. ***Im Westfäl. Frieden von 1648 wurde die Eidgenossenschaft auch staatsrechtlich souverän.***

Wachstum des Bundes bis Ende 16. Jh.
1481 Freiburg und Solothurn. Im 16. Jh. kommen hinzu: 1501 Basel und Schaffhausen, 1513 Appenzell, 1526 Genf, 1536 die von Bern besetzte Waadt und das Hochstift Lausanne, 1555 Greyerz. – Seit der *Schlacht bei Marignano 1515* [→97) wird auf Expansion nach Süden (Italien) zugunsten strikter Neutralität verzichtet.

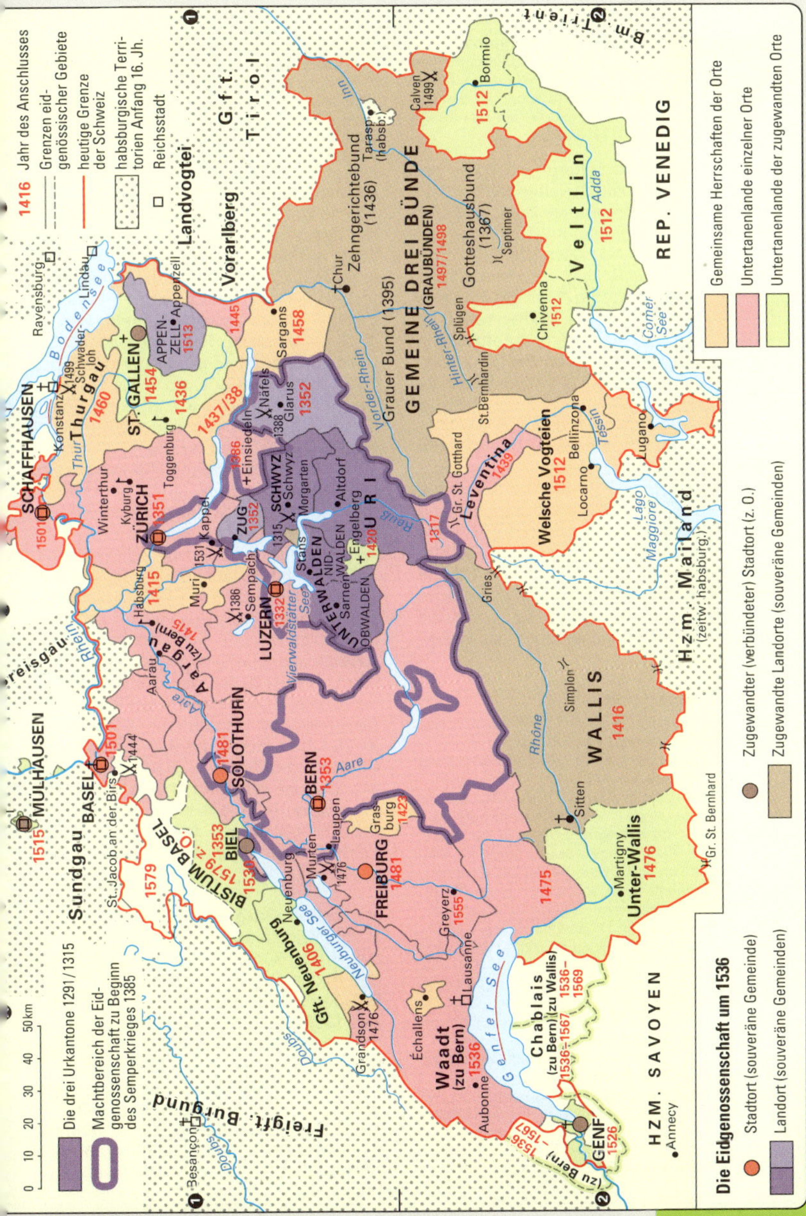
1416 Jahr des Anschlusses
Grenzen eidgenössischer Gebiete
heutige Grenze der Schweiz
habsburgische Territorien Anfang 16. Jh.
Reichsstadt
Die drei Urkantone 1291/1315
Machtbereich der Eidgenossenschaft zu Beginn des Sempacherkrieges 1385
0 10 20 30 40 50km
Die Eidgenossenschaft um 1536
Stadtort (souveräne Gemeinde)
Landort (souveräne Gemeinden)
Zugewandter (verbündeter) Stadtort (z. O.)
Zugewandte Landorte (souveräne Gemeinden)
Gemeinsame Herrschaften der Orte
Untertanenlande einzelner Orte
Untertanenlande der zugewandten Orte
SCHAFFHAUSEN 1501
ZÜRICH 1351
ST. GALLEN 1454
APPENZELL 1513
Thurgau 1460
ZUG 1352
SCHWYZ
URI
UNTERWALDEN
LUZERN 1332
Glarus 1352
BERN 1353
SOLOTHURN 1481
FREIBURG 1481
BASEL 1501
MÜLHAUSEN 1515
BIEL
BISTUM BASEL
Gft. Neuenburg 1406
Waadt (zu Bern) 1536
Chablais
GENF 1526
WALLIS 1416
Unter-Wallis 1476
GEMEINE DREI BÜNDE (GRAUBÜNDEN) 1497/1498
Grauer Bund (1395)
Zehngerichtebund (1436)
Gotteshausbund (1367)
Veltlin 1512
Welsche Vogteien 1512
Leventina 1439
Aargau
Sundgau
Breisgau
Vorarlberg
Landvogtei
Gft. Tirol
Bm. Trient
REP. VENEDIG
Hzm. Mailand (zeitw. habsburg.)
HZM. SAVOYEN
Freigft. Burgund
Bodensee
Genfer See
Neuenburger See
Vierwaldstätter See
Lago Maggiore
Comer See
Rhein
Aare
Rhône
Reuß
Inn
Adda
Tessin
Doubs

Englisches Anspruchswappen
Seit dem Hunderjährigen Krieg und bis 1802 erinnerten Lilien im engl. Staatswappen an den Anspruch Englands auf das Königreich Frankreich.

Zu den tiefen Einbrüchen der westeurop. Geschichte im Spätmittelalter zählt neben der ab 1348 auftretenden Pest, sozialen Aufständen (*Jacquerie* in Flandern, *Wat Tyler* in England) und ersten kirchl. Reformforderungen *(Wicliff, Hus)* der Hundertjährige Krieg. Er entbrannte 1339 zw. England und Frankreich um die Vorherrschaft in Westeuropa und dauerte – unterbrochen von ***Friedensverträgen von Brétigny 1360*** und ***von Troyes 1420*** – bis 1453. Wie wäre die europ. Geschichte verlaufen, hätte sich der engl. Anspruch auf Frankreich durchgesetzt und wäre ein starkes westeurop. Doppelreich entstanden? Stattdessen führte der ***Kriegsverlauf**** zur Schwächung des vorher sehr starken Königtums und zur Entstehung des ***Ständestaates***, der wichtige königliche Entscheidungen (Steuererhebung, Rechtssetzung) an die Zustimmung der Stände (engl. *Parlament*, frz. *Provinzial-* und *Generalstände*) band. Außerdem stoppte er die Ausdehnung Frankreichs gegen das Heilige Römische Reich.

Der Kriegsverlauf (1339–1453)

1346 Engl. Sieg bei Crécy, Einnahme Calais' 1347.
1349 Frankreich erwirbt die Gft. Dauphiné.
1356 Engl. Sieg bei Maupertuis. Gefangenschaft Kg. Johanns von Frankreich (1350–64).
1357/58 Aufstand in Paris (Étienne Marcel) und auf dem Lande (Jacquerie) unterdrückt.
1360 ***Friede von Brétigny:*** Eduard III. verzichtet auf frz. Krone gegen Souveränität für SW-Frankreich und Calais mit der Gft. Ponthieu.
1363 Kg. Johann überträgt seinem Sohn Philipp d. Kühnen das Hzm. Burgund. Staatskrise.
380 Die Oheime des 12-jährigen Königs Karl VI., die Herzöge von Burgund, Anjou und Berry, rivalisieren um die Regentschaft.
1384 Flandern, Artois und die Freigrafschaft Burgund fallen an das Hzm. Burgund.
1415 Mit dem engl. ***Sieg bei Azincourt*** erneuert König Heinrich V. (1413–22) den Krieg.
1418 Herzog Johann von Burgund erobert als englischer Bundesgenosse Paris.
1420 ***Vertrag von Troyes :*** König Heinrich V. wird als Ehemann der Tochter des frz. Königs Karl VI. Regent und Thronanwärter. König Karl VII. (1422–61) verliert fast ganz Frankreich an England.
1429 Auftreten ***Jeanne d'Arcs*** bringt die Wende: Sieg ***bei Patay***, Befreiung Orléans und Krönung Karls VII. in Reims.
1435 ***Vertrag von Arras:*** Frz.-burgund. Friede.
1436 Befreiung von Paris.
1453 ***Frankreich*** *(außer Calais)* ***in frz. Hand.***
1475 ***Friede von Picquigny.***

Ursachen und Anlass

Als die kapeting. Hauptlinie nach dem Tod der Söhne Philipps IV. († 1314) im Jahre 1339 ausstarb, beanspruchte Edward III. (1327–77), Sohn Edwards II. und der Kapetingerin Isabella, einer Tochter Philipps IV., den frz. Thron. Jedoch in Frankreich war 1317 die weibliche Thronfolge abgeschafft worden, und daher wurde dort Philipp VI. (1328–50), Sohn Karls von Valois, eines Bruders Philipps IV., zum Kg. erhoben. Edward erkannte dies nicht an (seit ***1337*** Titel *„Kg. von Frankreich"*) und landete 1338 in Frankreich; der eigentl. Kriegsgrund war aber das engl. ***Hzm. Guyenne*** (ehem. Aquitanien), das die frz. Krone durch Prozesse und Rückforderungen auf einen Küstenstreifen zw. Bordeaux und Bayonne reduziert hatte.

Der über 100 Jahre dauernde zerstörerische Konflikt wurde militär. auf frz. Boden ausgetragen. Da die Guyenne ein Lehen des frz. Königs war und sich öfter auch andere Vasallen (v.a. Burgund) gegen ihren Lehensherrn stellten, besaß der Konflikt zeitweise den Charakter eines frz. Bürgerkrieges.

Ausgang: Der Hundertjähr. Krieg endete, als der engl. König mit der Niederlage bei ***Castillon 1453*** seinen letzten Festlandbesitz Guyenne verlor. Nach dem ***Frieden von Picquigny 1475*** besaß er nur noch den Brückenkopf ***Calais*** (bis 1559); trotzdem führte er bis 1802 (Friede von Amiens) den zusätzlichen Titel *„König von Frankreich"*.

Herzogtum Burgund

In das Kriegsgeschehen war der Aufstieg des Hzms. Burgund unter einer Nebenlinie des Hauses Valois verwoben. Mittels Ehe, Erbschaft, Kauf und Annexion schuf diese ***seit 1363*** einen großen Länderkomplex aus dt. und frz. Lehen, v.a. in den Niederlanden, dem damals stärksten Wirtschaftsgebiet Europas. Auf dem Weg zur Königswürde scheiterte ***Hz. Karl der Kühne (1467–77)*** durch Niederlage und Tod in der ***Schlacht bei Nancy 1477***. Sein Erbe fiel großteils an seinen habsb. Schwiegersohn Maximilian.

A
B
KGR. ENGLAND
Wales
London
Bristol
Themse
Canterbury
Dover
Winchester
Cornwall
Plymouth
Kanal
Calais 1347
Gft. Holland
Hzm. Geldern
Utrecht
Gft. Seeland
Brügge
1340 Sl.
Ant.
Gft. Flandern
Hzm. Brabant
Maas
Lüttich
Köln
HEILIGES
1474/75
R. 1382
Lille
Brüssel
Gft. Artois
A. 1415
Arras
1435
2
Cambrai
Rhein
Mainz
1
1346
Crécy
Picquigny 1475
Hzm. Luxemburg
Trier
Mosel
Cherbourg
Seine
Rouen 1449
Compiègne
Rethel
Caen 1346
Hzm. Normandie
Gft. Champagne
Reims 1429
RÖMISCHES
Nancy 1477
Straßburg
Hzm. Lothringen
St. Malo
Verneuil 1424
Brétigny 1360
Paris 1436 1418–36
Domrémy
Brest
Hzm. Bretagne
Rennes
Gft. Maine
Chartres 1432
Patay 1429
1420 Troyes
Le Mans
Orléans 1429
Basel
Angers
Gft. Anjou
Nantes
Loire
Tours
Bourges 3
Nevers
Dijon
Hzm. Burgund
Besançon
Freigft. Burgund
1474/75
Eid-genossen-schaft
Bern
REICH
Hzm. Berry
KGR.
Poitiers 1356
Gft. Poitou
Maupertuis
Hzm. Bourbon
Mâcon
Genf
Rhône
1372
La Rochelle
Gft. Marche
Limoges
4
Clermont
Lyon
Gft. Savoyen
Vienne
Grenoble
Gft. Dauphiné
Die
(1349 frz.)
Hzm. Auvergne
Golf von Biscaya
1453 Castillon
Bordeaux 1451/53
Hzm. Guyenne
FRANKREICH
Rodez 5
Garonne
Agen
Albret
Gft. Armagnac
Toulouse
Languedoc
6
Avignon
N.
Gft. Provence
(1246 Anjou)
Montpellier
Aix
Marseille
Narbonne
Bayonne
Vizegft. Béarn
Foix
KGR. NAVARRA
Pamplona
KGR. KASTILIEN
ANDORRA
KGR. ARAGON
Ebro
Zaragoza
Barcelona
Mittelmeer
0 100 200 km
A. Azincourt
Ant. Antwerpen
N. Nîmes
R. Rosebeke
Sl. Sluis
1 Gft. Ponthieu
2 Gft. Hennegau
3 Gft. Nevers
4 Gft. Angoulême
5 Gft. Rodez
6 Gft. Venaissin (päpstl.)
England und seine Besitzungen vor Kriegsbeginn 1337
Grenzen Frankreichs 1350 und 1453
Aufstand der Jacquerie 1358
Englischer Besitz in Frankreich
durch den Vertrag von Brétigny 1360
1415–1429
französischer Besitz 1429
Burgund 1436/1477
1347 englischer Sieg
Feldzug französischer Truppen unter Führung Jeanne d'Arcs 1429/30
1451/53 Sieg oder Einnahme durch französische Truppen
englischer Restbesitz in Frankreich 1453

Hansekogge
Der wirtschaftliche Erfolg der Hanse lag auch an dem geräumigen und seefesten Schiffstyp der hansischen Kogge.

Wirtschaftspolitik galt im Mittelalter in der Regel noch nicht als Aufgabe des Königtums oder der Landesfürsten, sondern der mit Handel, Handwerk und Gewerbe befassten Städte.

Ab dem 11. Jh. hatte sich zwischen dem rohstoffreichen Norden Europas und den lombard. Städten ein reger Handelsverkehr entwickelt. Dabei kam den oberital. Städten eine Scharnierfunktion zu, die ihnen großen Wohlstand und politischen Einfluss brachte.

Der Levantehandel Venedigs und Genuas

Reconquista und Kreuzzüge schwächten seit dem 11. Jh. die arab. Mittelmeerherrschaft. Der Westhandel fiel neben Pisa und Neapel v.a. an Genua, das um 1300 den Seeweg zur Nordsee (v.a. Brügge) eröffnete. Wichtigste Handelsstadt wurde die Adelsrep. ***Venedig***. Sie besaß einmal eine Schlüsselstellung zwischen N und S (Kontrolle der Alpenpässe), zum andern übernahm sie den Handel mit dem östlichen Mittelmeer (Levante), v.a. mit Byzanz. Sie verschaffte Europa die bei der oberen Gesellschaft begehrten asiat. Luxuswaren, v.a. Zucker, Seide, Brokate, Damast, Gazestoffe, Baumwolle, Porzellan, Arzneien, Gewürze, Edelsteine, Elfenbein und Perlen. Sie waren über die Karawanenwege oder über den indisch-ozeanischen Seehandel zur Levante gelangt und wurden gegen europ. Waren, darunter Tuche, gehandelt.

Der Ostseehandel der Hanse

Zw. 1150 und ca. 1250 wurde der Wirtschaftsraum der Ostsee durch dt. Seekaufleute dominiert. Ihre Handelsschiffe, die ***Koggen***, waren mit ihren ca. 100 BRT den traditonellen skandinav. Booten überlegen.

Die in ***Wisby*** aus verschiedenen deutschen Städten versammelten Kaufleute schlossen sich 1161 zu einer ***Hanse*** (got. und althochdt. *hansa = bewaffnete Schar, Genossenschaft*) zusammen; eine ähnliche ältere Gemeinschaft (seit 1281 *Allg. dt. Hanse*) für England aus köln. und westfäl. Kaufleuten gab es in ***London***. Ende 13. Jh. wurde die Hanse Wisbys aufgelöst und ihre Aufgaben von den Städten selbst übernommen. Die Führung übernahm das 1158 neu gegründete ***Lübeck***. Es wurde zum wichtigsten ost-westl. Umschlagplatz.

Die *Kaufleutehanse* war zur *Städtehanse* geworden; aber erst ***1358*** bezeichneten sich norddt. Städte als ***Städte von der dt. Hanse***. Die zuletzt über 200 Mitglieder zerfielen in landschaftl. Gruppen *(Quartiere)*, v.a. das wend., sächs., westfäl.-niederrhein.-zuiderseeische, holländ.-niederländ. und preuß. Quartier. Ihre Aufgabe war die Vermittlung des Warenaustausches zw. Russland und Polen einerseits, Skandinavien, Norddeutschland, England und Flandern anderseits. Die bedeutendsten Umschlagplätze waren Nowgorod *(Peterhof)*, Wisby, Bergen *(Deutsche Brücke)*, London *(Stalhof)*, und Brügge (später Antwerpen).

Ihr Mittel war die Absicherung von Handelsvorteilen, v.a. das *Stapelrecht* für eigene Waren und der *Stapelzwang* für fremde. Wirksamste Waffe war die *Verhansung*, der Warenboykott einer Stadt oder eines Landes aufgrund von Beschlüssen *(Rezessen)* der regelmäßigen Hansetage. Hauptgegner der Hanse war das Kgr. Dänemark, das den Sund, den Ausgang aus der Ostsee in die Nordsee, kontrollierte und den Sundzoll erhob. Ihren Höhepunkt erlebte die Hanse im 14. Jh.

Zur Geschichte der Hanse

1358 *„Städte von der deutschen Hanse".*
1361/62 1. Krieg gegen Dänemark. Dän. Sieg.
1367–70 2. Krieg gegen Dänemark. Hans. Sieg.
1370 ***Friede von Stralsund:*** Polit. Höhepunkt der Hanse: Wahl des dänischen Königs nur mit Zustimmung der Hanse.
1402 Sieg Hamburgs über die Vitalienbrüder.
15. Jh. Erstarkende Reiche im Norden: Niedergang der Hanse durch Schließung ihrer Kontore (1494 Nowgorod, 1598 Stalhof/London).

Eine andere Form des Fernhandels waren ***Handelsgesellschaften von Kaufleuten*** und reichen Bürgern, z.B. die *Große Ravensburger Handelsgesellschaft*.*

Große Ravensburger Handelsgesellschaft

Zw. 1380 und 1420 gegr. von Patriziern aus Ravensburg (Humpis, Mötteli) u. Konstanz (Muntprat). Sitz ab ca. 1420 in Ravensburg. Handel mit *Export oberschwäb. Leinwand* und zahlr. anderen Waren. *Faktoreien* in Mittel-, S- und O-Europa. Blüte um 1440 mit 70–80 *Gesellschaftern* aus oberschwäb. Städten, danach Niedergang. Liquidierung um 1530.

Hansestädte (Auswahl)
Hansekontore
Oslo Niederlassung der Hanse
Haupthandelsstraßen und Seewege der Hanse
Grenze des Heiligen Römischen Reiches
Leder Handelswaren der Hanse
sonst. wichtiger Handelsort
M Messeort
Seehandelswege Venedigs und Genuas
sonstige Handelswege
Besitzungen der Republiken Venedig und Genua
Gewürze Waren des Mittelmeerhandels
B. Braunschweig
Br. Bremen
Fr. Frankfurt/O.
H. Hamburg
L. Lüneburg
M. Magdeburg
R. Ravensburg
Ro. Rostock
S. Salzburg
St. Stralsund
Str. Straßburg
Osmanisches Reich 1355/1400
sonstige islamische Staaten
0 250 500 750 km
Russische Fürstentümer
GOLDENEN HORDE KHANAT DER
KGR. SCHWEDEN
DEUTSCHER ORDEN
GFSM. LITAUEN
KGR. POLEN
KGR. UNGARN
KGR. NORWEGEN
KGR. DÄNEMARK
KGR. SCHOTTLAND
ENGLAND
KGR. FRANKREICH
KGR. ARAGON
KGR. KASTILIEN
KGR. PORTUGAL
REP. VENEDIG
SERBIEN
Albanien
Bulgarien
Fsm. Walachei
Fsm. Moldau
KSR. BYZANZ
OSMANISCHES REICH
KGR. ZYPERN
MAROKKO
ALGERIEN
TUNIS
Irland
Nordsee
Ostsee
Schwarzes Meer
Mittelmeer
ATLANTISCHER OZEAN
Flachs, Hanf, Honig, Leder, Pech, Teer, Pelze, Wachs
Orientwaren: Gewürze, Seide
Getreide, Sklaven, Wein
Leder, Pelze, Holz Getreide, Wachs
Holz, Bernstein Getreide, Flachs, Honig, Wachs
Hanse: Holz, Fische, Tran, Pelze, Bernstein, Wachs
Pech, Pelze, Stockfisch, Tran
Hanse: Gewerbeerzeugnisse, Salz, Wein, Gewürze
Tuch
Rohwolle
Eisen, Kupfer, Silber
Salz
Leinen
Einfuhr Orientwaren: Alaun, Baumwolle, Damast, Farbstoffe, Gewürze, Musselin, Parfüm, Perlen, Seide
Ausfuhr: Metallwaren, Waffen, Barchent, Keramik, Holz
Wein, Gewürze, Orientwaren
Kupfer, Oliven, Südfrüchte, Wein, Salz, Safran, Seide, Wolle

Das Goldene Vlies
Das Zwischenreich Burgund hatte um 1400 eine große Kulturblüte erreicht. Ausdruck der adlig-ritterlichen Kultur der „Großen Herzöge" war auch der Orden vom „Goldenen Vlies", der im Hause Habsburg sowohl in Madrid als auch in Wien fortlebte.

Westeuropa
Auf der ***Iberischen Halbinsel*** war die Reconquista seit ca. 1250 ins Stocken geraten; der Aufstieg des Adels schwächte das Königtum *(Ständeprivilegien)*; nur Aragon vermochte sein Mittelmeerreich auszubauen.

Das ***Kgr. Frankreich*** drohte auseinander zu brechen. Eine Ursache war der Hundertjähr. Krieg (1339–1453): Der ***Friede von Brétigny 1360*** gab ganz SW-Frankreich in engl. Hand; es schien zeitweise als würde der engl. König den frz. Thron besteigen. Eine weitere Ursache war die innere Zerrissenheit Frankreichs: Der glücklose Kg. Johann II. (1350–64, Haus Valois) z.B. hatte seine Söhne großzügig mit Lehenfürstentümern „versorgt". Die so entstandenen fürstl. Nebenlinien des kgl. Hauses (Haus Burgund, Haus Orléans und Haus Berry) verfolgten oft eine egoist., den frz. Gesamtinteressen zuwiderlaufende Politik. Dafür war das ***Hzm. Burgund*** ein gutes Beispiel [→76/77], das unter Herzog Karl dem Kühnen die *Königswürde* und damit die Loslösung von Frankreich anstrebte.

Auch das ***Hl. Röm. Reich*** war durch dauernde innere Konflikte gelähmt. Infolge des weitgehenden *Verlustes des Krongutes* durch den *Untergang der Staufer* sah sich jeder neu gewählte König gezwungen, eine *„Hausmacht"* aufzubauen. Wurde bei der nächsten Königswahl eine andere Familie „gewählt", so standen die „übergangenen" Hausmachten dem jeweiligen König distanziert oder gar feindlich gegenüber. Zwischen 1347 und 1437 stellten die ***Luxemburger*** fast ununterbrochen den König bzw. Kaiser (1346–78 Karl IV., 1378–1400 Wenzel, 1410–37 Sigismund). Mit ihnen rivalisierten die ***Habsburger*** und ***Wittelsbacher***, welche bereits früher Könige und Kaiser gestellt hatten. Das kurze Königtum Ruprechts von der Pfalz (1400–10) bewies, dass eigentlich nur Mitglieder der o.g. drei Familien diesem Amt gewachsen waren.

Ein weiterer Unruhefaktor waren die ***Reichsstädte***, die *Städtebünde* bildeten, um sich gegen die kaiserliche Stadtpolitik (Steuern, Verpfändung), aber auch gegen die Bedrohung durch Landesherren und die steigende Unsicherheit auf den Straßen zur Wehr zu setzen.

In **Nordeuropa (Skandinavien)** erfolgte ***1397*** eine *Machtkonzentration*, als sich die drei Königreiche Dänemark, Norwegen und Schweden zur ***„Kalmarer Union"*** vereinigten. Innere Spannungen und die geringe Bevölkerung dieser Reiche lähmten freilich die politische Aktivität nach außen.

In **Osteuropa** war ***1386*** als Folge der ***Personalunion zw. dem Kgr. Polen und dem Gfsm. Litauen*** eine starke Großmacht entstanden. Sie war aber zu sehr mit Thronstreitigkeiten und den Nachbarn im N (Ordensstaat Preußen), im O (Gfsm. Moskau) und im SO (Khanat der Goldenen Horde, Osmanen) beschäftigt, um sich in die mitteleuropäische Politik zu mischen.

In **Südosteuropa** war nach dem Zusammenbruch des Großserbischen Reiches 1355, vollends nach der Niederlage der südslaw. Völker auf dem ***Amselfeld (Kosovo polje) 1389***, das Schicksal des Balkans besiegelt. Die Türken besetzten Serbien und nach dem ***Sieg bei Nikopolis 1396*** auch das Kgr. Bulgarien und bedrohten nun Bosnien sowie das von Königen aus wechselnden europäischen Fürstenhäusern (Anjou, Luxemburg, Habsburg) regierte Kgr. Ungarn. Nördlich der Donau war ihnen das Fsm. Walachei tributpflichtig. Das byzantin. Kaiserreich war i.W. auf den Mauerring der Hauptstadt beschränkt und stand bereits unter osm. Einfluss: Seit 1390 konnte kein byz. Kaiser mehr gegen den Willen des Sultans regieren. Nur das Vordringen der Mongolen und die osm. Niederlage gegen Timur Lenk in der ***Schlacht bei Angora (Ankara) 1402*** sowie nachfolgende innere osm. Wirren verhinderten vorerst noch den Untergang des Kaiserreiches Byzanz.

In **Südeuropa** waren Kirchenstaat und Papsttum durch das ***Avignonesische Papsttum (1309–1377)*** und das ***Große Schisma (1378–1417)*** in der Krise. In Unteritalien teilten sich das frz. Haus ***Anjou*** (Kgr. Neapel seit 1263) und das ***Kgr. Aragon*** (Sizilien seit 1285, Sardinien 1297, ab 1443 auch Neapel) in die Herrschaft.

Grenze des Heiligen Römischen Reiches
Besitz der Habsburger
Besitz der Luxemburger
engl. Besitz in Frankreich 1360
Besitz des Hauses Anjou
Besitz des Hzm. Burgund um 1400
Besitzungen der Republiken Venedig und Genua
Fsm. Moskau um 1300/1425
Kaiserreich Byzanz um 1400
Großserbisches Reich vor 1355
Osmanisches Reich 1355/1400
sonstige islamische Staaten
1 Gft. Flandern
2 Freigft. Burgund
3 Gft. Provence
0 250 500 750 km
KGR. SCHOTTLAND
KGR. ENGLAND
Irland
Wales
KGR. NORWEGEN
KGR. SCHWEDEN
KGR. DÄNEMARK
(1397 Kalmarer Union)
Nordsee
Ostsee
DT. ORDEN
REPUBLIK NOWGOROD
GFSM. MOSKAU
GOLDENEN HORDE KHANAT DER
GFSM. LITAUEN
KGR. POLEN
(1386 Personalunion)
KGR. UNGARN
HEILIGES RÖMISCHES REICH
KGR. FRANKREICH
Hzm. Burgund
Hzm. Bretagne
Anjou
KGR. NAVARRA
KGR. ARAGON
KGR. KASTILIEN
KGR. PORTUGAL
KGR. GRANADA
KGR. NEAPEL
KGR. Sizilien
KIRCHENSTAAT
REP. VENEDIG
Fsm. Moldau (seit 1387 poln. Lehenshoh.)
Fsm. Walachei (1396 osman. Vasall)
Bulgarien
Serbien
Bosnien
Kroatien
Albanien
FSM. ACHAJA
OSMANISCHES REICH
KGR. ZYPERN
MAROKKO
ALGERIEN
TUNIS
ATLANTISCHER OZEAN
Mittelmeer
Schwarzes Meer
Sardinien
Korsika
Balearen
Kreta (venez.)
Kaffa (genues.)
Avignon (päpstl.)
Brabant
Lux
Tirol
Eidgen.
Schlesien
Böhmen
Salzburg
Mgft. Brandenburg
Preußen
Livland
1360 Brétigny
1385 Krewo
1397 Kalmar
1410 Tannenbg.
1389 Amselfeld
1396 Nikopolis
1402 Angora
Bergen
Oslo
Stockholm
Wisby
Reval
Riga
Pskow
Nowgorod
Jaroslawl
Rostow
Wladimir
Twer
Moskau
Rjasan
Smolensk
Witebsk
Wilna
Kiew
Lemberg
Krakau
Breslau
Thorn
Danzig
Lübeck
Hamburg
Magdeburg
Leipzig
Prag
Wien
Ofen
Belgrad
Ragusa
Köln
Frankfurt
Nürnberg
Augsburg
Ulm
Straßburg
Bern
Genf
Mailand
Venedig
Genua
Pisa
Florenz
Rom
Neapel
Syrakus
Edinburgh
York
Dublin
London
Amsterdam
Brügge
Gent
Paris
Lyon
Marseille
Bordeaux
Toulouse
Brest
Barcelona
Valencia
Zaragoza
Burgos
Tordesillas
León
Toledo
Sevilla
Granada
Cádiz
Lissabon
Tanger
Ceuta
Oran
Algier
Tunis
Adrianopel
Konstantinopel
Brussa
Saloniki
Athen
Smyrna
Konia
Sinope
Trapezunt
Tarsus
Antiochia
Tripolis
Beirut
Nikosia
Wolga
Oka
Don
Dnjepr
Dnjestr
Düna
Weichsel
Donau
Rhein
Loire
Tajo

Die Erde als Kugel
Der Nürnberger Kosmograph Martin Behaim († 1507), Teilnehmer an portugies. Afrikafahrten, schuf 1492 den ersten „Erdapfel“ (Globus).

Für die Entstehung des modernen Weltbildes, die europ. Expansion und die Europäisierung der Welt waren die Entdeckungsreisen des 15./16. Jh. in Übersee und die daraus erwachsenen Kolonialreiche grundlegend.

Das mittelalterliche Weltbild

Das geograph. Weltbild von Christen, Muslimen und Asiaten war unterschiedl. geprägt. Das christl. Europa war stark auf den eigenen Kontinent fixiert. Transkontinentale Beziehungen waren selten: Pilgerreisen, Kreuzzüge, (jüd.) Fernhandel. Das antike Wissen um die Kugelgestalt der Erde war zwar nie verloren gegangen, doch im allg. Verständnis dominierte die kirchl. Lehre vom geozentr. Weltbild und der Scheibengestalt der Erde. Dabei hatten seit dem 9. Jh. die Fahrten der norweg. *Wikinger* neue Kenntnisse über das Nordmeer und unbekannte Länder im Westen erbracht.

Von großer Bedeutung war auch die zeitw. Öffnung des Mongolenreiches unter Kublai-Khan (1259–94) gewesen [→70/71]. Christl. Gesandte und Kaufleute, wie die Venezianer *Nicoló* und *Maffeo Polo* (1260–69) sowie *Marco Polo* (1271–95), erreichten die Residenz des Großkhans in China. Ihre Berichte erregten großes Interesse und ungläubiges Erstaunen; das offizielle Weltbild blieb jedoch unverändert.

Die Erdkenntnisse der Muslime und Chinesen waren dagegen aufgrund reger Reise- und Handelstätigkeit sowie geringerer religiös-theologischer Borniertheit wesentlich realistischer.

Hauptursachen und Triebkräfte der Entdeckungsfahrten und Eroberungen

Nachdem die Türken seit dem Fall Konstantinopels (1453) den Orienthandel völlig kontrollierten, wuchs in Europa der Mangel an Edelmetallen, Gewürzen und Luxusartikeln. Abhilfe erhoffte man vom Seeweg nach Indien; dort vermutete man den Ursprung der begehrten Waren.

Diesem Ziel dienten sowohl die port. Erkundung Afrikas als auch das span. Projekt der Westfahrt des Kolumbus. Hinzu kamen

Entdeckungsfahrten vom 15. bis 17. Jh.

Der Seeweg nach Indien

Höhepunkt der port. Entdeckungsfahrten war ***1487/88*** die Umfahrung des ***Kaps der Guten Hoffnung*** durch ***Bartholomeu Diaz*** (ca.1459 bis 1500). Sie öffnete theoret. den Seeweg nach Indien, obwohl erst ***Vasco da Gama*** (ca. 1467–1524) ***1498*** praktisch Kalikut in Ostindien erreichte [→88/89].

Entdeckung und Erkundung Amerikas

Die port. Erfolge motivierten die span. Könige, nach Abschluss der *Reconquista* (1492) ***Christoph Kolumbus’*** (1451–1506) Projekt einer Westfahrt nach Indien ***1492*** zu finanzieren, das dann zur Entdeckung des amer. Kontinents führte. Auf weiteren Fahrten (1493–96, 1498–1500, 1502–04) erreichte Kolumbus auch Süd- und Mittelamerika.

Bereits ***1500*** landete der port. Admiral ***Pedro Alvares de Cabral*** (ca. 1467–1520/26) an Brasiliens Küste und nahm sie gemäß dem *Vertrag von Tordesillas* für Portugal in Besitz.

Jacques Cartier (1491–1557) erkundete auf drei Reisen ***zw. 1534 und 1543*** den St.-Lorenzstrom und den St.-Lorenzgolf bis Québec und begründete den französischen Anspruch auf Kanada.

Der engl. Freibeuter ***Francis Drake*** (1540–96) segelte ***1577–80*** durch die Magellanstraße in den Pazifik, überfiel span. Schiffe und Häfen, erkundete die kaliforn. Küste und suchte – vergeblich – auf den Spuren seines Landsmanns ***Martin Frobisher*** (1576–78) den Ausgang der Nordwest-Passage.

Der Engländer ***William Baffin*** (1584–1622) entdeckte 1616 die Nord- und Westküsten der Baffinbai und befuhr sie bis zum Smith-Sund.

Die Entdeckung der Inselwelt des Pazif. Ozeans

1519–1522 umsegelte eine span. Flotte unter ***Ferdinand Magellan*** (1475–1521) die Welt und erkundete dabei den Pazif. Ozean (Inseln Tuamotu u. Guam). Damit begann die span. und später auch ndl. Erschließung der pazifischen Inselwelt.

1642/43 z. B. landete der ndl. Seefahrer ***Abel Tasman*** (1603–45) nach der Entdeckung Tasmaniens und Neuseelands (1642) auf polynesischen Inseln und auf der melanesischen Insel Neuirland.

Entdeckungen am Polarkreis

Der niederländische Seefahrer ***Willem Barents*** (1555–97) suchte auf drei Polarfahrten ***1594–97*** die Nordöstliche Durchfahrt, entdeckte dabei Spitzbergen und die Bäreninsel; er starb nach der Überwinterung auf Nowaja Semlja.

Der Kosakenführer ***Semjon Iwanowitsch Deschnew*** umsegelte 1648 das asiatische Ostkap und fand die Passage zwischen Asien und Amerika, die freilich vergessen und erst 1728 von Vitus Bering (Beringstraße) wieder entdeckt wurde.

die auf der Iber. Halbinsel noch vitale ***port.*** und ***span. Kreuzzugsmentalität*** und aufrichtiger ***Missionseifer***. Außerdem profitierte man von ***geograph.-wiss. und techn.-naut. Kenntnissen***, welche die Muslime großteils aus antikem Wissensgut geschöpft und über den europ. Humanismus vermittelt hatten. Das gilt bes. für die Lehre des griech. Geographen *Ptolemäus* (ca. 100 bis nach 160 n. Chr.) von der Kugelgestalt der Erde. Bei der für die Westpassage wichtigen Annahme des Erdumfanges übernahm Kolumbus die (falsche) Angabe des Ptolemäus von 28 350 km und unterschätzte folglich mit 11 000 km (statt 21 000 km) die Länge der Westfahrt erheblich.

Die koloniale Erschließung

Als erste europ. Macht baute Portugal (Cabral 1500 in Kotschin) seine Handelsbeziehungen zu Ostindien aus. Der erste port. Vizekg. Francisco de Almeida (1505–09) besiegte ***1509*** vor ***Diu*** die vereinigten Flotten Ägyptens und des indischen Gudscharat und begründete damit die port. Seemacht im Indischen Ozean, die insbes. den Besitz der wichtigen Gewürzinseln (Molukken u.a.) erlangte. Seit Ende 16. Jh. zerfiel die port. Macht und an ihre Stelle traten Ostind. Handelsgesellschaften [→ 90], darunter v. a. die der erstarkten Seemächte England (1600) und Niederlande (1602).

Ins Zentrum des Interesses rückten zuerst Mittel- und Südamerika. Dort eroberten span. Konquistadoren die Staaten der *indianischen Hochkulturen* der Azteken, Maya und Inka. Hernán Cortés zertörte 1519/21 das seit dem 14. Jh. aufgeblühte ***Aztekenreich*** um Tenochtitlán (Mexico City) im mexikan. Hochland. Die ***Maya-Staaten*** in Guatemala und auf Yucatán wurden zw. 1524 und 1547 erobert. Francisco Pizarro zerstörte 1532/35 das um 1100 entstandene ***Inkareich***, das Anfang des 15. Jh. seine größte Ausdehnung erreicht hatte. 1538 wurden die goldreichen ***Chibcha-Staaten*** nördl. des heutigen Bogotá (Kolumbien) erobert [→ 86/87]. Das Hauptinteresse galt anfangs fast ausschließlich den Edelmetallen.

Auswirkungen der Entdeckungen und Eroberungen

Rechtliche Folgen: Für die betr. Länder und Völker bedeutete die europ. Inbesitz-

Port. und span. (kastilische) Königsflaggen *aus der Zeit der Entdeckungen*

Kgr. Portugal *Kgr. Kastilien(-León)*

nahme die abrupte Zerstörung trad. Gesellschaften und Kulturen. Die christl. Mission bewirkte dabei eine tiefgreifende mentale Entwurzelung. Die Art des europ. Zugriffs wurzelte in der Kreuzzugstradition: Der auf einem päpstl. Urteil basierende ***Vertrag von Tordesillas (1494),*** ergänzt durch den ***Vertrag von Zaragoza (1529)***, wies Portugal und Spanien Missionssphären als Kirchenlehen zu und monopolisierte mit Hinweis auf die Entdeckungen generell alle Küsten und Meere. Dagegen vertraten England, Frankreich und die Niederlande das *Recht der tatsächl. Inbesitznahme* und forderten das „freie Meer“ und die „freie Küste“ (vgl. den Traktat *Mare liberum* des niederländ. Juristen Hugo Grotius von *1609*).

Strittig war auch die rechtl. Einschätzung der verschiedenen Menschenrassen: Der Dominikaner *Bartholomé de las Casas (1474–1566)* trat vom Naturrecht herkommend für eine Rechtsgemeinschaft aller Menschen ein, meinte aber auch nur die Indios und schloss die Neger aus. Trotzdem ging die herrschende Ansicht von der prinzipiellen Ungleichheit der Rassen aus.

Wirtschaftliche Auswirkungen

Erst im 17. Jh. gewann der Überseehandel ein Übergewicht über den innereurasischen Handel, woran die Handelsgesellschaften großen Anteil hatten. Auch wenn sich die Goldhoffnungen nicht voll erfüllten, warf der Handel mit Luxusartikeln (Perlen, Gewürze, Duftstoffe, Seide, Elfenbein, Edelhölzer u.a.) und Massenprodukten (Salz, Rohrzucker, Kaffee, Kakao, Indigo, Baumwolle u.a.) doch bald Gewinn ab.

Als folgenschwer erwies sich der umfangreiche Import von Edelmetallen (Gold, Silber). Da die europäische Warenproduktion nicht gleichermaßen wuchs, kam es zu einer *Preisrevolution* oder *Inflation*.

Insgesamt ist festzuhalten, dass der Austausch an Waren, Ideen, Pflanzen und Tieren zwischen Mutterländern und Übersee nicht ausgeglichen war, sondern auf koloniale Ausbeutung zielte.

A
B
1
2
3
Spitzbergen
Baffin 1616
Grönland
Bären-I.
Barents
Island
Hudson 1610
Frobisher 1576–78
Cabot 1497
Cartier 1534–42
Neufrankreich
ENGLAND
London
NIEDER
(1581 unabh.
FRANKR.
P.
M.
Lissabon
PORT.
SPANIEN
OSMAN
C.
MAROKKO
(Kalifornien)
Mississippi
Neuengland 1620
Neu-amsterdam 1623
Virginia 1607
Azoren 1427/31
Vizekgr. Neuspanien 1535
1612 Bermudas
Florida 1513
Kanaren 1479
(1519/21 erob.)
Mexiko
Cortés 1519
AZTEKEN
Kuba
Hispaniola
1. Reise Kolumbus' 1492
MAYA
Drake 1579
Kleine Antillen 1625/35
Kapverden 1446 1460
Timbuktu
SONGHAI
BORNU
MALI
Niger
Kano
1519 Panama
Pizarro 1531–33
Bogota 1538
Guayana
Kolumbus 1498
PAZIFISCHER
ATLANT.
Guinea
1471
Goldküste
Äquator
„Amerika" (seit 1507)
OZEAN
Amazonas
1541/42
S. Tomé 1493
1482 KONG
Angola
(„SÜDSEE" 1513)
INKA-REICH
Lima 1535
(1532/33 erob.)
Vizekgr. Peru 1543
Brasilien
1500 1530
Bahia
OZEAN
St. Helena 1651
1485
Drake 1578
Vasco da Gama 1497
Rio de Janiero 1565
Paraná
Santiago 1541
Buenos Aires 1535, 1580
Cabral 1500
(nach Ostindien)
Tordesillas-Linie (ca. 46° W.L.) 1494
Magellan 1519/20
1652 Kapstadt
Kap der Guten Hoffnung
1488
Magellan 1521
Magellanstr.
Feuerland
Kap Hoorn 1616
Ungefähre Grenze der um 1450 in Europa bekannten Welt
um 1650 unbekannte Gebiete und Meere
Osmanisches Reich 1487 und 1566
sonstige islamische Staaten und Völker im 16. Jh.
MAYA Indianische Hochkulturen und afrikanische Reiche um 1500
Wichtige Entdeckungen
Spanien
Portugal
spanisch-portugiesische Interessengrenze nach den Verträgen von Tordesillas und Zaragoza (1494 und 1529)
Kolonien im 16. Jh.
Russland um 1550

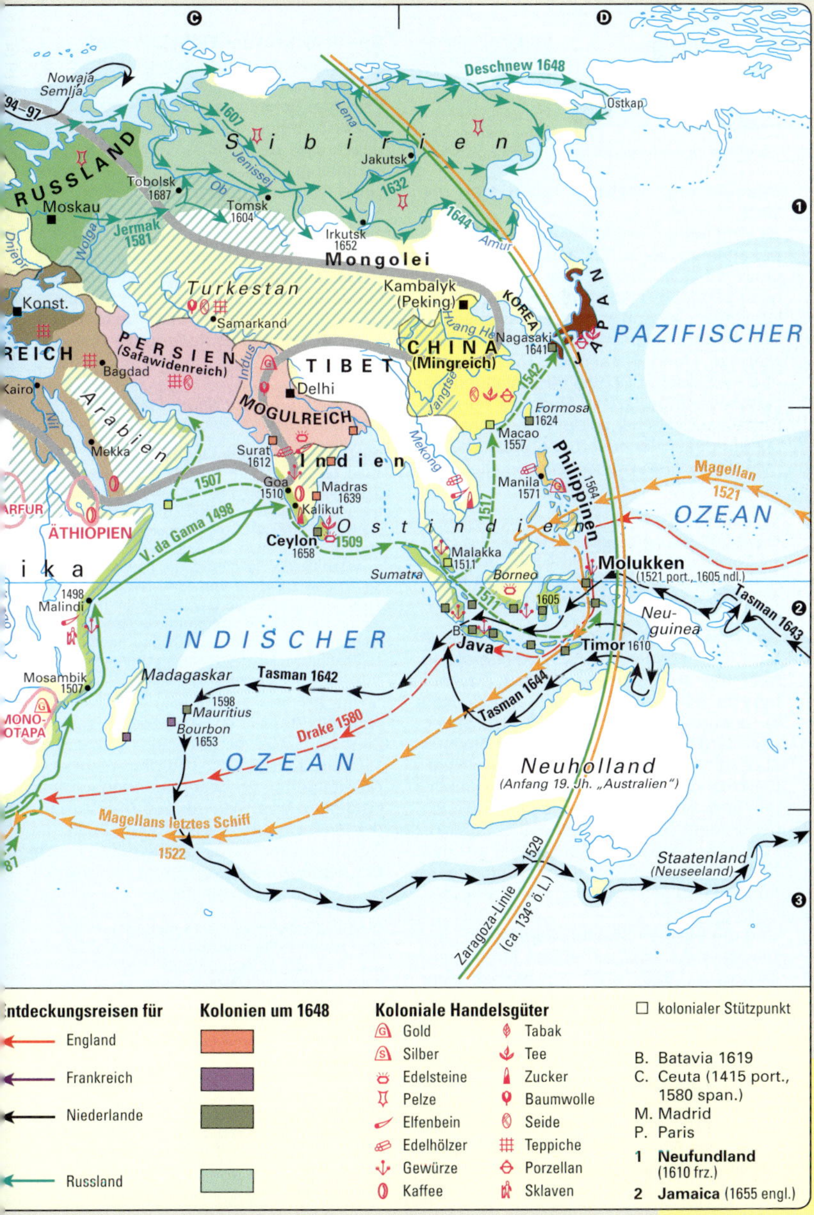
C
D
Nowaja Semlja
94–97
Deschnew 1648
Ostkap
RUSSLAND
1607
Sibirien
Lena
Jakutsk
Jenissei
Tobolsk 1687
Ob
Tomsk 1604
1632
1644
Moskau
Jermak 1581
Wolga
Dnjepr
Irkutsk 1652
Amur
Mongolei
Turkestan
Kambalyk (Peking)
KOREA
JAPAN
Konst.
Samarkand
PAZIFISCHER
REICH
PERSIEN (Safawidenreich)
Bagdad
Indus
TIBET
CHINA (Mingreich)
Huang He
Nagasaki 1641
Kairo
Delhi
1542
Arabien
MOGULREICH
Jangtse
Formosa 1624
Nil
Mekka
Surat 1612
Indien
Mekong
Macao 1557
Philippinen
1507
Goa 1510
Madras 1639
Manila 1571
1564
Magellan 1521
ARFUR
Kalikut
1517
OZEAN
ÄTHIOPIEN
V. da Gama 1498
Ceylon 1658
1509
Ostindien
Malakka 1511
Molukken (1521 port., 1605 ndl.)
ika
Sumatra
Borneo
Tasman 1643
1498 Malindi
1511
1605
Neuguinea
B.
Java
Timor 1610
INDISCHER
Mosambik 1507
Madagaskar
Tasman 1642
1598 Mauritius
Tasman 1644
MONOTAPA
Bourbon 1653
Drake 1580
OZEAN
Neuholland (Anfang 19. Jh. „Australien“)
Magellans letztes Schiff
1522
1529
Staatenland (Neuseeland)
Zaragoza-Linie (ca. 134° ö. L.)
1
2
3
Entdeckungsreisen für
England
Frankreich
Niederlande
Russland
Kolonien um 1648
Koloniale Handelsgüter
Gold
Silber
Edelsteine
Pelze
Elfenbein
Edelhölzer
Gewürze
Kaffee
Tabak
Tee
Zucker
Baumwolle
Seide
Teppiche
Porzellan
Sklaven
kolonialer Stützpunkt
B. Batavia 1619
C. Ceuta (1415 port., 1580 span.)
M. Madrid
P. Paris
1 Neufundland (1610 frz.)
2 Jamaica (1655 engl.)

Stufenpyramide der Maya *in der Ruinenstadt Chichén Itzá in Ost-Yucatán – eines der beeindruckenden Zeugnisse indianischer Hochkulturen vor Kolumbus.*

Spanien und Portugal teilen sich die Welt

Im Wettlauf um Entdeckungen war ***Portugal*** anfangs Sieger: Es fand die gesuchten Gewürze des Orients. Das kleine Königreich vermochte jedoch die weiten amerikanischen, afrikanischen und asiatischen Räume nicht zu erschließen, sondern gründete nur Handelsstationen. Ihr Unterhalt und militärischer Schutz verschlangen die Handelserträge, zumal Portugal nur den Pfefferhandel beherrschte. Eine Ausnahme bildete das 1500 erworbene Brasilien, wo mit Hilfe des *Sklavenhandels** ein effektives Plantagensystem entstand.

Sklavenhandel
Trotz christlichen Verbots sollen zwischen 1517 und 1860 über 30 Mio. Schwarzafrikaner nach Amerika verkauft worden und ebenso viele bei Sklavenjagden und Transporten umgekommen sein.

Spanien, das 1492 das port. „Monopol" der Entdeckungen glücklich durchbrochen hatte, war auf Dauer erfolgreicher. Zwar lieferte die „Neue Welt" weder Gewürze noch im erwarteten Ausmaß Gold und Silber, nachdem jedoch die erste Edelmetallgier abgeklungen war, begann es den Kolonialbesitz rasch feudalistisch zu nutzen. In Mittel- und Südamerika verlegte man sich neben dem *Gold- und Silberabbau* (Mexiko, Peru, Venezuela, Kolumbien) auf den *Zuckerrohranbau* (v. a. Kuba, Haiti, Kleine Antillen) und den *Einschlag von Edelholz*.

Und die übrigen Staaten Europas?

Die Verträge von Tordesillas (1494) und Zaragoza (1529) [→82–85] blieben stets umstritten. Schon Ende 16. Jh. begann ein Kampf aller gegen alle, der v. a. England und Frankreich, aber auch Holland und Dänemark Kolonialbesitz einbrachte.

In ***Nordmerika*** empfahlen sich für den europ. Export v.a. der Pelztierfang (Hudsonbailänder, Kanada, Labrador) sowie der Anbau von Reis (Georgia, Carolina), Tabak (Virginia) u. Mais (Louisiana, Pennsylvania).

Das Schicksal der Eingeborenen?

Die Berechtigung zur kolonialen Besitznahme begründete Spanien ab ca. 1513 mit der Pflicht zu Heidenmission und Kreuzzug. Die „heidn." Indios galten als unmündig und beschränkt rechtsfähig. Spanien verteilte sie anfangs prakt. als Zwangsarbeiter an die einzelnen Siedler *(Repartimiento-System)* zu rücksichtsloser Ausbeutung. Unmenschliche Behandlung und europ. Krankheiten bewirkten einen katastrophalen Bevölkerungsschwund. Ab 1511 kämpften ***Dominikaner*** wie z. B. *Bartholomé de las Casas* (1474–1566) und später auch ***Jesuiten**** für eine bessere ***Rechtsstellung der Indios****.

Jesuiten: nach dem Vorbild der Bettelorden suchten die Jesuiten seit 1610, die Indios durch Absonderung von den Weißen in sog. *Reduktionen („Jesuitenstaaten")* zu schützen und zu bekehren.

Die Rechtsstellung der Indios
1536 ging man zum System der ***Encomienda*** (span. *Auftrag*, bis 1718–20) über. Fortan durften begünstigte Siedler nur noch die der Krone zustehenden Tribute, aber keine Arbeitsleistungen mehr fordern. Sie hatten dagegen Militärpflicht und mussten für die Bekehrung der Indios sorgen. Als die ***Neuen Gesetze*** von 1542 die Indianersklaverei verboten, reagierten die Siedler mit Protesten und Aufständen gegen diese fakt. Abschaffung der Encomienda. Die Krone mußte ab ca. 1550 schrittweise wieder eine staatl. kontrollierte indianische Zwangsarbeit zulassen.

Trotz der staatlichen Schutzpolitik sank die Zahl der Indios zw. 1519 und 1597 von ca. 11 Mio. auf 2,5 Mio. Um dem Mangel an Arbeitskräften zu begegnen, begann man bald schwarze Sklaven aus Afrika zu importieren (16. Jh.: ca. 900 000; 17. Jh.: ca. 2,5 Mio.). Die daraus resultierende ***Bevölkerungsvermischung**** prägt die Bevölkerung Südamerikas bis heute.

Die Bevölkerungvermischung Südamerikas
Man unterscheidet zw. *Kreolen* (in den Kolonien geb. Spanier), *Mulatten* (Weiße–Neger), *Mestizen* (Weiße–Indios) sowie *Zambos* (Neger–Indianer).

Reform der spanischen Kolonialverwaltung
Aufstände der Konquistadoren und ihrer Nachfolger stellten die feudale Verwaltung der spanischen Kolonien in Frage. Daher wurden ab 1535 *Vizekönigreiche* (1535 Neuspanien, 1543 Peru und 1739 Neugranada sowie 1776 Rio de la Plata) eingerichtet. Die Vizekkönige kontrollierten die Finanzverwaltung und unterstanden dem 1524 gegründeten *Indienrat*.

1 Jungfern-In. (seit 1671 dän.)
2 Barbuda (1628 engl.)
3 Antigua (1632 engl.)
4 St. Martin (1648 ndl. und frz.)
5 Guadeloupe (1635 frz.)
6 Dominica (1635 frz., 1763 brit.)
7 Martinique (1635 frz.)
8 St. Lucia (1650 frz., 1763 brit.)
9 Grenada (1665 frz., 1763 brit.)
10 Barbados (1625/27 engl.)
11 Tobago (1632 ndl., 1677 frz., 1763 brit.)
12 Curaçao (1634 ndl.)
13 Belize (1667 engl.)
14 Mosquito-Küste (1655 engl.)
15 St-Pierre und Miquelon (1635 frz.)
Neufundland (1610–1713 frz.)
(1670 engl.)
Kanada
Acadia
Neuschottland (bis 1713 frz.)
Neuengland 1620
Plymouth 1620
New York (Neuamsterdam 1623–64 ndl.)
Philadelphia 1682
Virginia 1607
Charleston 1672
Bermudas 1612
Louisiana 1682
Missouri
Mississippi
Ohio
Arkansas
Colorado
(1763–1800 span.)
St. Louis 1764
San Francisco 1776
Kalifornien
Santa Fe 1610
Neumexiko
Texas
San Antonio 1718
Rio Grande
New Orleans 1718
Florida 1513
Bahama-In. (1670/1718 engl.)
Golf von Mexiko
H.
Kuba 1511/14
Vizekgr. Neuspanien (seit 1535)
Mexiko
Cortés 1519
Tenochtitlán (Mexiko) (1519/21 erob.)
Veracruz 1519
Yucatán
Acapulco 1550
Guatemala
Guatemala 1524
Hispaniola 1492
Haiti 1665/97
Jamaica 1655
Puerto Rico
Karibisches Meer
ATLANTISCHER OZEAN
PAZIFISCHER OZEAN
Caracas 1567
Trinidad (span.)
Venezuela (bis 1739 zu Neuspanien)
Orinoco
Panamá 1519
Surinam (1613/67 ndl.)
Guayana
Cayenne 1664
Bogotá 1538
Vizekgr. Neugranada (bis 1718/39 zu Peru)
Pizarro 1531/32
Quito 1534
Yapurá
Rio Negro
Amazonas
Guayaquil 1537
Marañón
Manaus 1674
Pará (Belém) 1616
Ndl.-Brasilien (1630–54)
Céara (Fortaleza) 1613
Natal 1597
Tocantins
Purus
Madeira
Trujillo 1535
Callao 1537
Lima 1535
Cusco (1533 erob.)
Brasilien (1500/1530 port.) Vizekgr. seit 1760
Pernambuco 1563 (Recife)
Bahía 1549 (Salvador)
Ilhéus 1534
San Francisco
Goyás 1736
Paraná
Vizekgr. Peru (seit 1543)
La Paz 1548
Potosí 1545
Charcas 1538
Almagro 1535/37
Vizekgr. La Plata (bis 1776 zu Peru)
Paraguay
Paraguay
Asunción 1537
São Paulo 1532
Rio de Janeiro 1565 (1763 Hpst.)
Tucumán 1565
Chile
Banda Oriental 1726
Pôrto Alegre 1743
Valparaiso 1541
Santiago 1541
Sacramento (1680–1750 port.)
Buenos Aires 1535, 1580
Montevideo 1726
Rio de La Plata
Valdivia 1552
Patagonien
Magellanstr.
Malwinen (1770 span.)
Feuerland
Kap Hoorn
0 500 1000 1500 2000 km
Indianische Reiche z.Z. der Entdeckung Amerikas
Reich der Azteken
Maya-Staaten
Chibcha-Staaten
Inka-Reich
Europäische Kolonialbesitzungen
spanisch um 1650/1763
portugiesisch um 1630/1763
niederländisch vor 1763
französisch vor 1763
englisch bzw. britisch vor 1763
dänisch vor 1763
ungefährer Verlauf der spanisch-portugies. Demarkationslinie nach dem Vertrag von Tordesillas 1494
Grenze zwischen den span. Vizekönigreichen Neuspanien und Peru
Grenzen neuer Vizekönigreiche (Neugranada 1718, La Plata 1776)
Jesuiten-Reduktionen (bis 1767)
spanische Eroberungen
1534 europäische Stadtgründung (Jahr)
H. Havanna 1519
M. Montréal 1642
Qu. Québec 1608

Bronzekunst aus Ife
Zwischen ca. 1050 und 1500 schufen die Bewohner Yorubas und Benins künstlerisch hochrangige Bronzen und Terrakotten von Menschen und Tieren.

Interesse am Kontinent Afrika?
Bis auf Nordafrika und Ägypten war Afrika bis Ende 15. Jh. in Europa fast unbekannt. Anders in der islam. Welt: Bereits 1352 hatte der arab. Reisende Ibn Battuta aus Tanger durch die Sahara den Niger erreicht. Araber und Türken stießen immer wieder nach Süden vor, um den Islam auch im Innern Afrikas (z.B. *Ghana* und *Mali* am Niger, dazu *Bornu, Darfur, Sennar* und *Adal*) zu verbreiten. Davon wie auch von der großen Afrikaexpedition des chinesischen Generals Zeng 1405–33 erfuhren die Europäer nichts. Sie interessierten sich erst für den *Schwarzen Kontinent*, als die osmanische Kontrolle des Landweges nach Indien ab 1453 die Suche nach dem Seeweg zu den Gold- und Gewürzländern in Gang setzte.

Das Innere Afrikas
Araber und Türken wussten, dass es südl. der Sahara, im Innern Afrikas, zahlreiche Staatenbildungen gab, deren Reichtum aus dem Zwischenhandel mit afrikan. Handelsprodukten, darunter v.a. Gewürze, Gold, Elfenbein und Sklaven, stammte.

Das Zeitalter der port. Entdeckungen
Die Chance weiteren territorialen Wachstums war für Portugal bereits Mitte 13. Jh. zu Ende. Daher suchte man in Konkurrenz zum Kgr. Kastilien schon im 14. Jh. nach Alternativen. So bekundet etwa die Wiederentdeckung der *Kanaren* das port. Interesse an einer Expansion über Meer. Im 15. Jh. fiel der Blick auf Nordafrika und die Küste Westafrikas. Dort wurden v.a. *Ceuta* (1415) und *Tanger* (1471) erobert.

Parallel dazu erhielt die port. Politik ein neues Ziel: Der Sohn Kg. Johanns I., ***Prinz Heinrich „der Seefahrer" (1394–1460)***, hatte die Eroberung Ceutas miterlebt und erkannt, welche Schätze Afrika zu bieten hatte. Er begann die afrikan. Westküste zu erforschen, um die Osmanen zu umgehen und einen Seeweg zu den Gewürzländern zu finden. Als Hochmeister des *Christusordens* (Nachfolger der port. Templer), der den Heidenkampf zu organisieren hatte, deklarierte er die port. Entdeckungsfahrten als Kreuzzüge. Dadurch wurde er auch zum Hauptnutznießer dieser Fahrten, von denen er viele persönlich finanzierte, bevor sich König Alfons V. (1446–81) selbst der Entdeckungsfahrten annahm.

Die port. Entdeckungsfahrten im 15. Jh.

1419 Wiederentdeckung der *Madeirainseln* und Beginn der Besiedlung.

1427–31 Inbesitznahme und Besiedlung der *Azoren*, die Heinrich „der Seefahrer" samt *Madeira* und später den *Kapverden* zu Lehen erhielt und energisch wirtschaftlich nutzte.

1431 ***Frieden von Medina del Campo:*** Portugal und Kastilien klärten ihre Ansprüche in Nordafrika. Es gelang Portugal, die Spanier aus den afrikan. Besitzungen auszuschließen.

1434 Gil Eanes umschiffte das ***Kap Bojador***.

1444 Der im port. Dienst stehende *Dinis Diaz* erreichte die Senegalmündung und Kap Verde.

1448 Handelsstützpunkt Fort Arguin.

1471/72 Der port.Seefahrer *Fernão do Póo* entdeckte die nach ihm benannte Insel und überquerte den Äquator. Die Erschließung der Pfeffer-, Gold-, Elfenbein- und Sklavenküste erwies sich als wirtschaftlich lohnend. Daher entstanden dort im 16./17. Jh. auch so viele nichtportugies. Handelsstationen.

1479 ***Vertrag von Alcaçovas:*** Die Kanaren fielen an Spanien, das den portugiesischen Besitz Westafrikas anerkannte.

1482–84 Im portugies. Dienst erreichte *Diogo Cão* († ca. 1486) die ***Kongomündung***. Auf der 2. Reise (1485–86) überwand er ***Kap Cross*** und erreichte die Walfischbai. An dieser Fahrt nahm auch der Nürnberger Kosmograph *Martin Behaim* teil, der 1492 den ältesten Globus schuf [→ 82].

1487/88 Im Sturm passierte *Bartolomeu Diaz (ca. 1450–1500)* ohne es zu wissen die Südspitze Afrikas, welche er auf der Rückreise *Kap der Stürme* taufte, Kg. Johann II. aber später in ***Kap der Guten Hoffnung*** umbenannte. Eine Meuterei zwang Diaz zur Umkehr.

1487/88 Port. Expeditionen sollten auf arab. Handelsrouten zu Land und See Indien und das wegen seiner angeblichen Goldschätze berühmte Äthiopien suchen. *Pedro de Covilhão (ca. 1450–1521/27)* erreichte als Erster Indien. Auf dem Rückweg erforschte er die afrikanische Ostküste bis zum südlichsten arabischen Handelsstützpunkt Sofala.

1494, 7.6. ***Vertrag von Tordesillas:*** Nach einem Schiedsspruch Papst Alexanders VI. erfolgte eine port.-span. Verständigung über die Aufteilung der Neuen Welten.

1498 *Vasco da Gama erreichte* Indien.

Europäische Besitzungen 15.–17. Jh.
portugiesisch
spanisch
englisch
niederländisch
französisch
dänisch
schwedisch
brandenburgisch
C. Ceuta (1415 port., 1580 span.)
G. Gorée (1617 ndl.)
Ga. Gambia (1618 engl.)
M. Melilla (1497 span.)
O. Oran (1509–1708 span.)
St. St. Louis (1626 frz.)
Afrikanische Staaten (Auswahl)
vor 1500
16./17. Jh.
Songhai-Reich im 16. Jh.
arabischer Stadtstaat (1498/1520 portugies.)
portugiesische Entdeckungsreisen
1488 Jahr der Entdeckung
Hauptgebiete des Sklavenfangs im 17. Jh.
PORT.
SPAN.
Tanger 1471
Fés
Algier
Algerien (1519 osm.)
Tunis
Kairuan
Tunis (1531 osm.)
MALTA Johanniter
Tripolis
OSMANISCHES REICH (1669 osm.)
Zypern (1571 osm.)
Alexandria
Kairo
Madeira 1419
Kanar. In. 1479
MAROKKO
Kap Bojador 1434
Sahara
TUAREG
Tripolis (1551 osm.)
Mursuk
Kufra
Ägypten (1517 osm.)
Assuan
Rotes Meer
Nubien
Nil
Suakin
Dongola
Kap Blanco
Arguin 1448 port., 1637 ndl.
1585/91
Thagaza
Timbuktu
Agades
AIR
Senegal
TEKRUR
GHANA (bis 11. Jh.)
SONGHAI
Gao
Kap Verde 1444
MALI
Djenne
Mossi-Staaten
Kano
BORNU
Haussa-Staaten
Tschad
WADAI
El-Fascher
DARFUR
SENNAR
Massaua 1520–57
Gondar
Lalibela
ÄTHIOPIEN
Aden 1520 (1538 osm.)
Zeila
ADAL
Sokotra 1506
Covilhão 1487
Covilhão 1488
Niger
NUPE
Schari
YORUBA
BENIN
KORO-ROFA
Guinea
Goldküste 1471
Vasco da Gama 1497
B. Diaz 1487/88
1484 F. Póo
1493 Príncipe
S. Tomé
Annobon
Kap Lopez 1473
ATLANTISCHER OZEAN
KAFFA
Ubangi
Kongo
Loango
KUBA
Kongo 1482
S. Salvador
KONGO
LUBA
Luanda 1576
Angola
LUNDA
Benguela 1617
Hima-Staaten
Victoria-see
Tanganjika-see
Njassa-see
Obbia
1505–1698 Mogadischu
Brava 1506–1698
Malindi 1520–1698
Mombasa 1505–1698
Sansibar 1503–1698
Kilwa 1505–1698
Vasco da Gama 1498
INDISCHER OZEAN
1498
Mosambik 1507
Sambesi
1530 Tete
MONOMOTAPA
Quelimane
Simbabwe
Sofala 1505
Mosambik
Limpopo
Madagaskar 1506
1643 St. Marie
IMERINA-STAAT
Mauritius 1598
Bourbon 1653
Ft. Dauphin 1642–72
Kap Cross 1485
Oranje
Vasco da Gama 1497
1652 ndl. Kapstadt
Kap der Guten Hoffnung 1488
B. Diaz 1488
0 500 1000 1500 km

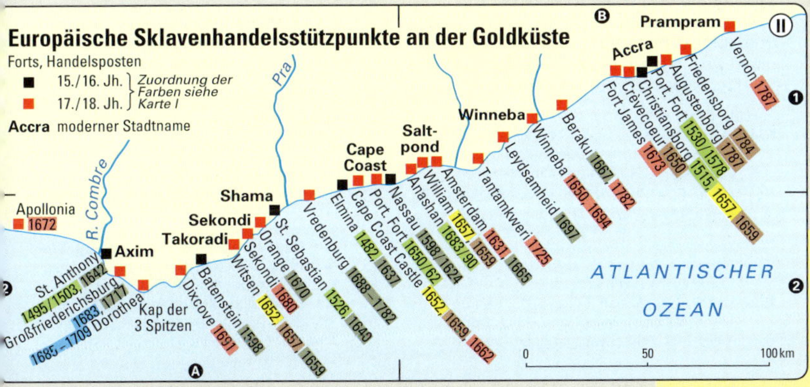
Europäische Sklavenhandelsstützpunkte an der Goldküste
Forts, Handelsposten
15./16. Jh.
17./18. Jh.
Zuordnung der Farben siehe Karte I
Accra moderner Stadtname
Apollonia 1672
R. Combre
Axim
St. Anthony 1495/1503, 1642
Großfriedrichsburg 1683, 1717
Dorothea 1685–1709
Kap der 3 Spitzen
Takoradi
Dixcove 1691
Batenstein 1598
Sekondi
Witsen 1652, 1657, 1659
Sekondi 1680
Orange 1670
Shama
St. Sebastian 1526, 1640
Pra
Vredenburg 1688–1782
Elmina 1482, 1637
Cape Coast
Cape Coast Castle 1652, 1659, 1662
Port. Fort 1650/62
Nassau 1598/1624
Salt-pond
Anashan 1683/90
William 1657, 1659
Amsterdam 1631, 1665
Tantamkweri 1725
Leydsamheid 1697
Winneba
Winneba 1650, 1694
Beraku 1667, 1782
Accra
Fort James 1673
Crèvecoeur 1650
Christiansborg 1515, 1657, 1659
Port. Fort 1530/1578
Augustenborg 1787
Friedensborg 1784
Prampram
Vernon 1787
ATLANTISCHER OZEAN
0 50 100 km

Das Wappen Indiens
Das aktuelle indische Staatswappen zeigt drei Löwen und im Sockel die ***Tschakra*** *(indisch „Rad der Lehre"), ein zentrales buddhistisches Symbol.*

Das portugiesische Kolonialreich

Im 16. und 17. Jh. war Asien noch wenig von fremdem Einfluss erfasst. Die europäischen Kolonien betrafen nur einzelne Stützpunkte oder Randgebiete.

Die in Süd- und Ostasien zuerst präsente ***Kolonialmacht Portugal*** konnte trotz überlegener Schifffahrtstechnik den durch *Vasco da Gama* und *Magalhães (Magellan)* entdeckten indischen und pazifischen Raum nur punktuell nutzen. Verkehrs- und Handelsinteressen ließen sie an den Küsten des Persischen Golfes, Ostindiens und Südchinas und auf den Inseln (v. a. Molukken, Malediven, Celebes, Ceylon und Timor) Fuß fassen. Die ***Verträge von Tordesillas (1494)*** und ***Zaragoza (1529)*** konnten aber nicht verwirklicht werden.

Krisen Portugals gegen Ende des 16. Jh. und der Aufstieg der Seemächte England und Niederlande bewirkten den Niedergang des port. Kolonialbesitzes. Nachfolger wurden ***Ostindische Handelsgesellschaften****.

Gründung Ostindischer Handelsgesellschaften

1600 Engl. Ostindienkompanie (Sitz: Surat).
1602 Ndl. Ostindienkompanie (Sitz: Batavia).
1616 Dän. Ostindienkompanie (Sitz: Trankebar).
1664 Frz. Ostindienkompanie (Pondichéry).

Die Reiche und Staaten Asiens

Im Innern Asiens wirkte sich die europ. Entdeckung noch für Jahrhunderte nur indirekt aus. So erreichte etwa ***Persien**** im 16./17. Jh. seine größte Blütezeit.

Persien (Iran)

1502–1736 Die Dynastie der *Safawiden* einigt die Gebiete der Iraner, die sich auch aufgrund des schiitischen Glaubens als ein Volk fühlen.

1588–1629 Schah Abbas d. Gr. führt das Reich, das zeitweise auch Aserbeidschan, Teile Afghanistans und den Irak umfasst, auf den Höhepunkt seiner Macht. Die Residenz Isfahan erhält prächtige Bauten. Im Westen setzt ihnen das Osmanische Reich Schranken.

1629–1666 Nach Abbas' Enkel Safi I. und dessen Sohn Abbas II. erlebt das Reich nochmals einen kult. Aufschwung, danach zerfällt es.

In ***Indien**** ermöglichte erst der Zerfall der Staatsmacht ein umfassendes europ. (brit.) Eingreifen in die inneren Angelegenheiten.

Indien – Der Norden des Subkontinents

1526 endet das um 1206 gegr. islam. Reich von Delhi. Von Afghanistan dringt nun die mongol. ***Dynastie der Großmogule*** unter Baber (1494 bis 1530), einem Enkel Timur Lenks, nach Südosten vor. Die Großmogule errichten ein straffes zentralist. Reich über Zentral- und Nordwest-Indien mit der Hauptstadt Delhi.
Unter *Akbar (1556–1605)* gewinnt das Mogulreich zw. 1556 und 1576 schrittweise die Vorherrschaft über N-Indien mit Ost-Afghanistan. Im Innern gelingt ihm ein Ausgleich zw. Hinduismus und Islam.
Unter *Schahdschahan (1628–58)* gelangt das Mogulreich zu seiner höchsten Blüte. Damals entsteht das Tadsch Mahal in Agra, Grabmal für Muntas Mahal, Frau des Großmoguls. Der Verlust Kandahars wird durch Eroberungen im Süden wettgemacht, wo 1691 die größte Ausdehnung des Reiches unter *Aurangseb* (1659–1707) erreicht wird, bevor dieses zerfällt, aber erst 1857 endet.

Der Süden des indischen Subkontinents

In Südindien hatten sich seit 1490 nach dem Zerfall des *hinduistischen Großreiches* ***Widschajanagar*** allmählich fünf islam. Dekhan-Sultanate gebildet, die Widschajanagar 1565 besiegen. Danach spielen ca. 200 Jahre lang hinduist. Herrscher keine Rolle mehr in Indien. Anfang 17. Jh. entsteht das hinduist. ***Reich der Marathen*** (Bewohner der Gegenden im Süden und Südwesten von Bombay), als dessen Gründer *Radscha Schiwadschi (1627–80)* gilt. Seit Mitte des 17. Jh. steigt es zur letzten indischen Großmacht vor der britischen Herrschaft auf.

Das Reich China

Seit 1368 herrscht in China die ***Ming-Dynastie*** (chines. *die Helle*). Die Lähmung der Zentralmacht im 15. Jh. öffnet den Portugiesen das Tor (1557 Macao).

Ab 1616 *Nurhaci (1559–1626),* der Gründer der ***Ch'ing-Dynastie,*** eint als Khan tungusische Stämme in der Mandschurei. In Allianz mit den Mongolen erweitert der ***Mandschu*** (Name ab 1635) das Reich auf Kosten Chinas.

1644 Nach dem Tod des letzten Ming-Kaisers bringen Volksaufstände die ***Mandschu-Dynastie*** in China an die Macht.

1645 Allen Chinesen werden Kleidung und Haartracht (Zopf) vorgeschrieben.

1689 Im russ.-chines. ***Vertrag von Nertschinsk*** wird die russische Ostgrenze zugunsten Chinas geregelt. Im Westen erwächst China in den ***Dsungaren***, einem westmongol. Stammesbund, ein gefährlicher Rivale. Das lamaist. Großreich erobert 1678/86 Ostturkestan und die Äußere Mongolei, zeitweilig auch Tibet.

1696 Mandschu-Sieg über die Dsungaren (Eroberung der Äußeren Mongolei).

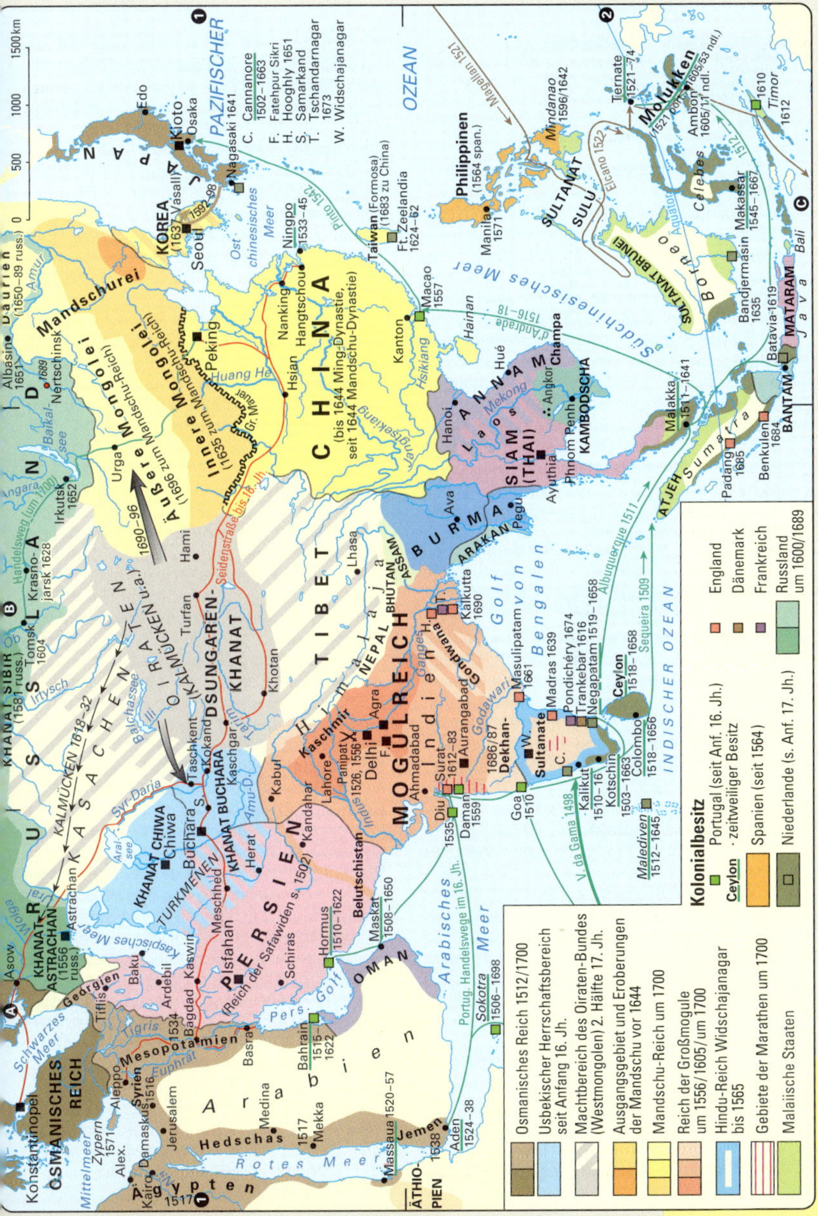
1
2
0 500 1000 1500 km
OSMANISCHES REICH
Konstantinopel
Schwarzes Meer
Mittelmeer
Zypern 1571
Alex.
Kairo 1517
Ägypten
Damaskus 1516
Aleppo
Syrien
Jerusalem
Mesopotamien
Tigris
Euphrat
Bagdad 1534
Basra
Arabien
Hedschas
Medina
Mekka 1517
Rotes Meer
Massaua 1520–57
Jemen 1538
Aden 1524–38
ÄTHIOPIEN
Georgien
Tiflis
Baku
Ardebil
Kaswin
Kaspisches Meer
Isfahan
Schiras
PERSIEN (Reich der Safawiden s. 1502)
Pers. Golf
Bahrain 1515–1622
Hormus 1510–1622
Maskat 1508–1650
OMAN
Sokotra 1506–1698
Arabisches Meer
Portug. Handelswege im 16. Jh.
KHANAT ASTRACHAN (1556 russ.)
Astrachan
Asow
Wolga
Ural
KHANAT CHIWA
Chiwa
Aralsee
TURKMENEN
Meschhed
Herat
KHANAT BUCHARA
Buchara
S.
Amu-D.
Syr-Darja
KALMÜCKEN 1618–32
KASACHEN
Taschkent
Kokand
Kaschgar
Tarim
Balchassee
Ili
OIRATEN (KALMÜCKEN u.a.)
DSUNGAREN-KHANAT
Turfan
Hami
Khotan
Irtysch
Ob
KHANAT SIBIR (1581 russ.)
Tomsk 1604
Krasnojarsk 1628
Irkutsk 1652
Handelsweg (um 1700)
Angara
Baikalsee
RUSSLAND
DAURIEN (1650–89 russ.)
Albasin 1651
Nertschinsk 1689
Amur
Urga
Mongolei
Äußere Mongolei (1696 zum Mandschu-Reich)
Innere Mongolei (1635 zum Mandschu-Reich)
1690–96
Mandschurei
Peking
Huang He
Gr. Mauer
Seidenstraße bis 16. Jh.
CHINA (bis 1644 Ming-Dynastie, seit 1644 Mandschu-Dynastie)
Hsian
Nanking
Hangtschou
Ningpo 1533–45
Jangtsekiang
Kanton
Hsikiang
Macao 1557
KOREA (1637 Vasall)
Seoul
1592–98
Nagasaki 1641
JAPAN
Kioto
Osaka
Edo
Ostchinesisches Meer
Pinto 1542
PAZIFISCHER OZEAN
Taiwan (Formosa) (1683 zu China)
Ft. Zeelandia 1624–62
Philippinen (1564 span.)
Manila 1571
Mindanao 1596/1642
Magellan 1521
SULTANAT SULU
Elcano 1522
Molukken
Ternate 1521–74
Ambon 1605/53 ndl.
Tidore 1521 port., 1605/11 ndl.
Timor 1610 1612
Celebes
Makassar 1545–1667
Äquator
SULTANAT BRUNEI
Borneo
Bandjermasin 1635
Südchinesisches Meer
d'Andrade 1516–18
Hainan
ANNAM
Hanoi
Hué
Laos
Mekong
Champa
Angkor
KAMBODSCHA
Phnom Penh
SIAM (THAI)
Ayuthia
BURMA
Ava
Pegu
ARAKAN
Malakka 1511–1641
ATJEH
Sumatra
Padang 1685
Benkulen 1684
BANTAM
Batavia 1619
MATARAM
Java
Bali
TIBET
Lhasa
Himalaja
NEPAL
BHUTAN
ASSAM
MOGULREICH
Kaschmir
Kabul
Kandahar
Belutschistan
Lahore
Indus
Panipat 1526, 1556
Delhi
Agra
F.
Ganges
Ahmadabad
Diu 1535
Surat 1612–83
Daman 1559
Indien
Gondwana
H.
T.
Kalkutta 1690
Aurangabad
Godawari
Dekhan-Sultanate 1686/87
Goa 1510
W.
C.
Kalikut 1510–16
Kotschin 1503–1663
Masulipatam 1661
Madras 1639
Pondichéry 1674
Trankebar 1616
Negapatam 1519–1658
Ceylon 1518–1658
Colombo 1518–1656
Malediven 1512–1645
Golf von Bengalen
V. da Gama 1498
Albuquerque 1511
Sequeira 1509
INDISCHER OZEAN
A
B
C
D
C. Cannanore 1502–1663
F. Fatehpur Sikri
H. Hooghly 1651
S. Samarkand
T. Tschandarnagar 1673
W. Widschajanagar
Osmanisches Reich 1512/1700
Usbekischer Herrschaftsbereich seit Anfang 16. Jh.
Machtbereich des Oiraten-Bundes (Westmongolen) 2. Hälfte 17. Jh.
Ausgangsgebiet und Eroberungen der Mandschu vor 1644
Mandschu-Reich um 1700
Reich der Großmogule um 1556/1605/um 1700
Hindu-Reich Widschajanagar bis 1565
Gebiete der Marathen um 1700
Malaiische Staaten
Kolonialbesitz
Ceylon
Portugal (seit Anf. 16. Jh.)
· zeitweiliger Besitz
Spanien (seit 1564)
Niederlande (s. Anf. 17. Jh.)
England
Dänemark
Frankreich
Russland um 1600/1689

Kanadas Wappen von 1921
Drei Felder entsprechen England, Schottland und Irland. Die Lilien erinnern an die frz. Kolonisation bis 1763. Das Ahornblatt ist das nat. kanad. Abzeichen.

1763: Großbritannien wird Weltmacht
Um 1756 hatte sich der Gegensatz zwischen England und Frankreich wegen Nordamerika und Indien zugespitzt. Zugleich betrieb Österreich die Rückgewinnung Schlesiens, seit 1746 im Bunde mit Russland, das Preußen schwächen wollte. Als sich Preußen England annäherte *(Westminsterkonvention)*, suchte Frankreich den Ausgleich mit Österreich, und es kam 1756 zum Bündnis zwischen den ehemaligen Erbfeinden. Preußen kam einer russ.-österr. Offensive zuvor und eröffnete ohne Kriegserklärung mit dem Einmarsch in Sachsen den weltweiten ***Siebenjährigen Krieg*.***

Der Siebenjährige Krieg 1756–63
Einmal kämpft Preußen um Schlesien und seine Existenz *(„Dritter Schlesischer Krieg")* gegen Österreich, Russland, Frankreich, Schweden und die meisten Reichsfürsten, zum andern England und Frankreich um die Kolonien. Nach wechselvollem Verlauf siegen England und Preußen.

Die ***Friedensschlüsse von Paris*** (10.2. ***1763***) zw. Großbritannien und Frankreich und ***Hubertusburg*** (15. 2.) zw. Österreich und Preußen markieretn einen tiefen Einschnitt in der Geschichte Europas [→112/113] und der überseeischen Gebiete: Sie sicherten den Bestand Preußens und brachten das Großbritannien Kg. Georgs III. (1760–1820) durch den Gewinn der frz. Kolonien Kanada, Louisiana, Senegambien sowie des span. Florida auf den Weg zur Weltmacht.

Schon bald folgten weitere brit. Erwerbungen: Zw. 1757 und 1784 wurden weite Teile Ostindiens (Sarkars, Bengalen und Bihar) erobert [→140/141]. 1770 nahm James Cook die Ostküste Australiens als Neusüdwales für Großbritannien in Besitz, und bereits 1788 wurde Sydney als britische Sträflingskolonie gegründet.

Anderseits sank der französische Einfluss in Europa durch den Aufstieg Österreichs, Preußens und Russlands erheblich.

In Ost- und SO-Europa trat Russland – durch Siege gegen Türken (1735–39, 1768 bis 1774) und Schweden (1741–43) – immer stärker politisch in Erscheinung: Durch Landgewinne in Finnland sowie durch die poln. Teilungen (1772–95) dehnte es seinen Einfluss nach Westen und Süden weiter aus.

Die Situation in der übrigen Welt
In ***Ostasien*** erreichte ***China*** unter dem Mandschukaiser K'ien-lung (1736–95) seine größte Ausdehnung (1729–57 Unterwerfung der westmongol. Dsungaren. Tibet war bereits 1720 unterworfen worden). ***Japan*** hatte sich seit ca.1636 hermetisch von der übrigen Welt abgeschlossen.

In ***Indien*** begann das *Reich der Großmogule* um Delhi nach persischem Einfall 1739 und durch Expansion der brit. *Ostind. Handelskompanie* (1773 unter Kontrolle des brit. Parlaments), v.a. aber durch den Aufstieg des *Marathenreiches* (1714–60), zu zerbrechen. Ceylon, Malakka, Java und die Molukken waren niederländisch.

In ***Südamerika*** wurde das port. Brasilien im Jahre 1760 zum *Vizekönigreich* erhoben, nachdem ab 1730 Diamantenfunde eine Blütezeit des Landes eröffnet hatten.

Das span. Kolonialreich war – außer Venezuela (eigenes Generalkapitanat Caracas) – von 1543 bis ins 18. Jh. im *Vizekgr. Peru* zusammengefasst. 1718 u. 1776 wurden dann *Neugranada* und *La Plata* abgetrennt [→87].

Sonst besaßen nur die Niederlande und Frankreich kleine Kolonien in Westindien und auf dem südamerik. Festland in Guayana.

Afrika war Mitte des 18. Jh. nur punktuell an den Küsten kolonial erschlossen. *Nordafrika* war im Griff des Osmanischen Reiches und unabhängiger *Berberstaaten* (Marokko, Algerien). Die europ. Expansion an der Ostküste, im Süden und entlang der Westküste ging von zwei Beweggründen aus, von der Sicherung des Seeweges nach Ostindien durch Küstenstationen sowie vom *Sklavenhandel*. Initiativ waren neben den Portugiesen noch Niederländer (besonders in Kapland), Engländer und Franzosen.

Im Innern Afrikas gab es neben *Abessinien (Äthiopien)* eine Anzahl langdauernder, aber geschichtlich oft kaum fassbarer afrikanischer Reiche, darunter die *Haussa Staaten, Bornu-Kanem, Darfur, Sennar, Luba* und *Lunda, Benin, Nupe*, Yoruba (12.–19. Jh.), *Kongo* und *Monomotapa* (14.–18. Jh.) sowie die *Hima-Staaten (seit 16./17. Jh.).* [→88/89 und 144/145].

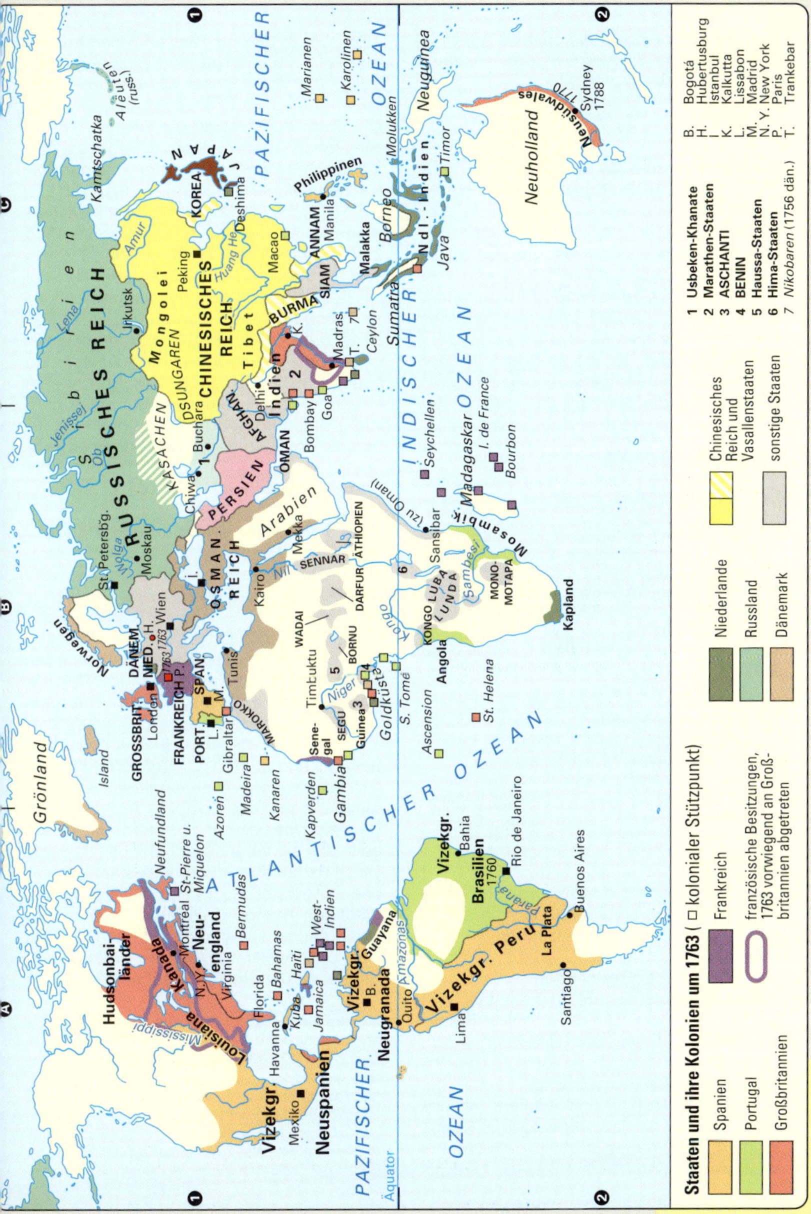
Staaten und ihre Kolonien um 1763 (□ kolonialer Stützpunkt)
Spanien
Portugal
Großbritannien
Frankreich
französische Besitzungen, 1763 vorwiegend an Großbritannien abgetreten
Niederlande
Russland
Dänemark
Chinesisches Reich und Vasallenstaaten
sonstige Staaten
1 Usbeken-Khanate
2 Marathen-Staaten
3 ASCHANTI
4 BENIN
5 Haussa-Staaten
6 Hima-Staaten
7 Nikobaren (1756 dän.)
B. Bogotá
H. Hubertusburg
I. Istanbul
K. Kalkutta
L. Lissabon
M. Madrid
N. Y. New York
P. Paris
T. Trankebar
RUSSISCHES REICH
Sibirien
Kamtschatka
Aleuten (russ.)
CHINESISCHES REICH
Mongolei
DSUNGAREN
Tibet
KOREA
JAPAN
OSMAN. REICH
PERSIEN
AFGHAN.
Indien
Arabien
OMAN
BURMA
SIAM
ANNAM
Philippinen
Ndl.-Indien
Neuguinea
Neuholland
Neusüdwales
Sydney 1788
1770
PAZIFISCHER OZEAN
INDISCHER OZEAN
ATLANTISCHER OZEAN
Äquator
Hudsonbai-länder
Kanada
Louisiana
Neu-england
Vizekgr. Neuspanien
Vizekgr. Neugranada
Vizekgr. Peru
Vizekgr. Brasilien
La Plata
Guayana
Grönland
Island
Norwegen
GROSSBRIT.
FRANKREICH
PORT.
SPAN.
DÄNEM.
NIED.
MAROKKO
SENNAR
DARFUR
ÄTHIOPIEN
WADAI
BORNU
SEGU
KONGO
LUBA
LUNDA
MONO-MOTAPA
Angola
Kapland
Mosambik
Madagaskar
Sansibar
(zu Oman)
Goldküste
Guinea
Senegal
Gambia

Für Österreich und für Habsburg
Der Bindenschild (weißer Balken in Rot) taucht erstmals 1230 auf einem babenbergischen Siegel auf. Er wurde zum habsb. Hauswappen und zum österr. Staatswappen bis heute.

Ein Reich, in dem die Sonne nie untergeht
Die Geschichte Europas in der 1. Hälfte des 16. Jh., also in den Anfängen der Reformation, wurde stark geprägt durch die weltumgreifende Macht des Hauses Habsburg. Dieses hatte durch geschickte wie auch glückliche Heiraten und Erbschaften, aber auch durch die Entdeckungen des Kolumbus und anderer sowie durch die Eroberungen der Konquistadoren in der Neuen Welt eine ungeheuere *Hausmacht** geschaffen, die erstmals in den Händen ***Kaiser Karls V.*** (1519–1556) vereint war.

Die habsburgische Hausmacht 1273–1519

Die Habsburger, im Aargau, Breisgau und Elsass begütert, stammen vermutlich von den elsässischen Etichonen ab.

1273 Graf ***Rudolf*** wird dt. König u. Röm. Kaiser.
1282 Erwerb Österreichs, Krains und Steiermarks.
1335 Erwerb Kärntens und Krains.
1363 Erwerb der Gft. Tirol.
1380/81 Gft. Hohenberg (Horb, Rottenburg).
1382 Erwerb Triests.
14./15. Jh. Verlust der Herrschaften in der Schweiz.
1438–1806 Ständig im ***Besitz des Kaisertums*** (außer 1740–45).
1437/1526 Erwerb der Kgre. Böhmen und Ungarn.
1482 Erwerb der Länder des Hzms. Burgund (Freigft. Burgund, ndl. Territorien, Luxemburg), außer frz. Hzm. Bourgogne.
1506/16 Kgr. Spanien mit ital. Ländern (Königreiche Neapel und Sizilien) und den Kolonien in der Neuen Welt.
1519 ***Karl V.***, Alleinerbe aller habsb. Länder, wird deutscher König und Römischer Kaiser.

Kaum hatte sich die habsburgische Weltmacht formiert, erwuchsen ihr von außen und im Innern gefährliche Gegner.

Die Rivalität der Bourbonen
Die Vereinigung der habsb. Hausmacht in der Hand Kaiser Karls V. schuf in Frankreich das Gefühl der Umklammerung. Hinzu kamen dynast. Ansprüche des frz. Königs auf das Hzm. Burgund sowie die Königreiche Neapel und Sizilien und das Hzm. Mailand. Die erfolglosen Kriege Franz' I. von Frankreich (1515–47) um ihre Wiedererlangung (1515, 1521–26, 1526 bis 1529, 1536–38 und 1542–44) durchzogen die Reformationszeit und belasteten die Innen- und Außenpolitik Kaiser Karls V.

Die Bedrohung durch die Türken
Die ersten Jahre von Karls V. Regierung fielen auch zusammen mit einer erneuten türkischen Offensive Süleimans des Gr. (1520 bis 1566) nach Westen, der 1521 Belgrad eroberte. Als beim Angriff auf Ungarn 1526 in der ***Schlacht bei Mohács*** König Ludwig von Böhmen und Ungarn fiel, verhinderte die Wahl eines Gegenkönigs die vereinbarte habsburgische Nachfolge. Die Türken besetzten Ofen (Buda) und erschienen 1529 vor Wien. Auch wenn die Belagerung scheiterte, blieb doch der größte Teil Ungarns unter osmanischer Herrschaft. Außerdem bildeten die Türken eine ständige Bedrohung der habsburgischen Erblande, zumal sie im Einvernehmen mit Frankreich standen.

Gefahr durch Reformation und Stände
Die äußere Gefahr wurde durch das fortschreitende ***Auseinanderbrechen des Heiligen Römischen Reiches deutscher Nation*** verstärkt.

Die von Martin Luther, Ulrich Zwingli und schließlich auch Jean Calvin ausgehenden Anstöße zu einer grundlegenden ***Reform der Kirche an Haupt und Gliedern*** bewirkten schließlich das Auseinanderbrechen der mittelalterlichen Einheit des Christentums und führten zur ***Reformation*** (von lat. *reformatio = Neugestaltung, Erneuerung*). Die religiöse Spaltung in zwei (später drei) ***Konfessionen**** lud sich rasch auch polit. auf; sie verband sich mit den Ängsten vieler Reichsfürsten um ihre staatsrechtliche Sonderstellung im Reich. Da das übermächtige habsb. Kaisertum entschieden altgläubig blieb, verbanden sich Sorgen und Ziele vieler Kurfürsten, Fürsten und Städte mit der protestantischen Sache.

Konfession: Bez. für eine aus der Spaltung der abendländischen Christenheit hervorgegangene kirchl. Gemeinschaft nach ihrem *Bekenntnis* (latein. *confessio*). So heißen z.B. die *Lutheraner* nach ihrem auf dem Reichstag zu Augsburg 1530 vorgelegten Bekenntnis auch Anhänger der *„Augsburger Konfession“*, im Unterschied zu den Anhängern der *„alten (katholischen) Religion“* oder denen der „reformierten Konfession“ (Kalvinisten).

Das Reich Karls V. um 1556
habsburgische Länder (ohne überseeische Gebiete)
übrige Territorialstaaten im Reich
Reichsstädte (Auswahl)
Grenze des Heiligen Römischen Reiches deutscher Nation
Aa. Aachen
Au. Augsburg
B. Braunschweig
Br. Bremen
L. Lübeck
M. Mühlhausen
N. Nürnberg
Nö. Nördlingen
P. Pavia
Sp. Speyer
St. Stuttgart
Str. Straßburg
U. Ulm
Gegner Karls V.
Frankreich
Osmanisches Reich
osmanische Vasallen
0 250 500 km
KGR. ENGLAND
KGR. SCHOTTLAND
Irland
Dublin
Edinburgh
York
London
Canterbury
KGR. NORWEGEN
Oslo
Personalunion (s. 1397)
KGR. DÄNEMARK
Kopenhagen
KGR. SCHWEDEN
Stockholm
Finnland
Gotland
DEUTSCHER ORDEN
Reval
Estland
Livland
Riga
Hzm. Kurland
Hzm. Preußen (seit 1525)
Danzig
ZARENTUM MOSKAU
Nowgorod
Pskow
Twer
Jaroslawl
Susdal
Wladimir
Nishni Nowgorod
Moskau
Smolensk
Orjol
Kursk
Tschernigow
Kiew
Wolga
Oka
Don
Dnjepr
Düna
Dnjestr
KHANAT KASAN
KOSAKEN
SAPOROGER KOSAKEN
Khanat der Krim
Krim
Bachtschisarai
Ukraine
GFSM. LITAUEN
Wilna (Vilnius)
Personalunion seit 1386 (1569 Union von Lublin)
KGR. POLEN
Warschau
Lublin
Lemberg
Krakau
Weichsel
Ostsee
Nordsee
Hamburg
Br.
Mgft. Brandenburg
Berlin
B.
Wittenberg
Mühlbg. 1547
Elbe
Oder
Sachsen
Kfsm.
M.
Frankfurt
Mainz
Köln
Aa.
Trier
Sp.
St.
Str.
U.
Nö.
N.
Au.
Hzm. Bayern
München
Prag
Kgr. Böhmen 1526 habsb.
1529
Wien
Salzburg
Donau
Rhein
Niederlande (span.)
Amsterdam
Brügge
Cambrai 1526
Crépy 1544
Fgft. Burgund
Eidgenossenschaft
Bern
Genf
Tirol
Kärnten
Krain
Trient
Gft.
Hzm. Mailand
1525 Pavia
Rep. Genua
Venedig
REP. VENEDIG
Florenz
KIRCHENSTAAT
Rom
Kgr. Neapel
Neapel
Kgr. Sizilien
Palermo
Sardinien
Cagliari
Korsika
1538
Nizza
Marseille
Avignon (päpstl.)
Lyon
Rhône
Dijon
Paris
KGR. FRANKREICH
Loire
Garonne
Bordeaux
La Rochelle
Brest
KGR. SPANIEN
Barcelona
Zaragoza
Ebro
Pamplona
Madrid
El Escorial (1560)
San Yuste
Toledo
Tajo
Sevilla
Granada
Cádiz
Santiago
Balearen
KGR. PORTUGAL
Lissabon
ATLANTISCHER OZEAN
FES UND MAROKKO
Tanger
Melilla
Oran (1509 span.)
Algier
Algerien
Tunis
Tunis (1535–74 span.)
1535
MALTA 1530 Johanniter
Mittelmeer
Kgr. Ungarn
1526 habsburg.
Ofen
Mohács 1526
Türken
Belgrad 1521 osm.
Fsm. Siebenbürgen
Fsm. Moldau
Fsm. Walachei
Bosnien
Ragusa
Montenegro
OSMANISCHES REICH
Bulgarien
Konstantinopel
Saloniki
Athen
Ionische In. (venez.)
Chios (genues.)
Smyrna
Kreta (venez.)
Anatolien
Angora
Sinope
Schwarzes Meer
Ladogasee

Die Peterskirche
Der Bau von St. Peter in Vaticano ab 1506, seit 1870 eigentliche Papstkirche, eröffnete die glanzvolle und mächtige Phase des Papsttums der Renaissance und der Gegenreformaton.

Die Staatenwelt Italiens im 16. Jh.
Die politische Karte Italiens weist im 16. Jh. eine klare Struktur auf.

Die ***Königreiche Neapel*** und ***Sizilien*** beherrschten Süditalien. In Neapel regierte eine aragones. Bastardlinie (1459–1504), in Sizilien bis 1479 die aragones. Hauptlinie, danach in beiden bis 1713 Habsburg-Spanien. Im N schloss sich der ***Kirchenstaat*** an. Die Päpste waren bestrebt, die Reformation zu überwinden, den Katholizismus zu stärken und ihren Staat auszuweiten.

Im restlichen Italien hatten sich die meisten ***Stadtstaaten*** zu ***Fürstenstaaten*** entwickelt: In ***Mailand*** herrschte seit 1447 die Familie *Sforza*. 1500 besetzte der frz. Kg. Ludwig XII. als Enkel des letzten *Visconti* die Stadt und vertrieb Herzog Ludovico Moro. Mailand blieb ein habsb.-frz. Streitobjekt, bis es 1556 an Habsburg-Spanien fiel.

Parma und ***Piacenza*** wurden 1512 dem Kirchenstaat eingegliedert, aber 1545 zu einem selbst. Hzm. des Hauses *Farnese*.

Über ***Ferrara, Modena*** und ***Reggio*** herrschte ein Herzog aus dem Hause *Este*. 1597 wurde Ferrara abgetrennt und mit dem Kirchenstaat vereinigt.

Mantua – seit 1328 unter den *Gonzaga*, die geschickt zwischen Mailand und Venedig lavierten und glänzend Hof hielten – wurde 1530 zum Herzogtum erhoben.

In ***Florenz*** waren die *Medici* 1494, nach dem Feldzug König Karls VIII. von Frankreich, von der republikanischen Partei unter dem Bußprediger *Savonarola* vertrieben worden. Nach dem Sturz der rep. Partei 1512 wieder zurückgekehrt, wurden sie 1527 abermals verjagt. 1531 führte sie dann Ks. Karl V. endgültig nach Florenz zurück. Cosimo I. gewann die Rep. Siena und wurde 1569 zum *Großherzog von Toskana* erhoben.

Ausnahmen in Norditalien bildeten Venedig, Genua und Savoyen. Die ***Republik Venedig***, die stärkste Seemacht im Mittelmeer und Herrin des Levantehandels, hatte im 15. Jh. großen Festlandbesitz erworben, der sich über Padua und Verona bis Brescia und Bergamo erstreckte. Die Entdeckung Indiens leitete aber den allmählichen Niedergang ein. Trotz großen Anteils am *Seesieg von Lepanto* über die Türken *1571* musste die Rep. Venedig Zypern an das Osmanische Reich abtreten.

Italien in der großen Politik
Nachdem mit dem Tod Papst Alexanders I. 1503 und dem Sturz Cesare Borgias eine Art ital. Mächtegleichgewicht eingetreten war, wurde Italien jäh und zunehmend zum Zankapfel der Großmächte Frankreich und Habsburg-Spanien sowie Habsburg-Österreich als Träger des Kaisertums. Das Papsttum erstrebte die Erweiterung des Kirchenstaates. Österreich wünschte die Kontrolle der wichtigen Alpenpässe durch die Herrschaft über Mailand und die Zurückdrängung Venedigs in Oberitalien. Frankreich erstrebte größeren Einfluss in Italien. Für das habsb. Spanien war Italien unverzichtbar zur Versorgung seiner Truppen in Mittel- und NW-Europa. Aufgrund dieser Interessen und Konflikte kam es in der 1 Hälfte 16. Jh. zum habsburgisch-französischen ***Kampf um Italien****.

Habsburgisch-französischer Kampf um Italien

1494 ***Italienfeldzug Karls VIII. (1483–98)*** wegen Erbansprüchen der Anjous auf Neapel.
1495 Papst, Mailand, Venedig, Kaiser Maximilian und Aragon-Kastilien bilden eine Liga, die den frz. Kg. Karl VIII. zum Rückzug nötigt.
1498–1515 Der ***frz. Kg. Ludwigs XII.*** sucht vergeblich Mailand und Neapel zu erobern.
1503 Tod Papst Alexanders VI.: Sturz Cesare Borgias.
1515 ***Italienfeldzug des frz. Königs Franz I.*** *(1515 bis 1547)*. Sieg über die Schweizer in der *Schlacht bei Marignano*.
1521–26 ***I. Krieg Ks. Karls V. gegen Kg. Franz I.***
1525 Schlacht von Pavia: Franz I. wird besiegt.
1526 *Friede von Madrid:* Frz. Verzicht auf das Hzm. Mailand, die Rep. Genua, das Hzm. Burgund und das Kgr. Neapel.
1526–29 ***II. Krieg Ks. Karls V. gegen Kg. Franz I.***
1527 ***Sacco di Roma:*** Das ksl. Heer plündert Rom.
1528 *Friede von Cambrai:* Frz. Verzicht auf Italien.
1536–38 ***III. Italienkrieg*** und
1542–44 ***IV. Italienkrieg*** Ks. Karls gegen Kg. Franz.
1544 *Friede von Crépy:* Mailand bleibt Reichslehen, Neapel bei Spanien.

Kirchenstaat

päpstliches Lehen

Herzogtum Mailand vor 1512 (zwischen 1498 und 1544 mehrmals frz. besetzt, 1556 span.)

Zentrum der Rennaissance-Kultur

Besitzungen der Habsburger

spanische Linie

österreichische Linie

Grenze des Heiligen Römischen Reiches

Sacco di Roma 1527 (Plünderung durch kaiserliche Truppen)

Besitzungen/Vasallengebiete des Osmanischen Reiches

1 Gft. Asti (1529 zu Savoyen)
2 Mgft. Saluzzo (1548–88 französ., 1698 zu Savoyen)
3 Mgft. Montferrat (1536 zu Mantua, 1574 Hzm.)
4 Pontremoli (zu Mailand)
5 Massa-Carara (1510–27 zum Kirchenstaat, 1568 Fsm.)
6 Rep. Lucca
7 Hzm. Parma (bis 1512 zu Mailand, seit 1545 Hzm.)
8 Hzm. Modena
9 Hzm. Mantua (bis 1530 Mgft.)
10 Guastalla (1539 zu Mantua)
11 Rep. Bologna (1506 zum Kirchenstaat)
12 Hzm. Ferrara (1598 zum Kirchenstaat)
13 REP. SAN MARINO
14 Hzm. Urbino (seit 1500)
15 Hzm. Piombino (als **Stato degli Presidii** 1557/59 span.)
M. Marignano ⚔1515 P. Piacenza

Die Flagge des niederländischen Freiheitskampfes
Die niederländische Flagge, die älteste republikan. Trikolore der Welt, entstand um 1572; die oberste Farbe war ursprünglich zu Ehren des Prinzen von Oranien-Nassau orange.

Anfang 16. Jh. war Europa polit. und staatl. i. W. geprägt durch ***ständisch kontrollierte Fürstenstaaten***. Sie tendierten ab ca. 1600 fast überall zum fürstl. Absolutismus.

Die niederländischen Ständestaaten

Um 1550 waren die ***Niederlande**** ein lockerer Bund von 17 Staaten, die großteils 1477 erbweise an Habsburg gelangt waren.

Die Provinzen der Niederlande
Länder des Hzms. Burgund (alle 1477 habsb.)
Mgft. Antwerpen, Gft. Artois, Gft. Flandern, Hft. Mecheln (alle 1384); Gft. Namur (1428), Hzm. Brabant, Hzm. Limburg (beide 1430), Gft. Hennegau, Gft. Holland, Gft. Seeland (alle drei 1433);
Gft. Luxemburg sowie Doornik (Tournai) und Rijssel (Lille, 1462).
Weitere Erwerbungen Kaiser Karls V. (1519 bis 1556): Friesland (1524), Utrecht (1528), Overijssel samt Gft. Drenthe, Stadt Groningen (1538) und Hzm. Geldern (1543).

Die volkreichen Landschaften besaßen eine blühende Textilindustrie und einen regen Handel; ihre wirtschaftliche Bedeutung und Leistungskraft waren daher groß.

Aufstand und Unabhängigkeitsstreben

1556 fielen die Niederlande an Kg. Philipp II. von Spanien. Anders als sein Vater Karl V. ignorierte er die besonderen Rechte der ndl. Länder und regierte sie wie sein Königreich absolutistisch und zentralistisch. Das brutale Vorgehen span. Besatzungstruppen und der Inquisition empörte das Volk. Eine Umgliederung der Bistümer (13 statt bisher 4) verletzte die Adelsinteressen.

1564 brachen Unruhen aus: Die Stände *(„Generalstaaten")* unter Führung des Hochadels forderten die Wiederherstellung ihrer Rechte und Truppenabzug. Kaum war dies gewährt, da protestierten in Flandern und Brabant Adel und kalvinist. Prediger gegen die Inquisition. Der Pöbel plünderte Kirchen und zerstörte Heiligenbilder *(„Bildersturm")*. Kg. Philipp errichtete eine Militärherrschaft. Oppositionelle Adlige wurden verhaftet, Wortführer hingerichtet; ihr Haupt, Prinz Wilhelm von Oranien-Nassau, floh. Gleichzeitig wurden „Ketzer" verfolgt und die Bevölkerung terrorisiert.

Der Terror verschweißte die Opposition aus Feudaladel, Stadtpatriziat und Kalvinisten. Seit 1569 leistete sie – v. a. von der See und den unzugänglichen Küsten des Nordens aus – bewaffneten Widerstand.

Als ***1572*** die Stände an seine Spitze traten, gewann das Bürgertum wesentl. Einfluss; der Oberbefehl wurde Prinz Wilhelm als ***Statthalter*** übertragen. Der Kampf war wechselhaft und zäh. Als man die ***Trennung von Spanien*** ins Auge fasste, spalteten sich die Aufständischen. Die kath. Südprovinzen kehrten ***1579*** in der ***Union von Arras*** zu Spanien zurück. Die sieben überwiegend kalvinist. Nordprovinzen bildeten dagegen in der ***Union von Utrecht*** die „Generalstaaten", zu denen die 1629–37 eroberten Teile Brabants, Flanderns und Limburgs als untergeordnete *„Generalitätslande"* traten.

1581 erklärten die Generalstaaten ihre ***Unabhängigkeit von Spanien***. Lange und blutige Kriege folgten (1568–1609, 1621 bis 1648), in denen sich – auch dank der Niederlage Habsburgs im Dreißigjährigen Krieg – letztlich die Aufständischen behaupteten. ***1648*** wurde im ***Sonderfrieden von Münster*** die ***Souveränität der Generalstaaten**** oder (nach der volkreichsten Provinz) ***Hollands*** anerkannt.

Die Generalstaaten – eine Republik
An der Spitze stand die Versammlung der Abgeordneten der Stände der einzelnen Provinzen unter Führung der einflussreichsten Provinz Holland. Diese ernannte alle 5 Jahre den ***„Ratspensionär"***, einen rechtsgelehrten Syndikus (eine Art Außenminister und Bundeskanzler). Dem Heerwesen stand der ***(Erb-)Statthalter*** vor.

Ergebnisse des niederländischen Aufstandes

- Spaltung der niederländischen Staaten in die freiheitliche souveräne Handelsrepublik Holland (nach Schweizer Vorbild) inmitten des absolutistischen Europa und in die überwiegend kath. Spanischen Niederlande, die 1714 an Österreich fielen.
- Behauptung der Reformation (Kalvinismus, Protestanten, Täufer) im Norden.
- Schwächung des habsburgischen Spaniens.

Der Freiheitslampf der Niederlande (1568–1648)

Biblia: das ist:
Die gantze Heilige
Schrifft: Deudsch
D. Mart. Luth.
Begnadet mit Kur-
Gedruckt zu Wittem-
M.D.XLV.

Die Hl. Schrift in Deutsch
Luthers Bibelübersetzung und ihre rasche Verbreitung durch den Buchdruck machten die Bibel über den Gelehrtenkreis hinaus lesbar und waren eine der Voraussetzungen für den Siegeszug der Reformation.

Die protestantische Reformation Luthers

Gewöhnlich gelten die 95 Ablassthesen Martin Luthers von 1517 als Beginn der ***Reformation****. Dazu zählen aber auch andere *Reformatoren*, wie z. B. Zwingli und Calvin.

Katholische Reform und prot. Reformation
Als die innerkirchl. ***kath. Reform***, die im 14./15. Jh. amtskirchl. Missstände und theolog. Unklarheiten zu beseitigen strebte, auf harten Widerstand der Papstkirche stieß, kam es zur Spaltung, zur ***Reformation***. Es entstanden neue christl. Konfessionen, die weltweit verbreitet wurden.

Die Kirchenreform wurde v. a. durch die päpstl. Weigerung blockiert, ein Reformkonzil einzuberufen. Hindernde Faktoren waren auch die antihabsburgische Fürstenopposition im Reich, frz.-habsb. Kriege um Italien sowie die ständige Türkengefahr.

Wichtige Ereignisse der Reformationszeit

1517 Martin Luthers *(1483–1546)* ***95 Thesen.***
1518 Züricher Reformation Ulrich Zwinglis.
1521 Worms: Verurteilung Luthers *(Wormser Edikt).*
1520–66 Türk. Expansion im Südosten Europas.
1521/22 Luthers deutsche Bibelübersetzung.
1525 Bauernkrieg.
1529 Speyer: Protest der Lutheraner *(„Protestanten“).*
1530 Augsburger Reichstag: *Augsburger Konfession.*
1531 Prot. Verteidigungsbund von Schmalkaden.
1534 Engl. Reformation: Anglikan. Staatskirche.
1534/35 Wiedertäufer in Münster: „Täuferreich“.
1540 Gründung des kath. ***Jesuitenordens***.
1541 Genfer Reformation Jean Calvins.
1545–63 Katholisches Reformkonzil von Trient.
1546/47 *Schmalkald. Krieg:* Prot. Niederlage.
1555 Augsburger Religionsfrieden.

Gegenreformation u. Dreißigjähriger Krieg

Der ***Augsburger Religionsfrieden* von 1555*** sollte den Konfessionsstreit beenden. Jedoch die teilw. Nichtbeachtung v. a. des *Geistlichen Vorbehalts* provozierte gegen 1600 immer stärker die kath. ***Gegenreformation****. 1608/09 entstanden Kampfbünde (prot. *Union*, kath. *Liga*), die zusammen mit europ. machtpolit. Fragen den Ausbruch des sog. *Dreißigjährigen Krieges* bewirkten.

Augsburger Religionsfrieden 1555
Der Reichstag von Augsburg anerkannte die luther. (Augsburger) Konfession; die kalvinistische Konfession blieb aber ausgeschlossen. Der Landesherr bestimmte die Konfession seiner Untertanen. Quelle neuer Konflikte – weil nach 1555 kaum beachtet – wurde der ***Geistliche Vorbehalt***, der Bischöfen und Äbten auferlegte, bei einem Glaubenswechsel Amt und Fürstentum aufzugeben.

Gegenreformation
Altkirchl. und polit. Bestrebungen gegen die Ausbreitung der Reformation sowie die (auch gewaltsame) Rekatholisierung prot. Gebiete. Als ***Zeitalter der G.*** gilt die Zeit zwischen 1555 und 1618/48.

Die Reformation in England

Die Weigerung des Papstes, eine Ehescheidung Kg. Heinrichs VIII. zu billigen, führte zur Trennung von Rom. Der Klosterbesitz wurde verstaatlicht. Die engl. Kirche wurde eine Staatskirche mit dem König an der Spitze *(Suprematsakte)*, in der Lehre (z.B. Sakramente u. Priestertum) prot., in Verfassung (bischöfliche Hochkirche) und Ritus katholisch geprägt. Schottland und Irland lehnten diese Kirche weitgehend ab.

Der Kalvinismus und sonst. Bekenntnisse

Die Lehre Calvins fasste ***1541*** in ***Genf*** Fuß und erfasste rasch auch ***Frankreich***, ***Schottland, Böhmen*** und die ***Niederlande***. Die Schweiz einigte sich ***1566*** auf die calvinistisch geprägte ***Confessio Helvetica posterior****.

Confessio Helvetica posterior 1566: Der Züricher Reformator Bullinger hatte diese Zusammenfassung der Hauptgrundsätze Zwinglis und Calvins in 30 Artikeln für den Reichstag ins Deutsche übersetzen lassen.

Im ***Heiligen Römischen Reich*** verbreiteten sich ***Kalvinismus**** und *sonstige Bekenntnisse** nur zögernd.

Der Kalvinismus fasste im Reich ab 1544 am Niederrhein und in O-Friesland Fuß. Als erster Fürst wurde Kurfürst Friedrich III. von der Pfalz Kalvinist ***(1563 Heidelberger Katechismus und, Kirchenordnung)***. 1610 bildeten Kleve, Mark, Jülich, Berg und Ravensberg einen *Generalsynodalverband.*
Sonstige Bekenntnisse, wie *Hussiten* (Jan Hus, † 1415) oder die *(Wieder-)Täufer*, die Kindertaufe, Kriegsdienst und staatliche Eide ablehnten, gab es nach 1555 nur noch in Böhmen.

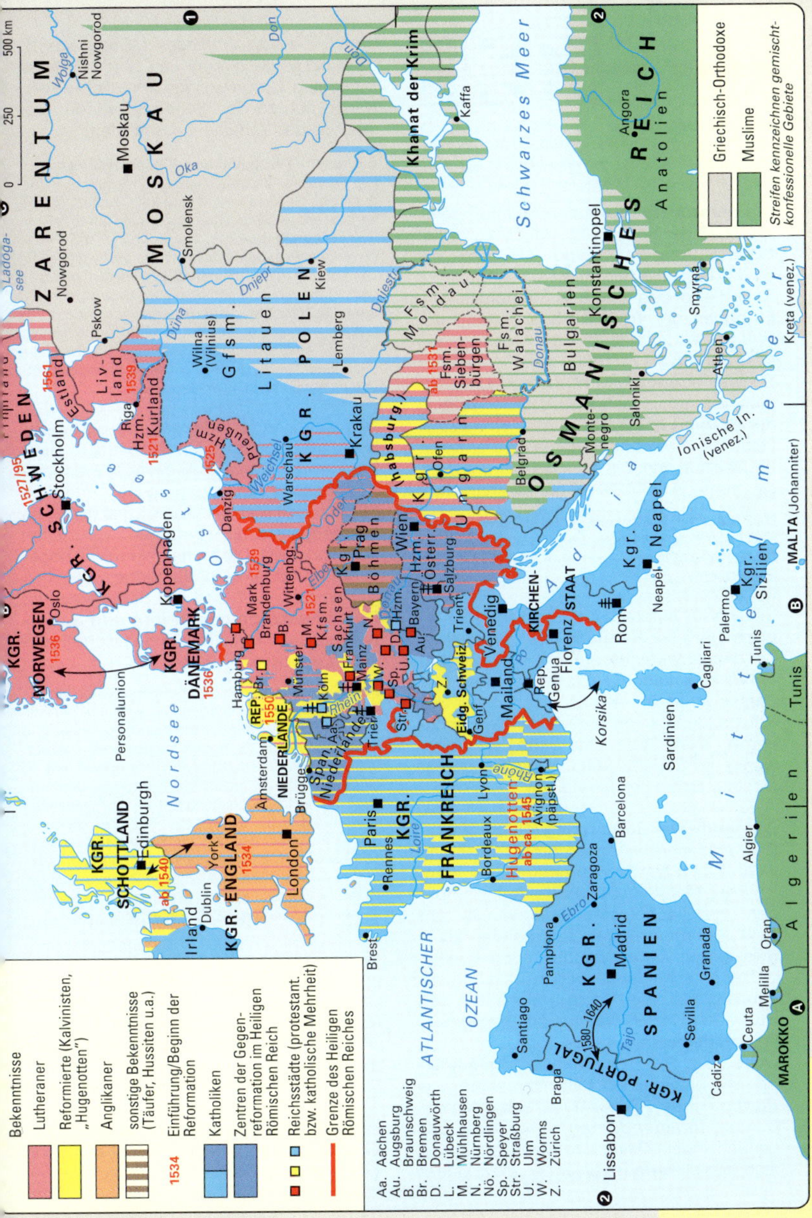
Bekenntnisse
Lutheraner
Reformierte (Kalvinisten, „Hugenotten“)
Anglikaner
sonstige Bekenntnisse (Täufer, Hussiten u.a.)
1534 Einführung/Beginn der Reformation
Katholiken
Zentren der Gegenreformation im Heiligen Römischen Reich
Reichsstädte (protestant. bzw. katholische Mehrheit)
Grenze des Heiligen Römischen Reiches
Aa. Aachen
Au. Augsburg
B. Braunschweig
Br. Bremen
D. Donauwörth
L. Lübeck
M. Mühlhausen
N. Nürnberg
Nö. Nördlingen
Sp. Speyer
Str. Straßburg
U. Ulm
W. Worms
Z. Zürich
Griechisch-Orthodoxe
Muslime
Streifen kennzeichnen gemischt-konfessionelle Gebiete
0 250 500 km
ZARENTUM MOSKAU
KGR. POLEN
KGR. SCHWEDEN
KGR. NORWEGEN
KGR. DÄNEMARK
KGR. SCHOTTLAND
KGR. ENGLAND
KGR. FRANKREICH
KGR. SPANIEN
KGR. PORTUGAL
OSMANISCHES REICH
Khanat der Krim
KIRCHENSTAAT
Kgr. Ungarn (habsburg.)
Kgr. Böhmen
Eidg. Schweiz
REP. NIEDERLANDE
Span. Niederlande
Hugenotten ab ca. 1545
Personalunion
Nordsee
Ostsee
Schwarzes Meer
Mittelmeer
ATLANTISCHER OZEAN
MAROKKO
Algerien
Tunis
MALTA (Johanniter)
Kreta (venez.)
Ionische In. (venez.)

***Der Union Jack** verband 1606 das Georgskreuz der engl. Flagge (links) mit dem schott. weißen Andreaskreuz (Mitte). 1801 trat nach der Vereinigung mit Irland das irische rote Patrickskreuz hinzu (rechts).*

Die Stuarts erstreben den Absolutismus
Als ***1603*** der schott. Kg. Jakob VI., Sohn Maria Stuarts, als ***Jakob I. (1603–25)*** den engl. Thron bestieg, regierte er England, Schottland und Irland in Personalunion. Entgegen der Tradition des Parlaments* träumte er von absolutist. Macht. Auch sein Sohn ***Karl I. (1625–49)***, Gemahl der Schwester Ludwigs XIV., betrieb eine prokath. und absolutist. Politik. Da er ***1628*** in der ***Petition of Rights*** einräumen musste, keine Steuern ohne Parlament zu erheben und willkürliche Verhaftungen zu unterlassen, regierte er 1629–40 ohne Parlament.

Das enlische Parlament umfasste drei Stände: Hohe Geistlichkeit, Hochadel und die Vertreter der Grafschaften (Gentry und Bürger). Seit dem 13. Jh. kontrollierte es den König (Gesetze und Steuern).

Ein schott. Aufstand (1638) zwang Karl jedoch 1640 zur Berufung des Parlaments. Als dieses widerstrebte, entließ er es und berief das *Lange Parlament (1640–53)*. Dieses verurteilte den engsten Berater des Königs, den Earl of Strafford, wegen Hochverrats zum Tode und oktroyierte dem König ein Gesetz, wonach das Parlament sich nur selbst auflösen durfte.

Der englische Bürgerkrieg (1642–49)
Als Karl führende Abgeordnete festnehmen wollte, kam es zum Bürgerkrieg zw. dem Kg., der Mehrheit des Adels, den Katholiken und Bischofsstädten einerseits und dem Parlament samt den meisten Handelsstädten, insbes. London, andererseits.

Der entscheidende Gegensatz aber war ein religiöser: Der König und ein Teil des Hochadels wollten die *anglikan. Bischofskirche wiederherstellen*. Das Parlament sowie weite Teile des Bürgertums und niederen Adels wollten einen kalvinist. geprägten ***Puritanismus****. Stärkste Partei wurden die puritan. ***Independenten****. Ihr Führer, der Landedelmann ***Oliver Cromwell***, befehligte eine disziplinierte Berufsarmee *(new model army)*, die sog. *Ironsides („Eisenseiten“)*. 1644 bei *Marston Moor* und 1645 bei *Naseby* schlug Cromwell das königliche Heer. Karl I. floh zu den Schotten, wurde aber 1647 an das Parlament ausgeliefert.

Puritaner – Presbyterianer – Independenten?
Die ***Puritaner*** erstrebten eine konsequente Reinigung des Gottesdienstes vom kath. Kultus, die sie als *Dissenter* in schroffen Gegensatz zur anglikan. Bischofskirche brachte. Während aber das Parlament den ***Presbyterianern*** zuneigte, welche die Gemeinde einem *Ältestenrat (Presbyterium)* unter dem Pfarrer sowie einer *synodalen Organisation* unterstellten, wollten die ***Independenten*** oder *Kongregationalisten* unter Cromwell nach biblischem Vorbild eine Ortsgemeinde *(congregation)*, die unabhängig *(independent)* von königlicher, bischöflicher oder presbyterialer Gewalt war.

Der wachsende independent. und presbyterian. Gegensatz führte 1648 zur „Säuberung“ des Parlaments von den Presbyterianern. Das Rumpfparlament *(rump)* von 60 Abgeordneten ließ Karl I. 1649 durch ein Sondergericht als „Tyrannen“ verurteilen und hinrichten. Die Monarchie wurde abgeschafft und eine parlamentar. Republik *(Commeonwealth and free State)* errichtet. Durch ***Feldzüge gegen Iren und Schotten**** stellte Cromwell die englische Herrschaft überall wieder her.

Feldzüge gegen Iren und Schotten 1649/50
Das kath. ***Irland*** war seit 1641 im Aufstand. Die Enteignung irischer Grundbesitzer und die Ansiedlung von presbyterian. Schotten hatten einen antiprot. Volksaufstand *(Gemetzel von Ulster)* provoziert. In einem grausamen Rachefeldzug unterwarf Cromwell 1649/50 die Insel und ersetzte nun – ausgenommen Connaught – alle irisch-kath. Grundherren durch englisch-protestantische.– In ***Schottland*** nahmen 1649 der kath.-königstreue Norden und der presbyterianische Süden gemeinsam Partei gegen die Republik und für Karl II. Der Feldzug Cromwells endete mit dem ***Sieg bei Dunbar 1650***.

Diese Erfolge und auch der Sieg im ersten engl.-holländ. Seekrieg (1652–54) festigten Cromwells Stellung. 1653 löste er das *Rumpfparlament* und das ihm folgende *„Parlament der Heiligen“* auf und herrschte als ***„Lordprotektor von England, Schottland und Irland“*** wie ein Diktator. Nach seinem Tod 1658 (und Abdankung seines Sohnes) stellte das Parlament 1660 das Königtumtum wieder her und berief den Sohn Karls I., Karl II. (1660–85), auf den Thron.

Orkney-In.
Hebriden
Highlands
Inverness
Aberdeen
KGR.
Tay
Highland-Linie
Perth
SCHOTTLAND
St.
Edinburgh
Dunbar 1650
Glasgow
Berwick
Tweed
seit 1603 Personalunion
Schott. Kolonisation 1607/08
ATLANTISCHER OZEAN
Nordsee
Newcastle
Durham
Carlisle
Londonderry
Ulster
Belfast
K G R.
Kgr. Man
Kgr. Irland
Connaught
Galway
1690 Drogheda
Boyne
Irische See
Engl. Kolonisation 1607/08
Dublin
Leinster
Anglesey
Shannon
Kilkenny 1641
Suir
Barrow
1690 Limerick
Wexford
Waterford
Dingle
Munster
Cork
Kinsale
St.-Georgs-Kanal
Pembroke
ENGLAND
Wales
Lancaster
York
Preston 1648
Marston Moor 1644
Hull
Pontefract
Gainsborough 1643
Winceby 1643
Lincoln
Warrington 1648
Chester
Nottingham
Trent
Stafford
Leicester
Naseby 1645
Ouse
Norwich
Birmingham
Northampton
Worcester 1651
Edge Hill 1642
Cambridge
Buckingham
Gloucester
Severn
Oxford
Themse
Colchester
London
H.
Rochester
Cardiff
Bristol
Newbury 1643
Canterbury
Dover
Calais
Southampton
Hastings
Exeter
Wight
Cornwall
Plymouth
Kanal
KGR. FRANKREICH
Dieppe
England
Einflussbereich des Parlaments bei Beginn des Bürgerkriege1643
vom Parlament bis Ende 1645 erobertes Gebiet
den Royalisten Ende 1645 verbliebene Gebiete
Stützpunkt der Royalisten
Schottland
Einflussgebiet der Presbyterianer
Einflussgebiet der Royalisten
Irland (Volksaufstand 1641–52)
englische Wiedereroberung 1650/1653
1653 den Iren verbliebenes Gebiet
Feldzüge Cromwells
1648
1649
1650/51
H. Hampton Court
St. Stirling
0
100
200 km

Frieden 1648
Der Friedensreiter oder Postreiter ist ein Symbol für die Schnelligkeit, mit der sich die Nachricht vom ersehnten Frieden nach dem Dreißigjährig. Krieg ausbreitete.

Charakter des Dreißigjährigen Krieges
Der „Dreißigjährige Krieg“ (üblicherweise 1618–1648) bez. die bekannteste und heißeste, die „deutsche“ Phase eines übergreifenden fast 60-jährigen polit.-konfessionellen Ringens in Europa. Dieses hatte um 1600 begonnen und wurde mit den Friedensverträgen in den westfäl. Städten ***Münster**** (kath.) und ***Osnabrück**** (prot.), kurz als ***Westfälischer Frieden**** zusammengefasst, nur partiell beendet. Seinen Abschluss fand der globale Konflikt erst ***1659*** im span.-frz. ***Pyrenäenfrieden****

Der Westfälische Frieden (1648)
Friede von Münster (6. 8. 1648)
Sonderfriede zwischen dem Kgr. Spanien und der Republik der Vereinigten Niederlande. – Hauptfriede zw. dem Reich (Kaiser) und dem Kgr. Frankreich unter Einbezug ihrer jeweiligen Verbündeten.
Friede von Osnabrück (8. 9. 1648)
Vertrag zwischen dem Reich (Kaiser) und dem Kgr. Schweden samt ihren Verbündeten.

Der Pyrenäenfriede (7. 11. 1659)
Friede auf der Fasaneninsel im Pyrenäengrenzfluss Bidassoa zwischen Frankreich und Spanien: Roussillon, Artois und Teile Lothringens werden französ.

Die Ursachen dieses europ. Konflikts waren vielfältig: Einmal ging es um polit. ***Hegemonie.*** In Mittel- und Westeuropa rivalisierte das habsb. Spanien mit dem seit 1519 von ihm umklammerten bourbon. Frankreich, im Ostseeraum stritten sich Dänemark, Schweden, Polen und zeitw. auch das Hl. Röm. Reich. Im SO Europas drohten die Türken.

Hinzu traten in vielen Staaten ***ständische Auseinandersetzungen***: Im Hl. Röm. Reich z. B. vollzog sich eine letzte Machtprobe zw. den *zentralist. Bestrebungen* des habsb. Kaisertums und den *Interessen der Einzelstaaten*. In vielen Reichsterritorien, wie z.B. im Kgr. Böhmen, bedrohte der fürstl. Absolutismus die privilegierte Sonderstellung der Landstände. Verschärfend wirkte der ***konfessionelle Zwiespalt***: Alle polit. Hauptfragen waren vielfältig und europaweit mit den divergierenden *reformator.* und *kath.-gegenreformator.* Interessen verwoben, teils konvergent, teils aber auch widersprüchlich. Das belegen z. B. die Allianzen des *kath.* Frankreich mit dem *prot.* Schweden und dem *islam.* Türkenreich gegen das *kath.* Haus Habsburg!

Diese verwickelte Interessenlage bestimmte den Charakter des „Dreißigjährigen Krieges“: Er begann als innerhabsb. ständisch-konfessioneller Konflikt in Böhmen, der von Beginn an andere dt. Fürsten einbezog, und weitete sich rasch zu einem europ. Krieg aus, in dem es von Anfang an um ***Konfession und Politik*** ging.

Der Krieg endete schließlich aus Erschöpfung aller Beteiligten, d.h. ohne einen eindeutigen Sieger.

Die wichtigsten Friedensbestimmungen
– Gebietsveränderungen:
Frankreich bekam die 1552 besetzten Bistümer Metz, Toul und Verdun, die Gft. Pinerolo, die Stadt Breisach, das Besatzungsrecht für Philippsburg, die Landgft. Ober- und Niederelsass, den Sundgau und die elsäss. Dekapolis (Bund der 10 Reichsstädte). ***Schweden*** erhielt Vorpommern mit Rügen, Teile Hinterpommerns (Stettin, Wollin, Oderhaff), Wismar, das Ebm. Bremen als Hzm. (ohne Stadt) und das Bm. Verden. ***Brandenburg*** erhielt die Bistümer Halberstadt, Minden und Kammin sowie die Anwartschaft auf das Ebm. Magdeburg. – Die ***Rep. der Vereinigten Niederlande (Generalstaaten)*** und die ***Eidgenossenschaft Schweiz*** schieden aus dem Reich aus.
– Änderungen der Reichsverfassung:
Bayern behielt die 1623 erworbene Kurwürde; für die Pfalz wurde eine achte Kur neu geschaffen. ***Schweden*** erhielt für seine Erwerbungen Sitz und Stimme im Reichstag. Auch Frankreich erlangte großen Einfluss auf die Reichspolitik.

Die ***Reichsstände*** erhielten Mitbestimmung in allen Reichsfragen und die volle Landeshoheit in geistl. und weltl. Angelegenheiten. Außerdem wurde ihnen das Bündnisrecht mit ausländischen Staaten zuerkannt; der Vorbehalt, die Bündnisse dürften sich nicht gegen Kaiser und Reich richten, blieb in der Folge papieren.

Der Kalvinismus wurde reichsrechtlich anerkannt.

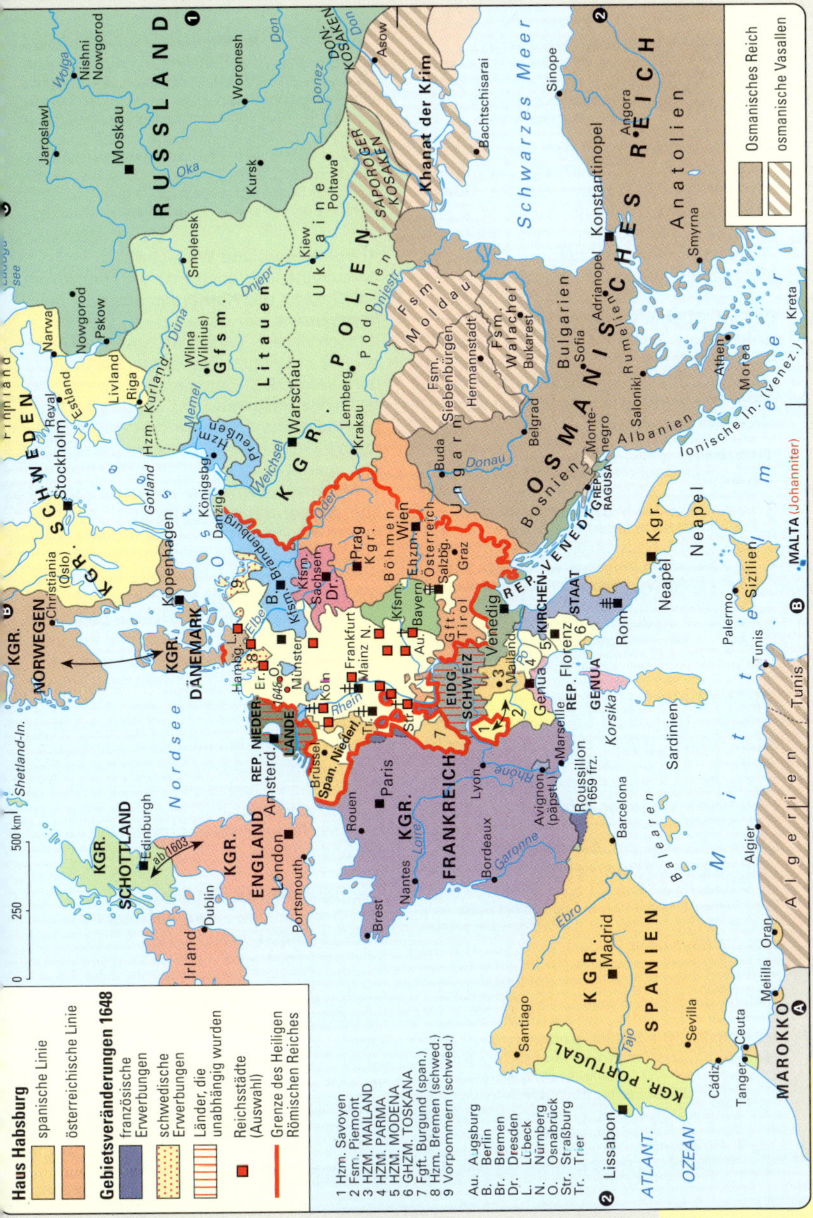

Haus Habsburg
spanische Linie
österreichische Linie
Gebietsveränderungen 1648
französische Erwerbungen
schwedische Erwerbungen
Länder, die unabhängig wurden
Reichsstädte (Auswahl)
Grenze des Heiligen Römischen Reiches
1 Hzm. Savoyen
2 Fsm. Piemont
3 HZM. MAILAND
4 HZM. PARMA
5 HZM. MODENA
6 GHZM. TOSKANA
7 Fgft. Burgund (span.)
8 Hzm. Bremen (schwed.)
9 Vorpommern (schwed.)
Au. Augsburg
B. Berlin
Br. Bremen
Dr. Dresden
L. Lübeck
N. Nürnberg
O. Osnabrück
Str. Straßburg
Tr. Trier
Osmanisches Reich
osmanische Vasallen
0 250 500 km
RUSSLAND
KGR. POLEN
KGR. SCHWEDEN
KGR. DÄNEMARK
KGR. NORWEGEN
KGR. SCHOTTLAND
KGR. ENGLAND
REP. NIEDERLANDE
KGR. FRANKREICH
KGR. SPANIEN
KGR. PORTUGAL
EIDG. SCHWEIZ
REP. VENEDIG
KIRCHENSTAAT
REP. GENUA
KGR. NEAPEL
OSMANISCHES REICH
Khanat der Krim
MAROKKO
Algerien
Tunis
Schwarzes Meer
Mittelmeer
Nordsee
Ostsee
ATLANT. OZEAN
MALTA (Johanniter)

Die Lilien Frankreichs
Von ca. 1650 bis ca. 1750 stand Europa unter der Hegemonie Frankreichs, das seit dem 12. Jh. Lilien im Wappen führte.

Nach dem Tode des Ersten Ministers Kardinal Mazarin 1661 übernahm Ludwig XIV. (1643–1714) die Leitung der frz. Politik. Sowohl seine höfische Kultur wie sein staatlicher Ausbau und seine merkantile Wirtschaftspolitik machten Frankreich zum glänzenden Vorbild ganz Europas.

Der frz. Absolutismus im Innern

Unter Ludwig XIII. (1610–43) war es den Ersten Ministern Richelieu (1624–42) und Mazarin (1642–61) gelungen, alle ***Hindernisse der französischen Königsgewalt**** zu beseitigen:

Hindernisse der frz. Königsgewalt um 1610

- Die ***General- und Provinzialstände*** (jeweils in drei Kurien gegliedert: Klerus, Adel u. 3. Stand) besaßen das Recht der Steuerbewilligung.
- Die ***kgl. Gerichtshöfe („Parlamente")*** kontrollierten und behinderten die kgl. Gesetzgebung.
- Die ***Kalvinisten (Hugenotten)*** bildeten wegen ihrer im ***Edikt von Nantes (1598)*** garantierten Privilegien einen „Staat im Staat".
- Der ***frz. Hochadel*** war wegen seines Grundbesitzes, seines Prestiges und seiner traditionellen Staatsämter einflussreich.

Absolutismus und Außenpolitik

Außenpolitisch löste Frankreich im ***Pyrenäenfrieden 1659*** das habsburgische Spanien als europäische Hegemonialmacht ab und untermauerte diese Stellung in mehreren ***Koalitionskriegen****.

Die Koalitionskriege z. Z. Ludwigs XIV.

1667–68 „Devolutionskrieg": Mit Erbansprüchen auf Flandern und Brabant griff Ludwig XIV. nach dem Tod Kg. Philipps IV. von Spanien die Span. Niederlande an. Im *Frieden von Aachen* gewann er Lille.
1672–78 Niederländ. Krieg: Ludwig XIV. besetzte die Republik der Vereinigten Niederlande; nur die Öffnung der Schleusen rettete das Land. Im *Frieden von Nimwegen* erwarb Ludwig die Fgft. Burgund (Franche Comté) und Teile Westflanderns.
1681 Straßburg wurde im Handstreich besetzt.
1688–97 Pfälzischer Krieg: Mit fadenscheinigen Erbansprüchen griff Ludwig die Pfalz an, um sie zu annektieren. Eine übermächtige Koalition mit England bildete sich. Bei *La Hogue* wurde 1692 die frz. Flotte vernichtet; auch sonst war Frankreich das Kriegsglück nicht hold. Im *Frieden von Rijswijk* erlitt Ludwig *1697* erstmals terr. Verluste.
1701–14 Span. Erbfolgekrieg: Nach dem Tode des span. Kgs. Karl II. meldeten Frankreich und Österreich Erbrechte in Spanien an. Wechselnde Allianzen gönnten Spanien keinem der beiden Kandidaten. Ein zermürbender europ. Krieg war die Folge, in dem England v.a. eine Politik des Gleichgewichts verfolgte. Im *Frieden von Utrecht* erhielt ein frz. Prinz Spanien, doch wurde die Union mit Frankreich untersagt. Österreich wurde durch die span. Besitzungen in Italien entschädigt.

Absolutismus und Wirtschaft

Wirtschaftspolit. orientierte sich Frankreich am Konzept des ***Kameralismus*** oder ***Merkantilismus***, der darauf zielte, Geld in die Kassen der frz. Wirtschaft und des Königreiches zu bringen. Dieses glaubte man auf dem Wege des Handels zu erreichen. Die gewaltige Steigerung des Exports bei strikter Reduzierung von Importen sollte Edelmetall (Geld) ins Kgr. bringen; die inflationist. Auswirkungen wurden nicht erkannt.

Mit staatl. Subventionen wurden zahlreiche ***Manufakturen (Fabriken)*** errichtet, deren hochwertige Fertigprodukte (v.a. Luxusgüter) durch Steuerprivilegien und Schutzzölle vor ausländ. Konkurrenz geschützt wurden. ***Rohstoffen*** stand der Weg ins Königreich offen; am liebsten beschaffte man sie sich mit auf frz. Werften erbauten Handelsschiffen aus eigenen Kolonien.

Der Erleichterung des Handels diente auch die Verbesserung des ***Verkehrswesens*** innerhalb Frankreichs durch Kanalbauten, die Schiffbarmachung von Flüssen und die Verbesserung des Straßennetzes. Der Versuch, Frankreich in ein einheitliches Zollgebiet (Aufhebung der Binnenzölle, einheitliche Außenzölle) umzugestalten, gelang nur ansatzweise.

Der höfische Absolutismus

Den Anspruch des ***Sonnenkönigs*** spiegelt auch ***Versailles*** wider. Ludwig XIV. errichtete hier zw. 1661 und 1715 eine gigantische Schlossanlage, welche seine europ. Hegemonialstellung architektonisch untermauerte. In Versailles, der prächtigen Kulisse eines Hofes, der aus ca. 16 000 Menschen bestand, versammelte er mit perfidem Druck den frz. Hochadel um sich. So konnte er ihn kontrollieren, allmählich in seinen Dienst zwingen und durch den Aufwand des höf. Lebens materiell ruinieren. Versailles wurde zum Inbegriff der europ. Fürstenresidenz.

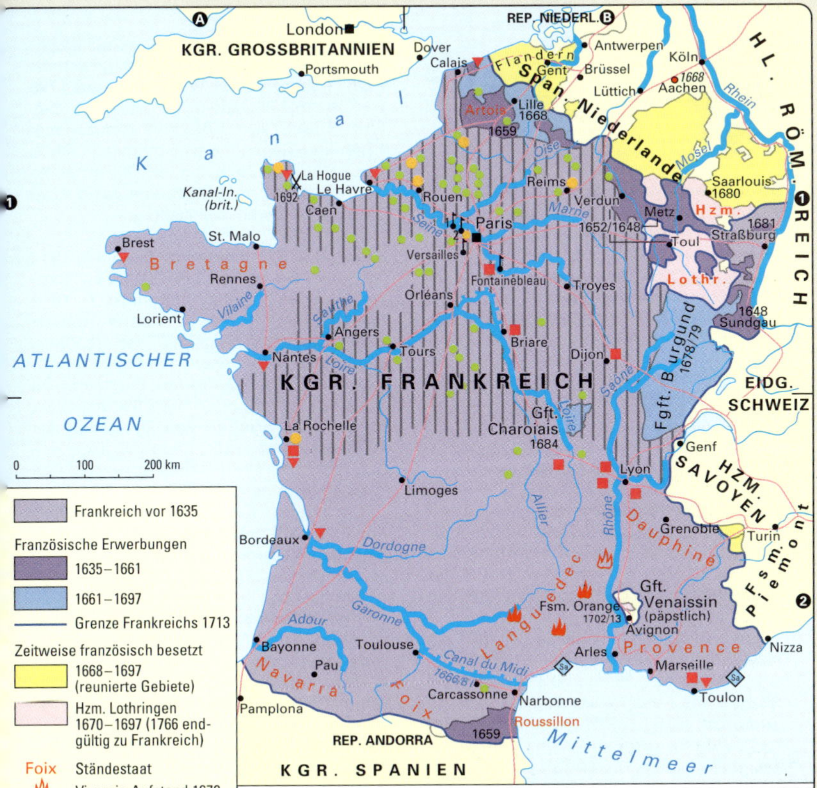

Frankreich vor 1635

Französische Erwerbungen
- 1635–1661
- 1661–1697
- Grenze Frankreichs 1713

Zeitweise französisch besetzt
- 1668–1697 (reunierte Gebiete)
- Hzm. Lothringen 1670–1697 (1766 endgültig zu Frankreich)

Foix Ständestaat
- Vivarais-Aufstand 1670
- Camisarden-Aufstand 1702–05
- Schlossbauten (1 St. Germain, 2 Marly)

Wirtschaftspolitik
- Kanalbauten
- schiffbarer Fluss
- wichtiger Handelsweg

Manufakturgründungen (1665–1684 genehmigt)
- Textilmanufaktur
- Metallwarenmanufaktur
- Schiffbaumanufaktur
- Sonstige (Seifen-, Zucker-, Tabak- und Spiegelmanufakturen)
- Salzgewinnung
- einheitliches Zollgebiet seit 1664

Versailles im 17./18. Jh.

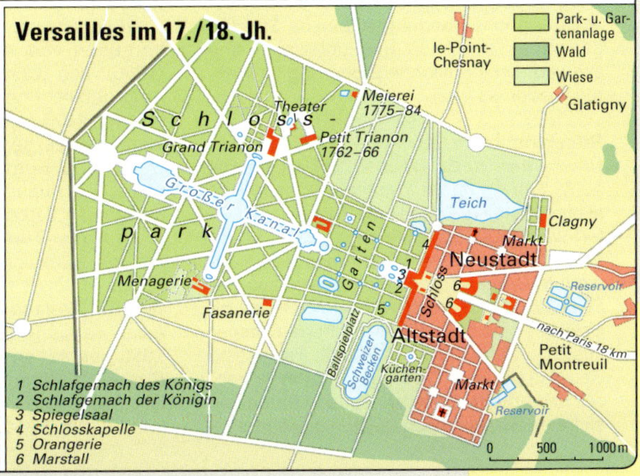

Erbe von Byzanz
Nach dem Fall Konstantinopels 1453 sah sich Iwan III., mit einer byz. Prinzessin verheiratet, als Erbe des Kaisertums („III. Rom") und nahm 1495 den Doppeladler in sein Siegel auf.

Der Aufstieg Moskaus im 15./16. Jh.
Im 14. und 15. Jh. stieg Moskau zur führenden Macht Osteuropas auf. Großfürst ***Iwan III.*** (1462–1505) nannte sich als erster programmatisch ***Zar von ganz Russland***. Seine ***Gebietserwerbungen**** legten die Basis für den ***Aufstieg Moskaus zur eurasischen Weltmacht*** (16. und 17. Jh.).

Russ. Gebietserwerbungen unter Iwan III. (1462 bis 1505): 1463 Jaroslawl, 1478 Handelsrep. Groß-Nowgorod, 1485 Fsm. Twer, 1489 Rep. Wjatka, 1503 Litauische Fürstentümer (Tschernigow, Brjansk und Kursk). Die Fläche wuchs von ca. 430 000 auf ca. 2,5 Mio. km² mit über 6 Mio. Ew.

Nach dem Fall Konstantinopels (1453) galt Moskau seit 1510 als ***III. Rom*** (Hofzeremoniell, Doppeladler). Iwan III. verstand sich seit 1472 auch als oberster Hüter der Rechtgläubigkeit und beanspruchte den Vorrang vor den übrigen russ. Fürsten.

Sohn Vasilij und Enkel ***Iwan IV. (1533 bis 1584)*** setzten die Expansion v.a. im Osten fort (1510 Pskow, 1514 Smolensk, 1552–56 die Khanate Kasan und Astrachan). ***Boris Godunow (1584–1605)*** gründete u.a. Samara, Saratow und Zarizyn. Im Osten wurde das Khanat Sibir mit Tobolsk (1581/87) erworben und schließlich bis 1649 das wirtschaftl. noch unbedeutende weite ***Sibirien*** gewonnen. Im 17. Jh. ging unter poln. und schwed. Druck manche Eroberung im Westen wieder verloren.

Russland im 18. Jh.
Unter ***Peter d. Gr. (1689–1725)*** endete die polit. Schwäche im Westen. Als sein Plan einer christl. Liga gegen die Türken gescheitert war (1700 russ.-türk. Friede), trat er gegen Schweden in den *Nord. Krieg (1700–21)* ein, um Zugang zur Ostsee zu erhalten. ***Im Frieden von Nystad 1721*** gewann er mit Estland, Livland u.a. die wichtige Ostseeküste [→110/112]. 1712 verlegte Peter seine Residenz in das ***1703*** gegr. und im europ. Stil erbaute ***St. Petersburg***, das ihm einen eisfreien Seeweg nach Westen gewährte.

Erheblichen Gebietszuwachs erfuhr Russland unter ***Katharina II. (1762–96)*** durch die **Poln. Teilungen von 1772, 1793 und 1795** [→114/115]. Im Südosten öffnete der russ.-türk. ***Friede von Kütschük-Kainardschi 1774*** den Zugang zum Schwarzen Meer; 1783 folgten die Krim und nach einem weiteren Türkenkrieg im ***Frieden von Jassy 1792*** die übrige Schwarzmeerküste.

Russlands Expansion im 19. Jh. bis 1914
1801 kam ***Georgien*** zu Russland. Im Nordwesten erweiterte ***Ks. Alexander I. (1801 bis 1825)*** sein Reich auf Kosten Schwedens. Nachdem er sich 1807 mit Napoleon verständigt hatte, gewann er ***1809*** im ***Frieden von Fredrikshamn*** Finnland. Im Süden profitierte er vom Zerfall des Osm. Reiches. Im ***Frieden von Bukarest***, der ***1812*** den Russ.-Türk. Krieg von 1806–12 beendete, erhielt er Bessarabien und Gebiete jenseits des Kaukasus.

Der ***Wiener Kongress*** vereinigte ***1815*** das (bis 1807 preuß.) *Großhzm. Warschau* als ***Kgr. (Kongress-)Polen)*** in Personalunion mit Russland [→120/121].

Nach dem Russ.-Türk. Krieg 1828/29 erwarb ***Nikolaus I. (1825–55)*** im *Frieden von Adrianopel 1829* das Donaudelta und Teile Armeniens.

Einen Rückschlag brachte der ***Krimkrieg (1853–56)***: Russland musste im *Frieden von Paris (1856)* die Donaumündung samt Teilen Bessarabiens an das Fsm. Moldau abtreten. Das Schwarze Meer wurde für russ. Kriegsschiffe gesperrt.

Alexander II. (1855–81) erwarb in den *Verträgen von Aigun (1858)* und *Peking (1860)* von China das (teilw. besetzte) Amurgebiet und gründete Wladiwostok [→143]. 1875 wurde Japan gezwungen, die Insel Sachalin gegen die Kurilen abzutreten.

1864–73 wurde ***Turkestan*** erobert (Buchara u. Chiwa russ. Vasallenstaaten). 1867 erfolgte der Verkauf ***Alaskas*** an die USA.

Im ***Russ.-Türk. Krieg (1877/78)*** wurde nur mit Rücksicht auf die europ. Mächte Konstantinopel nicht besetzt. Im *Frieden von San Stefano 1878* erwarb Russland in Asien Kars und Batumi und in Europa den 1856 verlorenen Teil von Bessarabien. Im ***Russisch-Japan. Krieg 1904/05*** verlor Russland Südsachalin und Port Arthur [→142/143]. 1914 wurde ***Tuwa*** erworben.

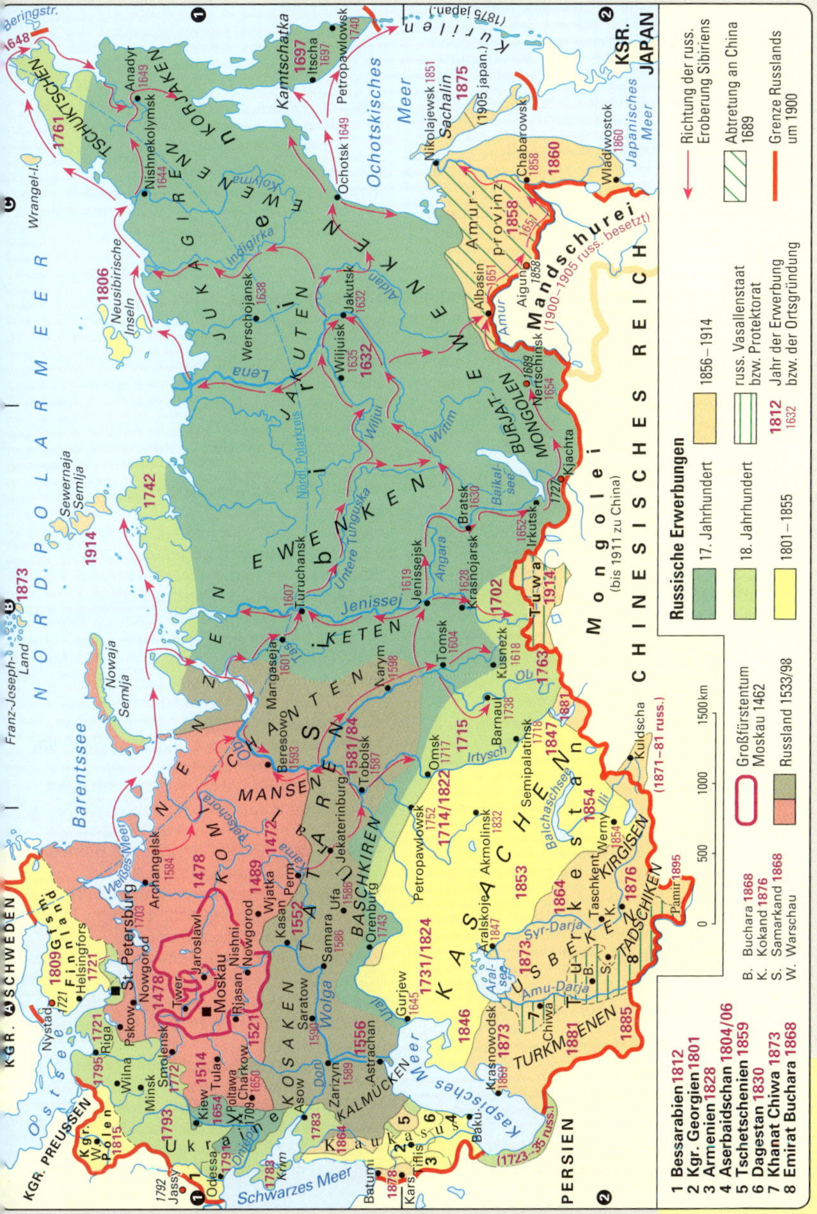

Russische Erwerbungen
17. Jahrhundert
18. Jahrhundert
1801 – 1855
1856 – 1914
russ. Vasallenstaat bzw. Protektorat
1812 1632 Jahr der Erwerbung bzw. der Ortsgründung
Großfürstentum Moskau 1462
Russland 1533/98
Richtung der russ. Eroberung Sibiriens
Abtretung an China 1689
Grenze Russlands um 1900
B. Buchara 1868
K. Kokand 1876
S. Samarkand 1868
W. Warschau
1 Bessarabien 1812
2 Kgr. Georgien 1801
3 Armenien 1828
4 Aserbaidschan 1804/06
5 Tschetschenien 1859
6 Dagestan 1830
7 Khanat Chiwa 1873
8 Emirat Buchara 1868
0 500 1000 1500 km
NORDPOLARMEER
Barentssee
Ochotskisches Meer
Japanisches Meer
Kaspisches Meer
Schwarzes Meer
Ostsee
CHINESISCHES REICH
Mongolei (bis 1911 zu China)
Mandschurei (1900–1905 russ. besetzt)
KSR. JAPAN
PERSIEN
KGR. SCHWEDEN
KGR. PREUSSEN
Sachalin 1875 (1905 japan.)
Kurilen (1875 japan.)
Kamtschatka
Franz-Joseph-Land 1873
Nowaja Semlja
Sewernaja Semlja 1914
Neusibirische Inseln 1806
Wrangel-I.
Beringstr. 1648

***Das Schwedenkreuz:** Seit dem 16. Jh. ist das gelbe liegende Lateinerkreuz auf blauem Grund nach dem dänischen Vorbild das staatl. Symbol Schwedens.*

Schweden zu Beginn des 16. Jh.

Das als letztes skandinav. Land christianisierte Kgr. Schweden hatte sich ***1397*** mit Norwegen und Dänemark zur ***Kalmarer Union*** vereinigt, die vom dänischen König in Personalunion beherrscht wurde.

1523 löste sich Schweden wieder aus der Union. Kg. Gustav Adolf I. (1523–1560) aus dem Hause Wasa begründete eine nach außen und innen gesicherte *Monarchie*, die durch die Einführung der Reformation und die Säkularisation des Kirchengutes noch gestärkt wurde. Ein Reichstag aus Vertretern von Adel, Klerus, Bürger- und Bauerntum wahrte allerdings ein ***Steuerbewilligungsrecht***.

Der Aufstieg vom 16. bis 18. Jh.

Hauptziele der schwedischen Außenpolitik im 16. und 17. Jh. waren

- die Wahrung der Souveränität gegenüber Dänemark und (später) Polen,
- die Gewinnung von militär., polit. und wirtschaftl. wichtigen Zugängen (Häfen) zu Nord- und Ostsee, die nicht durch Dänemark (Sundzoll), Norwegen oder Russland kontrolliert wurden,
- die Hegemonie im Ostseeraum *(dominium maris Baltici)*.

Diese Politik verwickelte Schweden immer wieder in Rivalitäten und ***Kriege**** mit anderen im Norden wichtigen polit. Mächten.

Schwedisch-dänische Kriege

1563–1570 Der Friede von Stettin bringt keine Gebietsveränderungen.

1611–1613 Im ***„Kalmarkrieg"*** verliert Schweden die norwegischen Lappmarken.

1643–1645 Friede von Brömsebro: Schweden gewinnt die norweg. Provinzen Jämtland und Herjedalen sowie Ösel und Gotland.

1657–1658 Friede von Roskilde: Schweden gewinnt Schonen, Halland, Blekinge, Bohuslän sowie die Insel Bornholm.

Schwedisch-russische Kriege

1617 Friede zu Stolbowa: Schweden erwirbt Ingermanland und Ostkarelien und schließt Russland von der Ostsee ab.

1655–1660 Friede zu Kardis (1661): Schweden erhält livländische Gebiete zurück.

Schwedisch-polnische Kriege

1621 Schweden erobert Livland mit Riga sowie Libau und Windau in Kurland.

1655–1660 Friede von Oliva: Polen verzichtet auf seine schwedischen Thronansprüche und tritt Livland an Schweden ab.

Schwedisch-preußische Kriege

1621–1629 Waffenstillstand von Altmark: Schweden gewinnt in Preußen die Häfen Memel, Pillau, Elbing und Danzig.

Aufgrund dieser Erfolge war Schweden um 1700 die tonangebende Militärmacht im Norden und eine europäische Großmacht.

Der Niedergang Schwedens im 18. Jh.

Durch Einmischung in den innerdän. Konflikt mit dem Hzm. Holstein forderte Schweden den „Erzrivalen" Dänemark heraus und bewirkte den Schulterschluss seiner eigenen Gegner im Norden und Osten.

Im ***„Nordischen Krieg" (1700–1721)*** stand es isoliert Dänemark, Hannover, Preußen, Polen, Sachsen und dem erstarkten russ. Zarenreich gegenüber. Glanzvolle Siege Kg. Karls XII. (1697–1718), z. B. ***1700*** bei ***Narwa*** über Zar Peter I., wechselten mit verheerenden Niederlagen gegen Russland (so ***1709*** bei ***Poltawa***). Der lange Krieg überforderte Schwedens Kräfte; in den Friedensschlüssen erlitt es schwere Gebietsverluste:

1700 *Travendal:* Im Konflikt Dänemark-Holstein musste es klein beigeben.

1719 *Stockholm:* Abtretung Bremens und Verdens an Hannover.

1720 *Stockholm:* Abtretung Stettins, von Teilen Vorpommerns sowie der Inseln Usedom und Wollin an Preußen.

1720 *Frederiksborg:* Verzicht auf Befreiung vom dänischen Sundzoll.

1721 *Nystad:* Abtretung Livlands, Estlands, Ösels, Ingermanlands und von Teilen Kareliens an Russland.

Insgesamt verlor Schweden bis auf Reste Vorpommerns alle deutschen Gebiete und alle außerschwedischen und außerfinnischen Stützpunkte an der Ostsee. Dies bedeutete das Ende der Hegemonie im Ostseeraum und der europ. Großmachtstellung.

Die Abtretung Finnlands und der Ålandinseln an Russland ***1809*** *(Friede von Fredrikshamn)* und des nördl. Vorpommerns an Preußen ***1815*** *(Wiener Kongress)* bildeten nur noch ein relativ unwichtiges Nachspiel.

F. Frederiksborg 1720
Fr. Fredrikshamn
H. Hälsingborg
O. Osnabrück
R. Roskilde 1658
Str. Stralsund 1648 1814
W. Wismar 1648 1803
1 Hzm. Bremen 1648 1715/19
2 KFSM. HANNOVER
3 KGR. PREUSSEN (1701 Kgr.)
4 Vorpommern 1648 1720/1814
5 Ingermanland 1617 1721
6 Blekinge 1658
Nordkap
Barentssee
Tromsø
Grenze 1751
Inarisee
Kola
Torne-Älv
Lappmark
ATLANTISCHER
OZEAN
KGR. NORWEGEN
Weißes Meer
KSR. RUSSLAND
Torneå
Luleå
1560/95
nach 1560
Västerbotten
Uleåborg
Österbotten
Kajana
Umeå-Älv
Umeå
Trondheim
Stift Trondheim 1658 1660
Jämtland 1645
Ångermanland
Bottnischer Meerbusen
Vasa
Karelien 1617 1721
Finnland 1809
Herjedalen
Dal-Älv
Ladogasee
Keksholm
Bergen
Dalarne
Falun
Werelä 1790
1743
Fr. 1809
Wyborg
Stolbowa 1617
Nystad 1721
Åbo
Åland-In. 1809
Nyland
Helsingfors (Helsinki)
Klar-Älv
Dalekarlien
Petersburg 1703 gegr.
Christiania (Oslo)
Värmland
Västerås
Uppsala
Stockholm 1719/20
Finn. Meerbusen
Reval
Narwa
Narwa 1700
Nowgorod 1610 1617
Stavanger
Svealand
Estland 1561 1721
Dagö
1582 1721
Kardis 1661
Personalunion 1397
Bohuslan 1658
Skagerrak
Norrköping
Peipus-see
Pskow
Ösel
1645 1721
Götland
Göteborg
Gotland 1645
Livland 1629 1721
Windau
Riga
Halland 1645
Småland
Kalmar
Öland
Hzm. Kurland
KGR. DÄNEMARK
Libau
Düna
Nordsee
H. 1658
Brömsebro 1645
Schonen
Gfsm. Litauen
Polozk
R. F.
1679
Lund
Kopenhagen 1660
Memel
Ostsee
1629 1635
Wilna (Vilnius)
Bornholm 1658 1660
Labiau
Pillau
Königsberg
Minsk
Travendal 1700
Str.
Rügen 1648 1814
Oliva 1660
Danzig
Elbing
Preußen
Memel
Dnjepr
W.
Altmark 1629
REP. NIEDER-LANDE
1762
Hamburg
Bremen
Verden
Elbe
Stettin 1570
Białystok
Fehrbellin 1675
Thorn
KGR. POLEN
O.
Münster 1648
Hannover
Berlin
Weichsel
(1697–1763 in Personalunion mit Sachsen)
Warschau
Schweden und Finnland unter Gustav I. Wasa (1523-1560)
Erwerbungen Schwedens
bis um 1600
bis 1629
bis 1658
Gebietsverluste Schwedens
an Russland
1721
1743
1809
an Brandenb.-Preußen
bis 1720
1814
an Hannover
1715/19
Grenze Schwedens seit 1814
1617 Jahr der Erwerbung
1721 Jahr des Verlustes
Grenze des Heiligen Römischen Reiches
0 100 200 300 km

Der preußische Adler
Spätestens 1763, mit der Behauptung im Siebenjährigen Krieg, hatte sich der auffliegende preuß. Adler (Schwarz in Silber, mit Schwert und Blitzbündel) in Europa Achtung verschafft. Preußen galt als europ. Großmacht.

Der Siebenjährige Krieg (1756–1763)
Ausgang und Friedensschlüsse dieses Doppelkrieges brachten die seit etwa 1700 veränderten Machtverhältnisse Europas ans Licht.

Seine Ursachen waren die innerdeutsche ***Rivalität zwischen Österreich und Preußen*** sowie die ***Rivalität brit. und frz. Handels- und Kolonialinteressen*** in Nordamerika und Indien. Der Anstoß ging von Maria Theresia (1740–80) aus: Als sie eine europäische Koalition gegen Friedrich II. von Preußen (1740–86) zur Rückeroberung Schlesiens vorbereitete, marschierte Preußen ohne Kriegserklärung präventiv in Sachsen ein. Der europäische Konflikt löste dann den Kolonialkrieg aus.

Während sich Großbritannien und Frankreich in Amerika und Indien bekämpften, stand in Europa das von Großbritannien-Hannover (aufgrund der *Westminsterkonvention von 1756*) durch Subventionen unterstützte Preußen weitgehend allein den zahlenmäßig überlegenen Heeren einer Koalition aus Frankreich, Spanien, Österreich, Russland, Schweden u. a. gegenüber; mehrmals schien seine staatliche Existenz beendet. V. a. nach der vernichtenden Niederlage von Kunersdorf 1759 rettete Preußen nur die ebenfalls große Erschöpfung seiner Gegner sowie der Zufall, nämlich der russische Thronwechsel von der antipreuß. Zarin Elisabeth zu Katharina II. (1762 bis 1796}, der dem ausgebluteten Land 1762 einen Sonderfrieden bescherte.

Die Friedensschlüsse und ihre Bedeutung
Während der ***Friede von Paris 1763*** [→92/93] zw. Großbritannien und Frankreich die kolonialen Besitzfragen regelte, klärte der ***Friede von Hubertusburg 1763*** zw. Österreich, Preußen und Sachsen die europ. Angelegenheiten: Das ***Kgr. Großbritannien*** wurde aufgrund seiner Erwerbungen in Übersee vollends zur See- und Weltmacht. Es besaß – auch aufgrund der Personalunion mit Hannover – großen polit. Einfluss auf dem Kontinent. Die Rivalität zu Frankreich blieb bestehen.

Das ***Kgr. Frankreich*** Ludwigs XV. (1715 bis 1774) war nach dem verlorenen Krieg und der Abtretung seiner Kolonien in Indien, Nordamerika (Kanada, Louisiana) und Afrika an Großbritannien innen- und außenpolit. geschwächt. Es verlor seine seit Mitte 17. Jh. trad. europ. Hegemonialstellung: Es büßte seinen Einfluss in Nord- und Osteuropa sowie im Hl. Röm. Reich ein, einmal wegen des Niedergangs Schwedens und des Zurückdrängens der Türken, zum anderen wegen des Aufstiegs Österreichs, Preußens und Russlands. Da es weder im Innern den Luxus des Hoflebens reduzierte, noch außenpolit. die kolonialen Ambitionen begrub, sondern im Gegenteil die *brit.-frz. Rivalität* Ludwig XVI. (1774–92) ab 1778 zu offener Unterstützung des Unabhängigkeitskampfes der amerikanischen Kolonien bewog, wuchsen die Staatsschulden unaufhörlich, und der Staatsbankrott drohte.

Das ***Kgr. Preußen*** erwarb endgültig Schlesien und die Gft. Glatz, musste aber auf zusätzliche Gebietsgewinne verzichten; trotzdem bedeutete der Friedensschluss seine definitive Anerkennung als europ. Großmacht. ***Österreich*** beendete den Krieg erschöpft, aber (von Schlesien abgesehen) ohne entscheidende Beeinträchtigung. Das ***Hl. Röm. Reich***, dessen Territorien fast vollzählig am Reichskrieg gegen Preußen teilgenommen hatten, überdauerte die Zerreißprobe. Allerdings war sein polit. Klima fortan von einem starken *preuß.-österr. Dualismus* bestimmt, der bis in die 2. Hälfte des 19. Jh. andauerte. Dagegen schied das ***Kfsm. Sachsen***, das 1763 das Kgr. Polen verlor, nun aus der europäischen Politik aus.

Das ***Ksr. Russland*** vermochte seinen Einfluss weiter nach Westen auszudehnen. 1764, nach Abschluss eines Beistandspaktes mit Preußen, erzwang es die Wahl Stanislaus Poniatowskis, eines Günstlings der Zarin, zum König von Polen, um dieses dadurch enger an die russ. Politik zu binden. Damit war eine Voraussetzung für die spätere Aufteilung der ehem. Großmacht, die ***„Poln. Teilungen“ von 1772/93/95,*** gelegt [→115].

Habsburg-Österreich
Brandenburg-Preußen (seit 1701 Kgr.)
PARMA bourbonischer Staat
Nebenlinien der spanischen Bourbonen
Grenze des Heiligen Römischen Reiches
Reichsstadt (Auswahl)
1 REP. LUCCA
2 Hzm. Mailand (österr.)
3 HZM. PARMA
4 HZM. MODENA
5 GHZM. TOSKANA
6 Kfsm. Hannover
7 Fsm. Neuenburg (preuß.)
8 Kfsm. Sachsen
Au. Augsburg
B. Berlin
Br. Bremen
Dr. Dresden
H. Hannover
Hu. Hubertesburg
L. Lübeck
N. Nürnberg
Str. Straßburg
Tr. Trier
Osmanisches Reich
osmanische Vasallen
0 250 500 km
KSR. RUSSLAND
KGR. SCHWEDEN
KGR. NORWEGEN
KGR. DÄNEMARK
Personalunion
KGR. POLEN
PREUSSEN
Schlesien
Böhmen
Österreich
Kgr. Ungarn
Gfsm. Siebenbürgen
Fsm. Moldau
Fsm. Walachei
OSMANISCHES REICH
Khanat der Krim (1774/83 russ.)
SAPOROGER KOSAKEN
DON-KOSAKEN
Schwarzes Meer
Anatolien
REP. VENEDIG
KIRCHEN-STAAT
KGR. NEAPEL UND SIZILIEN
MALTA (Johanniter)
KGR. SARDINIEN
REP. GENUA
Union s. 1720
Korsika (1768 frz.)
EIDG. SCHWEIZ
HZM. SAVOYEN
KGR. FRANKREICH
Österr. Niederl.
REP. NIEDER-LANDE
Personalunion 1702–1837
1707 Union
KGR. GROSSBRITANNIEN
Schottland
Kgr. Irland
Nordsee
ATLANTISCHER OZEAN
KGR. SPANIEN
KGR. PORTUGAL
Gibraltar (1704 brit.)
Menorca (1708–83 brit.)
MAROKKO
ALGERIEN
Tunis
Mittelmeer

Der polnische Kronenadler
Herzog Przemysl II. von Großpolen setzte den gekrönten Adler in sein Siegel, nachdem er 1295 vom Papst die Königskrone erhalten hatte. Der Adler wurde zum nationalen Symbol.

Die Personalunion zw. dem Kgr. Polen und dem Gfsm. Litauen im Jahre 1386 machte Polen zu einer ostmitteleurop. Großmacht, vollends als Litauen durch die ***Lubliner Union von 1569*** fast völlig in Polen aufging. Gleichzeitig geriet es in zunehmenden Gegensatz zu seinen aufstrebenden Nachbarn, anfangs v.a. zum Moskauer Reich, zu Schweden und zum Osman. Reich, später auch zu Österreich und Preußen. Ende des 18. Jh. war Polen völlig von der polit. Landkarte Europas verschwunden; sein ehem. riesiges Reichsgebiet (ca. 1 230 000 km^2) befand sich ganz unter österr., preuß. und russ. Herrschaft.

Es waren innere und äußere Ursachen, die zum Verschwinden der ehem. ostmitteleurop. Hegemonialmacht geführt hatten.

Innere Schwächung Polens (16.–18. Jh.)
Im Spätmittelalter hatte sich das Königreich zum Ständestaat entwickelt: Der sehr zahlreiche poln. Adel *(Szlachta)* trat in Provinziallandtagen und im Reichstag *(Sejm)* zusammen. Das Königreich wandelte sich zu einer „Adelsrepublik": Seit 1505 besaß der Reichstag formell das Gesetzgebungsrecht (Legislative); das Königtum wurde u.a. auf Exekutive und Heerführung eingeschränkt.

Nach dem Ende des litauischen Herrscherhauses der Jagiellonen (1386 bis 1572) und nachdem Polen-Litauen 1569 Wahlreich geworden war, wurde es zunehmend zum Spielball ausländischer Mächte, die über die Steuerung der Königswahl ihre politischen Interessen in Polen durchzusetzen versuchten.

Ende des 17. Jh. wurde das Ksr. Russland in Polen dominierend. Es unterstützte die ***Personalunion Polens mit dem Kfsm. Sachsen*** unter August dem Starken (1697 bis 1733) und August III. (1733–64). Nach dem Tode des sächs. Kurfürsten setzte die russ. Zarin Katharina II. (1762–96) im Einvernehmen mit Preußen die Wahl ihres ehem. Günstlings Stanislaus aus der poln. Magnatenfamilie Poniatowski durch, der als König Stanislaus II. August (1764–95) den Thron bestieg.

Die Petersburger Verträge 1772, 1792 und 1795 – Die Polnischen Teilungen
Trotz des großen russ. Einflusses in Polen hatte es in Russland schon früh Pläne gegeben, Polen – statt es mittelbar zu beherrschen – zu zerschlagen und die russ. Grenze dadurch weiter nach W vorzuschieben.

Den Anfang machte allerdings Österreich, das 1770 die Besetzung ehemals an Polen verpfändeter Städte in der Zips auf benachbarte polnische Gebiete ausdehnte.

Für die Neutralität Preußens im Russ.-Türk. Krieg (1768–74) verständigte sich Katharina II. ***1772*** mit Preußen über eine teilweise Annexion Polens. Österreich trat dem Abkommen auf Drängen Ks. Josephs II. gegen den Widerstand Maria Theresias bei.

Als Russland befürchten musste, das immer noch stattliche Restpolen könnte durch eine Verfassungsreform Kg. Stanislaus' von 1791 (u.a. Abschaffung des ***Liberum Vetos*** = adliger Einspruch gegen Gesetze) erstarken, regte Katharina II. eine weitere Schwächung Polens an, die ***2. Poln. Teilung*** von ***1793***, an der sich freilich Österreich demonstrativ nicht beteiligte.

Die ***3. Poln. Teilung*** wurde 1793/94 durch einen national-poln. Aufstand unter Tadeusz Kościuszko veranlasst, der sich gegen die bis dahin erfolgten „Teilungen" richtete. Russland und Österreich verständigten sich nun über die vollständige Zerschlagung Polens; Preußen schloss sich an. Am Ende besaßen Russland ca. 2/3, Österreich und Preußen je ca. 1/6 des vormaligen polnischen Reichsgebietes.

Die Aufteilung Polens – Gebietsgewinne der Teilungsmächte 1772–1795 *(in km^2)*

Jahr	*Österreich*	*Preußen*	*Russland*
1772	ca. 70 000	ca. 35 000	ca. 110 000
1793	*nicht beteiligt*	ca. 55 000	ca. 236 000
1795	ca. 115 000	ca. 145 000	ca. 465 000

Der Unabhängigkeitswille der Polen war aber auf Dauer nicht zu unterdrücken und führte im 19. Jh. zur *„Polnischen Frage"*, einem Problem der europ. Politik, das erst 1918 durch die Wiedererrichtung eines (nunmehr stark verkleinerten) polnischen Staates einigermaßen gelöst werden konnte.

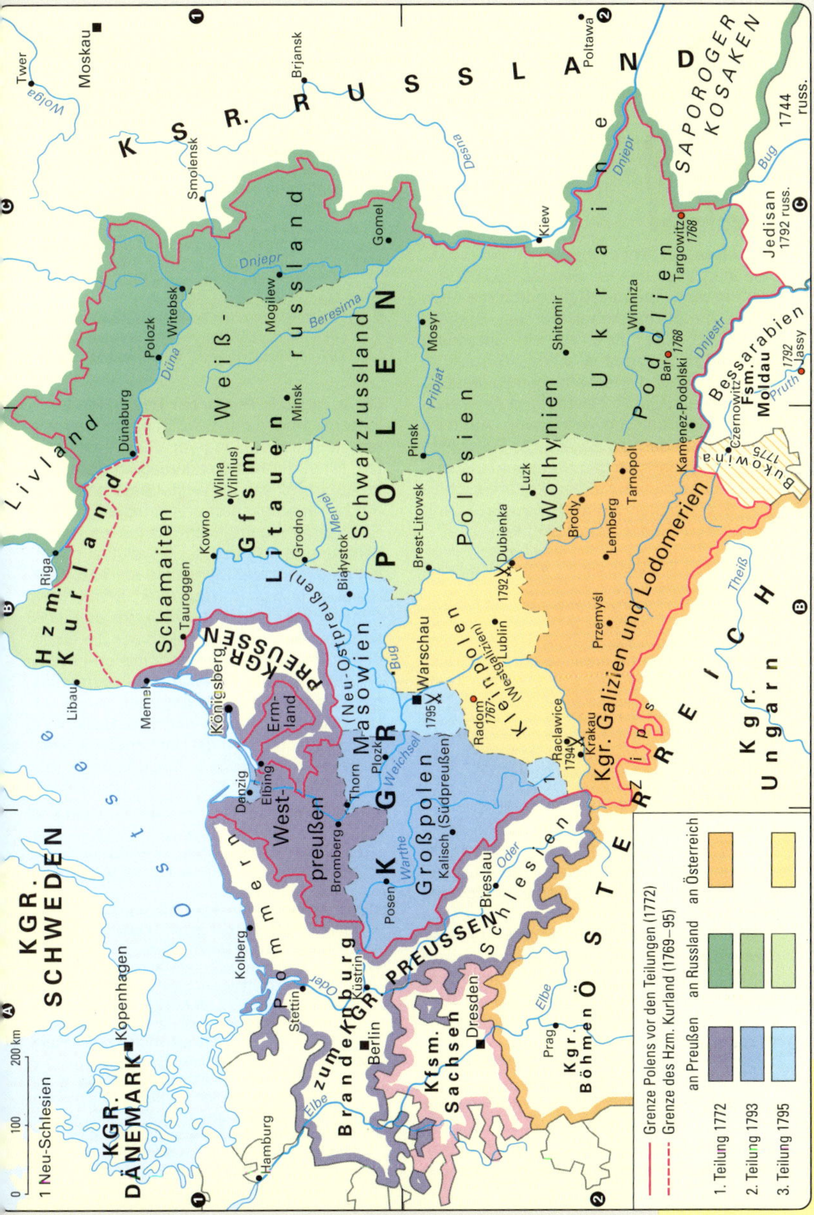

Grenze Polens vor den Teilungen (1772)
Grenze des Hzm. Kurland (1769–95)
an Preußen
an Russland
an Österreich
1. Teilung 1772
2. Teilung 1793
3. Teilung 1795
1 Neu-Schlesien
0
100
200 km
KGR. SCHWEDEN
KGR. DÄNEMARK
Kopenhagen
Hamburg
Ostsee
KGR. PREUSSEN
Königsberg
Memel
Libau
Ermland
Westpreußen
Danzig
Elbing
Thorn
Bromberg
Pommern
Kolberg
Stettin
Küstrin
Oder
Brandenburg
zum KGR. PREUSSEN
Berlin
Elbe
Kfsm. Sachsen
Dresden
Schlesien
Breslau
Kgr. Böhmen
Prag
ÖSTERREICH
Kgr. Ungarn
Theiß
Kgr. Galizien und Lodomerien
Zips
Krakau
Raclawice 1794
Lemberg
Przemyśl
Brody
Tarnopol
Kamenez-Podolski
Bukowina 1775
Czernowitz
Fsm. Moldau
Jassy 1792
Pruth
Bessarabien
Jedisan 1792 russ.
SAPOROGER KOSAKEN 1744 russ.
Bug
Dnjestr
KGR. POLEN
Großpolen (Südpreußen)
Posen
Kalisch
Warthe
Masowien (Neu-Ostpreußen)
Warschau 1795
Plozk
Weichsel
Kleinpolen (Westgalizien)
Radom 1767
Lublin
Dubienka 1792
Brest-Litowsk
Białystok
Polesien
Wolhynien
Luzk
Shitomir
Podolien
Winniza
Bar 1768
Targowitz 1768
Ukraine
Kiew
Dnjepr
Gfsm. Litauen
Schamaiten
Tauroggen
Kowno
Grodno
Wilna (Vilnius)
Memel
Schwarzrussland
Pinsk
Pripjat
Mosyr
Weißrussland
Minsk
Mogilew
Beresina
Gomel
Witebsk
Polozk
Düna
Dünaburg
Hzm. Kurland
Riga
Livland
Smolensk
K S R. RUSSLAND
Desna
Moskau
Twer
Wolga
Brjansk
Poltawa

Plakat der frz. Republik von 1793 *mit dem Text: „Einheit, Unteilbarkeit der Republik, Freiheit, Gleichheit, Brüderlichkeit oder Tod". Links ein Nationalgardist; rechts ein Sansculotte. Die rot-weiß-blaue* ***Trikolore*** *galt seit der frz. Revolution als Symbol der Freiheit.*

Ursachen der Revolution

Die Finanzkrise des frz. Staates und die Ablehnung einer Steuerreform durch die offen gegen die Krone rebellierenden Stände* Klerus und Adel führten zur allg. Empörung des Dritten Standes. V. a. das Bürgertum verlangte seiner wirtschaftlichen Bedeutung entsprechende polit. Rechte und Aufstiegschancen in Heer und Verwaltung. Auf dem Land empfanden die Bauern die Feudallasten als schikanös, in den Städten führte eine extreme Lebensmittelteuerung zur Verschärfung der sozialen Notlagen, zu Brot- und Hungerrevolten der Unterschichten.

Stände: Soz. Gruppen, denen man durch Geburt oder durch Ernennung angehört, die sich durch Merkmale (z. B. Kleidung), Funktionen oder Privilegien *(„Vorrechte")* unterscheiden. So waren vor der Revolution *Klerus* (I. Stand) und *Adel* (II. Stand) von bestimmten Steuern ausgenommen und besaßen das *Jagdrecht*, das bes. die *Bauern* empörte, die mit dem *Bürgertum* zum III. Stand gehörten. Zur Kleidung des Adels gehörten die Kniebundhosen als Hoftracht. Daher wurden die *«Sansculottes»* (frz. *„die keine Kniebundhosen Tragenden"*) zur Bez. der radikalen kleinbürgerl. Revolutionsbewegung.

I. Phase der Revolution 1789–92

In der I. Phase der Revolution stand die Durchsetzung bürgerl. Freiheitsrechte im Zentrum. Drei Revolutionen überkreuzten sich 1789 und trugen wechselseitig zum Erfolg bei:

1. Die ***Revolution der Abgeordneten der Generalstände*** in Versailles: Der Auszug der Abgeordneten des III. Standes *(Ballhausschwur)* am 17.6. 1789 führte zur Auflösung der Generalstände und zur Einberufung der ***Nationalversammlung***.

2. Die ***Revolution des städt. Kleinbürgertums und der Unterschichten*** erfolgte am 14.7.1789 in Paris mit dem *Sturm auf das Staatsgefängnis Bastille.*

3. Die ***Revolution der Bauern*** auf dem Land, auch «la grande Peur» (frz. *„die große Furcht"*) genannt, die Adelssitze überfielen und niederbrannten.

Hauptreformen der frz. Nationalversammlung:

4.8. 1789 *Abschaffung der Privilegien:* Ende des Feudalismus und der Ständegesellschaft.
26.8.1789 *Erklärung der Menschen- u. Bürgerrechte.*
22.12.1789 *Verwaltungs- und Justizreform:* Einteilung Frankreichs nach geograph. Gesichtspunkten in 83 etwa gleich große Departements, deren Präfekten seit Napoleon direkt der Zentralregierung in Paris unterstanden.
12.7. 1790 *Zivilkonstitution des Klerus:* Priester wurden faktisch Staatsbeamte; Eid auf die Verfassung vorgeschrieben.
2.3.1791 *Auflösung der Zünfte und Korporationen;* Einführung der Berufs- und Gewerbefreiheit.
3.9.1791 Verfassung: Konstitutionelle Monarchie.

Die II. radikale Phase der Rev. 1792–94

In der II. Phase der Revolution ging es v. a. um die Durchsetzung von Gleichheitsrechten. Nach der Kriegserklärung an Österreich im April 1792 war ihr Verlauf bestimmt durch die Notwendigkeiten des Krieges und eine Radikalisierung im Innern bis hin zur Kriegsdiktatur. Die I. Phase der Revolution endete mit dem Sturz der Monarchie am ***10.8.1792***, *Frankreich wurde* ***Republik*** (*Hinrichtung Ludwig XVI.* am 20.1.1793). Im Juli 1793 stürzten die radikalen Jakobiner die Girondisten im Nationalkonvent und errichteten die ***Diktatur des Wohlfahrtsausschusses***, gestützt auf die Bewegung der Sansculotten*. Dem Terror folgte nach der Hinrichtung Robespierres (1794) die Herrschaft der *Thermidorianer* und des sog. *Direktoriums.*

I. Koalitionskrieg u. innerfrz. Aufstände seit 1792

Nach anfänglichen Erfolgen der antirevolutionären europäischen Koalition (Österreich, Preußen)
20.9.1792 Kanonade von Valmy: Rückzug der Invasionsarmeen.
1793 Großbritannien und die meisten europ. Mächte treten der antifrz. Koalition bei. Frz. Niederlage bei *Neerwinden*.
1793 Einführung der allgem. Wehrpflicht (frz. Bez. *«Levee en masse»*) macht die frz. Bürgerarmee den europ. Söldnerheeren überlegen. Niederschlagung der inneren Aufstände (Lyon, Nantes, Vendée) gegen das rev. Paris.
26.6.1793 Dem **frz. Sieg von Flourus** folgt die Besetzung der Niederlande und des linken Rheinufers des Heiligen Röm. Reiches und die weitere Expansion der Revolution.
1795 ***Sonderfriede von Basel*** zwischen Frankreich und Preußen, in dem Frankreich das linke Rheinufer erhält.

Paris: Schauplätze der Revolution 1789–95

Monogramm auf einer napoleonischen Kanone
Das „N" als persönliches Monogramm Napoleons. – Die Symbolik bezieht sich auf die kaiserliche Würde Napoleons und die Selbstkrönung (2.12. 1804) in Notre-Dame mit einem Lorbeerkranz.

Napoleon Bonaparte* führte zw.1792/95 und 1815 sechs große Kriege. Bis zum Russlandfeldzug 1812 war Napoleons Vorherrschaft unbestritten. Der Kampfmoral der Revolutionsheere und ihrer modernen Kampftaktik – flexible und schnelle Bewegung und Konzentration von Truppenteilen statt klassischer Linientaktik – waren die Söldnerheere der alten Monarchien nicht gewachsen.

Napoleons Weg zur Alleinherrschaft
1799 Staatsstreich: Erster Konsul; ***1802*** Konsul auf Lebenszeit; ***1804 Kaiser der Franzosen.***

Hauptgegner: Österreich und England

Um Frankreich zur Hegemonialmacht auf dem Kontinent zu machen, musste Napoleon zunächst die Habsburger zurückdrängen, die die kath. Niederlande an der frz. Nordgrenze beherrschten und als Kaiser Schutz- und Garantiemacht der süd- und westdt. weltl. und geistl. Klein- und Mittelstaaten darstellten sowie Mittelitalien kontrollierten. Bereits 1801 war der Rhein von Basel bis zur Mündung natürliche Grenze Frankreichs. Der sog. ***Reichsdeputationshauptschluss* 1803*** und die Gründung des ***Rheinbundes 1806*** führten zur Auflösung des Heiligen Röm. Reiches (1806). West- und Süddeutschland waren französische Einflusszone geworden.

Reichsdeputationshauptschluss 1803
Einleitung der „Napoleon. Flurbereinigung" durch ***Säkularisation***, d. h. Enteignung des kirchl. Besitzes (Bistümer, Auflösung der Abteien und Klöster), und ***Mediatisierung:*** Verlust der Selbständigkeit vieler Gebiete (Reichsstädte, Reichsritterschaften usw.) und ihre Unterwerfung unter die Staatshoheit größerer Flächenstaaten. 1815 bleiben von mehr als 1800 polit. Einheiten des Heiligen Röm. Reiches nur 39 übrig.

Großbritannien, Verfechter des europäischen Gleichgewichts, war als See- und Kolonialmacht gefährlichster Konkurrent Frankreichs. Napoleon konnte die britische Seeherrschaft noch nicht einmal im Mittelmeer brechen: Niederlagen in den Seeschlachten von *Abukir* 1798 (Scheitern des frz. Ägyptenfeldzuges) und *Trafalgar* 1805.

Die ***Kontinentalsperre*** (Sperrung des europ. Kontinents für die Einfuhr brit. Waren), ein seit 1806 ersatzweise geführter Handelskrieg gegen Großbritannien, zwang Napoleon, alle Küsten des Kontinents direkt oder indirekt zu kontrollieren. Die Unterwerfung der europ. Randzonen, insbes. der Iber. Halbinsel und Russlands, bedeutete eine Überforderung, die Napoleons Niederlage einleitete.

Neuordnung des europ. Staatensystems
Ziel war die dauerhafte frz. Hegemonie. Die annektierten Gebiete wurden neue Departements des Ksr. Frankreich oder als Marionettenstaaten an Verwandte Napoleons übergeben, so das Kgr. Westfalen (1807 Napoleons Bruder Jérôme), Kgr. Spanien (1808 Bruder Joseph) und das Kgr. Neapel (1808 Schwager Murat). Die Staaten des Rheinbundes unterstanden dem Protektorat (Schutzherrschaft) Napoleons. Die großen besiegten Staaten wurden durch Bündnisdiktate zu Wohlverhalten gezwungen, z. B. Preußen nach den verheerenden Niederlagen von Jena und Auerstedt 1806.

Russlandfeldzug und militär. Niederlage

Napoleons Kriegskunst stieß an Grenzen, wo man der Vernichtungsschlacht flexibel auswich – wie beim Guerillakrieg in Spanien oder wo sie auf begeisterte Patrioten stieß. Zum entscheidenden Debakel wurde 1812 der Russlandfeldzug, weil sich die Russen in die Tiefe des Raumes zurückzogen. Die Folge war der Abfall zahlreicher Verbündeter. In der ***Völkerschlacht bei Leipzig 1813*** wurde die «Grande Armee» endgültig vernichtend geschlagen.

Friedensschlüsse der napoleonischen Kriege

1797 Frieden von Campo Formio: Verzicht Österreichs auf linksrhein. Besitzungen: Österreich tauscht Belgien und Mailand gegen Venedig.

1801 Friede von Lunéville: Frankreich erhält alle linksrheinischen Reichsgebiete.

1802 Friede von Amiens: Rückgabe von Kolonialgebieten durch Großbritannien, Rückzug Frankreichs aus Ägypten, Neuordnung Italiens unter französischer Vorherrschaft.

1805 Friede von Preßburg: Österreich verliert Tirol an Bayern und Venetien an Frankreich.

1807 Friede von Tilsit: Preußen verliert Gebiete westl. der Elbe und poln. Gebietsgewinne, militärische Besetzung Preußens, 140 Mill. Franken Kriegsentschädigung an Frankreich.

1809 Friede von Schönbrunn: Österr. Gebietsverluste: an Bayern (Salzburg), an Frankreich (illyr. Provinzen), Ghzm. Warschau (Galizien).

1814 Erster Friede von Paris: Frankreich auf die Grenzen von 1792 begrenzt, Auflösung des Rheinbundes.

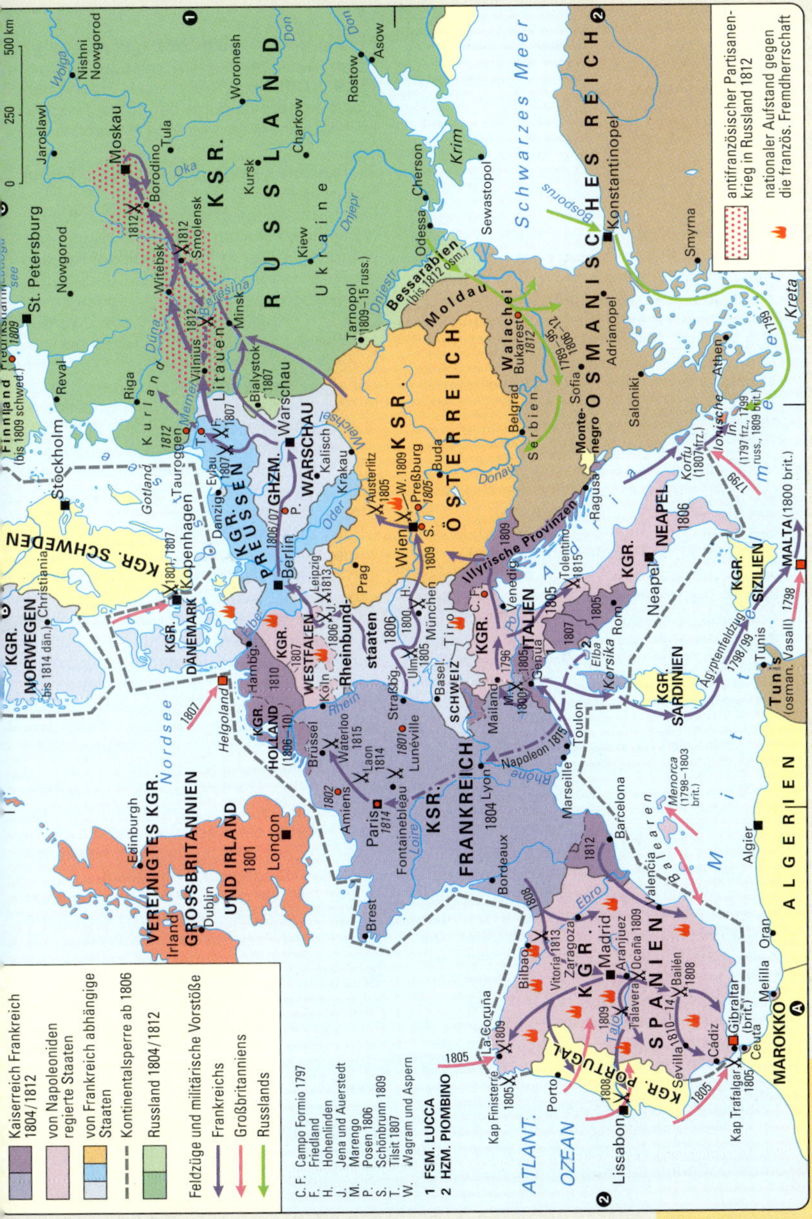

Kaiserreich Frankreich 1804/1812
von Napoleoniden regierte Staaten
von Frankreich abhängige Staaten
Kontinentalsperre ab 1806
Russland 1804/1812
Feldzüge und militärische Vorstöße
Frankreichs
Großbritanniens
Russlands
C.F. Campo Formio 1797
F. Friedland
H. Hohenlinden
J. Jena und Auerstedt
M. Marengo
P. Posen 1806
S. Schönbrunn 1809
T. Tilsit 1807
W. Wagram und Aspern
1 FSM. LUCCA
2 HZM. PIOMBINO
antifranzösischer Partisanenkrieg in Russland 1812
nationaler Aufstand gegen die französ. Fremdherrschaft
0 250 500 km
KSR. RUSSLAND
Moskau
St. Petersburg
KGR. SCHWEDEN
KGR. NORWEGEN
KGR. DÄNEMARK
VEREINIGTES KGR. GROSSBRITANNIEN UND IRLAND
London
KSR. FRANKREICH
Paris
KGR. HOLLAND
KGR. WESTFALEN
Rheinbund-staaten
KGR. PREUSSEN
GHZM. WARSCHAU
KSR. ÖSTERREICH
Wien
SCHWEIZ
KGR. ITALIEN
Illyrische Provinzen
KGR. NEAPEL
KGR. SIZILIEN
KGR. SARDINIEN
KGR. SPANIEN
Madrid
KGR. PORTUGAL
Lissabon
OSMANISCHES REICH
Konstantinopel
ALGERIEN
MAROKKO
Tunis (osman. Vasall)
Schwarzes Meer
Nordsee
ATLANT. OZEAN
Mittelmeer

Symbol. Darstellung der Hl. Allianz. *Die drei Ringe zeigen die Solidarität der konservativen Mächte der Allianz (Österreich, Russland u. Preußen). Das österr. Wappen als Zeichen der Schirmherrschaft.*

Der ***Wiener Kongress*** von ***1814/15*** gehört zu den zentralen Friedensschlüssen der Neuzeit. Er begrenzte die zwischenstaatl. Konflikte für ein ganzes Jahrhundert und lokalisierte Kriege durch ein ausgeklügeltes System der Machtbalance. Den Absprachen der III. antifrz. Koalition zufolge sollte Frieden nur durch einen gemeinsamen Beschluss und in Form eines Kongresses geschlossen werden. An dem mit großer höfischer Inszenierung (*„Der Kongress tanzt“*) in Wien tagenden Kongress nahmen Delegationen und Monarchen aus 200 Staaten teil, entscheidend waren aber die vier Siegermächte Österreich, Russland, Großbritannien und Preußen, dazu kam Frankreich. Unterbrochen wurde der Kongress durch die ***Episode der Hundert Tage*** *(Rückkehr Napoleons)* und die ***Schlacht bei Waterloo 1815***, nach der Frankreich auch die vor 1792 gewonnen Grenzgebiete (Savoyen, Nizza, Landau, Saarlouis und Saarbrücken) abtreten musste.

Leitlinien des Wiener Kongresses

Trotz Betonung der ***Restauration*** der politischen Ordnung der Zeit vor der frz. Revolution durch die Rückkehr der gewaltsam vertriebenen Dynastien wurde nicht der Versuch unternommen, die territorialen Verhältnisse vor der großen napoleonischen Flurbereinigung wiederherzustellen. Im Zentrum der Regelungen standen das ***Balancedenken*** und die ***Befriedung*** des nachrevolutionären Europa, d.h. die Erhaltung des ***Status quo*** (lat. *gegenwärtiger Zustand, hier bezogen auf die staatliche Ordnung*), die eine erneute Hegemonie *(Vorherrschaft)* einer Großmacht auf dem europ. Kontinent verhindern sollte. Die Konflikte zw. den Siegern Österreich und Preußen wurden auf Kosten von Sachsen und Polen bereinigt. Enttäuscht wurden die erwachenden Nationalbewegungen mit ihrer Hoffnung auf Regelungen nach dem Prinzip der nat. Selbstbestimmung (Italien, Polen, Deutschland). Die ***„Heilige Allianz“ (26.9.1815)*** als Solidarität der Throne verstand sich als Bündnis gegen die liberalen und nationalen Strömungen in Europa.

Territoriale Regelungen des Wiener Kongresses

Die territorialen Regelungen des Wiener Kongresses stellten teilweise auch nur Bestätigungen der in den napoleon. Kriegen erfolgten territorialen Erwerbungen dar. ***Frankreich*** blieb in seinen ursprünglichen Grenzen erhalten, die Bourbonen wurden mit Ludwig XVIII. wieder als Herrscher eingesetzt. Barrierestaaten gegen Frankreich bildeten die ***Vereinigten Niederlande*** (ergänzt um das ehem. österr. Belgien), aber auch ***Preußen***, das mit der Rheinprovinz weit nach Westen vorrückte. Preußen erhielt außerdem Westfalen, Vorpommern und Nordsachsen. Während das preuß. Staatsgebiet nach Westen verlagert wurde, wuchs ***Österreich*** im Osten und Süden weiter aus Deutschland heraus. Es erhielt den größten Teil Oberitaliens und Dalmatiens und gab seine Besitzungen am Rhein endgültig auf. In ***Süditalien*** wurde die Bourbonenmonarchie restauriert und in Mittelitalien der ***Kirchenstaat*** wiederhergestellt. ***Russland*** erhielt Finnland von Schweden (bereits 1809 besetzt) und den größten Teil Polens, das sog. *„Kongress-Polen“*, in Personalunion. ***Polen*** blieb weiter ohne eigene Staatlichkeit bis auf die winzige Republik Krakau (1846 Österreich angeschlossen). ***England*** bekam Helgoland, Malta, die Kapkolonie und Ceylon zugesprochen und wurde als dominierende See- und Handelsmacht bestätigt.

Das Heilige Röm. Reich wurde nicht wiederhergestellt, sondern der ***Deutsche Bund*** wurde als Teil der Machtbalance in Mitteleuropa gegründet. Er stellte einen Staatenbund dar, dessen Funktion vor allem als militär. Defensivbündnis gedacht war, gewissermaßen als schwacher Puffer in der Mitte Europas. Ihm gehörten 34 souveräne Fürstentümer und vier freie Städte an. Der Bundestag bestand aus einem Gesandtenkongress in Frankfurt unter dem Vorsitz Österreichs. Weder Preußen noch Österreich gehörten mit ihrem gesamten Staatsgebiet dem Deutschen Bund an.

1 GHZM. OLDENBURG
2 HZM. BRAUNSCHWEIG
3 GHZM. MECKLENB.-STRELITZ
4 Hzm. Holstein
5 Fsm. Neuenburg (preuß.)
6 REPUBLIK KRAKAU
7 HZM. LUCCA
0 100 200 300 400 km
KGR. NORWEGEN
1814 Personalunion
Stockholm
KGR. SCHWEDEN
Göteborg
Kalmar
Gotland
Ösel
Reval
Estland
Peipus-see
Livland
Riga
Kurland
Düna
Litauen
Memel
Wilna
Minsk
Nordsee
KGR. DÄNEMARK
Hzm. Schleswig
Gr. Belt
Kopenhagen
Ostsee
Bornholm (dän.)
Helgoland (brit.)
Lübeck
Hamburg
GHZM. MECKLENBG.-SCHWERIN
Stettin
Danzig
Königsberg
KGR. DER VEREINIGTEN NIEDERLANDE
Den Haag
Amsterdam
Bremen
KGR. HANNOVER
Hannover
Elbe
KGR. PREUSSEN
Berlin
Thorn
Posen
Weichsel
Bialystok
Bug
KSR. RUSSLAND
Brest-Litowsk
Pripet
Warschau
Kalisch
Kgr. Polen („Kongress-Polen“)
Lille
Brüssel
1815 Waterloo
Maas
Köln
KFSM. HESSEN
Thür. Staaten
Leipzig
KGR. SACHSEN
Dresden
Oder
Breslau
Rhein
Frankfurt
Ghzm. LUX.
Karlsbad
Prag
Kgr. Böhmen
Olmütz
Lemberg
Tarnopol
Kgr. Galizien
Dnjestr
Pfalz (bayr.)
GHZM. BADEN
KGR. WÜRTTEMBERG
Stuttgart
KGR. BAYERN
Donau
München
Inn
Straßburg
KGR. FRANKREICH
Dijon
KSR. ÖSTERREICH
Preßburg
Wien
Theiß
Debrecen
Pest
Ofen
Kgr. Ungarn
Moldau
Siebenbürgen
Kronstadt
Bern
SCHWEIZ
Genf
Tirol
Etsch
Trient
Lyon
Savoyen
Grenoble
KGR. SARDINIEN
Turin
Piemont
Mailand
Lombardo-Venetian. Kgr.
Kgr. Illyrien
Triest
Agram
Drau
Slawonien
Temesvar
Banat
Belgrad
Walachei
Venedig
Po
Rhône
Genua
HZM. PARMA
HZM. MODENA
Bologna
Save
Bosnien
Kgr. Dalmatien
Serbien (1817 autonomes Fsm.)
Donau
Marseille
Nizza
FSM. MONACO
Florenz
REP. SAN MARINO
Arno
GHZM. TOSKANA
KIRCHEN-STAAT
Tiber
Elba
Adria
Sarajewo
Herzegowina
Montenegro
Sofia
Bulgarien
OSMANISCHES REICH
Korsika
Ajaccio
Rom
KGR. BEIDER SIZILIEN
Benevent
Bari
Tarent
Neapel
Rumelien
Albanien
Saloniki
Janina
Thessalien
Livadien
Athen
Morea
Mittelmeer
Palermo
Messina
IONISCHE INSELN (Rep. unter brit. Schutz)
HZM. PARMA 1815 restaurierte und neu geschaffene Staaten
Territoriale Gewinne bzw. Wiedergewinne in dunkleren Farben
Grenze des Deutschen Bundes
habsburgische Nebenlinien in Italien
Gebiete der österr. Militärgrenze gegen das Osmanische Reich

Griechische Flagge 1831
Die Griechen errangen als erste Nation im 19. Jh. ihre nationale Unabhängigkeit. Das Symbol des Kreuzes erinnert an religiöse Motivationen der Freiheitsbewegung gegen das Osmanische Reich. Neun Streifen symbolisieren das griechische Motto „Freiheit oder Tod".

Seit der Wiederaufnahme Frankreichs in das Konzert der Großmächte 1818 erwies sich die Allianz der Großmächte als brüchig im Hinblick auf die Unterdrückung der liberalen und nationalen Bewegungen in Europa. Dem antirevolutionären Gesinnungsbündnis der ***drei Ostmonarchen*** (Österreich, Preußen, Russland) standen die ***konstitutionellen Westmächte*** (England, Frankreich) gegenüber. Die Erfolgsaussichten der rev. Bewegungen hingen oftmals von der jeweiligen Einflusszone ab. Im ***griech. Unabhängigkeitskampf*** (1821 bis 1829) entschloss sich nur Österreich zur Unterstützung des Osm. Reiches, während die Griechen mit Unterstützung Frankreichs und Russlands die nationale Unabhängigkeit errangen.

Revolution 1830 und Schweizer Sonderbundskrieg 1847

Die Julirevolution in ***Frankreich*** mit der Einsetzung des *Bürgerkönigs* Louis Philippe erfasste einen großen Teil Europas. ***Belgien*** gelang ***1830*** unter dem Schutz von England und Frankreich die Unabhängigkeit von den Vereinigten Niederlanden. In ***Polen*** hingegen wurde die nationale Erhebung niedergeworfen, das Kgr. Polen dem russ. Imperium angegliedert. Auch in ***Deutschland*** folgten liberalen Zugeständnissen in einz. Bundesstaaten repressive Maßnahmen des ***Deutschen Bundes*** (anknüpfend an die ***Karlsbader Beschlüsse*** von 1819). Der ***Schweizer Sonderbundskrieg*** mit dem Sieg der liberalen Kantone und der Umwandlung des Staatenbundes Schweiz in einen *Bundesstaat* 1847 stellte die letzte erfolgreiche Revolution unter dem Schutze Großbritanniens dar.

Die europäischen Revolutionen 1848/49

Die rev. Bewegung erfasste fast alle europ. Staaten mit Ausnahme Russlands und Großbritanniens. Blieb ***Russland*** der autokrat. „Gendarm Europas", gelang in ***Großbritannien*** die Reform des polit. Systems vor der Revolution (Parlamentsreform, relative Presse- und Versammlungsfreiheit), obwohl die *Chartistenbewegung* zur Einführung eines allg. Wahlrechts scheiterte.

Ausgangspunkt und Ziele der rev. Erhebungen in Europa differierten. Ging es in ***Frankreich***, das in der Februarrevolution mit dem Sturz des Bürgerkönigs Louis Philippe zum Ausgangspunkt der Revolutionsbewegung wurde, um die Reform des polit. Systems in einer sehr weitreichenden soz. Revolution (Einrichtung der Nationalwerkstätten), waren Bestrebungen nach ***nat. Selbstbestimmung und Unabhängigkeit*** das Thema in vielen Staaten Europas, verkörpert in den dt., poln., ungar. und ital. Nationalbewegungen. Während es in Polen und weiten Teilen Österreichs um die Befreiung von der Fremdherrschaft ging, war in den dt. Staaten die Gründung eines dt. Nationalstaates aus bestehenden Staaten das beherrschende Thema der *Frankfurter Nationalversammlung* (sog. *Paulskirchenparlament)*. Trotz des schnellen Sieges der Revolution in den großen Aufstandszentren im Jahre 1848 in ***Paris (22./24.2.)***, ***Wien*** mit der sofortigen Abdankung Metternichs ***(13.3.)***, ***Mailand (18.3.)*** und ***Berlin (18.3.)*** usw. mit teilw. weitreichenden Zugeständnissen, sind die europ. Revolutionen bis zur Kapitulation der ***Republik in Venedig (22.8.1849)*** alle gescheitert. Es kam zu keinem gemeinsamen *europ. Völkerfrühling*, da sich die konkurrierenden Ansprüche der nat. Bewegungen als Hemmschuh für einen Zusammenschluss erwiesen, während die konservativen Mächte Russland, Österreich und Preußen sehr effektiv kooperierten – z. B. österr. ***Niederschlagung der ungar. Revolution*** im Juni 1849 mit russ. Hilfe. Im Gegensatz zu 1789 wechselte Frankreich nach der Niederschlagung des Juniaufstandes in Paris in das konservative Lager und frz. Truppen halfen 1849 bei der Niederschlagung der rev. Bewegungen in Italien.

Nation, Nationalismus

Die Nation war die leitende Idee der rev. Bewegungen des 19. Jh., die sich von einem Nationalstaat gleichzeitig demokratischere Verhältnisse versprachen. Man unterscheidet zw. der Staatsnation, die wie in Frankreich auf der Nationsbildung in einem bestehenden Staat fußte, und der Kulturnation, die – wie in Deutschland – von Sprache, Kultur und Charakter als Gemeinsamkeit ausging.

griech. Freiheitskampf 1821–29
Juli-Revolution in Paris (27.–29.7.1830)
Auswirkungen der Juli-Revolution
BELGIEN 1830 Staat, der um 1830 seine Unabhängigkeit erlangte
Revolution 1848/49
Niederschlagung eines Aufstandes
Grenze des Deutschen Bundes 1847 und 1848–51
Vasallenstaaten des Osmanischen Reiches
0 250 500 km
1 KGR. SACHSEN
2 KGR. HANNOVER
3 REP. KRAKAU (1846 österr.)
4 GHZM. BADEN
5 KGR. WÜRTTEMBERG
6 Fsm. Neuenburg (bis 1849/57 preuß.)
7 HZM. PARMA
8 HZM. MODENA
9 HZM. LUCCA (1847 toskan.)
10 GHZM. TOSKANA
B. Bologna
F. Florenz
H. Hannover
K. Krakau
M. Mailand
T. Turin
V. Világos (11.8.1848 Kapitulation der ungar. Truppen)
ATLANTISCHER OZEAN
Nordsee
Ostsee
Schwarzes Meer
Mittelmeer
KGR. GROSSBRITANNIEN UND IRLAND
Chartistenbewegung 1836–47
KGR. DER VEREINIGTEN NIEDERLANDE
KGR. BELGIEN 1830
GHZM. LUXEMB.
FRANKREICH
22./24.2.1848
(1815–48 Kgr./1848 II. Rep./1852 KSR.)
KGR. SPANIEN
KGR. PORTUGAL
REP. ANDORRA
KGR. SARDINIEN
SCHWEIZ
KIRCHENSTAAT
KÖNIGREICH BEIDER SIZILIEN
KGR. DÄNEMARK
KGR. SCHWEDEN
NORWEGEN (Union 1815)
KGR. PREUSSEN
KGR. BAYERN
KSR. ÖSTERREICH
Kgr. Böhmen
Kgr. Ungarn
Kgr. Kroatien
Kgr. Galizien
Kgr. Polen 1830/31
KSR. RUSSLAND
OSMANISCHES REICH
KGR. GRIECHENLAND 1829/30
IONISCHE INSELN (seit 1815 brit. Protekt.)
Serbien (1817 Autonomie)
Walachei (1829 Teilautonomie)
Moldau (1829 Teil autonomie)
Algerien (1830/47 frz.)
Tunesien
MAROKKO
russ. Truppen 1849
österr. Truppen
franz. Truppen
spanische Truppen
neap. Tr.
1830
Kreta (1822–40 ägypt.)
Malta (brit.)

Lokomotive „Der Adler", von Stephenson *für die erste deutsche Dampfeisenbahn Nürnberg-Fürth gebaut (1835). Die Eisenbahn wurde auf dem Kontinent in vielen Staaten zum Motor der Entwicklung.*

Die ***Industrialisierung*** war einer der radikalsten Einschnitte in der Menschheitsgeschichte und bewirkte eine tiefgreifende Umformung aller Lebensbereiche. Seit 1750 von England ausgehend, setzte sie sich zunächst in Kontinentaleuropa und in den USA fort. Bis heute ist der Industrialisierungsprozess unabgeschlossen.

Nach sehr harten Begleitumständen in der Frühphase der industriellen Revolution („Soziale Frage": Wohnungsnot, Arbeiterelend) ist der Wohlstand in den industrialisierten Staaten insgesamt angewachsen.

England als Mutterland der Industrialisierung

Mehrere Faktoren machten die engl. Industrie zeitweise zur *„Werkbank der Welt"*.

1. Ein hohes ***Bevölkerungswachstum*** zw. 1750 und 1851 von 6,3 Mio. auf 21 Mio. verstärkte die Nachfrage nach Waren und schuf ein großes Arbeitskräftepotenzial.

2. Agrarrevolution, die sog. *Einhegungen* schufen rationellere Betriebe und setzten durch die Verdrängung der Kleinbauern Arbeitskräfte für die gewerbl. Produktion frei.

3. Eine ***Binnen- und Außenmarktausweitung***: Zum expandierenden Binnenmarkt kam die Erschließung von großen Märkten in den Kolonien, die auf dem Absatz solider Massenwaren im Gegensatz zu den Luxusgütern der merkantilistischen Fürstenhöfe beruhte. Die Kolonien wurden zur wichtigen Voraussetzung des Industrialisierungsprozesses in England (*Dreieckshandel**). Durch eine aggressive Handelspolitik schützte Großbritannien die eigene Produktion.

4. Technische Neuerungen: Wissenschaftliche Gesellschaften (z. B. die *Royal Society*) trieben anwendungsbezogene techn. Erfindungen voran. Sie begannen in der *Textilindustrie,* der Schrittmacherin der Industrialisierung in Großbritannien (z. B. *Spinning Jenny* 1767), und setzten sich dann in der Eisenproduktion (1784 *Puddelverfahren* zur Stahlerzeugung) und mit der Erfindung von *Wärmekraftmaschinen* fort. Die *Dampfmaschine* (James Watt 1776), zunächst zur Entwässerung von Kohlegruben entwickelt, revolutionierte das Verkehrswesen (*Dampfschiffe* 1803, erste öffentliche *Eisenbahn* von Stockton nach Darlington 1825) und ermöglichte den von naturräumlichen Gegebenheiten unabhängigen Aufbau von Produktionsstätten. So konnte sich etwa die Metallindustrie in der Nähe der Bergwerke ansiedeln.

5. Kapitalbildung: Gründung von Aktiengesellschaften und Diskonthäusern, die große Kapitalmengen für wirtschaftliche Unternehmungen bereitstellen konnten.

6. Günstige ***naturräumliche Bedingungen:*** Verkehrswege (Nähe zum Meer) und ein gut ausgebautes Kanalnetz genauso wie reiche Rohstoffvorkommen in der Nähe der Produktionszentren erleichterten den Transport von Waren. So verdankte London seinen Aufstieg zur Großstadt auch der Nähe zu den walisischen Kohlevorkommen.

7. Gesellschaftliche und kulturelle Voraussetzungen: Die englische Gesellschaft kannte keinen abgeschlossenen Adelsstand und keine Ständeordnung. Nachgeborene Söhne des Adels konnten bürgerl. Berufe ergreifen. Die *protestant. Erwerbsethik* in der kalvinist. Variante machte das Gewinnstreben zu einer religiösen Tugend.

Dreieckshandel

Der Dreieckshandel zw. England, Afrika und Amerika stellte eine der wesentl. Voraussetzungen für die engl. Industrialisierung dar. Durch den Handel von Sklaven aus Afrika in die „Neue Welt" (zw. 1700 und 1810 mehr als 3 Mio. Menschen) wurden Arbeitskräfte auf die Plantagen Westindiens und der südl. Kolonien Nordamerikas gebracht, die wiederum Rohstoffe (Baumwolle, Zucker usw.) nach England lieferten. Das Mutterland hingegen sandte Fertigprodukte in die Kolonien, deren Rolle durch restriktive Gesetze auf die von Rohstofflieferanten und Absatzmärkten für engl. Waren reduziert wurde.

Manchester – Manchesterdoktrin

Manchester wurde zum Zentrum der engl. Baumwollindustrie, begünstigt durch seine Nähe zu dem Seehafen Liverpool, den Kohlevorkommen Lancashires und das feuchte Klima.

Gleichzeitig wurde die Manchesterdoktrin zur Lehre eines Kapitalismus, der als treibende Kraft in Wirtschaft und Gesellschaft nur den Egoismus des Einzelnen kennt und deshalb für schrankenlose Wirtschaftsfreiheit ohne Hindernisse durch den Staat eintritt *(„Nachtwächterstaat")*. Manchester, dessen Bevölkerung bis 1851 von ehemals 5000 auf über 300 000 Menschen anstieg, wurde auch zum Beispiel für die völlig unzureichende Urbanisierung in der Frühindustrialisierung mit katastrophalen Wohnverhältnissen für die Arbeiter.

Industrialisierung auf dem europäischen Kontinent

Zu einem tiefen Einschnitt wurde die napoleonische Zeit, da viele europ. Staaten begannen, die Hemmnisse auf ökonom. und sozialem Gebiet zu beseitigen (Einführung der Gewerbefreiheit, Bauernbefreiung usw.). Zollvereinbarungen erleichterten den Warenverkehr. Für die Staaten im Deutschen Bund hatte der bis 1834 errichtete ***Zollverein*** bes. Bedeutung, da er mit den Zollgrenzen die wichtigsten Barrieren beseitigte. In Europa kann man von der Industrialisierung einzelner Regionen sprechen, wobei sie 1850 meist noch in den Anfängen steckte. Der *Vorsprung Großbritanniens** betrug noch teilw. 50 Jahre und mehr. Durch gezielte Industriespionage und das Anwerben von Facharbeitern wurden Kenntnisse über den Bau von Dampfmaschinen und anderen Maschinen gewonnen. Eine große Bedeutung hatte hier im Gegensatz zu England die ***Eisenbahn****, v.a dort, wo isolierte Linien in ein einheitl. Netz zusammengefügt wurden (z.B. Belgien 1844, in Deutschland ca. 1850, in Frankreich 1854).

Die Bedeutung der Eisenbahn

Die Eisenbahn und der Eisenbahnbau wurden auf dem europ. Kontinent zum wichtigsten Motor der Industrialisierung mit Wirkung auf andere Bereiche. Zum einem ergab sich eine erhebliche volkswirtschaftliche Ersparnis bei den Transportkosten (Schätzung für Deutschland 20,3 Milliarden Mark 1844–1878). Die Transportgeschwindigkeit beschleunigte sich erheblich, Lebensmittel konnten zum erstenmal in der Geschichte in beträchtlichem Ausmaß interregional gehandelt werden; die Steigerung der Mobilität der Arbeiterschaft ermöglichte die Konzentration industrieller Fertigungsstätten. Zum anderen brachte der Eisenbahnbau neben der Nachfrage nach Geldkapital (Gründung von Aktienbanken) eine erhebliche Steigerung der Produktion anderer Industriesektoren v.a. bei Steinkohle und Roheisen, die ihrerseits wieder den Eisenbahnbau intensivierten. Die gesellschaftliche Wirkung der Eisenbahn als „demokratisches" Beförderungsmittel war erheblich; zum erstenmal in der Geschichte reisten alle Menschen mit der gleichen Geschwindigkeit; ein führender deutscher Industrieller nannte sie daher den *„Leichenwagen des Feudalismus"*.

Rohstoff- und Energiequellen wurden neu entdeckt oder intensiver ausgebeutet, wie an der Ruhr im westlichen Preußen oder im Departement Pas-de-Calais in Frankreich. Sie bildeten den Grundstock zum Aufstieg bedeutender Industrieregionen.

Belgien wurde zum ersten hochindustrialisierten Land Kontinentaleuropas, aufbauend auf langen Erfahrungen in der Metallverarbeitung und Maschinenkonstruktion sowie reichen Kohlevorkommen. Die ersten Dampfmaschinen auf dem Kontinent wurden in der Gegend von Lüttich gefertigt. In ***Deutschland*** wurde der Süden (Bayern, Baden und Württemberg) zum Zentrum der Baumwollindustrie, während Preußen mit 90 Prozent der Eisenerzeugung im Deutschen Bund wirtschaftlich dominierte (Ruhrgebiet, Schlesien, Teile Sachsens, Raum Berlin) und nach 1850 zum neuen „Industriegiganten" Europas aufstieg.

In ***Frankreich*** existierten außerhalb des Großraums Paris drei große Industriegebiete: Normandie (Rouen), Lille, Roubaix und Tourcoing im Norden, im Osten Elsass-Lothringen und die Vogesen, wo Unternehmer aus Mülhausen Vorreiter in der Textilindustrie waren.

Der Vorsprung Großbritanniens in Europa im Jahre 1850

	Länge des Eisenbahnnetzes (engl. Meilen)	Kohleförderung oder -Verbrauch (in 1000 Tonnen)	Dampfkraftkapazität (in 1000 Tonnen)	Roheisenproduktion (in 1000 Tonnen)
Großbritannien	6621	37500	1290	2249
Frankreich	1869	7225	270	406
Deutschland	3639	5100	260	212
Belgien	531	3481	70	145

0
200
400
600 km
B. Bern
C. Calais
M. Mülhausen
R. Rostock
Z. Zürich
NORWEG
Christiania
Aberdeen
Edinburgh
Glasgow
Belfast
Nordsee
DÄNEMA
Newcastle
GROSSBRITANNIEN
U. IRLAND
Dublin
Manchester
Liverpool
Hull
Birmingham
Hambu
Bremen
NIEDER-
LANDE
Amsterdam
Hannov
Bristol
London
BELGIEN
Ant-
werpen
ATLANTISCHER
Plymouth
South-
ampton
Boulogne
Lille
Brüssel
Köln
Kassel
Rhein
Frankfurt
Rouen
Granville
Seine
Maas
Brest
Nürnberg
Paris
Rennes
Lothringen
Straßburg
OZEAN
Nantes
FRANKREICH
Münch
Loire
Poitiers
SCHWEIZ
Genf
Lyon
Roanne
SARDINIEN
Turin
Mailand
Bordeaux
Gijón
Rhône
Genua
Bolog
Bilbao
Burgos
Ebro
Nizza
Porto
Duero
Marseille
Florenz
Zaragoza
PORTUGAL
Mataro
Barcelona
Korsika
Madrid
Tajo
SPANIEN
Lissabon
Aranjuez
Valencia
Balearen
Sardinien
Córdoba
Sevilla
Málaga
Mittel-
Algier
Tunis
MAROKKO
Algerien (frz.)
Tunesien

Finnland
St. Petersburg
(1851)
Reval
SCHWEDEN
Stockholm
Ostsee
Wolga
Twer
Moskau
Oka
Riga
Düna
Tula
Kopenhagen
RUSSLAND
Königsberg
Danzig
Memel
Minsk
Don
Stettin
PREUSSEN
Bug
Polen
Warschau
Berlin
Posen
Lodsch
Donez
Charkow
Kiew
Dresden
Breslau
Weichsel
Dnjepr
Kattowitz
Krakau
Lemberg
Prag
Südl. Bug
Dnjestr
Brünn
Theiß
Donau
Preßburg
Wien
Ungarn
Moldau
Odessa
Buda
Pest
Szolnok
Simferopol
ÖSTERREICH
Drau
Laibach
Bukarest
Walachei
Schwarzes Meer
Venedig
Belgrad
Donau
OSMANISCHES REICH
KIRCHEN-
STAAT
Sofia
Saloniki
Neapel
KGR.
Portici
Tarent
BEIDER SIZILIEN
Palermo
Messina
GRIECHEN-
LAND
Athen
Kreta
meer
Staatsgrenze
Grenze des Deutschen Bundes
Grenze des Deutschen Zollvereins
Industriegebiet
Kohle
Eisenerz
Hüttenwerke
Maschinenbau
Schiffbau
Textilindustrie
Eisenbahnlinie
Städte
> 1 000 000 Einwohner
250 000 – 500 000 Einwohner
100 000 – 250 000 Einwohner
< 100 000 Einwohner

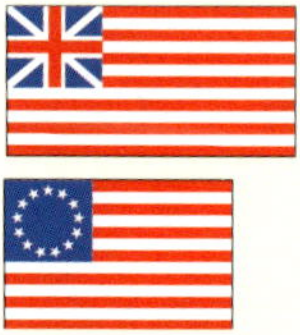

***Kontinentalfarben 1775** und **die USA-Flagge 1777** Die erste Flagge besaß noch den Union Jack. Nach der Unabhängigkeitserklärung ersetzte man den Union Jack durch 13 Sterne auf blauem Grund.*

Die britischen Kolonien in Nordamerika
Zunächst war der nordamerikan. Kontinent, da ohne nennenswerte Goldvorkommen, wenig attraktiv. Eine erste span. Siedlung entstand in St. Augustine an Floridas Atlantikküste. Allerdings konnte ***Spanien*** den Anspruch auf die nördl. Küste gegen ***Frankreich*** und England nicht behaupten. Die engl. Besiedlung Nordamerikas begann mit ***Jamestown (1607),*** der ersten unter widrigen Umständen gegründeten Dauerkolonie in ***Virginia***. Zum amer. Gründungsmythos wurde die religiös motivierte Puritanersiedlung *(Pilgrim Fathers)* von ***Plymouth (1620)*** in ***Neuengland***, deren Überlebensbund als Vorläufer eines späteren demokrat. und republikan. Nationalstaates angesehen wird. Seit 1630 begann die Auswanderung aus England im großen Stil. 1664 wurde das holländische Neuamsterdam erobert und in *New York* umbenannt. ***Pennsylvania*** als Quäkergründung entwickelte sich rasch zur blühenden Kolonie, Philadelphia zur zweitgrößten Stadt des brit. Weltreiches. Die „Eigentümerkolonien" ***Georgia*** und ***Carolina*** im Süden dienten als engl. Vorposten gegen Spanisch-Florida. Frankreich erhob im 18. Jh. Anspruch auf fast drei Viertel Nordamerikas, was seine Militärmacht und Auswandererzahl überforderte. In ***Kanada*** erfolgte eine zunehmende Zurückdrängung des frz. Enflusses durch die Hudsonbai-Kompanie. 1763 verzichtete Frankreich im *Frieden von Paris* auf «La Nouvelle France». Spanien verlor Ost- und West-Florida.

Konflikte mit dem Mutterland nach 1763
Da nach dem Ende des Siebenjähr. Krieges 1763 Spanien und Frankreich keine Bedrohung für die nordamer. Kolonien mehr darstellten, verlor das Mutterland an Bedeutung. Steuerbelastungen und wirtschaftliche Einschränkungen wurden zunehmend zum Konfliktstoff zw. England und den Kolonisten. Die enorm gewachsenen Staatsschulden (133 Mio. Pfund Sterling) veranlassten das brit. Parlament zur Anhebung der indirekten Steuern, zumal die Kolonisten als Nutznießer des Krieges angesehen wurden und die Grundbesitzsteuer erheblich niedriger war als im Mutterland. Da die langen Reisezeiten eine Repräsentation im brit. Parlament nicht zuließen, spitzte sich die Diskussion auf die Frage seiner Berechtigung zu, von den Kolonisten Steuern zu erheben ("No taxation without representation"). Genauso strittig war die Entscheidung der engl. Krone, den Raum westlich der Appalachen als Indianerland unter Schutz zu stellen, um eine Eindämmung des landhungrigen Siedlerstromes zu erreichen.

Revolution und Nationalstaatsgründung
Von den Steuergesetzen des engl. Parlaments erwies sich das ***Steuermarkengesetz*** *(Stamp Act)* ***von 1765*** als besonders ungeschickt, da es v. a. Zeitungen traf, die nun zum Forum für den antibrit. Widerstand wurden. Bei der ***Boston Tea Party (1773)*** wurden als Protest der Siedler 342 Kisten Tee von drei geankerten Schiffen ins Wasser geworfen. Sie führte zur endgültigen Zuspitzung des Konflikts. Es folgten die *„Unerträglichen Gesetze"* von 1774, die u. a. die Schließung des Hafens von Boston verfügten. Der ***Erste Kontinentalkongress 1774*** beschloss den Zusammenschluss der amerikanischen Kolonien. 1775 kam es mit den ***Schlachten von Lexington und Concord*** zum Ausbruch des Unabhängigkeitskrieges. Nur die ***kanadischen Kolonien*** schlossen sich dem Widerstand dank der im Quebec-Gesetz von 1774 gewährten Privilegien nicht an. Der amer. Oberbefehlshaber George Washington setzte seit 1776 auf die Strategie des Ausweichens und Hinhaltens. In der Schrift *"Common Sense"* (von Thomas Paine) vom 10.1.1776 wurde mit großer öffentl. Wirkung *die amer. Unabhängigkeit* gefordert. Am ***4.7.1776*** erfolgte die ***Unabhängigkeitserklärung*** der amer. Kolonien. Nach anfänglichen Rückschlägen der Amerikaner bedeutete der ***Sieg von Saratoga*** (1777) den Wendepunkt des Krieges.

Entscheidend war auch die Unterstützung durch die europ. Großmächte Spanien und Frankreich, die den Aufständischen mit Waffen im Wert von 1 Mio. Livres halfen (seit 1778 förmliche *Militärallianz*). Der brit. Kolonialkrieg erweiterte sich zum internat. Seekrieg, an dem sich ab 1779 die Kriegsmarine Spaniens und nach 1780/81 die der Niederlande beteiligten. Die letzte ***Schlacht bei Yorktown*** endete mit dem Sieg der Kolonisten. ***1783*** erkannte Großbritannien im ***Frieden von Paris*** die Souveränität der Vereinigten Staaten (USA) an; 1789 trat die ***Verfassung der USA*** in Kraft.

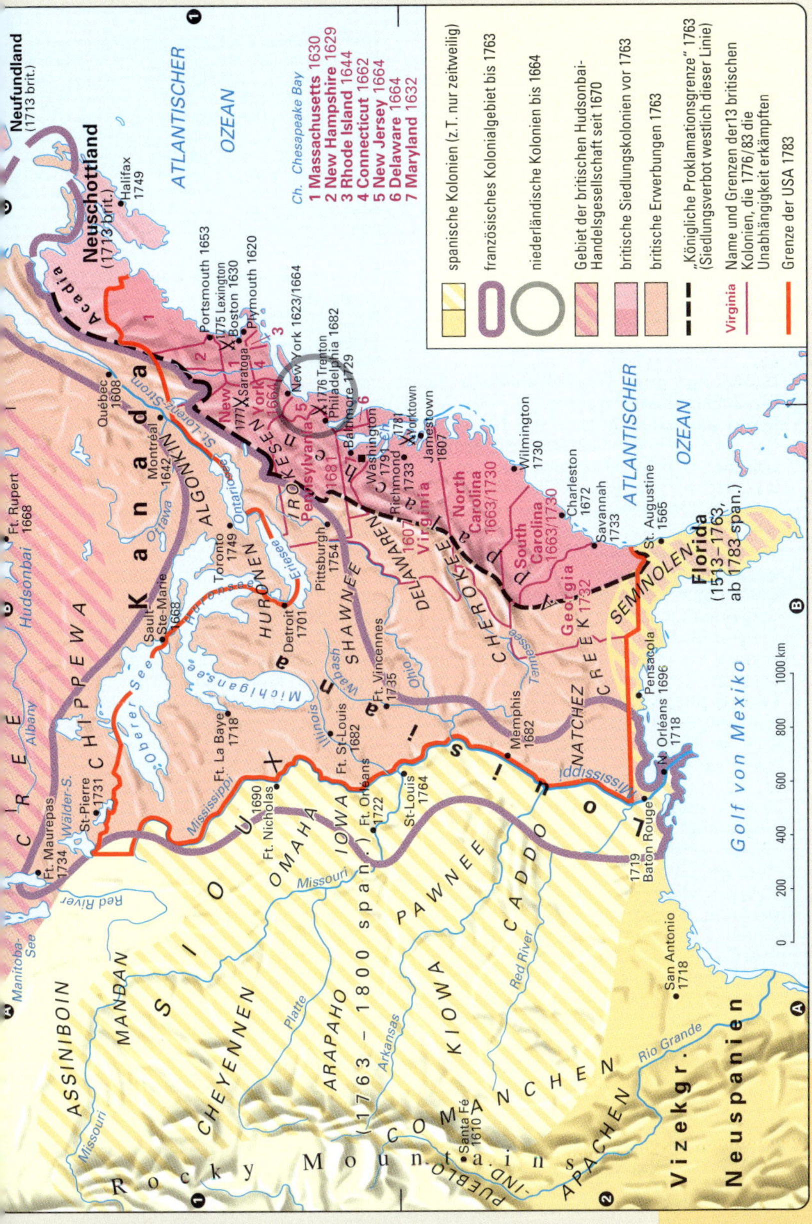

spanische Kolonien (z.T. nur zeitweilig)
französisches Kolonialgebiet bis 1763
niederländische Kolonien bis 1664
Gebiet der britischen Hudsonbai-Handelsgesellschaft seit 1670
britische Siedlungskolonien vor 1763
britische Erwerbungen 1763
„Königliche Proklamationsgrenze" 1763 („Siedlungsverbot westlich dieser Linie)
Virginia
Name und Grenzen der13 britischen Kolonien, die 1776/83 die Unabhängigkeit erkämpften
Grenze der USA 1783
Ch. Chesapeake Bay
1 Massachusetts 1630
2 New Hampshire 1629
3 Rhode Island 1644
4 Connecticut 1662
5 New Jersey 1664
6 Delaware 1664
7 Maryland 1632
Neufundland (1713 brit.)
Neuschottland (1713 brit.)
Halifax 1749
ATLANTISCHER OZEAN
Acadia
Portsmouth 1653
1775 Lexington
Boston 1630
Plymouth 1620
1777 Saratoga
New York 1623/1664
1776 Trenton
Philadelphia 1682
Baltimore 1729
Washington 1791
1781 Yorktown
Jamestown 1607
Richmond 1733
Wilmington 1730
Charleston 1672
Savannah 1733
St. Augustine 1565
Florida (1513–1763, ab 1783 span.)
SEMINOLEN
North Carolina 1663/1730
South Carolina 1663/1730
Georgia 1732
Virginia 1607
Pennsylvania 1681
New York 1664
Québec 1608
Montréal 1642
St.-Lorenz-Strom
Kanada
Ft. Rupert 1668
Hudsonbai
Albany
CREE
CHIPPEWA
ALGONKIN
IROKESEN
HURONEN
Toronto 1749
Ontariosee
Eriesee
Huronsee
Oberer See
Michigansee
Detroit 1701
Sault-Ste-Marie 1668
Ft. La Baye 1718
Pittsburgh 1754
SHAWNEE
DELAWAREN
CHEROKEE
CREEK
NATCHEZ
Ft. Vincennes 1735
Ohio
Wabash
Illinois
Tennessee
Louisiana
Ft. St-Louis 1682
Memphis 1682
Pensacola 1696
N. Orléans 1718
Baton Rouge 1719
Mississippi
Golf von Mexiko
Ft. Maurepas 1734
St-Pierre 1731
Wälder-S.
Manitoba-See
Red River
Ft. Nicholas 1690
Ft. Orléans 1722
St-Louis 1764
Missouri
SIOUX
OMAHA
IOWA
PAWNEE
CADDO
(1763–1800 span.)
ASSINIBOIN
MANDAN
CHEYENNEN
ARAPAHO
KIOWA
Platte
Arkansas
Red River
San Antonio 1718
Rio Grande
COMANCHEN
APACHEN
PUEBLO-IND.
Santa Fé 1610
Rocky Mountains
Vizekgr. Neuspanien
0 200 400 600 800 1000 km

USA-Flagge 1818
1818 wurde beschlossen, es bei 13 Streifen zu belassen und nur noch die Zahl der Sterne zu erhöhen, sobald ein neuer Staat hinzukam. Seit 1776 wurde die Zahl der Sterne 26-mal verändert, zuletzt 1959 mit Hawaii als 50. Staat.

In einem Jahrhundert (1790–1890) wurden aus 13 Gründerstaaten 48, da die Erschließung des Westens bis zum Pazifik durch die Gründung neuer Staaten begleitet wurde. Bestimmend wurde der Dreischritt von Siedlungsexpansion, Erschließung und politischer Erweiterung der Union.

Gründung neuer Staaten im Zuge der Ausdehnung nach Westen

Die ***Northwest Ordinance*** von ***1787*** legte fest, dass die neuen Gebiete westl. der Appalachen nicht in die bestehenden Staaten integriert wurden. Beim Erreichen der Anzahl von 60 000 „freien“ Siedlern , konnten diese die Aufnahme in die Union beantragen (sofern sie eine konforme Verfassung besaßen), der sie dann in völliger Gleichberechtigung mit den dreizehn Gründerstaaten angehörten. Die Gründung der neuen Staaten brachte Probleme im Hinblick auf die *Balance zwischen sklavenhaltenden und -freien Staaten* mit sich, so dass *Vermont* 1791 aus Teilen von New York und New Hampshire zur Stärkung der Zahl der nördl. Abgeordneten im Kongress gegründet wurde.

Erweiterung des Territoriums der USA

Gegenüber den alten Kolonialmächten Großbritannien, Frankreich, Spanien und Russland besaßen die USA die Voraussetzungen und die Präsenz, eine breite Durchdringung des riesigen Landes durchzuführen. Es gelang in mehreren Schritten, das Gebiet zwischen Pazifik und Atlantik durch Verträge, Kauf oder Annexion zu erwerben. Außenpolitisch abgesichert wurde dieser Prozess durch die ***Monroe-Doktrin**** (1823), die sich gegen jede koloniale Ausdehnung oder Einmischung europ. Mächte in der westl. Hemisphäre verwahrte.

Monroe-Doktrin
In seiner Jahresbotschaft am 2.12.1823 an den Kongress wandte sich Präsident James Monroe (1817–1825) sowohl gegen Besitzansprüche europ. Mächte auf dem amer. Kontinent als auch gegen mögl. Versuche der Rekolonisation der Hl. Allianz in Lateinamerika. Grundsätzlich stellte er fest, dass europ. Mächte keine kolonialen Ansprüche in Amerika erheben dürften. Auch wies er auf die Unterschiede zwischen den polit. Systemen Amerikas (demokratisch) und der Alten Welt (autokratisch) hin und postulierte ein Prinzip der wechselseitigen Nichteinmischung. Die Monroe-Doktrin wurde zu einer der grundsätzlichen außenpolitischen Prinzipien *(„Isolationismus“)* der USA bis in das 20. Jh.

Durch den ***Erwerb des Louisiana-Territoriums 1803*** zwischen Mississippi und Rocky Mountains von Napoleon für 15 Mio. Dollar – auch als „bestes Geschäft der USA“ bezeichnet – erfolgte annähernd eine Verdopplung des Territoriums. Teile der späteren Staaten North Dakota und Minnesota wurden 1818 von Großbritannien erworben. Durch den Kauf Floridas von Spanien (1819) erfolgte eine Abrundung des Staatsgebietes nach Süden.

Massive Wanderungsbewegungen seit den vierziger Jahren in den Westen förderten das Interesse an einer Ausdehnung bis an die pazifische Küste *(„Oregon-Fieber“)* und die Beanspruchung weiterer Gebiete durch die USA mit dem Übergang zur kriegerischen Expansion in Mexiko. *Texas,* das bereits 1836 seine Unabhängigkeit von Mexiko erklärt hatte, wurde 1845 in die Union aufgenommen. Nach vergebl. Versuchen zum Kauf von New Mexiko und Kalifornien erklärten die USA nach Grenzwischenfällen 1846 Mexiko den Krieg. 1848 trat Mexiko im ***Frieden von Guadelope Hidalgo*** schließlich alle Territorien nördlich des Rio Grande an die Vereinigten Staaten ab: Kalifornien, New Mexiko sowie die Gebiete der späteren Staaten Utah, Nevada, Arizona und Colorado (insgesamt ein Gebiet von 1,1 Mio. Quadratmeilen). Für den Eisenbahnbau an den Pazifik wurde dieses Gebiet durch einen Landstreifen südl. des Gila-Rivers erweitert *(„Gadsden-Kauf 1853“).*

Mit der vertraglichen Abtretung des südl. ***Oregon-Gebietes*** durch Großbritannien (1846) wurde die endgültige Festlegung der Grenze der USA mit Kanada möglich (spätere Staaten: Oregon, Washington, Idaho).

Der Kauf Alaskas 1867 von Russland für 7,2 Millionen Dollar und die Annexion von Hawaii 1898 waren die letzten Gebietsgewinne der USA.

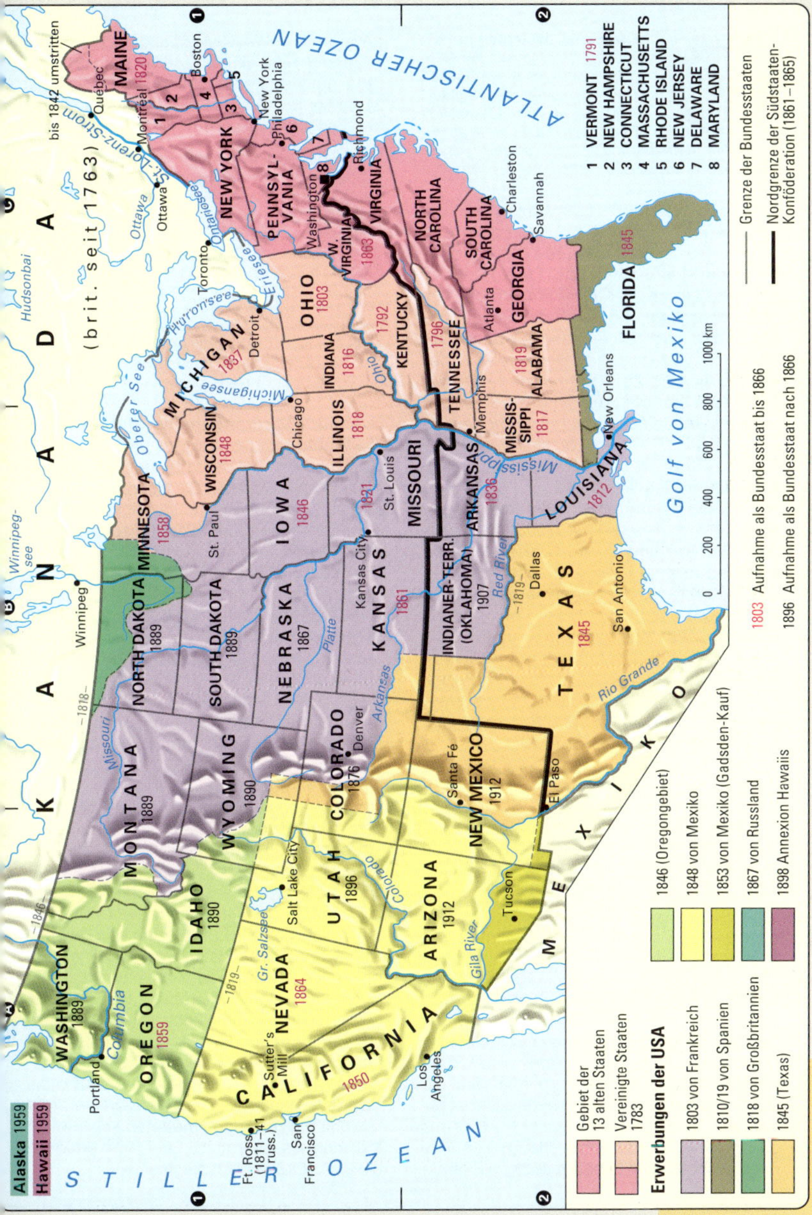

KANADA
(brit. seit 1763)
Hudsonbai
Winnipegsee
Winnipeg
Oberer See
Huronsee
Michigansee
Eriesee
Ontariosee
Ottawa
Toronto
Montreal
Québec
St.-Lorenz-Strom
bis 1842 umstritten
ATLANTISCHER OZEAN
STILLER OZEAN
Golf von Mexiko
MEXIKO
MAINE 1820
NEW YORK
PENNSYLVANIA
VIRGINIA
W. VIRGINIA 1863
NORTH CAROLINA
SOUTH CAROLINA
GEORGIA
FLORIDA 1845
OHIO 1803
INDIANA 1816
ILLINOIS 1818
MICHIGAN 1837
WISCONSIN 1848
MINNESOTA 1858
IOWA 1846
MISSOURI 1821
KENTUCKY 1792
TENNESSEE 1796
ALABAMA 1819
MISSISSIPPI 1817
LOUISIANA 1812
ARKANSAS 1836
TEXAS 1845
INDIANER-TERR. (OKLAHOMA) 1907
KANSAS 1861
NEBRASKA 1867
SOUTH DAKOTA 1889
NORTH DAKOTA 1889
MONTANA 1889
WYOMING 1890
COLORADO 1876
NEW MEXICO 1912
ARIZONA 1912
UTAH 1896
NEVADA 1864
IDAHO 1890
OREGON 1859
WASHINGTON 1889
CALIFORNIA 1850
Alaska 1959
Hawaii 1959
Boston
New York
Philadelphia
Washington
Richmond
Charleston
Savannah
Atlanta
Detroit
Chicago
St. Louis
Memphis
New Orleans
St. Paul
Kansas City
Dallas
San Antonio
El Paso
Santa Fé
Denver
Tucson
Salt Lake City
Gr. Salzsee
Los Angeles
San Francisco
Sutter's Mill
Ft. Ross (1811–41 russ.)
Portland
Columbia
Missouri
Mississippi
Ohio
Platte
Arkansas
Red River
Rio Grande
Colorado
Gila River
–1818–
–1819–
–1846–
1 VERMONT 1791
2 NEW HAMPSHIRE
3 CONNECTICUT
4 MASSACHUSETTS
5 RHODE ISLAND
6 NEW JERSEY
7 DELAWARE
8 MARYLAND
Grenze der Bundesstaaten
Nordgrenze der Südstaaten-Konföderation (1861–1865)
1803 Aufnahme als Bundesstaat bis 1866
1896 Aufnahme als Bundesstaat nach 1866
0 200 400 600 800 1000 km
Gebiet der 13 alten Staaten
Vereinigte Staaten 1783
Erwerbungen der USA
1803 von Frankreich
1810/19 von Spanien
1818 von Großbritannien
1845 (Texas)
1846 (Oregongebiet)
1848 von Mexiko
1853 von Mexiko (Gadsden-Kauf)
1867 von Russland
1898 Annexion Hawaiis

„Remember Wounded Knee"
Im Jahre 1973 besetzten Mitglieder des American Indian Movement (AIM) den Schauplatz des blutigen Massakers von 1890, um auf die Nichteinhaltung von Verträgen und ihr menschenunwürdiges Dasein in den Reservaten aufmerksam zu machen.

Zwischen 1790 und 1890 vollzog sich die Erschließung des amer. Kontinents bis zum Pazifik: Gerechtfertigt wurde die Ausdehnung der USA durch die Ideologie des *Manifest Destiny* (engl. *offenkundige Vorherbestimmung*) und durch das *Sendungsbewusstsein* als demokratische Nation. Der Geist der Pioniere, das Bewusstsein der ständig wandernden Grenze wurde Teil der nationalen Identität. Begleitet wurde dieser Prozess von einer Masseneinwanderung (über 50 Mio. Europäer bis 1914).

Besiedlung des Westens

Der Erschließung des Westens gingen nach dem *Louisiana-Kauf (1803)* die ***Expeditionen von Lewis und Clark (1803 bis 1806)*** im Auftrag Präsident Jeffersons und anderer voraus. Der Landweg zum Pazifik war möglich und damit die *"Trails"* (engl. *Pfade*) in den Westen, während sich die Hoffnung auf eine schiffbare Schneise von Flüssen und Seen vom Atlantik zum Pazifik nicht erfüllte. Die Erschließung des Westens erfolgte in mehreren Schüben und durch unterschiedliche Gruppen.

Trapper, Squatter, Farmer – Die Pioniere des Westens

Die Pioniere erschlossen den Westen in drei Wellen:
1. ***Trapper*** (Jäger, Fallensteller), Pelzhändler und Wissenschaftler, die den Westen erforschten.
2. ***Squatter*** (Jäger mit etwas Landwirtschaft), Rancher (Viehzüchter) und Goldgräber.
3. ***Farmer***, ***Handwerker*** und schließlich ***Kaufleute***, Abenteurer und Glücksritter. Im fernen Westen (Kalifornien) waren zudem die Bergbauunternehmer und -arbeiter sowie Goldgräber von bes. Bedeutung.

Nach der Besiedlung des Gebietes westlich der Appalachen (Nord-West-Territorium) folgte zunächst die Besiedlung des Westens mit Kalifornien (Goldrausch) und dem Oregon-Gebiet. Den Anfang machten die Binnenwanderer aus den Neuenglandstaaten, seit 1845 Einwanderer aus Europa (ca. 53 % aus Großbritannien u. Irland, 32 % aus deutschsprachigen Ländern und aus Skandinavien). Die Westbesiedlung brachte zw. 1790 und 1860 ein Anwachsen der Bevölkerung um das Zehnfache von 3,9 Mio. auf 31,4 Mio. mit sich und eine Westverlagerung des Bevölkerungsschwerpunktes der USA.

Reisewege in den Westen

1. Seereise um das Kap Hoorn, 2. kombinierte See- und Landreise durch Panama. 3. Der gängigste Reiseweg führte aus dem Missouriital den *Oregon Trail* entlang, der etwa 130 Tage dauerte. Über 300 000 Menschen machten 1840–60 mit ihren Planwagen („Prärie-Schonern") diese 3 000 Meilen lange gefährliche Reise Richtung „Oregon". Seit 1869 vereinfachten sich die Reisewege durch die Fertigstellung der ***Union-Zentral-Pazifik-Bahn 1869,*** der ersten transkontinentalen Eisenbahn. Sie machte auch die landwirtschaftliche Erschließung der Prärien des Westens möglich.

Indianer – Verdrängung der Ureinwohner

Die Eroberung des Westens und die territoriale Erweiterung der USA betrafen immer mehr Indianerstämme. Sie wurden durch den Landhunger der Siedler in immer kleinere Reservate verdrängt. Die Indianerstämme wurden *"nations"* genannt. Indianer zählten nicht zum Staatsvolk, sondern waren „unterworfene Andere", „einheimische, abhängige Nationen...im Zustand der Unmündigkeit" (1831), die der Aufsicht der Bundesregierung unterstanden. Der ***Indian Removal Act (1830)*** eröffnete ein Jahrzehnt der gewaltsamen Umsiedlung, verbunden mit dem Zwangsverkauf der bisherigen Wohngebiete an die USA. Am Anfang stand die Zwangsumsiedlung von etwa 100 000 Indianern in ein unfruchtbares *Indianerreservat* (*Indian Territory* – heute Oklahoma und Kansas). Bei dem von Miliz und Militär begleiteten Marsch starben 4 000 Cherokees (engl. *"Trail of Tears"* = *„Der Pfad der Tränen"*). In Kalifornien wurde die Erfolgsgeschichte der Europäer zur *demograph. Katastrophe der Ureinwohner*. 1845, vor der Entdeckung des Goldes, lebten 150 000, 1860 nur noch 35 000 in kleinen Reservaten auf kaum nutzbarem Land.

Der ständige Widerstand der Indianer gegen die Landnahme hatte keinen dauerhaften Erfolg. Legendär war die Schlacht am ***Little Big Horn 1876***, bei der Tausende Krieger der Dakota, Cheyenne und Arapaho die Kavallerie General Custers vernichteten. ***1890*** fand beim ***Wounded Knee*** das schlimmste Indianermassaker statt. Erst 1924 erhielten die Indianer die Staatsbürgerschaft.

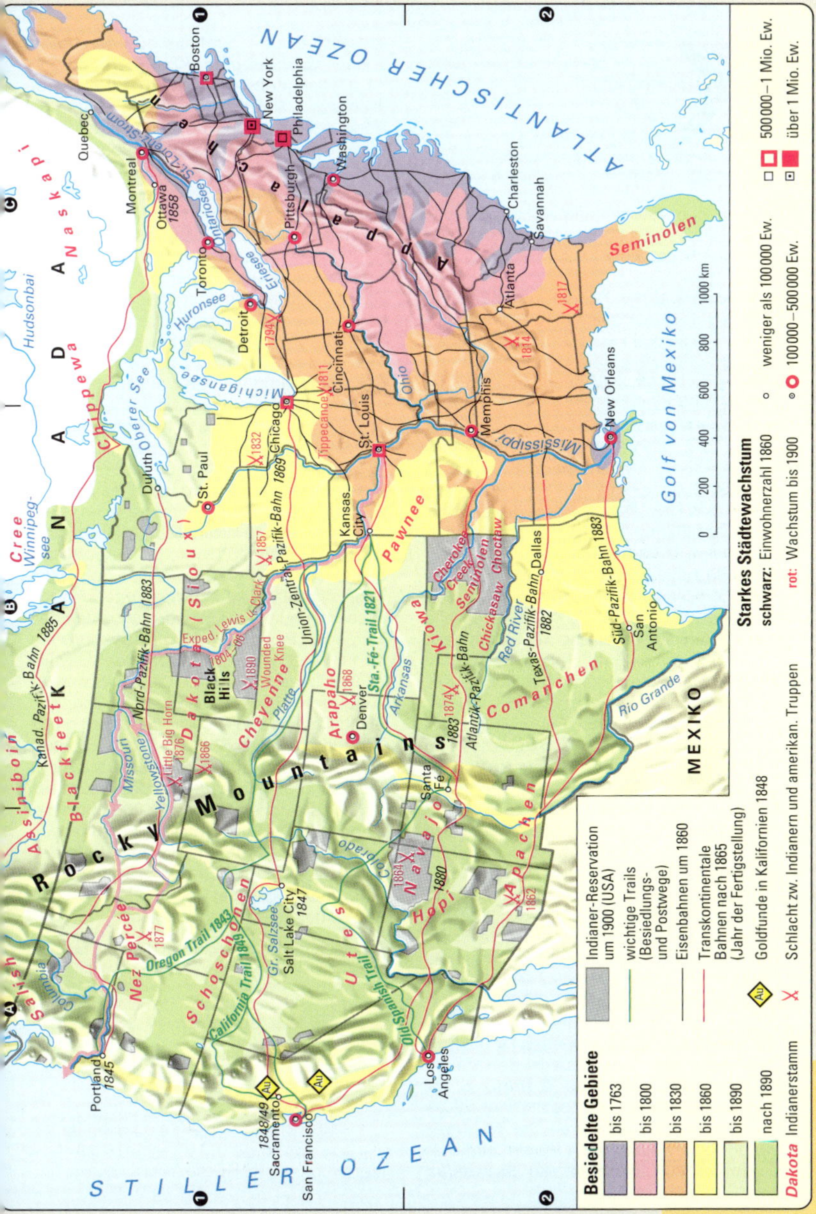
ATLANTISCHER OZEAN
STILLER OZEAN
Golf von Mexiko
KANADA
MEXIKO
Rocky Mountains
Appalachen
Hudsonbai
Winnipeg-see
Oberer See
Michigansee
Huronsee
Eriesee
Ontariosee
St.-Lorenz-Strom
Mississippi
Missouri
Ohio
Arkansas
Platte
Red River
Rio Grande
Colorado
Columbia
Yellowstone
Gr. Salzsee
Boston
New York
Philadelphia
Washington
Pittsburgh
Charleston
Savannah
Atlanta
Montreal
Quebec
Ottawa 1858
Toronto
Detroit
Cincinnati
Chicago
St. Louis
Memphis
New Orleans
Duluth
St. Paul
Kansas City
Dallas
San Antonio
Denver
Santa Fé
Salt Lake City 1847
Portland 1845
Sacramento
1848/49
San Francisco
Los Angeles
Black Hills
Kanad. Pazifik-Bahn 1885
Nord-Pazifik-Bahn 1883
Union-Zentral-Pazifik-Bahn 1869
Atlantik-Pazifik-Bahn 1883
Texas-Pazifik-Bahn 1882
Süd-Pazifik-Bahn 1883
Oregon Trail 1843
California Trail 1849
Old Spanish Trail
Sta.-Fé-Trail 1821
Exped. Lewis u. Clark 1804–06
Little Big Horn 1876
Wounded Knee 1890
Tippecanoe 1811
1794
1832
1857
1866
1868
1874
1877
1864
1862
1814
1817
Cree
Chippewa
Naskapi
Assiniboin
Blackfeet
Salish
Nez Percée
Dakota (Sioux)
Cheyenne
Arapaho
Pawnee
Kiowa
Cherokee
Creek
Seminolen
Chickasaw
Choctaw
Comanchen
Apachen
Navajo
Hopi
Utes
Schoschonen
Seminolen
Besiedelte Gebiete
bis 1763
bis 1800
bis 1830
bis 1860
bis 1890
nach 1890
Dakota Indianerstamm
Indianer-Reservation um 1900 (USA)
wichtige Trails (Besiedlungs- und Postwege)
Eisenbahnen um 1860
Transkontinentale Bahnen nach 1865 (Jahr der Fertigstellung)
Goldfunde in Kalifornien 1848
Schlacht zw. Indianern und amerikan. Truppen
Starkes Städtewachstum
schwarz: Einwohnerzahl 1860
rot: Wachstum bis 1900
weniger als 100000 Ew.
100000–500000 Ew.
500000–1 Mio. Ew.
über 1 Mio. Ew.
0 200 400 600 800 1000 km

Rebel flag
Das Problem der klaren Unterscheidung zw. Freund und Feind im Bürgerkrieg bedingte 1861 die Einführung einer Kriegsflagge des Südens, die sich von der des Nordens durch die quadrat. Form und die Anordnung der Sterne als Andreaskreuz klar abhob.

Der amerikan. Bürgerkrieg war der gewaltsamste, verlustreichste und folgenträchtigste Schritt in der nat. Entwicklung der USA.

Konflikte zwischen Norden und Süden

Der Krieg wurde vor allem durch wirtschaftl.-soziale Gegensätze ausgelöst. Der Süden konzentrierte sich auf die Monokulturen von Tabak, Reis, Baumwolle und Zuckerrohr, die auf der Arbeit afrikan. Sklaven beruhten. Deshalb erhielt sich im Süden die *Sklavenhaltung* (sog. *"peculiar institution"*). Die Ausdehnung der Plantagenwirtschaft bis Texas und Missouri entsprach der Verbreitung der Sklaverei in den USA. Die Zahl der Sklaven stieg bis 1860 auf 3,95 Mio. und entsprach etwa einem Drittel der Gesamtbevölkerung der 15 Südstaaten. Der Norden war vor allem charakterisiert durch Farmwirtschaft und Industrie. Von 1776 bis 1804 leiteten alle Nordstaaten die Freilassung der Sklaven ein; seit 1807 war ihre Einfuhr offiziell verboten. Eine Kette weißer und schwarzer Fluchthelfer im Süden und Norden wurde ab 1831 *Underground Rail-road* genannt. Daneben existierten auch Gegensätze zw. den Interessen an Schutzzöllen (Norden) und Freihandel (Süden).

Ausbruch des Krieges

Problem waren die neu entstehenden Bundesstaaten und die Frage des Gleichgewichts im Kongress. Der ***Missouri-Kompromiss*** von ***1820***, der die Sklavenhaltung nördlich des Breitengrades 36° 30' und westlich von Missouri verbot, geriet nach 1850 mehrfach ins Wanken: Die Aufnahme Kaliforniens (1850) führte zur Mehrheit der sklavenfreien Staaten (16:15). Trotzdem beließ das ***Kansas- Nebraska-Gesetz 1854*** zur Empörung der Sklavereigegner die Entscheidung den Einwohnern der neuen Staaten. ***1854*** erfolgte die ***Gründung der Republikan. Partei*** als Zusammenschluss aller Gegner der Sklaverei. Die Wahl des Republikaners ***Abraham Lincoln*** zum Präsidenten 1860 bewirkte die ***Sezession*** (Austritt) South Carolinas aus der Union und die ***Gründung der Konföderation*** von 11 Südstaaten am ***8.2.1861*** (Präsident J. Davis), während die Sklaven haltenden Randstaaten Delaware, Maryland, Kentucky und Missouri bei der Union verblieben. Lincolns Antrittsrede als Präsident am 4.3.1861 erklärte die Union der Vereinigten Staaten für unzerstörbar, die Konföderierten galten somit als Aufständische.

Kriegsverlauf und Folgen

Das Kriegsziel des Nordens, den Zusammenhalt der Nation gegen den Willen einer großen abtrünnigen Region zu bewahren, machte den Konflikt zu einer Mischung aus Bürgerkrieg und nat. Einigungskrieg.

Der Krieg begann zunächst mit Erfolgen des Südens. Allerdings gelang dem Norden die Seeblockade und die Besetzung von New Orleans mit der Kontrolle des gesamten Mississippi (1862/63) und damit die Zweiteilung des Gebietes der Konföderierten. 1863 brachte das erste Wehrpflichtgesetz im Norden eine breite Mobilisierung. Die ***Schlacht bei Gettysburg (4.7.1863)*** mit dem Sieg über die Südstaatenarmee unter Robert F. Lee bedeutete die Wende zugunsten des Nordens. ***Lincolns Rede in Gettysburg*** am 19.11.1863 erhob das Verbot der Sklaverei endgültig zum Kriegsziel. Die Verwüstungszüge des Nordstaatengenerals Sherman durch Georgia und Carolina bedingten große Zerstörungen. Vom 2.4. bis 9.4.1865 besiegelten die Besetzung der Hauptstadt Richmond und die ***Kapitulation*** des Hauptteils der Südstaatenarmee von 26 000 Mann bei ***Appomattox Courthouse*** die endgültige Niederlage des Südens. Als ***Ergebnis des Krieges*** wurde die Sklaverei in den USA verboten. Kein Staat konnte eigenmächtig aus dem Bundesstaat austreten.

Gründe für die Unterlegenheit der Südstaaten

- Die industrielle und demograph. Überlegenheit des Nordens. Der Krieg wurde erstmals mit modernen Waffen und als „totaler" Krieg geführt (Kampf in Schützengräben, Tauchboote mit Torpedos usw.).
- Trotz diplomatischer Anerkennung der Südstaatenkonföderation durch Großbritannien und Frankreich erfolgte keine militärische Intervention von außen. Der Krieg schuf auch die Bedingungen für den Aufstieg der USA als Industriemacht und den Niedergang der agrarischen Südstaaten (Zerstörung von etwa zwei Dritteln des Vermögens in den Südstaaten und zwei Fünfteln des Viehbestandes).

I Verbreitung der Sklaverei und Wirtschaft um 1860

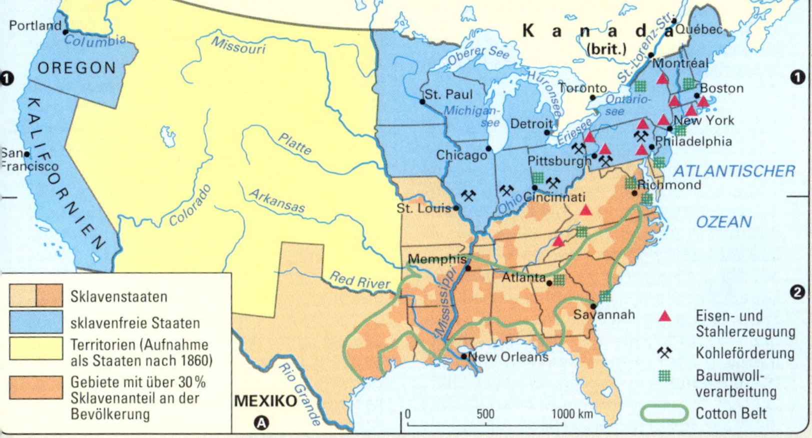

II Der Sezessionskrieg (1861–1865)

Flagge von Uruguay 1830
Diese Flagge ist durch die USA-Flagge und durch die Nationalfarben Argentiniens inspiriert.

Angeregt durch die Ideen der frz. Revolution und begünstigt durch die Schwäche der Kolonialmächte Spanien und Portugal in der napoleon. Zeit entstanden die Unabhängigkeitsbewegungen, die ***zum Zusammenbruch des kolonialen Einflusses in Lateinamerika*** führten. Bereits 1791/1804 gewann als Folge der frz. Revolution die Inselrepublik ***Haiti*** die Unabhängigkeit von Frankreich, während Guayana und die Kleinen Antillen frz. blieben. Die USA schirmten nach dem Wiener Kongress 1815 die neu entstandenen Staaten von jeder Intervention der europäischen Staaten im Zeichen der Restauration (Heilige Allianz) ab und wurden so zur Garantiemacht gegen jede restaurative Einflussnahme der europäischen Mächte (*Monroe-Doktrin 1823).* [→130/131].

Der Weg zur Unabhängigkeit in den spanischen Kolonien
Aus den spanischen Besitzungen in Lateinamerika entstanden zuletzt 18 unabhängige Staaten. Trotz der Unterwerfung der in der napoleonischen Zeit entstandenen Unabhängigkeitsbestrebungen wurde die wieder hergestellte Bourbonenmonarchie in Spanien nicht Herr der Lage in Südamerika. Die Anführer der Aufstandsbewegungen Simón Bolívar und José de San Martín führten den Aufstand von Neugranada im Nordwesten und Buenos Aires im Süden als Zentren des Widerstandes an. Im Winter 1817 gelang es San Martín mit 4000 Mann von La Plata aus über die Anden nach Chile vorzudringen. 1820 kamen der Ausbruch einer Offiziersrevolte im spanischen Expeditionsheer für Lateinamerika in Cádiz und die folgende ***Revolution in Spanien*** (1823 frz. Intervention in Spanien) den Aufständischen zugute. 1821, nach 11 Jahren blutiger Revolutionskämpfe, errang ***Mexiko*** die Unabhängigkeit von Spanien. Im Jahre 1822 war ganz Span.-Amerika von Mexiko bis Buenos Aires, mit Ausnahme des heutigen Boliviens, unabhängig. 1826 wurde die letzte span. Garnison aus Peru vertrieben; nur Kuba und Puerto Rico blieben bis 1898 span. Kolonien. Die fünf mittelamerikanischen Republiken bildeten seit 1821/23 die ***Vereinigten Provinzen Zentralamerikas***, trennten sich aber seit 1838 in fünf Staaten: Guatemala, El Salvador, Honduras, Nicaragua und Costa Rica. Der Plan Bolivars einer Panamerikanischen Union war misslungen.

Unahbhängigkeit Brasiliens von Portugal
Nach einer Phase der Verlagerung des port. Hofes nach Rio de Janeiro in der napoleon. Zeit (1807–1821) vollzog sich die ***Gründung eines selbständigen Brasiliens*** gewaltlos. Brasiliens Unabhängigkeit wurde 1822 von Pedro, Sohn des port. Königs Joao VI., proklamiert. Eher als takt. Geste gegenüber der liberalen Bewegung gedacht, führte es zur tatsächl. Unabhängigkeit des Kaiserreiches Brasilien, das bis zur *Ausrufung der Republik 1889* bestand. ***Strukturelle Probleme*** des Staates waren:
• Keine oder nur begrenzte Kontrolle über weite Gebiete des Landes, so war z.B. das Amazonas-Gebiet weitgehend unerforscht;
• Der Konflikt zwischen Zentralismus und Föderalismus führte zu separatist. Aufständen in den dreißiger und vierziger Jahren des 19. Jh.;
• Heterogene Zusammensetzung der Bevölkerung: Von 7 Mio. Einwohnern waren 3–4 Mio. Sklaven (Sklaverei bis 1888), eine Mio. freie Schwarze und Mulatten, ca. eine Mio. Indianer und eine weiße Oberschicht als Minderheit (ca. 2 Mio.).

Erbe der Kolonialzeit
Charakteristisch war die politische Instabilität der neu entstandenen Staaten in Lateinamerika, in denen die Armee die entscheidende Ordnungsmacht blieb, was oftmals zu Diktaturen in der Form von Militärjunten führte. Die politische und wirtschaftliche Macht hatten die *Kreolen* (Nachfahren der Einwanderer) inne.

Charakteristisch waren große soziale Gegensätze und Latifundienwirtschaft. Die Hacienda (Großgrundbesitz) bestimmte in den Provinzen oftmals das politische und soziale Leben. Die Großgrundbesitzer übten mit autoritärer Gewalt praktisch Regierungsbefugnisse aus, während die Landarbeiter rechtlos blieben und eine echte Mittelschicht fehlte.

1 Jungfern-In. (dän.)
2 Barbuda u. Antigua (brit.)
3 St. Martin (ndl.)
4 Guadeloupe (frz.)
5 Dominica (brit.)
6 Martinique (frz.)
7 St. Vincent u. Grenada (brit.)
8 Barbados (brit.)
9 Aruba u. Curaçao (ndl.)
10 Brit.-Honduras
11 Mosquito-Küste (bis 1860 unter brit. Schutz)
12 St-Pierre und Miquelon (frz.)
Oregon-Gebiet (1846 zu USA)
Louisiana (bis 1800 span., 1800–1803 frz.)
Kanada (brit.)
Québec
Montréal
Neufundland (brit.)
Halifax
Boston
New York
Philadelphia
Washington
Chicago
St. Louis
USA
Missouri
Ohio
Mississippi
Arkansas
Ft. Ross (1811–41 russ.)
San Francisco
Neu-Mexiko (1848 zu USA)
Sta. Fe
Kalifornien
Texas (1836–45 unabhängig)
San Antonio
New Orleans
Charleston
Savannah
Florida (bis 1819 span.)
Bermuda-In. (brit.)
Bahama-In. (brit.)
Mexiko
Rio Grande
Golf von Mexiko
Havanna
Kuba (span.)
Yucatán (1821–68 aut.)
Guadalajara
Mexiko
Querétaro
Veracruz
Chilpancingo
1810/21
Vizekgr. Neuspanien
DOMINIKAN. REP. (1861–69 span.)
1822
Jamaica (brit.)
HAITI
1804
Puerto Rico (span.)
Kleine Antillen
Karibisches Meer
ATLANTISCHER OZEAN
GUATEMALA
1821/39
HONDURAS
1821/39
EL SALVADOR
1821/39
NICARAGUA
1821/38
COSTA RICA
1821/38
Panama
Bolívar 1812
Ca.
Caracas
Trinidad (1797 brit.)
VENEZUELA
Cú.
Bolívar 1818
Angostura
1811/19
Georgetown
Brit.-
Paramaribo
Ndl.-
Frz.-
Cayenne
Guayana
PAZIFISCHER OZEAN
Bogotá
B.
Vizekgr. Neugranada
NEUGRANADA*
1810/19
Orinoco
1859
Rio Negro
Yapura
Quito
P.
1822/30
Guayaquil
ECUADOR
Galápagos-In. (1832 zu Ecuador)
Amazonas
Manaus
Pará (Belém)
Purus
Madeira
Tocantins
Marañón
1821
J.
PERU
Callao
Lima
A.
1821
Cusco
Bolívar 1825
1822
Pernambuco (Recife)
BRASILIEN (bis 1815 port. Vizekgr.) 1815 mit Portugal vereinigtes Kgr. 1822 Ksr.
Bahía (S. Salvador)
San Francisco
BOLIVIEN
La Paz
1825
Arica
Potosí
Chuquisaca (Sucre)
Vizekgr. Peru
Paraguay
Santa Ana (Goyás)
Atacama
1812
S.
Asunción
PARAGUAY
1811
Paraná
São Paulo
Rio de Janeiro
Tucuman
San Martin 1820
LA PLATA**
Belgrano 1810
1810/16
Pôrto Alegre
CHILE
Valparaiso
Ch.
Santiago
1810/18
M.
S. Martin 1817/18
1828
URUGUAY (1821–28 zu Brasil.)
Buenos Aires
Montevideo
Vizekgr. La Plata
Valdivia
Patagonien
Punta Arenas (1843 chilen.)
Feuerland
Kap Hoorn
Malwinen/Falkland-In. (1833 brit., von Argentinien beansprucht)
* seit 1863 „KOLUMBIEN"
** seit 1826 „ARGENTINIEN"
Bedeutende Schlachten im Unabhängigkeitskampf
A. Ayacucho 1824
B. Boyacá 1819
Ca. Carabobo 1821
Ch. Chacabuco 1817
Cu. Cúcuta 1813
J. Junín 1824
M. Maipú 1818
P. Pichincha 1822
S. Salta 1812
Grenzen der spanischen Vizekönigreiche Neuspanien, Neugranada, Peru und La Plata vor 1810
Hauptrichtung der Befreiungskriege
1811 Jahr der Unabhängigkeit
Großkolumbien 1819–30
Zentralamerika 1821–38
Haiti, 1822–1844 den Ostteil der Insel umfassend
USA 1800/1819
Erwerbungen der USA 1845–53
0 500 1000 1500 2000 km

Radschiff „Savannah", 1819
Schiffe, die als erstes Transportmittel Dampfmaschinen als Antrieb nutzten, verkürzten seit 1825 die Reisezeiten im Überseeverkehr in die Kolonien erheblich. Auch wenn ab 1835 Schiffsschrauben in Gebrauch kamen, waren Überseedampfer noch bis ca. 1890 zusätzlich mit Stützsegeln ausgestattet.

In der Epoche des Frühimperialismus (1815–1881) waren noch Handels- und geostrategische Interessen und die Suche nach Siedlungsraum entscheidende Motive der Kolonialmächte. So ist das in dieser Phase zunächst nachlassende Interesse an Afrika durch die Einschränkung und schließlich das *Verbot des Sklavenhandels seit 1815* erklärbar. Zu diesem Zeitpunkt hatten einige alte Kolonialmächte an Bedeutung verloren (Portugal, Spanien), während Frankreich als Verlierer des 18. Jh. einen zweiten kolonialen Anlauf nahm. Großbritannien hingegen erwies sich als kontinuierliche Macht des „klassischen" Kolonialzeitalters wie der Epoche des Imperialismus des 19. Jahrhunderts.

Entwicklung der Kolonialreiche in der ersten Hälfte des 19. Jahrhunderts

Großbritannien wurde durch den Wiener Kongress (1815) als *führende See- und Handelsmacht* bestätigt. Das vor allem an den Interessen eines Seereiches orientierte brit. Empire war in allen Phasen des Kolonialismus entstanden. Anfang des 19. Jahrhunderts nach der Unabhängigkeit der USA wurden neue Siedlungskolonien in Besitz genommen: 1806/14 Kapkolonie, seit 1788 Neusüdwales in Australien (zunächst als Sträflingskolonie) u. 1814/40 Neuseeland. Andere koloniale Erwerbungen dienten der Sicherung der Seehandelswege: Singapur (1819), dessen Freihafen sich dank seiner günstigen strateg. Lage zu einem Knotenpunkt des britischen Weltreiches entwickelte, die Falkland-Inseln (1833) und Aden (1839); auch konnten die Stüzpunkte zur Erschließung neuer Märkte (Hongkong 1842) dienen. Mit der brit. Durchdringung Indiens, das sich zum Kernstück des Empire entwickelte, begann die europ. Herrschaft über hochentwickelte asiat. Gesellschaften. Im Gegensatz zu Großbritannien suchte ***Frankreich*** eine Wiederbelebung seines Kolonialreiches in Westafrika und im südl. Pazifik (1831 *Gründung der Fremdenlegion*). 1830 erfolgte die Besetzung von Algier, das zur bedeutenden frz. Siedlerkolonie wurde; dies trieb auch einen Keil in die einheitliche islam. Länderkette in Nordafrika. Auch besaß Frankreich seit dem Feldzug Napoleons verstärktes Interesse an Ägypten.

Russland, seit Ende des 18. Jahrhunderts Vormacht am Schwarzen Meer, betrieb seine koloniale Ausdehnung nach Süden (Meerengenpolitik) durch Gebietsgewinne auf Kosten des geschwächten Osmanischen Reiches. Nach dem *Russ.-Türk. Krieg* 1828/29 erhielt Russland im Frieden von *Adrianopel* das Donaudelta als Ausgangspunkt der Expansionspolitik auf dem Balkan. Russlands Expansion im Mittleren Osten schob die Grenze gegen Persien, Indien und China vor [→108/109].

Das ***Osmanische Reich*** erlitt als Kolonialmacht in Europa mit der *Unabhängigkeit Griechenlands* (1829/30) einen ersten schwerwiegenden Verlust und sah sich mit einem wachsenden *Nationalgefühl der Balkanvölker und der Araber* konfrontiert (1939/40 Krieg mit dem Statthalter und Vizekönig von Ägypten) [→156/157].

Die ***Niederlande*** besaßen im Malaiischen Archipel wichtige Kolonien, die auf den Gewürzhandel der Ostindischen Handelskompanie seit dem 17. Jh. zurückgingen. Von den Briten in der napoleon. Zeit übernommen und nach dem Wiener Kongress 1816 zurückgegeben, entwickelten sie sich zum Kern eines großen Kolonialreiches (Niederländisch-Indien).

Durch die Unabhängigkeitsbewegungen in Lateinamerika unter dem Schutz der USA ging der riesige Kolonialbesitz ***Portugals*** und ***Spaniens*** in Südamerika verloren. Spanien verblieb als Kolonialmacht der pazifische Besitz (Philippinen, Karolinen, Marianen). Portugal versuchte in Angola (Expansion seit 1836) und in Mosambik, wo vor 1831/34 seine wichtigsten Sklavenhandelszentren lagen, sein Kolonialreich in Afrika auszubauen.

Mit dem Sieg über Tibet (um 1720) und mit der Eroberung des Dsungaren-Khanats (1759) erreichte der ***chin. Vielvölkerstaat*** (Mandschu-Reich) seine größte Ausdehnung.

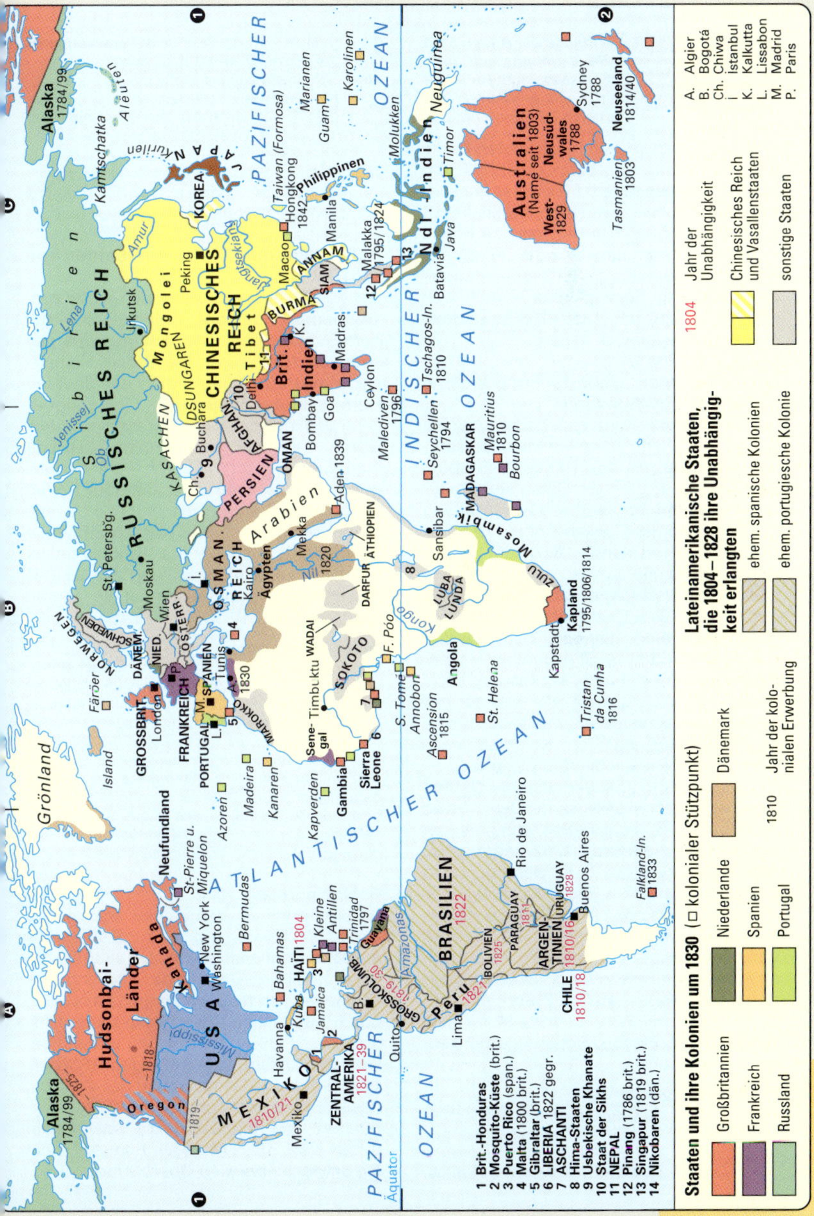
Staaten und ihre Kolonien um 1830 (□ kolonialer Stützpunkt)
Großbritannien
Frankreich
Russland
Niederlande
Spanien
Portugal
Dänemark
1810 Jahr der kolonialen Erwerbung
Lateinamerikanische Staaten, die 1804–1828 ihre Unabhängigkeit erlangten
ehem. spanische Kolonien
ehem. portugiesische Kolonie
1804 Jahr der Unabhängigkeit
Chinesisches Reich und Vasallenstaaten
sonstige Staaten
A. Algier
B. Bogotá
Ch. Chiwa
I istanbul
K. Kalkutta
L. Lissabon
M. Madrid
P. Paris
1 Brit.-Honduras
2 Mosquito-Küste (brit.)
3 Puerto Rico (span.)
4 Malta (1800 brit.)
5 Gibraltar (brit.)
6 LIBERIA 1822 gegr.
7 ASCHANTI
8 Hima-Staaten
9 Usbekische Khanate
10 Staat der Sikhs
11 NEPAL
12 Pinang (1786 brit.)
13 Singapur (1819 brit.)
14 Nikobaren (dän.)
PAZIFISCHER OZEAN
ATLANTISCHER OZEAN
INDISCHER OZEAN
RUSSISCHES REICH
CHINESISCHES REICH
OSMAN. REICH
USA
BRASILIEN
Australien

*Die **Flagge der British East India Company seit 1801** war nahezu identisch mit den Kontinentalfarben der späteren USA von 1775.*

Indien entwickelte sich in der ersten Hälfte des 19. Jh. zum Kernstück des britischen Empire. Die besondere Flexibilität britisch-imperialer Politik zeigte sich in der Vielfalt an Vertragsformen beim Ausbau der Macht in Indien durch direkte oder informelle Herrschaft etwa durch Vertragsbindungen der indischen Fürstentümer. Durch den *Bau des Suezkanals* (1859–1869) verkürzte sich der Seeweg nach Indien.

Entwicklung der Beherrschung Indiens bis zum Sepoy-Aufstand

Die Brit. Ostind. Kompanie hatte zunächst von Hafenstützpunkten wie Madras, Bombay und Kalkutta aus Handel betrieben. Seit 1755 verfolgten die Briten eine Politik der Unterwerfung, wobei Hunderte von scheinautonomen Fürstenstaaten bestehen blieben (562 im Jahre 1947). Im 18. Jh. setzte sich Großbritannien gegen die Kolonialmächte Portugal und die Niederlande durch. Nach dem Siebenjährigen Krieg war auch ***Frankreich***, das nach dem ***Frieden von Paris 1763*** seine Stützpunkte (Tschandernagar, Karikal, Mahé, Pondichéry) nicht mehr militär. befestigen durfte, aus der ind. Politik ausgeschaltet. Als Reste des ehem. großen portugiesischen Kolonialreiches blieben Goa, Daman und Diu bestehen.

Im späten 18. Jh. übernahm die ***Ostind. Kompanie*** nach Konflikten mit dem *Nawab* (Statthalter des Mogulherrschers) nach der ***Schlacht von Plassey 1757*** schrittweise die direkte Herrschaft in Bengalen. Die Kompanie nahm nun Regierungsfunktionen unter der Aufsicht eines Generalgouverneurs wahr *(1773 Regulation Act)*. In der Zeit vor dem Sepoy-Aufstand kam es im Zeichen der *„Pax Britannica"* (Friedensperiode unter brit. Herrschaft) zu Reformen (z. B. 1829 Verbot der Witwenverbrennung) und zur Einführung techn. Neuerungen (Eisenbahn, Telegraphen).

Brit. Eroberungen bis 1850

1816/1818 ***3. Marathenkrieg:*** Endgültiger Sieg über die Marathen-Konföderation: Gebietsgewinne in Nord-Indien und Bindung der Marathenstaaten durch Verträge; Großbritannien wird damit unbestrittene Vormacht auf dem indischen Subkontinent.

1816 Schutzverträge mit Nepal dienen der Sicherung Indiens im Norden, es folgen Sikkim (1817), Buthan (1864). Das Eindringen brit. Truppen in Tibet 1903/04 dient dem gleichen Ziel.

1849 Eroberung des Sikh-Reiches als neuer Provinz von Brit.-Indien mit der Annexion des Punjab (Pandschab).

Bedeutung des Sepoy-Aufstandes von 1857/58

Der einjährige *Sepoy-Aufstand** wurde zum Wendepunkt der brit. Kolonialpolitik auf dem Subkontinent, wie sich im ***Indiengesetz von 1858*** zeigte. Die Ostind. Kompanie wurde aufgelöst, Indien der direkten Herrschaft durch einen brit. Generalgouverneur als Vertreter des brit. Königs unterworfen – Königin Victoria nahm 1876 den Titel ***Kaiserin von Indien*** an – und der abgesetzte Mogulherrscher Bahadur Schah wurde nach Burma verbannt (Ende der seit 1526 dauernden Mogulherrschaft). Auch beschränkte sich die brit. Kolonialpolitik nunmehr auf reine Verwaltung des Landes und verzichtete auf Eingriffe in die inneren Angelegenheiten.

Sepoy-Aufstand
Der einjährige Aufstand brach unter indischen Kolonialtruppen (sog. Sepoy-Soldaten) im Dienst der Ostind. Kompanie aus. Da Auslöser die Einführung einer angeblich mit Tierfett eingeschmierten Munition war, kann er als Reaktion auf die kulturelle Einflussnahme Großbritanniens in Indien gewertet werden. Da sich die Erhebung auf ein regional begrenztes Gebiet in Nordost- und Mittelindien beschränkte, gelang es den Briten, sie mit Hilfe der Sikhs aus dem Punjab (Pandschab) und der nepalesischen Gurka-Truppen niederzuschlagen.

Entwicklung bis 1914

Seit Ende 19. Jh. gab es eine wachsende ind. Nationalbewegung, die zur Bildung des ***Indischen Nationalkongresses*** 1885 führte. Die brit. Politik zielte auf eine Sicherung Indiens gegen das russ. Vordringen im Norden durch Ausdehnung des Einflusses auf Afghanistan (1890/93 Eroberung der afghan. Grenzprovinzen). In drei Kriegen (1838/42, 1878/81 und 1919) scheiterte der Versuch, das schwer zugängliche Bergland Afghanistans Brit.-Indien anzugliedern. Nach einem dritten Krieg 1885/86 gegen Burma erfolgte die britische ***Annexion Oberburmas.***

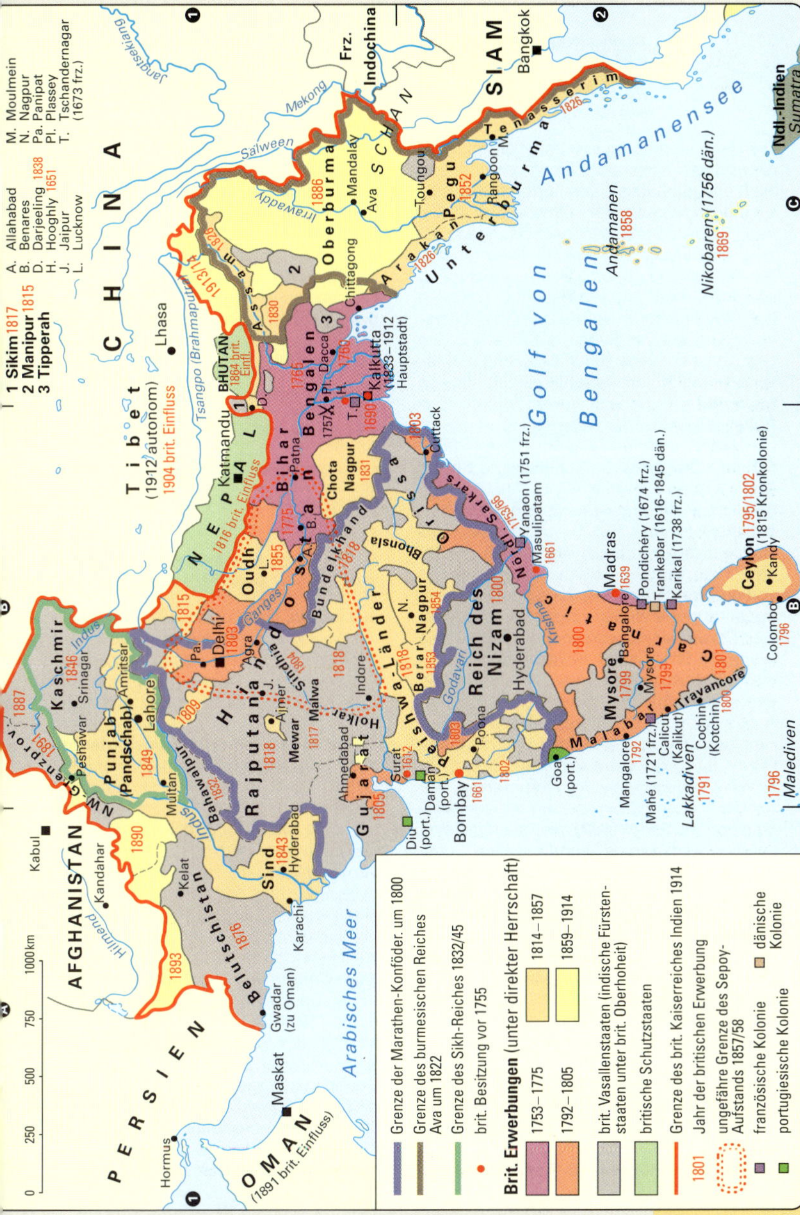

1 Sikim 1817
2 Manipur 1815
3 Tipperah
A. Allahabad
B. Benares
D. Darjeeling 1838
H. Hooghly 1651
J. Jaipur
L. Lucknow
M. Moulmein
N. Nagpur
Pa. Panipat
Pl. Plassey
T. Tschandernagar (1673 frz.)
CHINA
Tibet (1912 autonom) 1904 brit. Einfluss
Lhasa
BHUTAN 1864 brit. Einfl.
NEPAL 1816 brit. Einfluss
Katmandu
Frz. Indochina
SIAM
Bangkok
SCHAN
Mekong
Salween
Irrawaddy
Jangtsekiang
Tsangpo (Brahmaputra)
Assam 1826
1913/14
Oberburma 1886
Mandalay
Ava
Toungou
Pegu 1852
Rangoon
Unterburma
Arakan 1826
Menasserim 1826
Chittagong
Dacca
Kalkutta (1833–1912 Hauptstadt)
Bengalen 1765
Bihar
Patna
Chota Nagpur 1831
Orissa
Cuttack 1803
Nördl. Sarkars 1753/66
Yanaon (1751 frz.)
Masulipatam 1661
Madras 1639
Pondichéry (1674 frz.)
Trankebar (1616–1845 dän.)
Karikal (1738 frz.)
Ceylon 1795/1802 (1815 Kronkolonie)
Kandy
Colombo 1796
Andamanensee
Andamanen 1858
Nikobaren (1756 dän.) 1869
Ndl.-Indien
Sumatra
Golf von Bengalen
Oudh 1855
Ganges
Hindostan
Delhi 1803
Agra
Bundelkhand 1818
Bhonsla
Nagpur 1854
Berar 1853
Reich des Nizam 1800
Hyderabad
Godavari
Krishna
Mysore 1799
Bangalore
Malabar 1792
Mangalore
Mahé (1721 frz.)
Calicut (Kalikut)
Cochin (Kotchin)
Travancore 1809
Goa (port.)
Lakkadiven 1791
Malediven 1796
Peischwa-Länder 1818
Poona 1803
Bombay 1661
Surat 1612
Daman (port.)
Diu (port.)
Gujarat 1805
Ahmedabad
Holkar
Indore
Malwa 1817
Sindhia 1804
Mewar
Ajmer
Rajputana 1818
Bahawalpur 1832
Kaschmir 1846
Srinagar
Punjab (Pandschab) 1849
Lahore
Amritsar
Multan
Peshawar
NW-Grenzprov. 1891
1887
Indus
Sind 1843
Hyderabad
Karachi
Belutschistan 1876
Kelat
1890
1893
AFGHANISTAN
Kabul
Kandahar
Hilmend
PERSIEN
Hormus
Gwadar (zu Oman)
Maskat
OMAN (1891 brit. Einfluss)
Arabisches Meer
0 250 500 750 1000 km
Grenze der Marathen-Konföder. um 1800
Grenze des burmesischen Reiches Ava um 1822
Grenze des Sikh-Reiches 1832/45
brit. Besitzung vor 1755
Brit. Erwerbungen (unter direkter Herrschaft)
1753–1775
1792–1805
1814–1857
1859–1914
brit. Vasallenstaaten (indische Fürstenstaaten unter brit. Oberhoheit)
britische Schutzstaaten
Grenze des brit. Kaiserreiches Indien 1914
1801 Jahr der britischen Erwerbung
ungefähre Grenze des Sepoy-Aufstands 1857/58
französische Kolonie
portugiesische Kolonie
dänische Kolonie

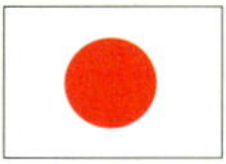

Japan. Flagge 1854 *(links)* ***Chines. Flagge vor der Revolution 1911/12***

Die Herausforderung des Imperialismus beantworteten China und Japan verschieden. Während das *Reich der Mitte* sich gegen europ. Einfluss sperrte, öffnete sich Japan nach einer strikten Abschottungspolitik westl. Einflüssen und machte einen rapiden *Modernisierungsprozess* durch. Japan stieg so zur Kolonial- und Großmacht in Ostasien auf, China hingegen wurde zum Objekt kolonialer Einflüsse und von der Küste und den Grenzen her längs der Flüsse in *Einflusssphären* der Kolonialmächte geteilt, die sich gegenseitig in Schach hielten und so eine Aufteilung Chinas verhinderten.

Opium – Der britische Schlüssel zu China

China, dessen Bevölkerung bis 1850 auf ca. 430 Mio. anstieg, war einerseits größter Wirtschaftsraum des 19. Jh., andererseits als Handelspartner trotz der seit dem 16. Jh. bestehenden europ. Handelsniederlassungen von geringer Bedeutung, da europ. Produkte in China generell als minderwertig galten. Der *Opiumhandel* von Indien nach China durch die Brit. Ostind. Kompanie stellte die erste Importware dar, die den chin. Markt überschwemmte und die innere soziale Ordnung nachhaltig erschütterte. Nach der Vernichtung von 20 000 Kisten Opium durch einen Sonderbevollmächtigten des chin. Hofes 1840 kam es zum ***Opiumkrieg***, der mit der Niederlage Chinas und mit dem ***Vertrag von Nanking (1842)*** als erstem der sog. *„ungleichen Verträge“* endete. China wurde nun zur Öffnung wichtiger Häfen und zur Abtretung Hongkongs gezwungen. Der ***Zweite Opiumkrieg (1856–60)*** endete im ***Friedensschluss von Peking*** mit der Zahlung einer hohen Kriegsentschädigung und der endgültigen Öffnung des chin. Marktes (und weiterer Häfen). Russland erhielt 1858/60 das chin. Amurgebiet (Gründung von Wladiwostok).

Nach dem ***Chin.-Jap. Krieg (1894 bis 1895)***, der zur Abtretung Taiwans und der Pescadores-Inseln an Japan führte, *(Frieden von Schimonoseki 1895)*, schlossen 1898 Russland (Port Arthur), Frankreich (Kwangschouwan), Deutschland (Kiautschou) und Großbritannien (Weihaiwei) Pachtverträge für weitere Häfen ab. Die 1899 von den USA erklärte *Politik der offenen Tür* führte zur Öffnung Chinas als gemeinsamem Markt der Kolonialmächte

Erschütterung der Ordnung Chinas

Der ***Taiping-Aufstand (1850–64)*** in Zentral- und S-China war Symptom einer inneren Destabilisierung. Die religiös und sozial motivierte Taiping-Bewegung forderte die Abschaffung des Privatbesitzes und die Gleichberechtigung von Mann und Frau. Ihre blutige Niederschlagung kostete ca. 20 Mio. Menschenleben und verstärkte die äußere Abhängigkeit Chinas.

Der Boxer-Aufstand 1900/01

Die „Faustkämpfer für Recht und Einigkeit“, im Westen als „Boxer“ bezeichnet, waren eine religiös motivierte Bewegung in den Nordprovinzen gegen christliche Missionierung und europ. Einfluss. Nach der Ermordung eines deutschen Gesandten kam es zur Entsendung eines Expeditionsheeres aus acht europäischen Staaten. 1901 musste China das *Boxerprotokoll* unterzeichnen, das u. a. eine hohe Kriegsentschädigung und das Verbot fremdenfeindlicher Aktionen enthielt.

In der ***Chin. Revolution (1911/12)*** errang die nat. Volkspartei die Macht mit der Ausrufung der Republik und der Abdankung des letzten Kaisers Pu Yi. – Tibet und die Äußere Mongolei wurden unabhängig bzw. autonom.

Japan und die europ. Herausforderung

Nach der Landung der Amerikaner (1853) in Edo (Tokio) kam es auch mit Japan zu den ersten „ungleichen“ Verträgen. Allerdings schuf die ***Meji-Zeit (1868–1912)*** durch umfassende soz. und polit. ***Modernisierung Japans*** (Abschaffung des Feudalismus, Verwaltungs- und Militärreform, Verfassung) eine Voraussetzung zur Behauptung gegenüber kolonialen Einflüssen. Japan stieg selbst zur Hegemonialmacht in Ostasien auf. Im ***Jap.-Chin. Krieg (1894/95)*** zeigte sich die militär. Überlegenheit Japans. Im ***Russ.-Jap. Krieg (1904/05)*** kam es zu jap. Siegen zu Land in der *Schlacht von Mukden* und zu Wasser in der *Seeschlacht von Tsushima*. Russland musste große Teile der Mandschurei räumen, trat Südsachalin an Japan ab, übertrug Pachtverträge etwa in Port Arthur an Japan und erkannte die japanische Hegemonie in Korea an (seit 1910 jap. Kolonie).

Taiping-Aufstand 1850–64
Boxer-Aufstand 1900/01
Schlacht im Russ.-Japan. Krieg 1904/05
1 Port Arthur (1898 russ., 1905 japan.)
2 Weihaiwei (1898 brit.)
3 Kwangschouwan (1898 französ.)
Chinesisches Reich
chinesische Vasallenstaaten (19. Jh.)
Japan um 1867/1905
Koloniale Besitzungen 1842/1912 und Interessensgebiete 1900/1912
britisch
französisch
russisch
deutsch
japanisch
USA
portugiesisch
kolonialer Stützpunkt
Vertragshäfen
1842
später
Eisenbahn 1912
PAZIFISCHER OZEAN
JAPAN
KSR.
KSR. RUSSLAND
KSR. CHINA
(1912 Rep.)
Mandschurei
(1900–1905 russ. besetzt)
Äußere Mongolei
(1911 autonom)
Innere Mongolei
Sinkiang
(Ostturkestan)
Tibet
(1912 autonom)
Inner-Tibet
Dsungarei
Kansu
Yünnan
Fukien
Jehol
Korea
Seoul
(1905/10 jap.)
Sachalin
(1875 russ.)
(1905 jap.)
Kurilen
(1875 jap.)
Hokkaido
Hondo
Tokio
Bonin-Inseln
(1876 jap.)
Riu-Kiu-Inseln
(1876 jap.)
Taiwan (Formosa)
(1895 jap.)
Pescadores-In.
(1895 jap.)
Philippinen
(span., 1898 USA)
Manila
Hongkong
(1842 brit.)
Macao
(port.)
Hainan
Tonking
(1883 frz.)
Annam
Laos
(1893 frz.)
Frz.-Indochina (Union 1887)
KGR. SIAM
Ober-Burma
Burma
(1886 brit.)
Pegu
Arakan
Rangun
Brit.-Indien
Hindostan
Bengalen
NEPAL
BHUTAN
Assam
Kaschmir
(1846 brit.)
Pamir
(1895 russ.)
Fergana
(1876 russ.)
Siebenstromland
(1847 russ.)
Kuldscha
(1871–81 russ.)
Urjanchai-Geb.
(1914 russ. Prot.)
Altai-Gebiet
Amur-Gebiet
(1858 russ.)
Transbaikalien
KASACHEN
Transsibir. Eisenbahn
Japanisches Meer
Gelbes Meer
Ostchines. Meer
Südchines. Meer
Peking
Tientsin
Nanking
1842
Shanghai
Ningpo
Futschou
Amoy
Kanton
Hankou
Wutschang
1911 Revolution
Hsian
Lantschou
Tschungking
Kunming
Hanoi
Hue
Mandalay
Ava
Lhasa
Kalkutta
Dacca
Benares
Delhi
Agra
Khatmandu
Kiautschou
(1898 dt.)
Harbin
Mukden
Wladiwostok
1860
Chabarowsk
1858
Aigun
Nikolajewsk
1851
Nertschinsk
Kjachta
Urga
Irkutsk
Krasnojarsk
Tomsk
Omsk
Barnaul
Semipalatinsk
Akmolinsk
1832
Werny
1854
Kaschgar
Urumtschi
Nagasaki
1855
Schimonoseki
1895
Kobe
Osaka
Jokohama
1859
Schimoda
1855
Hakodate
1855
Niigata
Tsushima
Große Mauer
Huang He
Kaiser-Kanal
Jangtsekiang
Mündung bis 1852
Hsikiang
Mekong
Salween
Brahmaputra
Tsangpo
Ganges
Indus
Tarim
Lop-nor
Ili
Issyk-kul
Balchaschsee
Irtysch
Ob
Jenissej
Lena
Baikal-See
Amur
Ussuri
Grenze von 1689
0 500 1000 km

Flagge von Liberia (1847)
Die Gründung Liberias als Heimstatt ehemal. Sklaven aus den USA spiegelt sich auch in der deutlichen Anlehnung an die Flagge der Vereinigten Staaten wider.

Der Sklavenhandel in Afrika war in den arab. beeinflussten Gebieten noch intensiv (Ostafrika, Ostsudan), ansonsten wurde er durch das Verbot des Handels mit Sklaven (seit 1807/15) und der Sklaverei immer mehr zurückgedrängt, bis um 1860 auch der letzte heimliche Menschenhandel vor allem durch Großbritannien unterbunden wurde. Dies brachte ein Nachlassen des Interesses der meisten Kolonialmächte an Afrika mit sich. Während Dänen und Niederländer ihre Faktoreien aufgaben, begann ***Frankreich*** seit 1830 mit der Besetzung Algeriens ein neues Kolonialreich mit Schwerpunkt in Nord- und Westafrika aufzubauen (Senegambien, Gabun, Elfenbeinküste). Nach der Eröffnung des Suezkanals 1869 erfolgte eine Verlagerung des Interesses ***Großbritanniens*** nach Nordostafrika, das 1882 zur Besetzung Ägyptens führte. – Eine Sonderrolle spielte das mit Unterstützung der US-Regierung zur Ansiedlung von Afroamerikanern 1822 an der afrikanischen Westküste gegründete ***Liberia*** (1847 Unabhängigkeit).

Die Erforschung Afrikas und die Krise der innerafrikanischen Reiche

Das innere Gebiet Afrikas war zu Beginn des 19. Jh. Europäern weitgehend unbekannt. Die 1788 in London gegr. *"African Association"* förderte die Erforschung des „dunklen Kontinents". Bei ***Entdeckungsreisen**** durch Afrika machten viele Regionen im Innern zum erstenmal Bekanntschaft mit Europäern. Auch Missionare drangen über die Grenzen der europ. Niederlassungen hinaus vor.

Es gab Anzeichen der Schwäche der ***zentralafrikan. Reiche***, so etwa der Luba- und Lunda-Staaten, die von durch Feuerwaffen militär. überlegenen Eindringlingen bedrängt wurden und deshalb starke territoriale Einbußen hinnehmen mussten. In die afrikan. Waldländer drangen arab. Sklavenjäger aus Ostafrika ein. Afrikan. Häuptlinge schlossen deshalb Schutzverträge mit Briten, Belgiern und Deutschen ab.

Entdeckungsreisen durch Afrika

1795–1806 Mungo ***Park*** erkundet den Niger und gelangt bis südwestlich von Sokoto.
1828 René ***Callié*** erreicht Timbuktu.
1849–56 Der schott. Arzt und Missionar David ***Livingstone*** erforscht von der Kapkolonie aus das Sambesi-Gebiet u. findet 1867–73 die Quellflüsse und-seen des Kongo.
1850–55 Heinrich ***Barth*** erforscht die Geschichte, Sprachen und Kulturen des mittleren Sudan.
1861–63 John H. ***Speke*** und James A. ***Grant*** lösen das Rätsel um die Quellen des Nils.
1869–74 Gustav ***Nachtigal*** erforscht unbekannte Teile der Sahara und des östlichen Sudan.
1876/77 Henry Morton ***Stanley*** entdeckt den bis dahin völlig unbekannten Kongo-Mittellauf .

Briten und Buren in Südafrika

Die Niederlassung der Ndl. Ostindischen Kompanie am Kap der Guten Hoffnung (1652) entwickelte sich zur Siedlerkolonie (ndl., deutsche und frz. Einwanderer) der *Buren* (ndl. *boeren = Bauern)*, die sich als Sklaven haltende Farmer- und Händlergesellschaft herausbildete. Beim Vorstoß über den Großen Fisch-Fluss (1760) trafen die Siedler auf das Volk der Xhosa, gegen die mehrere verlustreiche Kriege geführt wurden (sog. *„Kaffern-Kriege"*). Nach der brit. Besetzung der Kapkolonie 1806 erfolgte 1814 deren Abtretung an Großbritannien. Von den folgenden Reformen war vor allem die Abschaffung der Sklaverei (1833/34) einschneidend, da sie großen Teilen der bur. Bevölkerung die Lebensgrundlage entzog. 1835–44 verließen die Buren im *Großen Treck* die Kapkolonie. Es folgte die Gründung der freien Burenrepublik ***Natal*** (1837/38), die 1843 von den Briten annektiert wurde. Trotz der Proklamation der Rassengleichheit wurde die Errichtung von Reservaten für die Zulu zum Grundstein für die „Rassen"-Trennungspolitik. Der ***Oranje-Freistaat***, seit 1842/46 ein lockerer Zusammenschluss der Buren zwischen Oranje und Vaal, wurde 1854 gegründet. Die Entdeckung von Diamanten 1870 in Kimberley führte zu Konflikten mit der brit. Kolonialregierung, die das Gebiet 1871 annektierte.

Zwischen Vaal und Limpopo entstanden weitere *Transvaalrepubliken* der Buren, die sich 1852/58 zur ***Südafrikanischen Republik (Transvaal)*** mit der Hauptstadt Pretoria zusammenschlossen. Die jahrzehntelangen Kämpfe gegen die Zulu, Basuto, Betschuanen und Xhosa („Kaffern") endeten erst in den achtziger Jahren des 19. Jahrhunderts.

Entdeckungsreisen
Park (brit.)
Caillié (französ.)
Livingstone (brit.)
Barth (deutsch)
Speke und Grant (brit.)
Stanley (brit.)
Nachtigal (deutsch)
OSMANISCHES REICH
Algerien 1830/48
Tunis
Tripolis
Ägypten (1811 Vizekgr.)
MAROKKO
Sahara
TUAREG
Ägypt. Sudan 1820
ÄTHIOPIEN
SOKOTO-REICH (FULBE)
BORNU
WADAI
BAGIRMI
MOSSI
ASCHANTI
H. Omars Reich
KAFFA
ZANDE-REICH
BUGANDA
KUBA
LUBA-REICH
LUNDA
BAROTSE-REICH
MATABELE-REICH
TRANS-VAAL
ORANJE
Kapkolonie 1795/1806/1814
Angola
Mosambik
SANSIBAR
MADAGASKAR
ATLANTISCHER OZEAN
INDISCHER OZEAN
Osmanisches Reich
afrikanische Reiche
Europäische Besitzungen um 1880
britisch
französisch
portugiesisch
spanisch
Buren-Staaten
D. Dakar 1867
1 Obok (1862 frz.)
2 RWANDA
3 BURUNDI
4 Basutoland (1868 brit.)
5 Elfenbeinküste

Buren
burisches Siedlungsgebiet vor 1836
„Großer Treck" 1835–1844
Burenstaaten seit Mitte 19. Jahrhundert
zeitweilige Burenstaaten
Britischer Besitz
Anfang 19. Jahrhundert
Mitte 19. Jahrhundert
um 1880
1866 Jahr der britischen Besitzergreifungen
Diamanten (1870 entdeckt)
Groß-Namaland
Kalahari
BETSCHUANEN
SÜDAFRIKAN. REP. (TRANSVAAL) 1852/58/60
ORANJE-FREI-STAAT 1854
Basutoland 1868
Natal 1843
Kapkolonie 1847
Transkei 1879
Brit. Kaffraria 1866
Kapstadt 1795/1806/1814
1 Nieuwe Republiek 1884
B. Bloemfontein

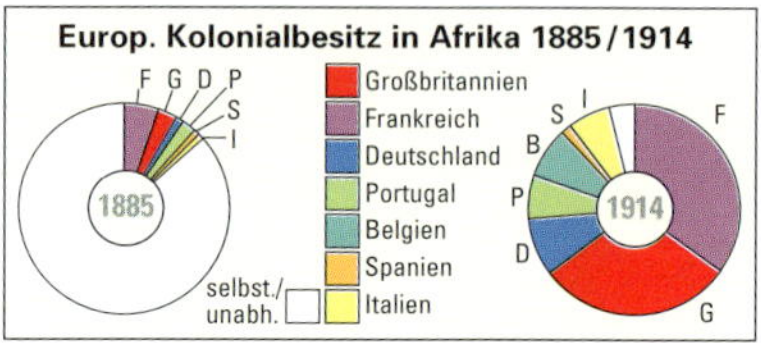

In der Phase des „Hochimperialismus“ erfolgte die Aufteilung Afrikas als rücksichtsloser Akt der polit. Einschmelzung hunderter staatenähnlicher Gebiete und Stammesherrschaften auf bloße vierzig unter willkürl. Grenzziehung. Es war eine einzigartige zeitl. konzentrierte Enteignung eines ganzen Kontinents. Betroffen waren sowohl das islam. Nordafrika als auch Schwarzafrika südlich der Sahara. Die Entdeckung von Diamantenvorkommen (1870) und Goldlagerstätten (1886) in Südafrika verwandelte Afrika in ein kapitalist. Wachstumszentrum, einen Magneten für internationales Kapital, und festigte zugleich die weiße Vorherrschaft weiter.

Die Teilung Afrikas

Am Vorabend der Aufteilung des Kontinents waren allein Südafrika (seit 1652) und Algerien (seit 1830) größere europ. Kolonisationsgebiete. Die Aufteilung begann mit der frz. Besetzung von Tunis (1881) und der brit. Besetzung Ägyptens (1882). ***Großbritannien***, das nach dem Bau des Suezkanals vor allem Interessen in NO-Afrika besaß, baute seine Herrschaft ausgehend von Ägypten und dem Kapland aus *(“from Cape to Cairo”)*. Schrittweise gelang der Ausgleich mit ***Frankreich***, das in West- u. Zentralafrika ein riesiges Kolonialreich in Besitz nahm, zu dem allerdings auch die menschenleere Sahara gehörte, und eine frz. Achse vom Atlantik zum Ind. Ozean anstrebte. Nach der ***Faschoda-Krise 1898***, in der sich am Weißen Nil brit. und frz. Truppen gegenüber standen, wurde im ***Sudan-Vertrag*** 1899 der Sudan in eine brit. und eine frz. Einflusszone geteilt. In der ***Entente Cordiale (1904/05)*** erkannten Großbritannien und Frankreich wechselseitig die Vorherrschaft in Marokko (frz.) und Ägypten (brit.) an.

Die ***Berliner Kongokonferenz*** legte in der ***Kongoakte (1885)*** die Spielregeln für die koloniale Durchdringung Afrikas fest: Staaten sollten nur noch Anspruch auf Gebiete erheben können, die sie auch tatsächlich in Besitz nahmen. Dies löste jene Kettenreaktion aus, die zur restlosen Aufteilung Afrikas führte.

In Schwarzafrika konnten sich zunächst die jungen Kolonialmächte ***Belgien*** (Kongogebiet) und ***Deutschland*** mit Kamerun, Togo, Dt.-Südwestafrika (1884) und Dt.-Ostafrika (1885) große Gebiete sichern. Verträge untereinander verpflichteten die Mächte zur gegenseitigen Anerkennung von Kolonien, Protektoraten und Einflusssphären. – ***Italien*** suchte zunächst in Eritrea (1882/90) und dann in Somalia eine terr. Ausdehnung in Ostafrika. Die Eroberung Äthiopiens allerdings scheiterte nach der vernichtenden Niederlage in Adua (1896) gegen äthiop. Truppen. Nach der Einigung mit Frankreich über Einflusssphären in Nordafrika (1900) besetzte Italien 1911/12 nach dem ***Italien.-Türk. Krieg*** Libyen. Die einzigen afrikan. Länder, die unabhängig blieben, waren das christl. Ksr. ***Äthiopien*** und die unter amer. Schutz stehende Rep. ***Liberia***. Aufstände gegen die europäische Herrschaft* wurden blutig unterdrückt.

Wichtige Aufstände gegen die europ. Herrschaft: Algerien (1871); Ägypten(1882); Mahdi im Sudan (1882/85–1899); Südrhodesien (1893/96); Angola (1902); Zulu-Aufstand (1907); Nama (abschätzig *„Hottentotten“* genannt) und Hereros in Deutsch-Südwest-Afrika (1904/07).

Der Burenkrieg

Der Burenkrieg (1899–1902) entstand aus Konflikten zw. dem brit. Kapland und den freien Burenstaaten. Großbritannien bestand auf vollem Stimmrecht der brit. Einwohner in den Burenrepubliken, die vor allem in den Goldgräbergebieten wie Johannesburg die weiße burische Bevölkerung zahlenmäßig übertrafen. Nach der ***brit. Annexion des Oranje-Freistaates und Transvaals (Okt. 1899)*** gingen die Buren zum Guerillakampf über. Die Briten antworteten mit der Taktik der verbrannten Erde und der Einrichtung von Internierungslagern auch für Frauen und Kinder, in denen von 200 000 Inhaftierten 25 000 starben. 1902 wurden die Burenrepubliken offiziell annektiert; ***1910*** erfolgte die Gründung der ***Südafrikanischen Union***. Die Einigung der Buren und Briten erfolgte vor allem auf Kosten der Nichtweißen, die sich von nun an einer strikten Rassentrennung und -diskriminierung gegenübersahen.

I
PORT.
SPAN.
A
B
Mittelmeer
ITAL.
OSMANISCHES REICH
PERSIEN
(1912 intern.) Tanger
Gibraltar
Rabat
Casablanca
Fès
Madeira
Agadir
Ifni
Kanar. In.
Marokko 1912
Oran
Algier
1871
Tunis
Tunesien 1881/83
Malta
Tripolis
Bengasi
Cyrenaica
Zypern
Alexandria
Damaskus
Jerusalem
Kairo
Suezkanal
Algerien 1900
Tripolis
Libyen 1911/12
Kufra
Ägypten (1882 brit. besetzt) 1914 Protekt.
Arabien
Er-Riad
NEDSCHD
Maskat
Oman 1891
Rio de Oro 1884/1912
1906
Wadi Halfa
Rotes Meer
Mekka
1
Mauretanien 1903
1904
1913
Frz.-Westafrika (1904)
Anglo-Ägypt. Sudan
Hadramaut 1882/1914
St. Louis
Timbuktu 1894
Niger
1902
1909
Tschad
Khartum 1898
Mahdi 1882–99
4
Massaua
Assab
Aden
Sokotra
Dakar
Senegal
Gambia
Bamako
Kano
Ft. Lamy 1897
Adua 1896
5
Brit.-Somaliland 1884
Port.-Guinea
Guinea 1883
1893
Nigeria 1902
Schari
Faschoda
Blauer Nil
Addis Abeba
Freetown
Sierra Leone
1898
Gold-küste
Togo 1884
2
1893
Frz.-Äquatorialafrika (1910)
1899
ÄTHIOPIEN
Ital.-Somaliland 1889
1
LIBERIA
Accra
Lagos 1884
1884/1911
Kamerun
1894/1900
Weißer Nil
Fern. Póo
Uganda
Brit.-Ostafrika 1885/90
Mogadischu
ATLANTISCHER OZEAN
Príncipe
3
Kongo
S. Tomé
Libreville
Belgisch-Kongo 1885/1908
Nairobi
INDISCHER OZEAN
Annobon
Gabun
Victoriasee
Mombasa
Seychellen
1 Elfenbeinküste (1893 frz.)
2 Dahome (1892 frz.)
3 Rio Muni (1900 span.)
4 Eritrea (1882/90 ital.)
5 Frz.-Somaliland 1894
6 Swasiland (1902 brit.)
7 Basutoland (seit 1868 brit.)
Brazzaville
Léopoldville
Deutsch-Ostafrika 1885/90
Sansibar (1890 brit.)
Daressalam
Amiranten
Luanda
Tanganjikasee
1891 Katanga
Angola 1902
Benguela
Njassaland
Njassasee
Komoren
Mossamedes
1890/95
Rhodesien 1889/93
1889/91
Mosambik
Sambesi
1896
Salisbury
Madagaskar 1885/96
Tananarivo
2
Mauritius
Réunion
Deutsch-Südwest-Afrika 1884
HERERO 1904/07
Windhuk
Betschuanaland 1885
1902 Pretoria
NAMA 1904/07
Johannesburg
6
Lourenço Marques
1907
7
Durban
Kapland
SÜDAFRIKAN. UNION 1910
Kapstadt
B
0 500 1000 1500 km
Europäische Besitzungen
1884/85 1914
britisch
französisch
portugiesisch
spanisch
deutsch
belgisch
(1885-1908 Kongostaat)
italienisch
Grenze nach dem französ.-brit. Sudanabkommen 1899
Grenze der Südafrikan. Union 1910
HERERO
Aufstand gegen koloniale Herrschaft

II
A
B
Walfischbucht
Windhuk
Deutsch-Südwest-afrika 1884
Kalahari
Betschuanaland 1885
1895
Limpopo
Pietersburg
Transvaal
Mosambik (port.)
Molopo
Pretoria
Au
J.
1893
L. M.
1
Lüderitz (1883 dt.)
Potschefstroom
Vaal
1892
Vereeniging
1895
Swasiland (1895 zu Transv., 1902 brit.)
Oranje-Frei-staat
1
Zululand 1887
Kimberley
Bloemfontein
Basutoland
1886
Natal
Pietermaritzburg
Durban
Oranje
1885
Kapland
Transkei
Pondoland 1894
2
Graaff-Reinet
1883
1880
East London
1 1888 zu Transvaal, 1902 zu Natal
Kapstadt
Kap der Guten Hoffnung
Port Elizabeth
J. Johannesburg (1886 gegr.)
L. M. Lourenço Marques
0 250 500 km
Britischer Besitz
1884
1899
1902 (infolge des Burenkrieges)
1885 Jahr der britischen Besitzergreifung
1885 brit. Vormarsch im Burenkrieg (1899–1902)
Grenze der Südafrikanischen Union 1910
1885 Eisenbahnbau bis 1900
Au Goldfelder (1886 entdeckt)
Diamanten

Australische Flagge *1901 mit der Unabhängigkeit Australiens eingeführt, enthält sie das Kreuz des Südens (ein helles, nur auf der südl. Erdhalbkugel sichtbares Sternbild) als* ***Crux Australis.*** *Der Union Jack erinnert an die Verbindung zu Großbritannien (Commonwealth). Der siebenstrahlige Stern steht für die Bundesstaaten.*

Der pazif. Raum wurde aufgrund seiner großen Entfernung von Europa erst spät Objekt einer systemat. Kolonialisierung. Es waren v. a. die drei Entdeckungsfahrten des Engländers ***James Cook (1764–1779)***, die zur exakten Erschließung der Südsee führten. Während Großbritannien im Pazifik mit Australien und Neuseeland nach der Unabhängigkeit der USA neue wichtige Siedlerkolonien erschloss, waren es im Bereich der pazif. Inseln neben Frankreich und Großbritannien die jungen Kolonialmächte Deutschland, Japan und USA, die sich im 19. Jh. Besitzungen sicherten. Schließlich blieb im Pazifik keine unabhängige Insel bestehen.

Australien und Neuseeland

1788 begann mit der Ankunft der ersten 778 Sträflinge in der Botany Bay die ***Besiedlung Australiens*** (Anfänge der Stadt Sidney sowie der Kolonie Neusüdwales). Zwischen 1825 und 1859 entstanden sechs austral. Staaten aus unabhängigen europ. Siedlungszentren entlang der Küsten. Auch ***Tasmanien*** war seit 1825 eigenständige Kolonie.

Zinnfunde und Goldrausch in Australien. Seit 1851 löste die Entdeckung von Goldvorkommen (Neusüdwales, Victoria) einen Goldrausch und die Verdreifachung der Bevölkerung innerhalb eines Jahrzehnts aus (1 146 000 im Jahre 1861). Zinnfunde machten Australien zeitweise zum größten Zinnproduzenten der Welt (1871–1882), schließlich wurden auch reiche Silbervorkommen im westl. Teil von Neusüdwales entdeckt (seit 1892/93 weitere Goldvorkommen und Kupfer).

1885 erfolgte die Errichtung eines Bundesrates *(Federal Council)* noch ohne Neusüdwales. Die Staatsgründung erfolgte 1901 durch die Konstituierung des ***Commonwealth of Australia*** als Mitglied des brit. Commonwealth mit der Hauptstadt Canberra (seit 1913/26). 1907 erhielt Australien Dominionstatus, d. h. de facto die innere Souveränität. Die ***Aborigines*** *(Ureinwohner Australiens, Jäger und Sammler)* erlebten eine besonders brutale Dezimierung durch Massaker und Krankheiten in der Siedlungsphase, später durch Vernachlässigung, Diskriminierung und Ausbeutung.

Seit 1814 begann die ***Kolonisierung Neuseelands*** durch Handels- und Walfangexpeditionen, zunächst inoffiziell ohne festen Status. 1840 wurde Neuseeland brit. Kronkolonie *(Vertrag von Waitangi)*. Der ***Constitution Act*** führte ***1853*** zu einer demokrat. Verfassung. 1907 wurde Neuseeland *brit. Dominion* und damit staatlich weitgehend unabhängig.

Ozeanien

Für ***Mikronesien*** und ***Melanesien**** bedeutete der span. Erwerb mikrones. Inseln 1668/96 und der ndl. Anspruch auf West-Neuguinea 1828 den Beginn des kolonialen Zeitalters. 1842 wurden mehrere Archipele ***Polynesiens**** frz. Protektorate. 1874 übernahm Großbritannien die Fidschi-Inseln. 1884/85 erwarb das Dt. Reich Kaiser-Wilhelm-Land (Neuguinea) und die Marshall-In.

Der ***Span.-Amerik. Krieg*** 1898 führte zur Übernahme span. Besitzungen in der Südsee durch neue Kolonialmächte. Die USA annektierten z. B. Hawaii, Guam und die Philippinen und begannen mit dem Aufbau wichtiger Militärbasen auch auf Samoa, das mit Deutschland geteilt wurde. 1899 erwarb das Deutsche Reich die Karolinen, Marianen und die Palauinseln von Spanien (alle 1914 jap. besetzt). 1906 bedeutete die Errichtung eines brit.-frz. Kondominiums über die Neuen Hebriden den Abschluss der Kolonisierung des pazifischen Raumes.

Das ***Pazifikabkommen 1921*** regelte die Besitzverhältnisse zw. den nach dem Ersten Weltkrieg verbliebenen Kolonialmächten. Die Entkolonisierungsbestrebungen seit dem Zweiten Weltkrieg erfassten außer den französischen und von Neuseeland verwalteten Besitzungen nahezu alle Inselgruppen.

Melanesien, Mikronesien, Polynesien: übliche geograph. und ethnograph. Einteilung der vielfältigen Inselwelt des Pazifiks (ca. 25 000 Inseln): ***Melanesien*** (griech. *Schwarz-Inselwelt* wegen der dunkelhäutigen Bewohner; *Papua* u.a.) von Neuguinea bis zu den Fidschi-In.; ***Mikronesien*** *(Kleininselwelt)* im nordwestl. Ozeanien, zum größten Teil aus Atollen gebildet; ***Polynesien*** (griech. *Vielinselwelt)* im zentralen und östl. Ozeanien (Samoa bis Osterinsel). Die Urbevölkerung der Hawaii-Inseln und die *Maori* auf Neuseeland sind *Polynesier*.

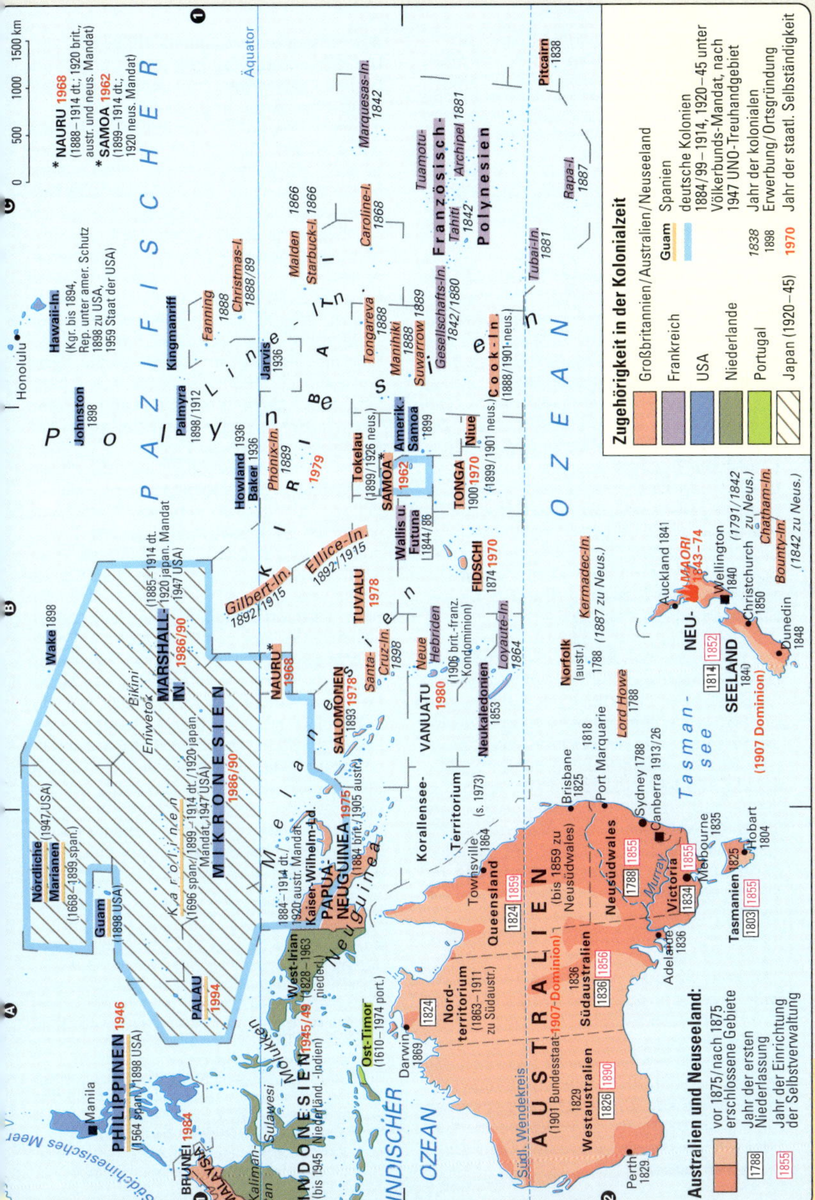
Zugehörigkeit in der Kolonialzeit
Großbritannien/Australien/Neuseeland
Frankreich
USA
Niederlande
Portugal
Japan (1920–45)
Guam Spanien
deutsche Kolonien 1884/99–1914, 1920–45 unter Völkerbunds-Mandat, nach 1947 UNO-Treuhandgebiet
1838 1898 Jahr der kolonialen Erwerbung/Ortsgründung
1970 Jahr der staatl. Selbständigkeit
Australien und Neuseeland:
vor 1875/nach 1875 erschlossene Gebiete
1788 Jahr der ersten Niederlassung
1855 Jahr der Einrichtung der Selbstverwaltung
* NAURU 1968 (1888–1914 dt.; 1920 brit., austr. und neus. Mandat)
* SAMOA 1962 (1899–1914 dt.; 1920 neus. Mandat)
0 500 1000 1500 km
PAZIFISCHER OZEAN
INDISCHER OZEAN
Südchinesisches Meer
Äquator
Südl. Wendekreis
Tasmansee
MIKRONESIEN 1986/90
Melanesien
Polynesien
AUSTRALIEN (1901 Bundesstaat, 1907 Dominion)
NEUSEELAND 1814 1852 (1907 Dominion)
PHILIPPINEN 1946 (1564 span., 1898 USA)
INDONESIEN 1945/49 (bis 1945 Niederländ.-Indien)
PAPUA-NEUGUINEA 1975 (1884 brit./1905 austr.)
Kaiser-Wilhelm-Ld. 1884–1914 dt./1920 austr. Mandat
West-Irian (1828–1963 niederl.)
Ost-Timor (1610–1974 port.)
Hawaii-In. (Kgr. bis 1894, Rep. unter amer. Schutz 1898 zu USA, 1959 Staat der USA)
MARSHALL-IN. 1986/90 (1885–1914 dt., 1920 japan. Mandat, 1947 USA)
Karolinen (1696 span./1899–1914 dt./1920 japan. Mandat, 1947 USA)
Nördliche Marianen (1668–1899 span.) (1947 USA)
Guam (1898 USA)
PALAU 1994
SALOMONEN 1893 1978
VANUATU 1980 Neue Hebriden (1906 brit.-franz. Kondominion)
Neukaledonien 1853
FIDSCHI 1874 1970
TONGA 1900 1970
TUVALU 1978
Gilbert-In. 1892/1915
Ellice-In. 1892/1915
Französisch-Polynesien
Gesellschafts-In. 1842/1880
Cook-In. (1888/1901 neus.)
Niue (1899/1901 neus.)
Westaustralien 1829 1826 1890
Nord-territorium (1863–1911 zu Südaustr.) 1824
Südaustralien 1836 1836 1856
Queensland 1824 1859
Neusüdwales 1788 1855
Victoria 1834 1855
Tasmanien 1825 1803 1855
MAORI 1843–74

Italien – Trikolore von 1861
Entstanden in der napoleon. Zeit und beeinflusst von der frz. Trikolore. Bis zur Abschaffung der Monarchie 1946 in der Mitte das Wappen von Savoyen.

Die italienische Einigung war die erste und deshalb entscheidende Nationalstaatsgründung in Europa nach den gescheiterten Nationalbewegungen 1848/49.

Politische Verhältnisse in Italien vor der Einigung
Als Ganzes existierte Italien nur als „geographischer Begriff" (Metternich) und bestand aus ***fünf großen Herrschaftsbereichen:*** 1. Das Kgr. beider Sizilien im Süden; 2. Das Kgr. Sardinien-Piemont im Norden; 3. Der Kirchenstaat; 4. Die von Österreich abhängigen Herzogtümer Parma und Modena sowie das Großhzm. Toskana; 5. Das unter österr. Herrschaft stehende Lombardo-Venetien. Der starke Einfluss ***Österreichs*** war der stärkste Hemmschuh für eine Einigung Italiens. Nach den Erfahrungen in der Revolution von 1848/49 konnte Österreich nur durch Krieg und im Bund mit einer Großmacht vertrieben werden.

Die Rolle des Kgr. Sardinien-Piemont
Das ***Kgr. Sardinien-Piemont*** wurde die treibende Kraft in der Einigung Italiens nach der konsequenten Liberalisierung und Modernisierung unter dem ***Grafen von Cavour*** (seit 1852 Ministerpräs.). Cavour unterstützte und bündelte die Nationalbewegung in Italien v. a. durch die 1857 gegründete *„Societa Nationale" (ital. Nationalverein).* Zum außenpolitischen Motor der ital. Einigung wurde die ***Allianz mit Napoleon III. von Frankreich***, der entschlossen war, die europ. Nationalbewegungen im Sinne frz. Interessen, unter Aufgabe der Mächtebalance des Wiener Kongresses zu unterstützen.

Zum außenpolit. Wendepunkt wurde die Beteiligung des Kgr. Sardinien-Piemont am ***Krimkrieg (1853–1856)***. Auf dem *Pariser Friedenskongress* (1856) brachte Cavour die italienische Frage zur Sprache und klagte die Rückständigkeit der anderen ital. Staaten an. In der Folge kam es zu Geheimabsprachen mit Frankreich *(Treffen im Vogesenbad Plombières 1858)*, die die Vertreibung Österreichs aus Italien vorsahen.

Die Einigung Norditaliens 1859/60
Der ***Einigungskrieg der ital.-frz. Allianz gegen Österreich*** begann mit dem Einmarsch österr. Truppen im Mai 1859. Als moderner Krieg unter Einsatz der Eisenbahn zur schnellen Verschiebung der Truppen geführt, brachte bereits im Juni ***1859*** mit den beiden ***Schlachten von Magenta und Solferino*** den Sieg für die Allianz. Zeuge der Schlacht von Solferino war Henri Dunant, den die grauenvolle Wirkung der modernen Artillerie zur Gründung des ***Internat. Roten Kreuzes*** anregte ***(1864 Erste Genfer Konvention des R. K.)***. Im *Frieden von Zürich* 1859 verlor Österreich die Lombardei, die Sardinien-Piemont im Tausch gegen Nizza und Savoyen (1860) von Frankreich erhielt. ***Rev. Volksabstimmungen*** in den Staaten Toskana, Parma und Modena erzwangen den Anschluss an Sardinien-Piemont.

Die Gründung des Königreiches Italien
Wichtig für den ***Anschluss Süditaliens*** wurde die rev. Eigendynamik der nat. Bewegung. Unterstützt von Cavour, landete Garibaldi in Sizilien und bewirkte durch einen *Freischarenzug („Marsch der 1000")* den Sturz der Bourbonenmonarchie (*Schlacht von Gaeta*). Eine Serie von Plebisziten führte den Anschluss Süditaliens herbei, allerdings wurde der weitere Vormarsch Garibaldis auf Rom aus Angst vor Komplikationen mit Frankreich und einer Machtübernahme der Linken im Süden durch die Truppen Sardinien-Piemonts verhindert. Am 14.3.1861 wurde Viktor Emanuel I. von einem neugewählten Parlament der Titel *„König von Italien"* verliehen. ***Venetien*** wurde nach dem ***Preuß.-Österr. Krieg 1866*** aufgrund der preuß.-ital. Allianz Teil des Königreiches Italien.

Die Römische Frage
Die schwerste Hypothek des jungen Staates war Rom. Das Papsttum sah sich seit dem Einigungsprozess Italiens im Belagerungszustand. Das hatte auch Rückwirkungen auf die Entwicklung der kath. Kirche: 1869 begann das ***I. Vatikan. Konzil*** in Rom, das das *Dogma von der päpstlichen Unfehlbarkeit* verkündete. Rom wurde bis 1870 von einer frz. Garnison beschützt. Als diese wegen des Dt.-Frz. Krieges abzog, wurde Rom als neue Hauptstadt des geeinten Italiens besetzt. Der Staat des Papstes wurde auf ein winziges Gebiet reduziert (heute ***Vatikanstadt***). Die Beziehungen zw. Staat und kath. Kirche normalisierten sich erst durch die unter Mussolini geschlossenen ***Lateranverträge (1929)***.

Italien 1859
- Kgr. Sardinien-Piemont
- Gebiete der österr. Habsburger
- Staaten habsburgischer Nebenlinien
- bourbonische Staaten
- Kirchenstaat

Die Einigung Italiens
- Erwerbungen Sardiniens-Piemonts infolge des Krieges gegen Österreich 1859
- Gebietsabtretung an Frankreich 1860
- Gebiete, in denen 1860 eine Volksabstimmung stattfand
- Freischaren Garibaldis 1860/61
- Königreich Italien 1861
- Erwerbungen 1666 und 1870
- Erwerbungen nach dem 1. Weltkrieg (1919/20)
- 1860 Jahr des Anschlusses

Hauptstadt
- bis 1864
- 1864 – 1870
- seit 1870

Deutsche Flagge von 1871
Seit 1867 vom späteren Reichskanzler Bismarck entworfene Flagge als Alternative zu Schwarz-Rot-Gold (1848), die als demokrat. Farben galten.

Die Gründung eines 40-Millionen-Reiches in der Mitte Europas verschob noch mehr als die ital. Nationalstaatsgründung das Mächtegleichgewicht in Europa. Das 1871 unter preuß. Führung entstandene kleindt. Reich zementierte die dominante Stellung Preußens in der deutschen und europ. Politik.

Preußen als Motor der deutschen Einigung – Der preuß.-österr. Gegensatz

Seit der gescheiterten Revolution 1848/49 und der Restauration des ***Deutschen Bundes*** dominierten diesen drei wesentliche Einheiten: die Großmächte Österreich und Preußen und die Mittelstaaten wie Bayern oder Württemberg, die sich bemühten, eine dritte Kraft zu bilden (sog. *Triaspolitik*). Der preuß.-österr. Gegensatz verschärfte sich seit den fünfziger Jahren. Bereits 1850 führte der Versuch Preußens, die kleindt. Einigung durch die ***Erfurter Union*** herbeizuführen, an den Rand eines österr.-preuß. Krieges. Gegenüber Österreich ergaben sich für Preußens folgende Vorteile:

1. Territoriales Übergewicht im Dt. Bund, dem Österreich nur zum geringen Teil angehörte. Preußen hatte andererseits wegen seines seit dem Wiener Kongress in einen Ost- und einen Westteil gespaltenen Staatsgebietes bes. Interesse an einer dt. Einigung.

2. Wirtschaftliche Dominanz durch Industrialisierung und den Dt. Zollverein, dem Österreich nicht angehörte.

3. Militärisches Übergewicht durch Modernisierung von Heer und Waffentechnik.

4. Polit. Fortschrittlichkeit durch die oktroyierte Verfassung von 1849, obgleich diese noch weit hinter der westeurop. Verfassungsentwicklung zurückblieb *(Dreiklassenwahlrecht)*.

5. Seit der Wahl des preuß. Königs zum dt. Kaiser durch die Nationalversammlung 1849 schien Preußen berufen, Führungsmacht einer ***kleindt. Lösung*** zu werden.

Otto von Bismarck, seit 1862 Ministerpräsident in Preußen, trieb mit taktischem Geschick und unter Nutzung militärischer Mittel die Einigung Deutschlands unter Ausschluss Österreichs voran.

1864–1870. Drei Kriege auf dem Weg zur Gründung des Deutschen Reiches

1864 Österr.-preuß. Krieg gegen Dänemark
Auslöser ist die Einführung einer Verfassung in Dänemark, die Schleswig Dänemark einverleibt. Einmarsch Österreichs und Preußens in das Hzm.
30.10.1864 Friede von Wien: Dänemark tritt die Herzogtümer Schleswig, Holstein und Lauenburg an Österreich und Preußen ab.
14.8.1865 Vertrag von Gastein: Festlegung der Verwaltung der gemeinsamen Rechte: in Holstein durch Österreich und in Schleswig durch Preußen.

1866 Deutscher Krieg
Auslöser sind Spannungen in der Schleswig-Holstein-Frage und der Antrag Preußens auf eine Reform des Dt. Bundes unter Ausschluss Österreichs. Preußen und seine norddt. Verbündeten kämpfen gegen Österreich und die meisten Mittelstaaten.
3.7.1866 Schlacht bei Königgrätz: Preußen siegt aufgrund moderner Militärtechnik und Logistik wie Eisenbahnnetz und Telegraphen. Entscheidender Wendepunkt der dt. Entwicklung.
23.8.1866 Frieden von Prag: Österreich wird territorial geschont und stimmt sowohl den ***preuß. Annexionen*** (Hannover, Kurhessen, Nassau und Frankfurt am Main) als auch der ***Auflösung des Dt. Bundes*** und der Neugestaltung Deutschlands ohne Österreich (kleindt. Lösung) zu.
Norddeutscher Bund 1867: Die Gründung fasst die dt. Staaten nördl. des Mains unter preuß. Führung zusammen. Durch den *Zollbundesrat* und das *Zollparlament* wird der ***Dt. Zollverein*** 1867 zu einem polit. Zusammenschluss zwischen Norddt. Bund und den süddeutschen Staaten.

1870/71 Deutsch-Französischer Krieg
Die Ausdehnung der preuß. Einflusssphäre südl. des Mains und die Entstehung einer Großmacht an der Ostgrenze Frankreichs führt zum deutsch-französischen Gegensatz.
Juli 1870 Auseinandersetzung um die Kandidatur des Erbprinzen Leopold von Hohenzollern-Sigmaringen für den spanischen Thron kulminiert in einer diplomatischen Krise über die sog.
13.7. „Emser Depesche“ und mündet in die
19.7. Kriegserklärung Frankreichs an Preußen als Beginn des Deutsch-Französ. Krieges, der zum Debakel für das fanzösische Kaiserreich wird.
2.9. Entscheidungsschlacht von Sedan, Gefangennahme des frz. Kaisers (Sturz des Kaisertums); Frankreich wird Republik (4.9.).
18.1.1871 Die Ausrufung Kg. Wilhelms I. von Preußen zum „Deutschen Kaiser“ im Spiegelsaal des Schlosses von Versailles weckt in Frankreich Revanchegefühle genauso wie die harten
26.2.1871 Friedensbedingungen im ***Vorfrieden von Versailles:*** Annexion von Elsass-Lothringen und hohe Kriegsentschädigungsforderungen.

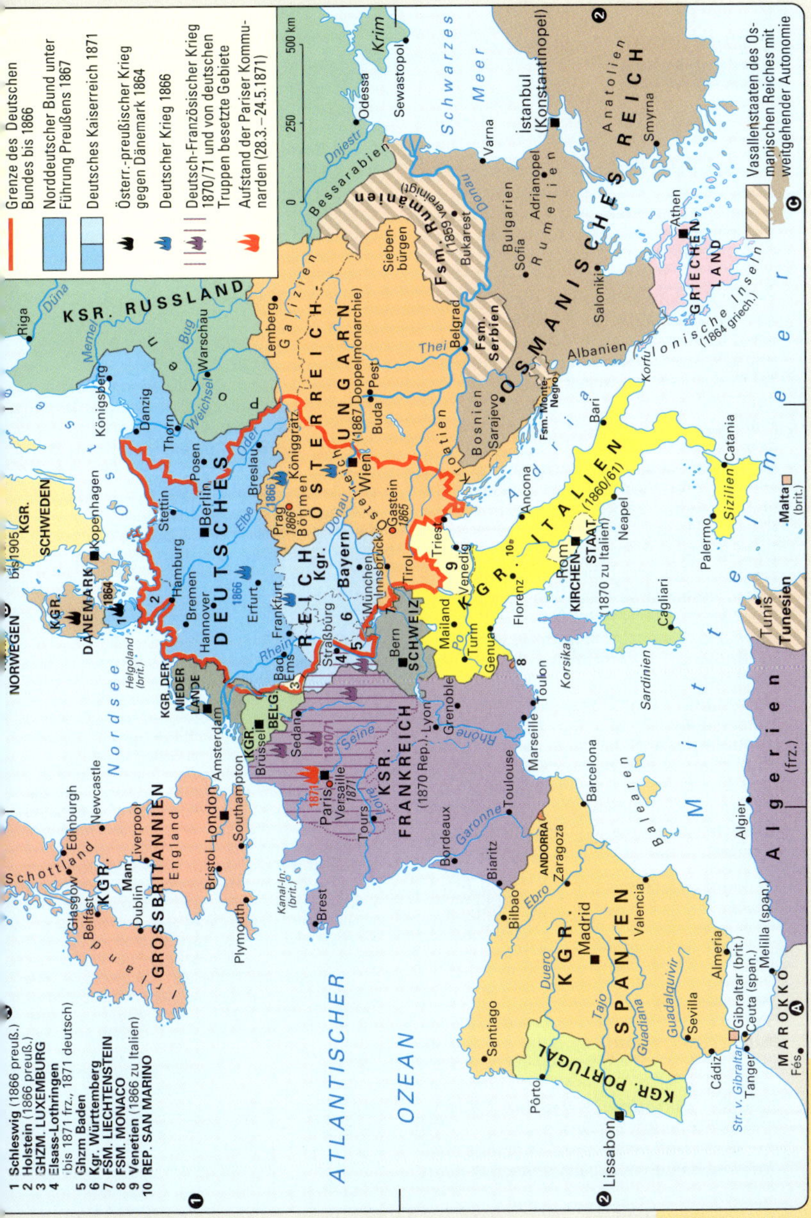
Grenze des Deutschen Bundes bis 1866
Norddeutscher Bund unter Führung Preußens 1867
Deutsches Kaiserreich 1871
Österr.-preußischer Krieg gegen Dänemark 1864
Deutscher Krieg 1866
Deutsch-Französischer Krieg 1870/71 und von deutschen Truppen besetzte Gebiete
Aufstand der Pariser Kommunarden (28.3.–24.5.1871)
Vasallenstaaten des Osmanischen Reiches mit weitgehender Autonomie
0 250 500 km
1 Schleswig (1866 preuß.)
2 Holstein (1866 preuß.)
3 GHZM. LUXEMBURG
4 Elsass-Lothringen (bis 1871 frz., 1871 deutsch)
5 Ghzm Baden
6 Kgr. Württemberg
7 FSM. LIECHTENSTEIN
8 FSM. MONACO
9 Venetien (1866 zu Italien)
10 REP. SAN MARINO
DEUTSCHES REICH
KSR. RUSSLAND
ÖSTERREICH-UNGARN (1867 Doppelmonarchie)
OSMANISCHES REICH
KSR. FRANKREICH (1870 Rep.)
KGR. ITALIEN (1860/61)
KIRCHEN-STAAT (1870 zu Italien)
KGR. SPANIEN
KGR. PORTUGAL
KGR. GROSSBRITANNIEN
KGR. DER NIEDERLANDE
KGR. BELG.
SCHWEIZ
KGR. DÄNEMARK
KGR. SCHWEDEN
NORWEGEN bis 1905
GRIECHENLAND
Fsm. Rumänien (1859 vereinigt)
Fsm. Serbien
Fsm. Montenegro
Tunesien
Algerien (frz.)
MAROKKO
ATLANTISCHER OZEAN
Nordsee
Ostsee
Schwarzes Meer
Mittelmeer
Adria
Ionische Inseln (1864 griech.)
Helgoland (brit.)
Kanal-In. (brit.)
Malta (brit.)
Gibraltar (brit.)
Ceuta (span.)
Melilla (span.)
Korsika
Sardinien
Sizilien
Balearen
Krim
Bessarabien
Anatolien
Rumelien
Bulgarien
Albanien
Bosnien
Kroatien
Siebenbürgen
Galizien
Böhmen
Bayern
Tirol
Schottland
England
Irland
Paris 1871
Versailles 1871
Sedan 1870/71
Königgrätz 1866
Prag 1866
Gastein 1865
1864
1866
Berlin
Wien
London
Rom
Madrid
Lissabon
Istanbul (Konstantinopel)
Athen
Bern
Brüssel
Amsterdam
Kopenhagen
Bukarest
Belgrad
Lembera
Warschau
Riga
Königsberg
Danzig
Stettin
Posen
Breslau
Hamburg
Bremen
Hannover
Erfurt
Frankfurt
Bad Ems
Straßburg
München
Innsbruck
Triest
Venedig
Mailand
Turin
Genua
Florenz
Ancona
Neapel
Bari
Palermo
Catania
Cagliari
Tunis
Algier
Marseille
Toulon
Lyon
Grenoble
Tours
Bordeaux
Toulouse
Biarritz
Brest
Barcelona
Zaragoza
Valencia
Almeria
Sevilla
Cádiz
Bilbao
Santiago
Pôrto
Tanger
Fès
Edinburgh
Glasgow
Belfast
Dublin
Newcastle
Liverpool
Man
Bristol
Plymouth
Southampton
Odessa
Sewastopol
Varna
Adrianopel
Saloniki
Smyrna
Sofia
Sarajevo
Buda
Pest
Korfu
Thorn
ANDORRA
Str. v. Gibraltar

Flagge von Serbien
Serbien nahm die russ. Farben an, da dieses Land den Unabhängigkeitskampf unterstützt hatte („Panslawismus").

Der ***Verfall des Osmanischen Reiches*** und die aus seiner Konkursmasse entstehenden jungen Nationalstaaten mit ihren hochgesteckten nat. Zielen und komplexen Volkstums-, Kultur- und Religionsgrenzen hielten den Balkan in ständiger Unruhe. Bis zum Ersten Weltkrieg war er ein bes. ***Konfliktfeld der Weltpolitik***, in das die Großmächte direkt (Österreich-Ungarn, Italien, Russland) oder indirekt (Deutschland, Frankreich, Großbritannien) verwickelt waren.

Politische Interessen der Großmächte auf dem Balkan

Österreich-Ungarn hatte strateg. und wirtschaftl. Interessen auf dem Balkan, zielte aber nicht auf Expansion, um den slaw. Bevölkerungsteil in der Doppelmonarchie (seit 1867) nicht zu erhöhen. Nach dem Verlust Venetiens war Österreich vor allem an einem direkten Zugang zum Mittelmeer interessiert, der in Dalmatien auf einen schmalen Küstenstreifen reduziert war.

Russland verstand sich als Schutzmacht der slawischen Staaten auf dem Balkan und als Führer der ***Panslawistischen Bewegung**** und zielte auf die Kontrolle der Schifffahrtswege in das Mittelmeer *(Meerengenpolitik)*, das seit dem *Krimkrieg* für russ. Kriegsschiffe geschlossen war. Russland schürte seit den siebziger Jahren nat. antitürk. Aufstände in den Balkanregionen (v. a. in Bulgarien).

Panslawistische Bewegung
Von der romant. Philosophie beeinflusste Bewegung. Wichtigste Idee war die Bruderschaft aller slawischen Völker. Ein polit. Hauptziel stellte die Befreiung aller Slawen von Fremdherrschaft dar.

Nach angeblichen „Türkengräueln" griff Russland in Bulgarien ein. ***1877/78*** im ***Russ.-Türk. Krieg*** erfolgte nach der Besetzung des *Schipka-Passes* der Vormarsch auf Konstantinopel und in Kaukasien. Der ***Diktatfriede von San Stefano 1878*** alarmierte v. a. Großbritannien. Um die Gefahr eines Krieges Englands und Österreichs gegen Russland abzuwenden und um zur Schlichtung der Situation auf dem Balkan beizutragen, kam es ***1878*** zur Einberufung des ***Berliner Kongresses***, auf dem sich der deutsche Reichskanzler Bismarck als „ehrlicher Makler" verstand.

Im ***Berliner Vertrag*** wurde die Einheit des Osmanischen Reiches aufrechterhalten. ***Serbien, Montenegro*** und ***Rumänien*** wurden endgültig souverän, ***Bulgarien*** ein von der Türkei abhängiges Fürstentum, dem sich 1885 Ostrumelien anschloss. Teile Thessaliens kamen (1881) an Griechenland, ***Österreich*** übernahm 1878 die Verwaltung *Bosniens-Herzegowinas* und besetzte den *Sandschaks von Novi Pazar*. ***Russland*** erhielt Bessarabien und Teile Armeniens (Kars), ***Großbritannien*** Zypern. Trotz der grundlegenden Neugliederung des Balkans gelang keine dauerhafte Friedenslösung. Die ***Konflikte auf dem Balkan*** wurden anhaltend verschärft, genau so wie der russisch-österreichische Balkangegensatz, da sich Russland in seinen Zielen (Schaffung eines panslawistischen, nach Russland orientierten Großbulgariens) enttäuscht sah.

Krisen auf dem Balkan seit 1908

1908 Bosnische Annexionskrise: Bosnien und Herzegowina werden von Österreich annektiert. Deutschland stellt sich bedingungslos hinter Österreich-Ungarn *(„Nibelungentreue")*. Russland muss zurückstecken. Enttäuschung in Serbien führt zur Unterstützung von Geheimbünden.
In ***zwei Balkankriegen*** gelingt durch die Intervention Großbritanniens und Deutschlands und die Einflussnahme auf ihre Bündnispartner Russland und Österreich-Ungarn eine Lokalisierung des Konflikts auf dem Balkan.
1912 Erster Balkankrieg: Der ***Balkanbund*** aus Bulgarien, Serbien, Montenegro und Griechenland beginnt einen Angriff auf die Türkei, die bis zu den Meerengen zurückgedrängt wird. Konflikte bei der Verteilung der europäischen Besitzungen der Türkei führen zum nächsten Krieg zw. den Siegern.
1913 Zweiter Balkankrieg: Auslöser wird der Überfall Bulgariens auf Serbien, dem Rumänien und die Türkei beistehen. Der Krieg führt zur Niederlage und zu Gebietsverlusten Bulgariens. Der Widerstand Österreich-Ungarns gegen einen Zugang Serbiens zum Mittelmeer führt zur Schaffung eines unabhängigen Staates ***Albanien.***
28.6.1914 Die ***Ermordung des österreichischen Thronfolgerehepaares*** durch einen serbischen Nationalisten in Sarajewo wird Anlass für die Julikrise und den ***Ausbruch des Ersten Weltkrieges***.

Osmanisches Reich

- 1878–1908
- 1908–1912
- seit 1913
- Grenze Bulgariens nach dem Präliminarfrieden von San Stefano (3.3.1878)

Ergebnisse des Berliner Kongresses (13.6.–13.7.1878)

- unabhängige Staaten (vormals unter osman. Oberherrschaft)
- Bosnien-Herzegowina (1878 österr.-ungarische Besetzung, 1908 Annexion)
- Sandschak von Novi Pazar (1879–1908 österr.-ungar. Besetzung)

Ergebnisse der Balkankriege 1912/13

- ALBANIEN neuer Staat
- neue Grenze 1913

0 100 200 km

Osmanisch-türkische Flagge
Diese bis heute gültige Form bildete sich im 19. Jh. heraus und ist von der früheren osmanischen Flagge [→ 72] abgeleitet.

Ende des 17. Jh. hatte das Osmanische Reich seine größte territoriale Ausdehnung erreicht. Allerdings setzte seit dem Wendepunkt im Großen Koalitionskrieg (***1683 Schlacht am Kahlen Berg*** bei Wien) ein Zerfallsprozess ein, der zur Auflösung des Osmanischen Reiches und der Gründung der Türkei nach dem Ersten Weltkrieg führte.

Russland als Hauptgegner und der Einfluss der europäischen Mächte

Als Russland sich im 18. Jh. am Schwarzen Meer festsetzte, drohte dem Osm. Reich eine wachsende Gefahr. Dies brachte im 19. Jh. andererseits auch eine zunehmende Unterstützung der europ. Großmächte (v. a. Großbritanniens) mit sich, die eine Ausdehnung des russ. Machtbereiches in das Mittelmeer verhindern wollten. Im ***Krimkrieg (1853–56)*** unterstützten diese daher das Reich des Sultans gegen Russland. So kam es schließlich zu einer immer engeren Anlehnung des Osm. Reiches an das Deutsche Reich und zum Kriegseintritt in den Ersten Weltkrieg auf der Seite der Mittelmächte. Schwerwiegende Abhängigkeitsverhältnisse vom Ausland entstanden auch auf wirtschaftl. Gebiet: Der ***Staatsbankrott*** 1875 zwang die Türkei, 1881 in eine internationale Steuerverwaltung einzuwilligen.

Verselbständigung der Nationalitäten und Gier der Kolonialmächte

Verstärkt wurde der osm. Zerfallsprozess wesentlich durch die ***Nationalbewegungen*** in den ***europ.*** und ***nordafrikan.*** Reichsteilen. Die Unabhängigkeit der Balkanstaaten verdrängte das Reich bis 1913 fast gänzlich vom europ. Kontinent. In Nordafrika begann die Auflösung mit der fakt. Selbstverwaltung ***Ägyptens*** unter Mehemet Ali (1805) und setzte sich mit der Übernahme der nordafrikan. Länder durch die europ. Kolonial-mächte seit 1881 fort. Im Ersten Weltkrieg führte der Pakt Großbritanniens mit dem arab. Nationalismus seit 1916 zum Abfall der osm. Gebiete auf der Arabischen Halbinsel. Der ***Waffenstillstand von Mudros am 30.10. 1918*** bedeutete faktisch das Ende des Osm. Reiches. Syrien, Libanon, Palästina und der Irak wurden 1920 frz. bzw. brit. Mandatsgebiete.

Innere Entwicklung

Alle Ansätze zur inneren Reform konnten den Verfallsprozess nicht aufhalten. Die ***Jungtürk. Bewegung*** (eine liberale Reformbewegung seit 1860/76), die die nat. Eigenart der Türken gegen die islam. Gemeinschaft betonte, verschärfte die Spannungen mit den abfallenden Nationalitäten.

Friedensschlüsse und territoriale Verluste des Osmanischen Reiches

1699 ***Friede von Karlowitz:*** Ende des großen Koalitionskrieges. Verluste: Ungarn, Siebenbürgen, Kroatien an Österreich, Podolien an Polen, Peloponnes (bis 1718) und Dalmatien an Venedig.

1718 ***Friede von Passarowitz:*** Verlust des Banats, der Kl. Walachei, des Nordsaums Serbiens.

1774 ***Friede von Kütschük-Kainardschi:*** Die Schirmherrschaft über die Krim und über den Nordrand des Schwarzen Meeres geht an Russland.

1775/84: Kampflose Überlassung einiger Grenzgebiete: Bukowina an Österreich, die Krim u. Schutzrechte über Georgien an Russland.

1792 ***Friede von Jassy:*** Ende des letzten gemeinsamen Krieges Österreichs und Russlands gegen das Osm. Reich. Der Dnejstr wird Grenze zu Russland, die Krim und die Festung Otschakow bleiben endgültig russisch.

1812 ***Friede von Bukarest:*** Bessarabien wird russ.

1829 ***Friede von Adrianopel:*** Ende des Freiheitskampfes der Griechen. Der Süden Griechenlands wird unabhängig. Russland gewinnt das Donaudelta und Teile Armeniens.

1856 ***Friede von Paris:*** Ende des Krimkrieges – Die Unabhängigkeit der Türkei wird garantiert. Die Dardanellen sind für russ. Kriegsschiffe gesperrt.

1878 ***Berliner Kongress:*** Unabhängigkeit der Balkanstaaten. Im Kaukasus gehen Batumi und Kars an Russland. Brit. Besetzung Zyperns.

1912 ***Friede von Lausanne:*** Tripolis, Cyrenaica und der Dodekanes (mit Rhodos) fallen an Italien.

1913 ***Friede von London und Bukarest:*** Friedensschlüsse des 1. und 2. Balkankrieges. Zurückdrängung des Osm. Reiches vom europ. Festland bis auf Ostthrakien.

1920 ***Friede von Sèvres:*** Ende des Ersten Weltkrieges. Die Türkei wird reduziert auf İstanbul und Anatolien (ca. 10 Mio. Ew.). Int. Verwaltung u.Kontrolle der Meerengen. Die griech. Besetzung İzmirs und die Unabhänigigkeit Türk.-Armeniens werden v. der Türkei nicht akzeptiert.

1923 ***Friede von Lausanne:*** Ende des Griech.-Türk. Krieges. Anerkennung der neuen Türkei durch die Alliierten. Verzicht auf alle nichttürkischen Gebiete (ausgenommen Kurdistan).

Territoriale Verluste des Osmanischen Reiches
1683–1699
bis 1812
bis 1878
bis 1912/13
bis 1920
Türkei
nach dem Frieden von Sèvres (10.8.1920)
nach dem Frieden von Lausanne (24.7.1923)
Zentren des Krimkrieges 1853–56
1878 Jahr des Verlustes
Banat an Österreich
Krim an Russland
Zypern an Großbritannien
Tunes. an Frankreich
Tripolis an Italien
Bagdadbahn (Stand 1918)
1 Bosnien-Herzegowina (1878 österr.-ungar. Besetzung, 1908 Annexion)
2 MONTENEGRO 1878
3 Bukowina 1775
4 Gebiet von Alexandrette (Hatay) 1939 zur Türkei
S. San Stefano 1878
0 250 500 750 km
RUSSLAND
ÖSTERREICH-UNGARN
Ungarn 1699
Siebenbürgen 1699
Banat 1718
RUMÄNIEN 1878
Walachei
Moldau
Bessarabien 1812
Podolien 1699
Jedisan 1774 1792
Khanat der Krim 1771/83
Asow 1739
Georgien 1803 1829
TSCHERKESSEN 1829
SERBIEN 1878
BULGARIEN 1878
Ostrumelien 1885
ALBANIEN 1912
GRIECHENLAND 1829/30
Makedonien 1913
Thrakien
Kreta 1908/12
Dodekanes 1912
Zypern 1878
Anatolien
Armenien 1918/20
Kurdistan
Kilikien
Syrien (1920 frz. Mandat) 1916
Libanon
Palästina (1920 brit. Mandat)
Transjordanien (1920 brit. Mandat)
Irak (1920–32 brit. Mandat) 1917
Kuwait 1899/1914
Al-Hasa 1913
Hedschas 1917
Hedschasbahn 1906
Arabien
PERSIEN
Ägypten 1882/1914 (1882 brit. besetzt, 1914 brit. Protektorat)
Suezkanal (1869 eröffnet)
Cyrenaica 1911/12
Tripolis 1911/12
Tunesien 1881/83
Algerien (1830 frz.)
Malta (brit.)
ITALIEN
DEUTSCHES REICH
SCHWEIZ
FRANKREICH
Kaspisches Meer
Schwarzes Meer
Mittelmeer
Rotes Meer
Pers. Golf
Istanbul (Konstantinopel)
Ankara (1923)
Izmir (Smyrna) 1919–22
Wien
Budapest
Karlowitz 1699
Passarowitz 1718
Belgrad
Bukarest 1812, 1913
Kütschük-Kainardschi 1774
Jassy 1792
Sewastopol 1784
Adrianopel 1829
Mudros 1918
Sarajewo
Sofia
Saloniki
Athen
Kars 1878
Batum 1878
Trapezunt
Erzurum
Sivas
Konia
Adana
Alexandrette
Aleppo
Mossul 1918
Bagdad
Basra 1914
Damaskus 1918
Jerusalem 1917
Beirut
Nikosia
Kairo
Alexandria
Suez
Akaba
Teheran
Täbris
Baku
Tiflis
Eriwan

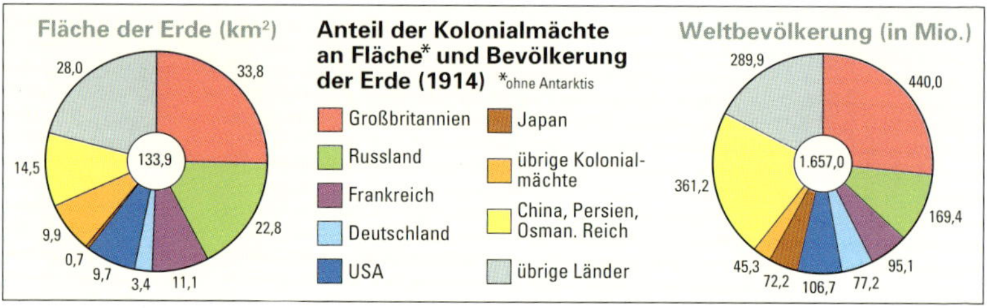

Der Hochimperialismus

Die Zeit zwischen 1881 und 1914 führte zu einer *beispiellosen Expansionsbewegung Europas und der USA* vor dem Ersten Weltkrieg. 1914 standen ca. 80 % der Erdoberfläche unter der direkten oder indirekten Herrrschaft von Kolonialmächten. Diese Phase des Imperialismus besaß eine von den vorhergehenden europ. Kolonialisationsbestrebungen deutlich unterscheidbare Qualität. Der Wettlauf um den Anteil an der *„Weltherrschaft"* in Form von Kolonien war nicht mehr nur gegründet auf Handelsinteressen oder die Suche nach Siedlungsgebieten, sondern darüber hinaus Ausdruck eines *Konkurrenzkampfes der souveränen Nationalstaaten*. Der ***imper. Wettlauf*** wurde gesehen als eine Form *nationaler Rivalität*. So definierten die Nationalstaaten ihre Stärke und ihr Prestige zunehmend durch ihre außereurop. Position. Deshalb konnte durch koloniale Erfolge von inneren Spannungen der hochindustrialisierten Gesellschaften abgelenkt werden. Die wirtschaftliche Abkapselung der europäischen Staaten durch Schutzzölle und Handelsbeschränkungen erhöhte den Druck zur Erschließung neuer Absatzmärkte und Rohstoffquellen. Möglich wurde die koloniale Ausdehnung auch durch die verbesserte medizinische Behandlung von Tropenkrankheiten, die die Erschließung tropischer Gebiete erleichterte und die verbesserte Erreichbarkeit ferner Gebiete durch den Ausbau der Dampfschifffahrt. Überzeugt von dem *Sendungsbewusstsein der europ. Kultur* wurde der ***Imperialismus**** von seinen Verfechtern sogar als *schwere Aufgabe des weißen Mannes* bezeichnet (Cecil Rhodes), als kultureller Auftrag. Nach 1880 erfolgte eine Verlagerung kolonialer Interessensschwerpunkte nach Afrika *("Scramble for Africa")* und führte zu einem einzigartigen Wettlauf um die Aufteilung des Kontinents [→147].

Imperialismus – Formen des Imperialismus

Imperialismus (lat. *imperare = befehlen*, *Imperium = Weltreich*) dient zur Bez. einer Epoche zw. den 80er-Jahren des 19. Jh. und dem Ersten Weltkrieg. Kennzeichen ist das Streben der Großmächte nach Weltmachtstellung, nach Kolonialreichen und Herrschaft über die Weltmeere. Imperiale Reiche beinhalteten eine Vielzahl von Kolonien, Schutzgebieten und Protektoraten einer Staatengesellschaft. Zu unterscheiden ist zw. ***formellem Imperialismus***, der die direkte Herrschaft über ein Gebiet beansprucht und einem ***informellen Imperialismus***. Informelle Einflussnahme konnte begründet sein auf Freundschafts- oder Schutzverträgen oder Schaffung wirtschaftl. und finanzieller Abhängigkeiten. So konnte die wirtschaftl. und techn. Erschließung eines Gebietes ein unterentwickeltes Land von der Finanzkraft und dem techn. Wissen entwickelterer Staaten abhängig machen. Informeller Imperialismus wurde v. a. dort praktiziert, wo entwickelte Gesellschaften mit eigenen Staaten wie das Osm. Reich existierten oder dort, wo sich die imperialen Mächte wechselseitig in Schach hielten, z. B. in China. In Afrika hingegen zielten die Kolonialmächte auf eine formelle Herrschaft und die Aufteilung des gesamten Kontinents.

Entwicklung der Kolonialreiche – traditionelle Kolonialmächte

Das Empire ***Großbritanniens*** war in allen Phasen des Kolonialismus entstanden. Die älteren Siedlungskolonien in Kanada, Australien und Neuseeland wurden schrittweise zusammengefasst und in die polit. Unabhängigkeit entlassen als sog. ***Dominions*** (engl. *Herrschaftsgebiet,* sich selbst verwaltender Teil des brit. Empire als föderativer Zusammenschluss von Teilkolonien), beginnend mit Kanada 1867. Das maritim orientierte brit. Reich erhielt mit dem Suezkanal (1869) das Kernstück seiner Verbindung nach Osten. Von daher erklärt sich auch das strateg. Interesse an Ägypten und das Ziel, in Ostafrika eine territorial verbundene Herrschaft von der Kapkolonie bis nach Kairo zu errichten. Bis ***1907 (Entente Cordiale)*** gelang hier auch die eindeutige Abgrenzung der Interessenssphären mit Frankreich ***(Sudan-Vertrag 1899)***. Die Herrschaft in Indien, dem die zentrale Aufmerksamkeit brit. Kolonialpolitik galt, wurde seit 1857 territorial und polit. ausgebaut. – ***Spanien*** war in dieser Zeit eine sinkende Kolonialmacht, die auch im Pazifik wichtige Besitzungen an die USA verlor, während ***Portugal*** ausgehend von Angola und Mosambik in Afrika erneut größere Gebiete in Besitz nahm. – Vor allem ***Frankreich***, das seit dem 18. Jh. durch Großbritannien aus Indien und Nordamerika verdrängt worden war, gelang beim Wettlauf um Afrika der Aufbau eines neuen Kolonialreiches in West- und Zentralafrika. In Ostasien schaffte es Frankreich 1858, die Isolation Vietnams zu durchbrechen (1883 frz. Protektorat) und 1897 Madagaskar in Besitz zu nehmen. – ***Russland***, das seit den Fünfzigerjahren seine kontinentale Expansion verstärkt wieder aufnahm, stellte einerseits die größte Landmacht der Welt dar, andererseits zeigte sich bei der Konfrontation mit anderen Kolonialmächten mehrfach seine innere Schwäche *(„Koloss auf tönernen Füßen")*. Das Zarenreich war bemüht, sich auf Kosten des zerfallenden Osmanischen Reiches nach Süden und Südwesten auszudehnen (*Meerengenpolitik*), was auf den Widerstand der anderen europ. Großmächte stieß. Als Folge des *Krimkrieges (1853–56)* wurden die Dardanellen für russ. Kriegsschiffe gesperrt und die Machtausdehnung in das Mittelmeer dauerhaft unterbunden. Im Fernen Osten zwang Russland nach der Erschließung Sibiriens China zur Abtretung von Randprovinzen und besetzte 1900 die Mandschurei. Der Vorstoß im fernöstl. Asien führte zu Gegensätzen mit Japan in Korea und zum ***Russ.-Japan. Krieg (1904/05)***, der nach der katastrophalen Niederlage Russlands das Ende der Expansion in Ostasien bedeutete. In Mittelasien sollte über den Erwerb von Taschkent (1864) und Samarkand (1868) der Zugang zum Ind. Ozean erreicht werden, was zu Konflikten mit Großbritannien um Afghanistan führte, das als Pufferstaat zw. dem Zarenreich und Indien galt (1907 Einigung im *Petersburger Vertrag*). Die russische Strategie eines ***Festlandsimperialismus***, der nur an direkt an das Reich angrenzenden Gebieten interessiert war, zeigte sich 1867 am *Verkauf Alaskas* an die USA.

Neue Kolonialmächte im imp. Wettlauf
Im Wettlauf um Kolonien versuchten auch die neu entstandenen Nationalstaaten mitzuhalten. ***Belgien*** gelang es, mit dem Kongobecken (1885) eine der an Bodenschätzen reichsten Regionen Afrikas in Besitz zu nehmen. Die Erwerbungen ***Italiens*** beschränkten sich auf Libyen und Gebiete am Horn von Afrika (Eritrea, Teile Somalias). – ***Deutschland*** gewann mit Südwestafrika, Deutsch-Ostafrika, Togo und Kamerun große Gebiete in Afrika, in China Kiautschou und im pazifischen Raum einige Inseln aus der Konkursmasse des spanischen Kolonialreiches.

Im Pazifik agierten zwei außereuropäische Kolonialmächte. ***Japan*** spielte eine Sonderrolle in Asien, da es durch *umfassende Modernisierung* im Gegensatz zu Indien und China einer Kolonialisierung entging und selbst als Kolonialmacht auftrat (Korea, Taiwan). – Als um 1890 die Erschließung des amerikanischen Westens abgeschlossen war, begannen die ***USA*** mit ihrer kolonialen Ausdehnung vor allem in Lateinamerika und im Pazifik. ***1898*** nach dem Sieg im ***Span.-Amerik. Krieg*** wurden Kuba, Puerto Rico, Guam, die Insel Wake und die Philippinen besetzt; die Hawaii-Inseln wurden annektiert. Von wesentlicher strategischer Bedeutung war für die USA wegen des Kanalbaus (1914 abgeschlossen) die Einflussnahme auf Panama, das 1903 de facto *Protektorat der USA* wurde.

Entwicklung bis zum Ersten Weltkrieg
Schrittweise erfolgte die Beilegung der Konflikte der „klassischen" Kolonialmächte Russland, Frankreich und Großbritannien. Im Gegensatz hierzu hatten die neuen Imperialmächte Italien und Deutschland den Eindruck, dass sie bei der Aufteilung der Welt den ihnen vom Selbstverständnis her zustehenden Teil nicht erhalten hatten. Der krampfhafte Versuch Deutschlands, einen gebührenden Anteil an der „Weltherrschaft" demonstrativ einzufordern (Flottenrüstung, Marokkokrisen) trug mit zum Ausbruch des Ersten Weltkriegs bei.

A
B
1
2
3
RUSS. REICH
Beringstr.
Alaska (1867 USA)
K A N A D A (1867 Dominion)
Grönland (dän.)
Spitzbergen
Island
Färöer
NORWEGEN
SCHWEDEN
GROSS-BRITANNIEN
London
Berlin
H.
DEUTSCHLAND
Paris
FRANKREICH
ÖSTERR.-UNG.
M.
Rom
ITALIEN
Bosn.
PORTUGAL
Lissabon
Madrid
SPANIEN
Tunis
Algier
Marokko
Algerien
Libyen
Vancouver
Missouri
Ottawa
Montréal
Halifax
NEUFUNDLAND (1907 Dominion)
St-Pierre u. Miquelon
Boston
U S A
Denver
San Francisco
Washington
New York
Norfolk
Charleston
Mississippi
New Orleans
Azoren
Madeira
Kanarische In.
Rio de Oro
Bermudas
Bahamas
Havanna
MEXIKO
Mexiko
V.
Hawaii-In. (1898 USA)
Acapulco
KUBA
Jamaica
Puerto Rico
Kleine Antillen
Curaçao
Trinidad
Clipperton
ATLANTISCHER
Kapverdische In.
D.
Gambia
Port.-Guinea
Freetown
Frz. - Westafrika
Niger
Goldk.
Togo
Nigeria
Lagos
Kamerun
Äquatorialafrika
S. Tomé
Annobon
Frz.
Kongo
PAZIFISCHER
Äquator
VENEZUELA
Guayana
Bogotá
KOLUMBIEN
Galápagos-In. (zu Ecuador)
G.
ECUADOR
Amazonas
Belém
OZEAN
B R A S I L I E N
PERU
Lima
Bahía
Ascension
St. Helena
Angola
BOLIVIEN
Arica
Antofagasta
CHILE
Paraná
PARAG.
Rio de Janiero
Deutsch-Südwest-afrika
Pitcairn
Oster-I. (1888 zu Chile)
ARGENTINIEN
URUGUAY
Santiago
Buenos Aires
SÜDAFRIKAN. UNION
Kapstadt
Tristan da Cunha
Falkland-In.
Südgeorgien 1909
Punta Arenas
Staaten und ihre Kolonien (□ kolonialer Stützpunkt)
1884 1914
Interessensgebiete
Großbritannien
Frankreich
Deutschland
Russland
Japan
USA
Spanien
Portugal
Niederlande
Belgien
Dänemark
Italien
Seekriegshafen/ Flottenstützpunkt (außerhalb Europas)
wichtiger Seehandelsweg
bedeutende Kriegs- und Krisengebiete
Aufnahmegebiet europäischer Auswanderer

1 **Brit.-Honduras**	13 **NIEDERLANDE**	25 **Basutoland**	A.	Alexandria
2 **GUATEMALA**	14 **BELGIEN**	26 **Kuwait**	A. A.	Addis Abeba
3 **HONDURAS**	15 **Spanisch-Marokko**	27 **Bahrain**	C.	Colombo
4 **EL SALVADOR**	16 **Gibraltar**	28 **BHUTAN**	D.	Dakar
5 **NICARAGUA**	17 **Sierra Leone**	29 **Port Arthur** (1898 russ./1905 jap.)	G.	Guayaquil
6 **COSTA RICA**	18 **LIBERIA**	30 **Weihaiwei** (1898 brit.)	H.	Hamburg
7 **PANAMA** 1903	19 **Spanisch-Guinea**	31 **Kiautschou** (1898 dt.)	I	Istanbul
8 **Panama-Kanalzone** s. 1903	20 **Eritrea**	32 **Sarawak**	K.	Karikal
9 **KUBA** 1902	21 **Französisch-Somaliland**	33 **Brunei**	M.	Marseille
10 **HAITI**	22 **Britisch-Somaliland**	34 **Britisch-Nordborneo**	Ma.	Malakka
11 **DOMINIKANISCHE REP.**	23 **Betschuanaland**	35 **Kaiser-Wilhelm-Land** (1884 dt.)	Pe.	Peking
12 **DÄNEMARK**	24 **Swasiland**		Po.	Pondichéry
			T.	Tschandernagar
			V.	Veracruz
			W.	Wladiwostok

Britisches Schlachtschiff "Dreadnought" *(engl. „schreckl. Zerstörer"), seit 1905 in völlig neuen Dimensionen gebaute Schiffe, um den Flottenvorsprung vor dem Dt. Reich zu halten.*

Bis in die achtziger Jahre des 19. Jh. versuchte die Außenpolitik der Großmächte trotz der Nationalstaatsgründungen, die Machtbalance in Europa zu erhalten und Kriege zu lokalisieren. Der imperial. Wettlauf verschärfte die Machtrivalitäten zwischen den europ. Staaten, bei denen es nicht mehr um ***Großmacht-***, sondern um ***Weltmachtstatus*** ging. Auch verlagerten sich die geograph. Zonen, in denen Krisen ausgetragen wurden, auf andere Erdteile (v.a. Afrika und Asien). Im Gegensatz zur klass. Kabinettspolitik konnte sich Außenpolitik nun nationalist. Stimmungen in den einzelnen Staaten immer weniger entziehen. Das aggressivere Auftreten der jungen Nationalstaaten brachte das internat. System immer wieder an den Rand eines europ. Krieges. Sozialdarwinistisches Denken bewirkte bei den Entscheidungsträgern den Eindruck, dass ein großer europ. Krieg unvermeidbar sei.

Bündnissysteme nach 1871

Die Zeit nach 1871 war gekennzeichnet durch die Feindschaft zw. Frankreich und Deutschland als Folge der Annexion Elsass-Lothringens und eine Isolation Frankreichs in Europa. Auch wurde zunächst die Allianz der konservativen Monarchien als natürlich angesehen, z.B. im ***Dreikaiserbund*** (1872), dessen Grundlage trotz Erneuerung 1881 durch den russ.-österr. Gegensatz auf dem Balkan immer mehr schwand. Wichtiger wurde der 1879 abgeschlossene dt.-österr. ***Zweibund***, der 1882 zum ***Dreibund*** mit Italien erweitert wurde. Deshalb kam es 1887 zum ***Rückversicherungsvertrag*** zwischen Russland und Deutschland, dessen geheimes Zusatzprotokoll Russland Unterstützung bei seiner Meerengenpolitik versprach. Dieses stand im Gegensatz zum ***Mittelmeerabkommen*** oder ***Orientbund*** von 1887 (Österreich-Ungarn, Italien, Großbritannien), das zum Schutz der Türkei und zur Eindämmung der russischen Ansprüche auf den Bosporus gedacht war. Es entstand ein widersprüchliches Bündnissystem, das nur funktionieren konnte, solange der Bündnisfall nicht tatsächlich eintrat.

Entstehung der Grundkonstellationen des Ersten Weltkrieges

In der Phase 1890–1914 entstanden völlig neue Mächtekonstellationen, etwa durch das Ende der seit 1813 fast ununterbrochenen dt.-russ. Zusammenarbeit und die zunehmende Isolation Deutschlands. Großbritannien gab seine trad. Neutralität *("splendid isolation") auf*, da es sich als See- und Handelsmacht herausgefordert sah. Bis 1907/14 entstanden zwei Blöcke: ***Mittelmächte*** (Deutschland und Österreich-Ungarn) und ***Entente*** (Großbritannien, Frankreich, Russland). Das zunehmende Wettrüsten konnte auch durch die zwei ***Haager Friedenskonferenzen*** (1899, 1907) nicht begrenzt werden.

Blockbildung in Europa 1890–1914

1890 Entlassung des Reichskanzlers Bismarck: Grundsätzlich neue dt. Außenpolitik im Zeichen der Weltpolitik. ***Nichterneuerung des Rückversicherungsvertrages*** mit Russland.

1894 ***Französisch-russische Miltärkonvention.***

1897 Bau der Anatolischen und Bagdadbahn durch dt. Firmen stößt auf brit. Misstrauen.

1898 Die Beilegung der ***Faschoda-Krise*** zw. Großbritannien und Frankreich leitet die brit.-frz. Annäherung ein (***Sudan-Vertrag 1899***).

1898 Beginn der deutschen ***Flottenpolitik*** und des Wettrüstens zur See mit Großbritannien.

1900 ***Französ.-italienisch. Abkommen:*** Abgrenzung der Interessenssphären in Nordafrika.

1902 ***Französ.-italienisch. Neutralitätsvertrag.***

1904 ***Entente Cordiale:*** kolonialer Interessensausgleich zwischen Frankreich und Großbritannien in Afrika – Anerkennung der französischen Einflusssphäre in Marokko.

1905/06 ***Erste Marokkokrise:*** Dt. Kaiser protestiert durch persönl. Auftreten in Algier gegen die frz. Durchdringung Marokkos. ***Konferenz von Algeciras*** (Isolation des Dt. Reiches).

1907 ***Britisch-russischer Interessensausgleich*** in Asien führt zur Erweiterung der Entente zur ***Tripelentente***.

1908 Die ***österr.-ungar. Annexion Bosniens*** führt zur weiteren Entfremdung Russlands von Österreich-Ungarn, dem Deutschland die „Nibelungentreue" hält.

1911 ***Zweite Marokkokrise:*** Entsendung des dt. Kanonenbootes Panther nach Agadir nach der französische Besetzung von Fés führt zur Festigung der frz.-brit. Entente.

1912/13 ***Zwei Balkankriege*** werden v.a. durch den Einfluss Großbritanniens und Deutschlands auf ihre Bündnispartner Russland und Österreich-Ungarn auf den Balkan lokalisiert.

Deutschland und seine Verbündeten
Zweibund seit 1879
Erweiterung zum Dreibund 1882
Beitritt zum Dreibund 1883 (unsicheres Mitglied)
Mittelmeerabkommen (Orientbund) 1887–1896
Entente
Zweiverband 1894
Entente Cordiale 1904
1907 Erweiterung zur Tripelentente (1912 Bündnisfestigung)
1. Balkanbund 1912 (mit russ. Unterstützung)
0 250 500 km
Bedeutende Kriege und Krisen
bedeutender Krieg
neue Grenzen nach den Balkankriegen 1913
Krisenherd
bedeutende Revolution
RUSSLAND
KSR.
DEUTSCHES KSR.
KSR. ÖSTERREICH-UNGARN
KGR. ITALIEN
REP. FRANKREICH
KGR. GROSSBRITANNIEN
KGR. SPANIEN (1887 Beitritt zum Orientbund)
KGR. PORTUGAL
OSMANISCHES REICH (TÜRKEI)
KGR. RUMÄNIEN
KGR. BULGARIEN
KGR. SERBIEN
KGR. GRIECHENLAND
KGR. MONTENEGRO
FSM. ALBANIEN (1912 unabh.)
KGR. NORWEGEN (1905 unabh.)
KGR. SCHWEDEN
KGR. DÄNEMARK
KGR. NIEDERLANDE
KGR. BELG.
GHZM. LUX.
SCHWEIZ
Bosnien (1908 annektiert)
1873 Dreikaiserbündnis
Neutralitätsvertrag 1881–87
1887–90 Rückversicherungsvertrag (1890 nicht erneuert)
1898 Beginn der Flottenpolitik
1894 Französisch-russische Militärkonvention
1907 Brit.-russ. Interessensausgleich in Asien (Persien, Afghanistan, Tibet)
1899 u. 1904: Abgrenzung der Einflusssphären in Afrika
1900 Abgrenz. der Interessensgebiete in N-Afrika – 1902 frz.-ital. Neutralitätsvertrag
1902 beginnende Lösung vom Dreibund (1915 Kündigung)
1913 Heeresreform unter dt. Leitung
Aug. 1914 dt.-türk. Defensivbündnis
Russ.-Japan. Krieg 1904/05
Russische Revolution 1905
Meerengenkrise 1908
2 Balkankriege 1912/13
Ital.-Türk. Krieg 1911/12
1./2. Marokkokrise 1905/06 und 1911
Bagdadbahn s. 1897
Nordsee
Ostsee
ATLANTISCHER OZEAN
Schwarzes Meer
Mittelmeer
Adria
Algerien (frz.)
Tunesien (1881/83 frz.)
Marokko (1912 frz.)
Tripolis (1912 ital.)
Dodekanes (1912 ital.)
Kreta (1908/12 griech.)
Zypern (1878 brit.)
Malta (brit.)
Gibraltar (brit.)
Tanger (1912 intern.)
Helgoland (1890 dt.)
Elsass-Lothringen
Syrien
London
Paris
Berlin
Wien
Budapest
Rom
Madrid
Lissabon
St. Petersburg
Kronstadt
Reval
Stockholm
Christiania
Minsk
Kiew
Bukarest
Belgrad
Sofia
Istanbul
Athen
Smyrna
Aleppo
Damaskus
Buchlau
Racconigi
Algeciras
Fès
Agadir
Krim
Wolga
Dnjepr
Donau
Elbe
Rhein
Po
Rhône
Loire
Garonne
Ebro
Tajo
Sizilien
1871
1905
1908
1909
1910/12

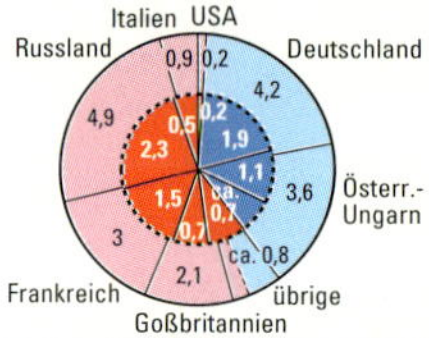

Verluste der kriegführenden Heere im Ersten Weltkrieg (in Mio.)

Hauptkriegsschauplatz dieses ersten ***„totalen Krieges“*** war Mitteleuropa. Seine Kennzeichen waren: Existenzkampf der beteiligten Mächte (im Gegensatz zu Kabinettskriegen) unter Einsatz aller Mittel; Materialschlachten, Massentötung, Fraueneinsatz an der sog. Heimatfront.

Mächtegruppierungen im 1. Weltkrieg
Die ***Ermordung des österr. Thronfolgers in Sarajewo (28.6.1914)*** und die folgende ***Julikrise*** lösten den Ersten Weltkrieg aus. Die ***Mittelmächte*** (Deutschland, Österreich-Ungarn) standen der ***Entente*** (Frankreich, Russland mit seinem Verbündeten Serbien, Großbritannien) gegenüber. ***Italien***, das sich anfangs für neutral erklärte, trat nach Gebietsversprechungen *(Geheimvertrag von London)* 1915 auf die Seite der Entente, ebenso ***Rumänien*** 1916. ***Japan***, das den dt. Kolonialbesitz im Pazifik annektierte, griff auf dem europ. Kriegsschauplatz nicht ein.

Das ***Osmanische Reich*** trat bereits im Nov. 1914 auf die Seite der Mittelmächte, genauso wie 1915 ***Bulgarien***. Die ***Eroberung Serbiens*** schuf eine Landbrücke zw. allen Mittelmächten. Trotzdem besaßen diese von Anfang an wesentl. ***strukturelle Nachteile***: Sie kämpften an mehreren Fronten. Die ***brit. Seeblockade*** schnitt sie von kriegswichtigen Rohstoffen und Nahrungsmitteln ab, die auch durch die Schaffung synthet. Stoffe (Gummi, Salpeter) und von Ersatzstoffen bei Lebensmitteln nicht ersetzt werden konnten. Es mangelte an einer engen Abstimmung der Verbündeten, die eine Nutzung des Vorteils der kürzeren Transportwege gebracht hätte. Demgegenüber stimmten sich die Ententemächte z.B. in der ***Konferenz von Chantilly*** (6.–8. Dez. 1915) über ihr militär. Vorgehen ab.

Kriegsverlauf – Westfront:
Nach dem Scheitern des dt. ***Schlieffen-Plans**** begann ein vierjähriger ***Stellungskrieg*** mit einem System von Schützengräben, das sich von der belg. Kanalküste bis an die Schweizer Grenze erstreckte.

Schlieffen-Plan
Der Schlieffen-Plan war Ausdruck der dt. außenpolit. Misere vor dem Weltkrieg. Er löste ein diplomat. Problem durch eine militär. Option. Bereits 1905 vom Chef des dt. Generalstabs Afred Graf von Schlieffen (1833–1913) aufgestellt, versuchte er der Einkreisung Deutschlands zu begegnen, indem er den zu erwartenden Zweifrontenkrieg gegen Russland und Frankreich in zwei aufeinander folgende Einfrontenkriege auflöste. Unter Verletzung der belg. Neutralität sollten die dt. Truppen mit einem starken rechten Flügel zu einer großen Umfassung der frz. Armeen bis westl. von Paris ausholen und diese gegen einen defensiven linken Flügel drücken und aufreiben (Vorbild war die antike Schlacht bei Cannae!). Anschließend erst sollten die dt.Truppen in den Osten transportiert werden und die russ. Armeen niederwerfen. Der Schlieffen-Plan scheiterte und verursachte durch die Verletzung der belg. Neutralität den Kriegseintritt Großbritanniens.

Der Versuch, doch noch den Durchbruch zu erzielen, führte zu immer bedenkenloserem Einsatz von Menschen, Material und furchtbarer Waffentechnik (***Giftgas*** seit 1915). Der dt. Angriff auf ***Verdun*** (1916), der auf eine „Ermattung“ Frankreichs zielte, war Höhepunkt des Versuchs, den Gegner in einer riesigen Menschen- und Materialschlacht zu verschleißen (mehr als 500000 Tote auf beiden Seiten – parallel engl. Entlastungsangriff an der ***Somme***). Erst der Angriff der Alliierten bei ***Amiens*** (August 1918) mit der neuen Panzerwaffe durchbrach die Westfront.
Ostfront: Nach anfänglichen russ. Erfolgen in ***Ostpreußen*** und ***Galizien*** gelang es den Mittelmächten bis Okt. 1915, große Teile Polens zu erobern. Nach der russ. ***Brussilow-Offensive 1916*** erstarrte aber auch hier die Front bis zur Russischen Revolution 1917.

1917 und die Niederlage der Mittelmächte
Das ***Ausscheiden Russlands*** nach der Russ. Revolution 1917 ***(Frieden von Brest-Litowsk 3.3.1918)*** brachte keine Wende zugunsten der Mittelmächte. Der ***Kriegseintritt der USA*** (6.4.1917), der hauptsächl. durch den ***uneingeschränkten U-Boot-Krieg*** provoziert wurde, machte den Krieg zum Weltkrieg und brachte frische Kräfte für die Entente. Dem Zusammenbruch seiner Verbündeten folgte auch das Dt. Reich mit dem ***Waffenstillstand 11.11.1918.***

Entente
Mittelmächte
Mächte, die später in den Krieg eintraten (mit dem Jahr des Kriegseintritts)
neutrale Staaten
Hauptfrontverlauf
deutsches Operationsgebiet des uneingeschränkten U-Boot-Krieges (ab Jan. 1917)
C. Compiègne
V. Verdun
Y. Ypern und Langenmarck
M. Marne
S. Somme
0 250 500 750 km
NORWEGEN
Christiania
SCHWEDEN
Stockholm
DÄNEMARK
Kopenhagen
Skagerrak
Nordsee
Doggerbank
Helgoland
Scapa Flow
Brit. Blockadelinie
GROSS-BRITANNIEN
Edinburgh
Liverpool
London
Irland
Belfast
Dublin
Kanal
ATLANTISCHER OZEAN
NIEDER-LANDE
BELG.
LUX.
Antwerp.
DEUTSCHLAND
Wilhelmshaven
Kiel
Hamburg
Elbe
Berlin
9.11.1918 (November-revolution)
Frankfurt
Rhein
Ulm
München
Königsberg
Danzig
Tannenberg
Masuren
FRANKREICH
Paris
Chantilly
Brest
Nantes
Loire
Seine
Bordeaux
Garonne
Toulouse
Lyon
Rhone
Marseille
Toulon
Genf
SCHWEIZ
Bern
ÖSTERREICH-UNGARN
Wien
Prag
Innsbruck
Budapest
Lemberg
Galizien
Sarajewo
Save
Isonzo
Donau
ITALIEN
5.1915
Rom
Neapel
Sizilien
Sardinien
Korsika
Malta (brit.)
Adria
SPANIEN
Madrid
Barcelona
Málaga
Ebro
Tajo
Guadiana
ANDORRA
PORTUGAL
3.1916
Lissabon
Porto
Gibraltar (brit.)
Marokko (frz.)
Rabat
Er-Rif
Algerien (frz.)
Algier
Oran
Tunesien (frz.)
Tunis
Mittelmeer
SERBIEN
Belgrad
MONTE-NEGRO
ALBANIEN
GRIECHEN-LAND
6.1917
Athen
Saloniki
Mudros
Korfu
Kreta
Dodekanes (ital.)
BULGARIEN
1915
Sofia
RUMÄNIEN
8.1916
Bukarest
Constanța
Bessarabien
RUSSLAND
Petrograd
Russische Revolution (Febr./Nov. 1917)
Moskau
Wolga
Pieskau
Livland
Riga
Düna
Litauen
Kowno
Helsingfors
Polen
Warschau
Baranowitschi
Brest-Litowsk
Minsk
Mogilew
Pripjat
Kiew
Charkow
Zarizyn
Rostow
Don
Dnjepr
Dnjestr
Ukraine (28.1.1918 unabh.)
Odessa
Sewastopol
Krim
Schwarzes Meer
Bosporus
Dardanellen
Gallipoli
Istanbul
Ankara
Kizilirmak
Smyrna (Izmir)
Antalya
Zypern (brit.)
OSMANISCHES REICH (TÜRKEI)
11.1914
Erzurum
Armenien
Vansee
Urmiasee
Georgien
Tiflis
Poti
Kura
Kaspisches Meer
PERSIEN
Mossul
Tigris
Euphrat
Mesopotamien
Bagdad
Aleppo
Syrien
Jerusalem
Arabien
1917
Frühjahr 1918
Frühjahr/Sommer bis Herbst 1918
(Ende 1917 Waffenstillstand)
Ende 1915 bis Ende 1917
Herbst 1914/Winter 1915
Frühjahr 1915
8./9.1914
3.1918
9.1916
11.1918
Herbst 1915 bis 11.1918
Ende 1915 bis Herbst 1918
1915/16 Ende 1917
Ende 1914
9.1914
bis Frühj. 1918
Sommer 1918
9.1916 bis 1917
10.1918
Ende 1917
A
B
C

Flagge der Weißen
Bürgerliche Flagge Russlands, 1699 von Peter d. Gr. eingeführt, 1883 Nationalflagge – 1991 wieder eingeführt.

Flagge der Roten
1924–1991 in der abgebildeten Form Flagge der Sowjetunion.

Der Erste Weltkrieg muss als Auslöser der ***Russischen Revolution 1917*** angesehen werden: Misserfolge, über 8 Mio. Gefangene, Verwundete, Vermisste und Tote bis Februar 1917, die schlechte Ausrüstung der Armeen und die miserable Versorgungslage in den Städten führten Anfang 1917 zu Hungerrevolten und Streiks.

Am ***23.2.1917*** kam es zum Ausbruch der ***Februarrevolution*** in Petersburg (Petrograd). Das Überlaufen der Armee zu den Aufständischen führte zum ***Zusammenbruch des Zarismus***. Seit Februar ergab sich eine ***Doppelherrschaft der Provisorischen Regierung*** unter Kerenski und der ***Arbeiter- und Soldatensowjets*** in Petersburg, deren radikaler Flügel (Bolschewisten) sozialist.-marxist. Forderungen vertrat. Im April 1917 kehrte Lenin mit Hilfe der dt. Obersten Heeresleitung(!) aus der Schweiz zurück und formulierte in den ***Aprilthesen*** die bolschewist. Strategie.

Bolschewisten – Menschewisten
Die *Russische Sozialdemokrat. Arbeiterpartei* zerfiel in zwei Flügel. Die Bolschewisten (russ: *„Die in der Mehrheit"*) und die Menschewisten (russ.: *„Die in der Minderheit"*). Die ***Bolschewisten*** (seit 1903) unter Führung Lenins verlangten die Begrenzung der Parteimitgliedschaft auf wenige Berufsrevolutionäre und verweigerten die Zusammenarbeit mit jeder konstitutionellen bürgerlichen Regierung und anderen politischen Parteien. Sie forderten ***alle Macht den Arbeiterräten*** und ein „Klassenbündnis" mit den Bauern.

Versäumnisse in der Agrarfrage und vor allem die Fortsetzung des aussichtslosen Krieges führten nach einem gescheiterten Putschversuch (im Juli) zur ***Oktoberrevolution*** der Bolschewisten. Am ***24./25. Oktober 1917*** (nach dem westl. gregorian. Kalender 6./7. Nov.) erstürmten sie strateg. wichtige Punkte in Petersburg und das Winterpalais des Zaren. Die *Provisorische Regierung* wurde gestürzt und verhaftet. Nach dem Ausscheiden der *Menschewisten* (gemäßigte Sozialrevolutionäre) aus dem Allrussischen Rätekongress beherrschten die *Bolschewisten* unter Lenin und Trotzki den ***„Rat der Volkskommissare"***, der eine Reihe von Dekreten erließ.

Dekrete des Rates der Volkskommissare
1. Über den Frieden: Vorschlag eines sofortigen Waffenstillstands und eines Friedens ohne Annexionen und Reparationen an alle Regierungen der am Krieg beteiligten Länder; ***2. Grund und Boden:*** entschädigungslose Enteignung des Großgrundbesitzes; ***3. Rechte der Völker Russlands:*** Zusicherung der freien Selbstbestimmung an alle Nationalitäten.

Am 3.3.1918 wurde der ***Friede von Brest-Litowsk*** zwischen den Mittelmächten und der Sowjetregierung geschlossen, die auf ihre Hoheit in Polen, Litauen und Kurland sowie in Estland und Livland verzichtete und die Selbständigkeit Finnlands und der Ukraine (Ergänzungsvertrag 27.8.) anerkannte.

Der Bürgerkrieg 1918–1922

Der ***Bürgerkrieg*** kostete mit den Hungertoten mehr als 16 Mio. Menschen das Leben. Verschiedene Gruppen, die sog. ***Weißen***, die ein weites Spektrum von den zaristischen Generälen Koltschak, Denikin und Wrangel bis hin zu sozialrevolutionären Menschewisten einschlossen, kämpften gemeinsam gegen die Bolschewisten, waren sich aber in ihren polit. Zielsetzungen uneinig. Auch die ***Interventionstruppen*** der ausländ. Mächte agierten unkoordiniert. Die von Trotzki geleitete ***Rote Armee*** entwickelte sich zu einer schlagkräftigen, gut organisierten Truppe. 1920, im ***Russ.-Poln. Krieg***, stießen poln. Truppen bis Kiew vor; der Gegenstoß der Roten Armee wurde erst kurz vor Warschau aufgehalten. 1921 führten Unstimmigkeiten mit den Weißen (u. a. Ablehnung des Vorschlags des US-Präsidenten Wilson einer Konferenz aller russ. Parteien) zum Abzug der Alliierten. Der ***Kriegskommunismus*** (Enteignung des Bodens, Verstaatlichung der Industrie, der Banken und des Außenhandels) führte im Innern zu chaot. wirtschaftl. Zuständen und Hungersnöten, so dass Lenin nach dem ***Kronstädter Aufstand*** (2.–18.3.1921) gezwungen war, in der ***Neuen Ökonomischen Politik*** (X. Parteikongress, März 1921) wirtschaftl. Liberalisierung in einem Mischsystem zwischen kapitalist. und sozialistischer Wirtschaftsform zuzulassen.

Zentren der „Februarrevolution" 1917

Zentren der „Oktoberrevolution" 1917: von den Sowjets beherrschte Städte (November 1917–Februar 1918)

Frontlinie im 1. Weltkrieg (Nov. 1917)

durch den Friedensvertrag von Brest-Litowsk vom 3.3.1918 bestimmte Grenze

von Deutschland und seinen Verbündeten besetzte Gebiete (März–November 1918)

von den Sowjets im August 1918 beherrschtes Gebiet

Landung von Truppen der Entente

weitestes Vordringen der „Weißen" und Interventionsmächte 1919

Denikin (Namen von „weißen" Generälen)

Vordringen der „Roten Armee"

3. 1921 (Datum der endgültigen Einnahme)

April/August 1919–Frühjahr 1920

Sommer/Herbst 1920–März 1921

Grenze der Sowjetunion 30.12.1922

Unabhängigkeit der baltischen Staaten 1918 (1920 von Sowjetrussland anerkannt)

Sowjetisches Staatswappen von 1936
Roter Stern sowie Hammer und Sichel über der Erdkugel symbolisieren den weltweiten kommunistischen Herrschaftsanspruch.

Die Russ. Revolution gab zunächst den ***Unabhängigkeitsbestrebungen der Nationalitäten*** Auftrieb. Die Völker des Kaukasus sowie die Finnen und Esten erklärten sich noch 1917 für unabhängig; 1918 folgten nach der dt.- österr. Niederlage die Ukrainer, Georgier, Weißrussen, Polen, Letten und Litauer. Der ***Bürgerkrieg*** um die Durchsetzung der Revolution gegen die Weißen und die Interventionsmächte war gleichzeitig auch ein ***Krieg um die Wiederherstellung der Grenzen des ehem. Russ. Reiches***, die der Roten Armee im Süden und Osten gelang. Im Westen konnten Polen, Finnland und die balt. Staaten hingegen ihre staatl. Unabhängigkeit behaupten. Als die ***Verfassung der Sowjetunion 1922*** erlassen wurde, waren die wichtigsten territorialen Rückeroberungen abgeschlossen. Besondere Bedeutung besaß wegen ihres agrar. Reichtums die ***Ukraine***, deren Anschluss als Sozialistische Sowjetrepublik gelang. Genauso wurde die kurzzeitige Unabhängigkeit der ***kaukas. Republiken*** beendet. In Ostsibirien gelang die Durchsetzung gegen Japan, das sich 1922 aus wichtigen Küstengebieten zurückzog. Die Sowjetunion trat das koloniale Erbe des Zarenreiches als größter Staat der Erde an. Sie umfasste 47 % Dauerfrostboden, 11 Zeitzonen und mehr als 100 Nationalitäten.

Daten zur Gründung der Sowjetunion (UdSSR)

1918 Gründung der ***„Russ. Sozialistischen Föderativen Sowjetrepublik" (RSFSR)***, zunächst aus vier sozialistischen Republiken.

1920 Gründung der ***Fernöstlichen Rep.*** in Ostsibirien, zunächst als Puffer gegen Japan, das Teile der pazif. Küste einschließl. Wladiwostok besetzt hielt (nach dem japan. Rückzug im Nov. 1922 in die RSFSR aufgenommen).

1921 Eroberung ***Georgiens*** und der Protektorate ***Chiwa*** und ***Buchara*** (Turkestan), Widerstand gegen die Bolschewisierung durch die in den Bergen kämpfenden *Basmatschen.*

1922 ***Verfassung (30.12.1922) der UdSSR*** *(Union der Sozialistischer Sowjetrepubliken)* machte sie zu einem Bundesstaat „fortschrittl. Typs" mit Moskau als Hauptstadt. Anschluss der Sowjetrepubliken Ukraine, Weißrussland, Transkaukasien und der Soz. Volksrepubliken Choresm und Buchara. Später aus der RSFSR herausgelöst: die Republiken Usbekistan (1924), Turkmenistan (1924), Tadschikistan (1929), Kasachstan und Kirgisien (beide 1936).

1924 ***Tod Lenins***, Übergang zur ***Diktatur Stalins.***

1928 ***Fünfjahresplan*** und Beginn der ***Zwangskollektivierung der Landwirtschaft***.

Die Verfassung der UdSSR u. ihre Realität

Es bestand eine große Diskrepanz zw. der Verfassung der UdSSR und den tatsächl. Machtverhältnissen. An sich sollte die Grundlage der neuen Föderation das Prinzip der Freiwilligkeit und die völlige Gleichberechtigung der Einzelrepubliken sein, wobei jede von ihnen das vertragl. Recht behielt, aus der Union wieder auszuscheiden, was durch den Zentralismus der Kommunistischen Partei verhindert wurde. Der föderale „Allunions-Sowjet" war aber nicht entscheidend.

Sowjets, Arbeiter- und Soldatenräte

Im Prinzip sollten die ***Sowjets*** – spontan gewählte Räte der Arbeiter, Soldaten und Bauern – die Grundlage einer ***direkten Demokratie*** des arbeitenden Volkes darstellen. Das basisdemokratische System beruhte auf einer Kontrolle der verschiedenen Ebenen von unten nach oben, deren Vertreter jeweils ein ***imperatives Mandat*** (weisungsgebundener Auftrag) besaßen und jederzeit abberufen werden konnten. Tatsächlich wurden die Sowjets zum unselbständigen Instrument der Kommunistischen Partei.

Das polit. System war autoritär und zentralisiert. Die Macht besaßen:

1. Die ***Kommunistische Partei*** als die zentrale Machtinstanz, obwohl sie in der Verfassung der UdSSR gar nicht erwähnt wurde. Alle wesentl. Entscheidungen wurden vom sog. ***Politbüro*** getroffen, das neben dem ***Sekretariat*** und dem ***Organisationsbüro*** das Herz des ständig tagenden ***„Zentralkomitees der Partei"*** darstellte. Letzteres ernannte auch den ***„Rat der Volkskommissare"*** (de facto die *Regierung*), dessen Vorsitz 1917 bis 1924 Lenin hatte.

2. Die gefürchtete ***Geheimpolizei OGPU*** (russ. ***„Vereinigte Staatliche Politische Verwaltung"***) sollte den Kampf gegen die „Konterrevolutionäre" führen. Sie war die Nachfolgeorganisation der *„Tscheka"*, die bis 1922 ca. 50 000 Menschen getötet haben soll.

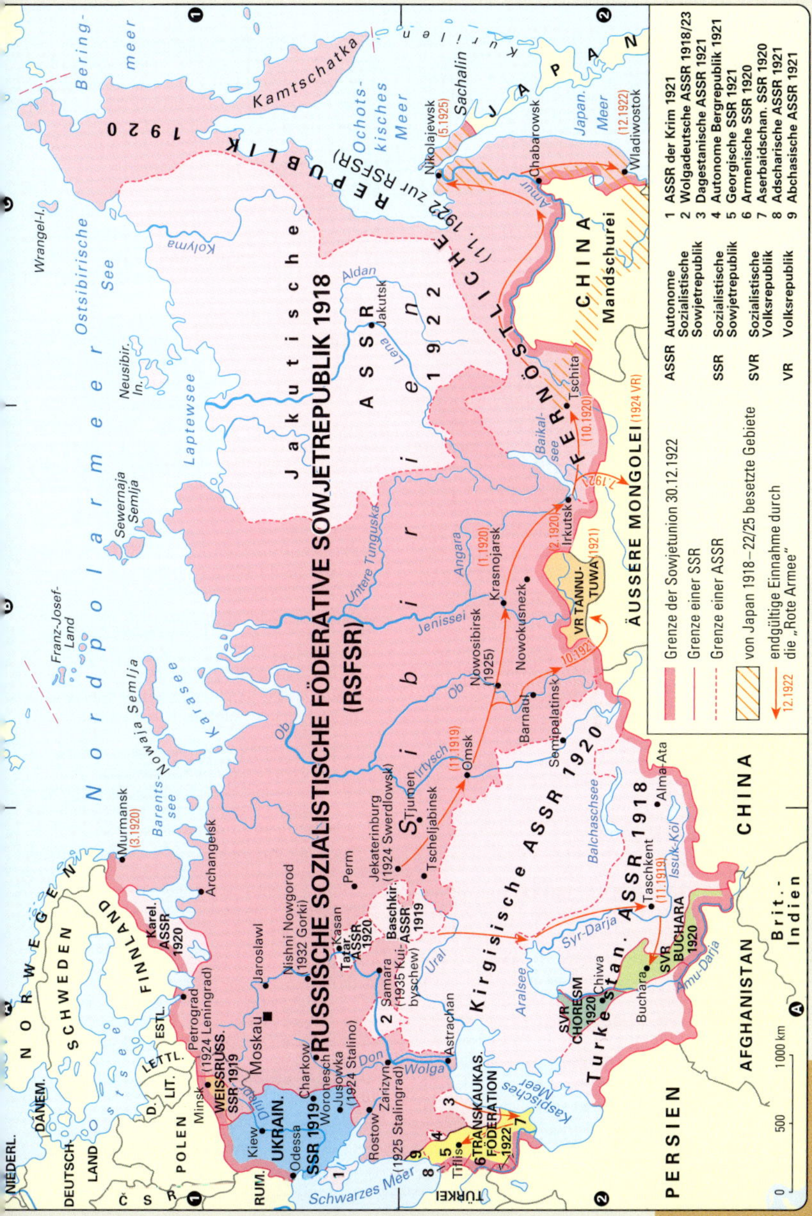

Grenze der Sowjetunion 30.12.1922
Grenze einer SSR
Grenze einer ASSR
von Japan 1918–22/25 besetzte Gebiete
12.1922 endgültige Einnahme durch die „Rote Armee"
ASSR Autonome Sozialistische Sowjetrepublik
SSR Sozialistische Sowjetrepublik
SVR Sozialistische Volksrepublik
VR Volksrepublik
1 ASSR der Krim 1921
2 Wolgadeutsche ASSR 1918/23
3 Dagestanische ASSR 1921
4 Autonome Bergrepublik 1921
5 Georgische SSR 1921
6 Armenische SSR 1920
7 Aserbaidschan. SSR 1920
8 Adscharische ASSR 1921
9 Abchasische ASSR 1921
RUSSISCHE SOZIALISTISCHE FÖDERATIVE SOWJETREPUBLIK 1918 (RSFSR)
Jakutische ASSR 1922
FERNÖSTLICHE REPUBLIK 1920
(11.1922 zur RSFSR)
Sibirien
Kirgisische ASSR 1920
Turkestan. ASSR 1918
UKRAIN. SSR 1919
WEISSRUSS. SSR 1919
TRANSKAUKAS. FÖDERATION 1922
Karel. ASSR 1920
Tatar. ASSR 1920
Baschkir. ASSR 1919
SVR CHORESM 1920
SVR BUCHARA 1920
VR TANNU-TUWA (1921)
ÄUSSERE MONGOLEI (1924 VR)
CHINA
Mandschurei
JAPAN
PERSIEN
AFGHANISTAN
Brit.-Indien
TÜRKEI
NORWEGEN
SCHWEDEN
FINNLAND
ESTL.
LETTL.
LIT.
POLEN
DÄNEM.
DEUTSCH-LAND
NIEDERL.
ČSR
RUM.
Nordpolarmeer
Barentssee
Karasee
Laptewsee
Ostsibirische See
Beringmeer
Ochotskisches Meer
Japan. Meer
Schwarzes Meer
Kaspisches Meer
Aralsee
Balchaschsee
Issyk-Köl
Baikalsee
Nowaja Semlja
Franz-Josef-Land
Sewernaja Semlja
Neusibir. In.
Wrangel-I.
Kamtschatka
Sachalin
Kurilen
Moskau
Petrograd (1924 Leningrad)
Murmansk (3.1920)
Archangelsk
Jaroslawl
Nishni Nowgorod (1932 Gorki)
Kasan
Samara (1935 Kuibyschew)
Perm
Jekaterinburg (1924 Swerdlowsk)
Tscheljabinsk
Tjumen
Omsk (11.1919)
Nowosibirsk (1925)
Barnaul
Semipalatinsk
Nowokusnezk
Krasnojarsk (1.1920)
Irkutsk (2.1920)
Tschita (10.1920)
Jakutsk
Chabarowsk
Wladiwostok (12.1922)
Nikolajewsk (5.1925)
Alma-Ata
Taschkent (11.1919)
Buchara
Chiwa
Astrachan
Zarizyn (1925 Stalingrad)
Rostow
Jusowka (1924 Stalino)
Charkow
Woronesch
Kiew
Odessa
Minsk
Tiflis
Wolga
Don
Dnjepr
Ural
Ob
Irtysch
Jenissei
Untere Tunguska
Angara
Lena
Aldan
Kolyma
Amur
Syr-Darja
Amu-Darja
0 500 1000 km

„Fascio": *Rutenbündel und Beil (lat. fasces) – das röm. Herrschaftssymbol wird namensgebend für faschistische Bewegungen.*

Der Erste Weltkrieg endete mit dem ***Sieg der Demokratien in Europa*** und dem ***Sturz der autokrat. Regime***. Er schien eine demokrat. Weltordnung im Sinne des amer. Präsidenten Wilson herbeizuführen und gründete auf der nat. Selbstbestimmung der Völker unter dem Schutz des Völkerbundes. Sowohl die in den ***Pariser Vorortverträgen*** in Ostmitteleuropa neu gegr. Nationalstaaten als auch die ehem. Monarchien wie Deutschland und Österreich gingen zur parlamentar. Regierungsform über. Das kommunist. Experiment konnte westlich der Sowjetunion nicht Fuß fassen. 30 Jahre nach Ende des 1. Weltkrieges waren fast alle dieser ***Nachkriegsdemokratien*** mit Ausnahme der Tschechoslowakei zu ***autoritären Regimen*** übergegangen, so dass die ***diktatorische Regierungsform zum Normalfall in Europa*** zu werden drohte. Stabil blieben nur die traditionellen Demokratien wie Frankreich und Großbritannien, in denen es allerdings auch faschistische* Bewegungen gab.

Faschismus: Meist handelt es sich um eine ***zentralisierte Massenbewegung mit einer Einheitspartei*** und einer ***offiziellen totalitären Ideologie***, die unter dem Einfluss eines ***charismat. Diktators*** steht. An die Macht kommen faschist. Bewegungen, deren soziale Basis vor allem der Mittelstand ist, durch einen Pakt mit konservativen Gruppen in Staat und Gesellschaft. Sie erstreben die totale Kontrolle der Nachrichtenmittel, setzen eine ***terrorist. Geheimpolizei*** zur Machtsicherung ein und nutzen moderne Mittel der Massenkommunikation (Film, Radio usw.) zur Propaganda.

Ursachen für die Krise der Demokratien

Die Ursachen für die Krise der Demokratien waren vielfältig. Sie können in den ***psycholog. und soziolog. Folgen des Ersten Weltkrieges*** gesucht werden, gehörten doch viele Aktivisten in den faschist. Bewegungen zu der *Frontkämpfergeneration des Ersten Weltkrieges*. Sowohl die *Unzufriedenheit mit den Friedensregelungen des* ***Versailler Vertrages***, die bei Siegern (wie Italien) und bei Verlierern (wie Deutschland) herrschte, als auch die *schwierige wirtschaftl. Lage* und *innere soziale oder ethnische Gegensätze* waren mit ursächlich. Auch bewirkte das *Fortleben autoritärer und aggressiver nationalist. Einstellungen sowie mangelnde Erfahrung mit demokratischen Ordnungen* in vielen Staaten Europas den Übergang zu diktatorischen Systemen.

Die Errichtung der Diktaturen

Unterschieden werden muss zwischen den ***faschist. Dikaturen*** (Italien, Deutschland, Spanien) und ***autoritären Regimen*** (Polen, Estland usw.), bei denen lediglich konservative Kräfte mit Hilfe der Armee die Macht im Staat errangen.

Die Ausbreitung der faschistischen Idee in Europa verlief nicht planmäßig. In den 30er–Jahren allerdings intervenierten Italien und Deutschland massiv im Span. Bürgerkrieg und verhalfen der faschist. Bewegung General Francos zum Sieg. Die ***dt. Besatzungsherrschaft*** im Zweiten Weltkrieg brachte in Frankreich, Kroatien usw. kollaborierende faschist. Regime an die Macht.

Zusammenbruch der Demokratien

1920 Ungarn: Nikolaus von Horthy Reichsverweser (1944 dann faschistische „Pfeilkreuzler" unter deutscher Besatzung).

1. Phase des Zusammenbruchs der Demokratien

1922 Italien: Benito Mussolinis Marsch auf Rom.

1923 Spanien: Militärdiktatur Primo de Riveras (Rücktritt 1930).

2. Phase des Zusammenbruchs der Demokratien

1926 Portugal: Militärputsch General Gomez da Costas.

1926 Polen: Militärputsch Pisuldskis – Obristenregime (1935 autoritäre Verfassung).

1929 Jugoslawien: Königsdiktatur Kg. Alexanders (Königreich der Serben, Kroaten und Slowenen wird zu „Jugoslawien").

3. Phase des Zusammenbruchs der Demokratien

1933 Deutschland: Machtübernahme der Nationalsozialisten unter Adolf Hitler.

1934 Lettland: Staatsstreich Karlis Ulmanis'.

1933 Österreich: *„Austrofaschist."* Regime Dollfuß, nach dessen Ermordung ***1934*** Regierung Schuschniggs (bis 1938).

1933 Portugal: Salazars faschistischer Ständestaat *(„Estado Novo" = der neue Staat)*.

1934 Estland: Staatsstreich Konstantin Päts.

1934 Bulgarien: Autoritäres Regime Oberst Georgiews.

1936 Griechenland: Staatsstreich General Metaxas.

1936 Spanien: Staatsstreich General Francos und Span. Bürgerkrieg (1936–38), Sieg der faschistischen „Falange".

1938 Rumänien: Regierung der „Nationalen Konzentration" des Patriarchen M. Christeas.

Flächenfarben
Staaten in den Grenzen von 1919/23–1937
Staatsgrenzen 1914
POLEN 1916 neu gegründeter Staat (Jahr der Staatsgründung)
Curzon-Linie 12.1919
Staaten des „Cordon sanitaire“
Staatsform und Wechsel zur Diktatur
1918 Sturz einer Monarchie
Monarchie
Monarchie ohne Herrscher
kommunistische Einparteienherrschaft seit 1917/18
kurzfristige Errichtung einer Räterepublik 1918/19
1933 Jahr der Errichtung weiterer Diktaturen/Umsturz
0 250 500 km
1 Freie Stadt Danzig (unter dem Völkerbund)
2 Memelgebiet (1920–23 unter alliierter Verwaltung)
3 Saargebiet (1920–35 unter dem Völkerbund)
4 ANDORRA
5 MONACCO
6 LIECHTENSTEIN
7 SAN MARINO
* 1918–29 „KGR. DER SERBEN, KROATEN U. SLOWENEN“
ISLAND 1918 Personalunion mit Dänemark
IRLAND 1921/37
GROSS-BRITANNIEN
NORWEGEN
SCHWEDEN
FINNLAND 1917
ESTLAND 1918
LETTLAND 1918
LITAUEN 1918
DÄNEMARK
NIEDER-LANDE
BELGIEN
LUX.
DEUTSCHLAND
POLEN 1916
TSCHECHOSLOWAKEI 1918
ÖSTERREICH 1918
UNGARN 1918
SCHWEIZ
FRANKREICH
SPANIEN
PORTUGAL
ITALIEN
JUGOSLAWIEN 1918
ALBANIEN
GRIECHENLAND
BULGARIEN
RUMÄNIEN
SOWJET-UNION 1922
TÜRKEI
FRANCO 1936
REP.
Bürgerkrieg 1936–39
bis 1931
Marokko (frz.)
Algerien (frz.)
Tunesien (frz.)
ATLANTISCHER OZEAN
Nordsee
Ostsee
Mittelmeer
Schwarzes Meer
1926
1923–30
1933
1934
1936
1926/35
1920
1929
1922
1925
1938
1923
Versailles 1919
St. Germain 1919
Trianon 1920
Neuilly 1919
Sèvres 1920
Locarno 1925
Rapallo 1920, 1922
Lausanne 1923
Berlin 1921
Riga 1921
Dorpat 1920
Bosporus Dardanellen (1923–36 entfestigt)
Izmir (Smyrna) 1919–22 griech. bes.
Dodekanes (ital.)
Zypern (brit.)
Malta (brit.)
Gibraltar (brit.)
Zara (ital.)
Leningrad (bis 1924 Petrograd)
Oslo (bis 1925 Christiania)

Neue Flagge Polens *(angenommen 1919). Das poln. Wappen ist über 700 Jahre alt, Rot und Weiß gelten seit 1831 als Farben der Nationalkokarde.*

Anstelle der ***Vielvölkerstaaten*** vor 1918 (v.a. Österreich-Ungarn, Russland) entstanden nach dem Ersten Weltkrieg ***Nationalstaaten*** mit zahlreichen ***nationalen Minderheiten***. Daraus resultierten in der Zwischenkriegszeit Konflikte, da ***Minderheitenschutzverträge,*** für deren Einhaltung der Völkerbundsrat zuständig war, nicht eingehalten und Minderheitenbeschwerden in Genf nur schleppend behandelt wurden.

Verschärft wurde die Minderheitenproblematik durch ***wirtschaftl. Probleme***, die die neuen Grenzziehungen und die Entstehung der Sowjetunion mit sich brachten. Der ***Revisionismus**** wurde zwischen den Kriegen oftmals mit den Minderheiten jenseits der Grenzen begründet.

Revisionismus
Außenpolit. Richtung in der Zwischenkriegszeit, die sich die ***Revision der Pariser Vorortverträge*** zum Ziel setzte, z.B. die Revision von Grenzen aufgrund von Benachteiligungen einzelner Volksgruppen. In Deutschland standen der sog. Kriegsschuldartikel und die Frage der Reparationen im Zentrum. Als revisionistische Mächte konnten auch Siegermächte auftreten, denen die Regelungen des Versailler Vertrages nicht weit genug gingen (z.B. Frankreich und Italien).

Die Pariser Vorortverträge und die neuen Staaten in Osteuropa

Die ***Pariser Vorortverträge*** nach dem Ersten Weltkrieg brachten in Ostmitteleuropa die stärksten territorialen Veränderungen und Umbrüche. Vom Eismeer bis zur Adria entstand eine Kette neuer demokrat. Staaten. Durch die Auflösung des ***österreich. Kaiserreiches***, dessen wichtigste Teile bereits bei Kriegsende ihre Unabhängigkeit proklamiert hatten, entstanden die neuen Staaten ***Tschechoslowakei, Jugoslawien*** und ***Ungarn***. Von ***Österreich***, das sich nicht mit dem Dt. Reich vereinigen durfte, blieb ein Reststaat mit nur 6,5 Mio. Ew. übrig. (*Vertrag von Saint-Germain,* Sept. 1919). Aus dem ***Ksr. Russland*** lösten sich als Ergebnis des Krieges und nach der Russ. Revolution ***Polen***, die ***balt. Staaten*** *(Estland, Lettland, Litauen)* und ***Finnland***.

Sicherheitsinteressen, v.a. Frankreichs, bedingten die Gründung eines ***(Sicherheits-) Gürtels*** (frz. *Cordon Sanitaire*) von Staaten in Ostmitteleuropa. Da z.B. ***Polen*** als Bollwerk sowohl gegen Deutschland als auch gegen die kommunist. UdSSR dienen sollte, wurde es ***in seiner Staatlichkeit wiederhergestellt*** und territorial weit über seine Volkstumsgrenzen nach Osten ausgedehnt. Der im *Versailler Vertrag* (Juni 1919) festgelegte sog. ***Polnische Korridor***, der einen freien Zugang Polens zur Ostsee sicherstellen sollte, trennte Ostpreußen vom Deutschen Reich.

Gleichzeitig wurden die Siegermächte, teilw. auf Kosten von Verliererstaaten, erheblich erweitert. Besondere Härten erfuhr ***Ungarn*** (*Vertrag von Trianon*, Juni 1920), das fast drei Viertel seines Territoriums (Verlust von 67,8 % des Staatsgebietes u. 59 % der Bevölkerung) an Jugoslawien, die Slowakei, Österreich und Rumänien verlor.

Das Problem der Volkstumsgrenzen

Das Konzept Wilsons, Grenzziehungen nach dem Nationalitätenprinzip vorzunehmen, erwies sich aufgrund der gemischten Bevölkerungen in Osteuropa und der als vorrangig angesehenen Sicherheitsfragen als unmöglich, so dass es in allen neuen Staaten ***Minderheiten*** gab. Vor allem die ***Tschechoslowakei*** setzte sich aus Völkern zusammen, die besonders schwer zu integrieren waren: mehr als ein Drittel Polen, Russen, Deutsche, Ungarn und Ukrainer. Ein Drittel der Einwohner ***Polens*** sprach kein Polnisch. Das vergrößerte ***Rumänien*** enthielt mehr als eine Mio. Ungarn. ***Jugoslawien*** bildete einen Vielvölkerstaat aus Slowenen, Kroaten, Serben, Bosniaken, Makedoniern, Italienern und Albanern.

Grenzkorrekturen nach Volksabstimmungen oder kriegerischen Konflikten

10.8.1920 Der zwischen Jugoslawien und Österreich strittige Teil Kärntens um Klagenfurt entscheidet sich für Österreich.

14.12.1921 Das Gebiet um Ödenburg *(Sopron)* im Burgenland entscheidet sich für Ungarn.

20.3.1921 In Oberschlesien – 1921 ca. 60 % für Deutschland – werden industriell wichtige Teile trotzdem Polen zugewiesen.

1924 Das *Memelgebiet* kommt nach Einfall litauisch. Freischaren im ***Memelabkommen*** an Litauen.

27.1.1924 Jugoslawien verzichtet zugunsten Italiens auf Fiume *(Rijeka)*.

Germanische Sprachen
Romanische Sprachen
Slawische Sprachen
Baltische Sprachen
Albanisch und Griechisch
Türkisch
Finnougrische Sprachen
jüdische Bevölkerung (Städte über 10000 Juden)
K. KASCHUBEN
R. RÄTOROMANEN
S. SORBEN
Abstimmungsgebiete
FINNLAND
Helsinki
Leningrad (St. Petersburg)
SCHWEDEN
Stockholm
Reval (Tallinn)
ESTLAND
ESTEN
Peipus-see
Pskow
RUSSEN
SOWJETUNION 1922
Ostsee
LIVEN
LETTLAND
Riga
LETTEN
Düna
Dünaburg
Witebsk
Smolensk
Memel (1924 zu Lit.)
LITAUEN
LITAUER
Kaunas
Memel
Wilna (Vilnius) (1920/22 zu Polen)
Minsk
Mogilew
Freie Stadt Danzig
Königsberg
Danzig
DEUTSCHE REICH
MASUREN
Grodno
POLEN
Bialystok
WEISSRUSSEN
Gomel
Pinsk
Pripjat
Dnjepr
Kiew
Elbe
Berlin
DEUTSCHES
Posen
Weichsel
Warschau
Oder
Lodsch
Kalisch
POLEN
Leipzig
Breslau
Bug
DEUTSCHE
Kielce
Krakau
Prag
TSCHECHEN
DEUTSCHE
Przemyśl
Lemberg
Winniza
Tarnopol
UKRAINER
TSCHECHOSLOWAKEI
Brünn
Donau
SLOWAKEN
Munkács
Dnjestr
München
Preßburg
Miskolc
Theiß
Czernowitz
Wien
Sopron
Budapest
Iași
Kischinew
ÖSTERREICH
UNGARN
MADJAREN (UNGARN)
Klausenburg
SZEKLER
RUMÄNIEN
DEUTSCHE (UNGARN)
Galatz
RUSSEN
SLOWENEN
Drau
DEUTSCHE
Timișoara
Hermannstadt
Kronstadt
Laibach
Agram
Triest
Venedig
Fiume (Rijeka)
Save
KROATEN
RUMÄNEN
Po
Adria
JUGOSLAWIEN
SERBEN
Belgrad
Bukarest
Donau
Constanta
BOSNIAKEN
Zara (ital.)
Sarajewo
KROATEN
SERBEN
TÜRKEN
Varna
Schwarzes Meer
ITALIENER
ITALIEN
Staatsgrenze 1920/23
abweichende Grenze um 1900
* bis 1929 „KGR. DER SERBEN, KROATEN UND SLOWENEN“
Sofia
BULGARIEN
BULGAREN
ALBANER
Skopje
Maritza
TÜRKEI
TÜRKEN
Konstantinopel
0 100 200 300 km
ALBANIEN
MAKEDONIER
GRIECHEN

Völkerbund-Emblem
Die Schwäche des Völkerbundes zeigte sich auch in dem lange vergebl. Bemühen, ein verbindliches Symbol zu finden. Erst 1939 wurde dieses halboffizielle Emblem allgemein genutzt.

Bereits vor dem Ersten Weltkrieg gab es in den Haager Friedenskonferenzen (1899 und 1907) Anstrengungen zur Errichtung eines Systems der ***kollektiven Sicherheit***. Nach dem mörderischen Völkerringen erhielten diese Bemühungen durch die Initiative des USA-Präsidenten Wilson in den sog. ***14 Punkten**** den entscheidenden Impuls. Zu diesem Zeitpunkt bildeten bereits das liberal-demokrat. Modell der Friedenssicherung der USA (Frieden durch Demokratie und Freihandel) und das sozialist. Modell Lenins (Frieden durch Weltrevolution) einen unversöhnlichen Gegensatz.

Wilsons 14 Punkte
Die 14 Punkte (Februar 1918) des amer. Präsidenten Wilson waren als grundlegendes Programm zur Nachkriegsordnung gedacht und sahen die ***Schaffung eines Völkerbundes*** als „allg. Gesellschaft der Nationen" vor. Er sollte die Einhaltung internat. Rechtes, die Souveränität, Sicherheit und territoriale Integrität aller Völker und Nationen garantieren. Zur ***Friedenssicherung*** sollten öffentl. beschlossene Friedensverträge, die Abschaffung der Geheimdiplomatie zur Vermeidung der Blockbildung und die drastische Herabsetzung der nationalen Rüstungen dienen. Die Forderung nach ***liberalem Welthandel*** setzte die wirtschaftliche an die Stelle der militärischen Konkurrenz.

Als Teil des ***Friedensvertrages von Versailles*** wurde der von Wilson geforderte ***Völkerbund*** aus der Taufe gehoben und nahm 1920 seine Tätigkeit in Genf auf.

Institutionen des Völkerbundes
Die ***Völkerbundsversammlung*** (jedes Miglied mit einer Stimme) tagte einmal jährlich. Der ***Völkerbundsrat*** bestand aus 4–6 ständigen und 9 nichtständigen Mitgliedern, die von der Völkerbundsversammlung gewählt wurden. ***Ständige Mitglieder*** waren: Großbritannien, Belgien, Frankreich, Italien und Japan, nach 1926 Deutschland, dessen Sitz nach dem Austritt 1934 an die Sowjetunion fiel. Jeder Beschluss musste mit Zweidrittelmehrheit gefasst werden. Für Streitigkeiten sollte der ***Haager Ständige Internat. Gerichtshof*** zuständig sein. Das Mittel der ***Sanktion*** (Art. 16 der Völkerbundssatzung) wurde nur 1935 – erfolglos – gegen Italien angewandt.

Probleme u. Versagen des Völkerbundes
Entscheidend geschwächt wurde der Völkerbund bereits bei der Gründung durch den ***Nichtbeitritt der USA***, die zu einer isolationist. Politik zurückkehrten. Von 63 Mitgliedsstaaten traten bis 1939 14 aus, zwei wurden annektiert und einer (UdSSR 1939) ausgeschlossen. Deuteten sich in den zwanziger Jahren tatsächlich Entspannung und wirtschaftl. Zusammenarbeit in Europa *(Verträge von Locarno 1923)* an, die in die Aufnahme Deutschlands in den Völkerbund 1926 mündeten, so zeigte sich in den dreißiger Jahren die ***Machtlosigkeit des Völkerbundes*** gegenüber der immer aggressiveren Expansionspolitik Italiens und Japans sowie der Kriegsvorbereitung Deutschlands.

Daten zur Geschichte des Völkerbundes

28.4.1919 Annahme der ***Völkerbundssatzung*** durch die Friedenskonferenz von Versailles.
28.6.1919 Unterzeichnung der aus 26 Artikeln bestehenden Satzung durch die Gründerstaaten.
Jan. 1920 Beginn der Völkerbundstätigkeit in Genf.
März 1920 USA lehnen Eintritt in den Völkerbund ab (keine Zweidrittelmehrheit im Senat).
1920 Aufnahme Österreichs in den Völkerbund.
Ab 1920 Aktivitäten des Völkerbundes zur Durchführung der ***Pariser Verträge:*** Grenzziehung in Abstimmungsgebieten; Aufsicht über die Freie Stadt Danzig; Verwaltung des Saarlandes bis 1935; Aufsicht über die Mandatsgebiete; Minderheitenschutz (Südtirol u. a).
1920/24 Schlichtung internat. Konflikte um Wilna (poln.), Korfu (griech.) und Mossul (Irak).
1925 *Genfer Protokoll* für die friedliche Regelung internationaler Streitigkeiten scheitert.
1926 Aufnahme Deutschlands in den Völkerbund nach dem Abschluss der ***Verträge von Locarno*** mit Frankreich (1925).
1928 Briand-Kellog-Pakt zur Ächtung des Krieges: allg. Verbot des Angriffskrieges als Mittel der Politik.
1931/32 Einfall Japans in die Mandschurei. Völkerbundsrat setzt Kommission zur Untersuchung des jap.-chin. Konflikts ein. Japan lehnt den Vermittlungsvorschlag des Völkerbundes ab *(Lytton-Bericht)*.
1933 Internat. Abrüstungskonferenz gescheitert, Japan tritt aus dem Völkerbund aus.
1934 Deutschland verlässt den Völkerbund.
1935 Überfall Italiens auf Äthiopien. – Die Sanktionen des Völkerbundes werden durch Deutschland und die USA unterlaufen.
1937 Austritt Italiens aus dem Völkerbund.
1939 UdSSR wegen des Finnlandkrieges aus dem Völkerbund ausgeschlossen.
1946 Auflösung des Völkerbundes – Die UNO setzt seine Tätigkeit fort.

Gründerstaaten und Beitritte 1920	Mandatsgebiete des Völkerbundes 1920
1934 Beitritte 1921 und später (mit Beitrittsjahr)	Nichtmitglieder
■ Genf Sitz des Völkerbundes	1934 Jahr des Austritts
Kolonien der Mitglieder	bedeutender Krieg vor 1939 gegen Mitglieder

1 DÄNEMARK
2 NIEDERLANDE
3 BELGIEN
4 LUXEMBURG 1929
5 DEUTSCHLAND 1926, 1933
6 SCHWEIZ
7 ÖSTERREICH 1920
8 Saargebiet (Treuhandschaft bis 1935)
9 Danzig (Schutzgebiet)
10 ESTLAND 1921
11 LETTLAND 1921
12 LITAUEN 1921
13 ČSR
14 UNGARN 1922, 1939
15 JUGOSLAWIEN
16 RUMÄNIEN
17 ALBANIEN 1920
18 BULGARIEN
19 GRIECHENLAND
20 FINNLAND 1920
21 Syrien und Libanon (bis 1941 frz. Mandat.)
22 Palästina (brit.)
23 Transjordanien (brit.)
24 IRAK 1932 (bis 1932 brit. Mandat)
25 VR TANNU-TUWA
26 HAITI
27 DOMINIK. REPUBLIK 1924
28 GUATEMALA 1936
29 EL SALVADOR 1924, 1937
30 HONDURAS 1936
31 NICARAGUA 1936
32 COSTARICA 1920, 1924
33 PANAMA
34 PARAGUAY 1935
35 Togo (brit. u. frz.)
36 Kamerun (brit. u. frz.)

*Die **Hakenkreuzflagge** – das Symbol der NS-Bewegung – wurde **1935** offizielle Staats- und Landesflagge des „Dritten Reiches“.*

Seit der ***Machtübernahme der Nationalsozialisten in Deutschland*** unter Adolf Hitler (30.1.1933) diente die dt. Außenpolitik der Vorbereitung eines ***Rassen- und Vernichtungskrieges**** im Osten. Dieses Ziel wurde getarnt durch vorgetäuschte Verhandlungsbereitschaft und Friedensbeteuerungen, die mit Drohungen, Überraschngsaktionen und vollzogenen Tatsachen wechselten.

Der Rassen- und Vernichtungskrieg im Osten
In Hitlers Zielsetzungen mischten sich außenpolit. mit rassenpolit. Motiven. Er sah die ***Sowjetunion*** als den entscheidenden Feind des Dt. Reiches an. So sollte der ***Krieg gegen die UdSSR*** den *Bolschewismus zerschlagen,* die *„Lösung der Judenfrage“* herbeiführen und dem dt. Volk den notwendigen *„Lebensraum im Osten“* für eine menschenverachtende Germanisierungspolitik erobern. Insofern ist die Phase bis zum Überfall auf die Sowjetunion 1941 als takt. Vorbereitung des großen Rassen- und Vernichtungskrieges im Osten anzusehen.

Der Weg zum Ziel führte über eine ***Revision der Bestimmungen des Versailler Vertrages*** (Wiederaufrüstung zunächst geheim, Anspruch auf Gebiete mit dt. Minderheiten) hin zu einer *aggressiven Expansionspolitik*, die seit 1938 immer offener und unverhohlener verfolgt wurde. Er mündete schließlich 1939 in die ***Entfesselung eines Weltkrieges.*** Tragischerweise stieß diese Außenpolitik auf Entgegenkommen vor allem Großbritanniens, das in der sog. ***Appeasement-Politik*** (engl. *Beschwichtigung, Besänftigung,* eig. gemeint als *Befriedung Europas*) versuchte, das Deutsche Reich durch Nachgiebigkeit bei berechtigten Forderungen zufrieden zu stellen. Begünstigt wurde die NS-Außenpolitik in den dreißiger Jahren durch die immer aggressiver auftretenden Mächte ***Italien*** (Überfall auf Äthiopien) und ***Japan*** (Besetzung der Mandschurei), die auch die Kolonien der Westmächte bedrohten. Auch behinderten die Vorbehalte der Westmächte gegen eine dauerhafte Zusammenarbeit mit der ***Sowjetunion*** ein gemeinsames Vorgehen gegen Hitler, der im ***Hitler-Stalin-Pakt*** 1939 aus taktischen Gründen an die dt.-sowj. Zusammenarbeit der zwanziger Jahre anknüpfte. Die lange ***Serie von außenpolit. Erfolgen*** führte zur Stabilisierung des NS-Regimes in Deutschland. Die wachsende Akzeptanz des Regimes in der dt. Bevölkerung zeigte sich auch an der *Schließung einiger Konzentrationslager*, die seit 1933 als brutales Mittel zur Einschüchterung politischer Gegner dienten.

Von der aggressiven Außenpolitik zur Expansion: 1933 –1939

14.10.1933 Austritt Deutschlands aus dem Völkerbund: Ziel der ungehinderten Aufrüstung.

26.1.1934 Nichtangriffspakt des Dt. Reiches mit Polen: Zusammenrücken der Sowjetunion mit den Westmächten (Völkerbundseintritt der UdSSR).

13.1.1935 Rückgliederung des Saargebietes an Deutschland nach Volksabstimmung.

16.3.1935 Wiedereinführung der allgemeinen Wehrpflicht in Deutschland: Bildung der antideutschen ***„Stresa-Front“,*** die allerdings mit dem ***dt.-brit. Flottenabkommen*** bereits zerbröckelt.

1936 Militär. Intervention Deutschlands und Italiens im ***Spanischen Bürgerkrieg (1936 –39)***.

1936 Einmarsch in die entmilitarisierte Zone des Rheinlandes (Blitzcoup).
Antikominternpakt zwischen Deutschland und Japan, dem auch Italien beitritt *(1937).*

13.3.1938 „Anschluss“ Österreichs unter massivem Druck der nationalsozialistischen Führung als „Ostmark“ des Reiches.

29.9.1938 Münchner Konferenz Deutschlands, Italiens, Frankreichs und Großbritanniens: beschließt die Abtretung des Sudetenlandes durch die Tschechoslowakei an das Deutsche Reich mit gleichzeitiger Garantie für den Bestand der Rest-Tschechoslowakei.

9./10.11.1938 „Reichspogromnacht“: Massive Ausschreitungen gegen Juden u. jüdischen Besitz. Das NS-Regime lässt alle außenpolitischen Rücksichten fallen.

22.5.1939 Stahlpakt mit Italien: ***Achse Berlin – Rom.***

15.3.1939 „Erledigung der Rest-Tschechei“: „Protektorat Böhmen und Mähren“ wird Teil des nunmehr ***„Großdeutschen Reiches“***.

31.3.1939 Brit. Garantieerklärung für Polen: Raktion auf wachsenden deutschen Druck.

23.8.1939 Deutsch-Sowjet. Nichtangriffspakt („Hitler-Stalin-Pakt“). Das ***geheime Zusatzprotokoll*** steckt die Interessenssphären in Osteuropa ab u. schafft die Voraussetzung für

1.9.1939 Dt. Überfall auf Polen als Ausbruch des Zweiten Weltkrieges, Unterwerfung Polens in nur 18 Tagen im „Blitzkrieg“. Die westpoln. Gebiete werden als dt. Reichsgaue direkt angegliedert, während Zentralpolen zum ***„Generalgouvernement“*** unter dt. Besatzung wird. Nach dem dt. Überfall auf die UdSSR 1941 Einrichtung des Distrikts Lemberg u. der ***Reichskommissariate Ostland*** (NO-Polen und Baltikum) und ***Ukraine.***

Deutsches Reich 1935/37
Eingliederung des Saargebietes nach Volksabstimmung (13.1.1935)
Besetzung des entmilitarisierten Rheinlandes (7.3.1936)
Staatsgrenze 31.12.1937
Halle Gauhauptstadt (1939)
frühes KZ, das aufgelöst wurde
KZ-Hauptlager
KZ-Außenkommando, Nebenlager, Arbeitslager (Auswahl)
größeres Ghetto
Vernichtungslager
Massentötung (Massaker an Juden 1941)
Gebietszuwachs des Deutschen Reiches (ab März 1939 „Großdeutsches Reich")
März–Oktober 1938
März 1939
September 1939
1940/41
deutsche Verwaltung polnischer Gebiete als „Generalgouvernement"
Grenze am 1. Sept. 1939 und Ende 1942
deutsch-sowj. Demarkationslinie 28.9.1939 bis 21.6.1941
von deutschen Truppen besetzte Gebiete (1942)
verbündete Staaten
neutrale Staaten
0 100 200 300 km
DÄNEMARK
SCHWEDEN
Ostsee
LITAUEN
Reichskommissariat Ostland
Reichskommissariat Ukraine
POLEN
„Generalgouvernement" (Okt. 1939)
Distrikt Lemberg (Aug. 1941)
Bezirk Bialystok (Aug. 1941)
Ostpreußen
Memelgebiet (März 1939)
DANZIG
Westpreußen
Wartheland
Sudetengebiete (Okt. 1938)
„Protektorat Böhmen u. Mähren" (März 1939)
TSCHECHOSLOWAKEI
SLOWAKEI (1939)
UNGARN
RUMÄNIEN
ÖSTERREICH (1938 Anschluss als „Ostmark")
Süd-Steiermark (April 1941)
JUGOSLAWIEN
ITALIEN
SCHWEIZ
FRANKREICH
Elsass-Lothringen (1940)
LUXEMBURG (1940)
Eupen-Malmedy (1940)
BELGIEN
NIEDERLANDE
Saargebiet
Maly Trostinec
Treblinka
Sobibor
Majdanek
Belzec
Auschwitz
Kulmhof (Chelmno)
Stutthof
Neuengamme
Bergen-Belsen
Sachsenhausen
Ravensbrück
Buchenwald
Mittelbau-Dora
Flossenbürg
Dachau
Mauthausen
Groß-Rosen
Theresienstadt
Natzweiler-Struthof
Herzogenbusch
Esterwegen
Börgermoor
Lichtenburg
Sachsenburg
Fuhlsbüttel
Oranienburg
Krakau-Plaszów
Berlin
Wien
Prag
Warschau

Hitler wird durch die Koalition besiegt.
Die Karikatur auf einer sowjet. Propagandapostkarte zeigt die koordinierte Anstrengung der „Anti-Hitler-Koalition“.

Nach der Eroberung Polens erfolgte ab ***9.4.1940*** die ***Besetzung Dänemarks*** und ***Norwegens,*** um den Zugang zur Nord- und Ostsee und zu den kriegswichtigen schwed. Erzen zu sichern. Mit ***Frankreich*** war es seit der Kriegserklärung 1939 zu keinen nennenswerten Kriegshandlungen gekommen (sog. *„Sitzkrieg“* oder *«drole de guerre»*). Am 10.5.1940 begann der ***Westfeldzug*** mit der Eroberung der neutralen Staaten Niederlande und Belgien unter Umgehung der frz. Maginotlinie. Nach der frz. Kapitulation (23.6.1940) wurden Nordfrankreich u. die Kanalküste besetzt, während sich im S und SO das kollaborierende ***Vichy-Regime*** etablierte (Nov. 1942 ebenfalls besetzt). Allerdings konnte sich das engl. Expeditionsheer in ***Dünkirchen*** einer Gefangennahme entziehen. Die am 13.8.1940 begonnene erfolglose *„Luftschlacht um England“* stellte die erste deutsche Niederlage dar.

Die Taktik des „Blitzkrieges“ ermöglichte die schnelle Eroberung großer Gebiete in der ersten Phase des 2. Weltkrieges. Beim Polenfeldzug vernichtete die dt. Luftwaffe zunächst die poln., worauf Sturzkampfbomber poln. Truppenkonzentrationen sowie Städte angriffen. Panzervorstöße rissen dann Lücken in die poln. Linien (Konzentration der Stoßkraft auf einen Punkt), in die dann die motorisierte u. nichtmotorisierte Infanterie eindrang. Bei dieser Art der Kriegsführung gab es keine Fronten; stehen zu bleiben bedeutete umzingelt zu werden.

Der italienische „Parallelkrieg“

Die ausgreifenden Eroberungspläne ***Italiens*** im ***Mittelmeerraum*** endeten in militär. Misserfolgen, die den dt. Verbündeten mehrfach zum Eingreifen zwangen: in ***Jugoslawien*** (April 1941) und ***Griechenland*** mit der Eroberung der strateg. wicht. Insel Kreta. In ***Nordafrika,*** wo Großbritannien das gesamte ital. Kolonialreich eroberte, griff das dt. Expeditionskorps ein, das bis in die Nähe des Suezkanals (El-Alamein) vordrang. Im Okt. 1942 folgte die ***brit. Gegenoffensive in Afrika.*** (März 1943 Kapitulation des dt. Afrikakorps). Die ***Landung in Sizilien*** im Juni 1943 als großer Amphibienangriff gegen die Achsenmächte führte zum Sturz Mussolinis und dem Waffenstillstand mit Italien, allerdings zog sich die ***Eroberung Italiens*** gegen die dt. Armee noch bis April 1945 hin.

Etappen des „Russlandfeldzuges“ – Stalingrad als Wendpunkt

22.6. 1941 Deutscher Überfall auf die Sowjetunion (*„Unternehmen Barbarossa“)* trifft auf eine unvorbereitete sowj. Armee. Ziel ist aus strateg. und wirtschaftl. Gründen die Linie Leningrad-Moskau-untere Wolga: Kontrolle über die Getreidegebiete der Ukraine und wichtige Rohstoffe, wie die Kohlevorkommen des Donez-Gebietes und das kaukas. Öl, die Vorherrschaft über Ostsee und Schwarzes Meer.

Bis Nov. 1941 Siege in gewaltigen *„Kesselschlachten“*, Gefangennahme von über 3 Mio. sowj. Soldaten beim Vorstoß der dt. Truppen bis vor Moskau. Wichtige sowjet. Industrieanlagen können nach Osten verlagert werden.

5.12. 1941 Nach einem frühen Wintereinbruch erfolgt die ***sowj. Gegenoffensive*** vor Moskau. ***1942 Dt. Sommeroffensive***: Vorstoß nun gegen Leningrad (Landverbindung zum finn. „Waffengefährten“) und die kaukas. Erdölfelder. Erbitterter Partisanenkrieg hinter der Front aufgrund der brutalen dt. Besatzungsherrschaft.

Nov. 1942 Nachdem die 6. Armee in ***Stalingrad*** völlig eingeschlossen wird, erfolgt am

2.2.1943 ihre ***Kapitulation als zentraler Wendepunkt des Krieges***. Trotz sinnloser Durchhaltebefehle ist der dt. Rückzug unaufhaltsam.

Januar 1945 Die sowj. Truppen erreichen die Oder als letzte Etappe vor Berlin.

Völkerrechtswidrige Befehle der deutschen Kriegsführung im Osten

Der *Kommissarbefehl* entzog die als polit. Funktionäre betrachteten Angehörigen der sowj. Armee dem Schutz des Völkerrechts und ordnete an, sie zu „erledigen“. Der *„Gerichtsbarkeits“-Erlass* garantierte allen Wehrmachtsangehörigen vorab Straffreiheit für die Ermordung verdächtiger Zivilpersonen. Auch starb über die Hälfte der Russen in dt. Kriegsgefangenschaft (ca. 3 Mio.) unter unmenschlichen Bedingungen.

Die Errichtung der „zweiten Front“

Die Stalin von den Alliierten versprochene ***zweite Front*** wurde zunächst durch *Flächenbombardements deutscher Städte* 1942 ersetzt und am ***6. Juni 1944*** durch die ***Landung der Alliierten*** in der Normandie errichtet. Sie erreichten bereits im Sept. die dt. Westgrenze, während die ***Rote Armee*** zu diesem Zeitpunkt nach Ostpreußen und an die Weichsel vorstieß. Am 25.4.1945 trafen russ. und amer. Truppen bei Torgau an der Elbe zusammen. Es folgte die ***dt. Kapitulation*** in Reims (7.5.) u. Karlshorst (9.5.1945).

- Achsenmächte (Deutschland und Italien) am 31.8.1939
- Verbündete der Achsenmächte (1941)
- Eroberungen 1.9.1939–Mai 1941
- Eroberungen 22.6.1941–Nov. 1942
- Machtbereich der Alliierten im Nov. 1942
- 8.1944 Eintritt der Kriegsgegner der Achsenmächte in den Zweiten Weltkrieg bzw. Datum der Kriegserklärung ehemaliger Verbündeter an Deutschland
- neutrale Staaten (Stand: Anfang 1945)
- Staatsgrenze vor dem 1.9.1939
- Westgrenze der Sowjetunion am 22.6.1941
- Grenzen des deutsch-italien. Machtbereichs
  - im November 1942
  - im Oktober 1943
- Deutscher Machtbereich
  - im Dezember 1944
  - bei Kriegsende (8. Mai 1945)
- Angriffe der Alliierten

Opfer im 2. Weltkrieg in Europa (in Tsd.)

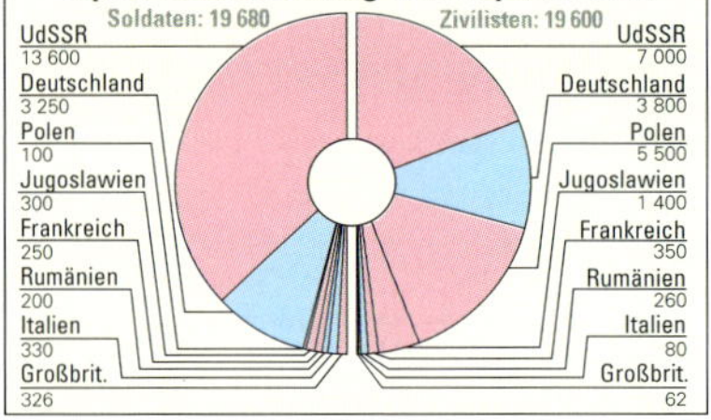

Mehr als 60 Staaten beteiligten sich am Zweiten Weltkrieg mit dem ungeheueren Blutzoll von mehr als 50 Mio. Menschen; in Europa gab es nur noch vier neutrale Staaten. Obwohl ***Europa den Hauptkriegsschauplatz*** darstellte, spielten sich auch in ***Ostasien***, auf ***zwei Ozeanen*** und in den ***Kolonialreichen*** Asiens und Nordafrikas entscheidende Auseinandersetzungen ab.

Mächtegruppierungen u. Kriegsschauplätze
Auf der einen Seite standen die ***Achsenmächte,*** die mit ihrer aggressiven Expansion in unterschiedlichen geographischen Gebieten den Krieg auslösten: ***das Dt. Reich*** in Europa mit dem Ziel der Ausdehnung nach Osten; ***Italien*** im Mittelmeergebiet, auf dem Balkan und in Nordafrika; ***Japan*** in Ostasien. Auf der anderen Seite kämpften die Staaten, die sich dieser Expansion entgegenstellten: die ***Alliierten,*** die seit 1941 unter der Führung der *USA, Großbritanniens und der Sowjetunion* standen. Diese Allianz verstand sich v.a. als ***Anti-Hitler-Koalition,*** so dass sie nur in Europa als gemeinsamem Kriegsschauplatz fochten. Die Sowjetunion trug hier die Hauptlast des Landkrieges, während der Krieg im ***Pazifik*** bis auf die letzte Phase von den USA und Großbritannien (einschl. Dominien) bestritten wurde, die auch im Atlantik gemeinsam kämpften .

Die ***Niederlage der Achsenmächte*** vollzog sich zeitlich versetzt. Bereits 1943 schied Italien nach der Landung der Alliierten in Sizilien durch einen separaten Waffenstillstand aus (anschließend noch „Marionettenregime" von Salò in Norditalien als Kriegsverbündeter Deutschlands). Auch nach der Kapitulation des Dt. Reiches am 8.5.1945 bekundete ***Japan*** die Entschlossenheit, allein weiterzukämpfen.

Die Schlacht im Atlantik
Wichtige Kriegsschauplätze waren auch die ***Weltmeere.*** Der ***Atlantik*** war deshalb so entscheidend, weil nur freie Schifffahrtslinien die kriegswichtigen Lieferungen der USA an die Alliierten sicherstellten. Seit dem Kriegseintritt der USA 1941 erfolgte eine enorme Ausweitung des ***dt. U-Boot-Krieges*** im Atlantik mit hohen Versenkungszahlen bei alliierten Geleitzügen und Vorstößen bis zur amer. Ostküste. Seit 1943 galt der Sieg über die dt. U-Boot-Flotte als vorrangiges Ziel der Alliierten. Die Entschlüsselung des dt. Funkverkehrs durch die brit. Abwehr und Erfindungen wie die magnet. Seemine erlaubten es, die dt. U-Boot-Waffe bis zum Mai 1943 so entscheidend zu treffen, dass die Schlacht im Atlantik von deutscher Seite als verloren abgebrochen werden musste.

Wichtige Entscheidungen und alliierte Kriegskonferenzen

März 1941 Abkehr der USA vom ***Isolationismus*** und Hinwendung zum ***Interventionismus:*** Das *„Leih- und-Pacht-Gesetz" (Land Lease Act)* ermächtigt den USA-Präsidenten, Waren kostenlos zur Verfügung zu stellen. Mehr als 40 Staaten erhielten bis 1945 Waffenhilfe im Wert von über 40 Milliarden Dollar.

14.8.1941 Atlantik-Charta: Entwurf einer von Roosevelt und Churchill formulierten Nachkriegsordnung (sog. *«Grande Design» = großer Entwurf*) in Anlehnung an Wilsons Vierzehn-Punkte-Programm; allerdings sollen die Aggressoren (Deutschland, Japan, Italien) unschädlich gemacht werden.

7.12.1941 Jap. Überfall auf Pearl Harbor: Amer. Kriegseintritt und ***dt. Kriegserklärung an die USA (11.12.1941)***; Grunsatzentscheidung *„Germany first"* (*„Deutschland zuerst"* zu besiegen).

14.–26.1.1943 Konferenz von Casablanca: Forderung nach bedingungsloser Kapitulation der Achsenmächte. Idee einer *"One World"* ohne Interessenssphären und Handelshemmnisse.

28.11.–1.12.1943 Konferenz von Teheran: Roosevelt, Churchill, Stalin beschließen Vorgehen gegen das besiegte Deutschland. Zusage der Westmächte zur Errichtung einer *„Zweiten Front"* ***(Landung in der Normandie Mai 1944)***; UdSSR verspricht den Kriegseintritt gegen Japan nach der dt. Kapitulation.

4.–11.2.1945 Konferenz der „großen Drei" in Jalta: Beschlüsse zur Nachkriegsordnung, wie Westverschiebung Polens und Aufteilung Deutschlands in Besatzungszonen unter Beteiligung Frankreichs. *„Erklärung über das befreite Europa"*: Alle Völker sollen *„demokratische Einrichtungen nach ihrer Wahl"* schaffen dürfen.

Mächtegruppierungen im Zweiten Weltkrieg 1942

*Das Denkmal nach dem bekannten Pressefoto des Pazifik-Krieges, (bei der Erstürmung der **Insel Iwojima** durch amer. Marinesoldaten am 19.2.1945 aufgenommen) steht für den erbarmunglosen Krieg, denn fast alle der 23 000 jap. Soldaten wurden bei der Erstürmung getötet.*

Im Ersten Weltkrieg vollzog sich ***Japans Aufstieg zur Weltmacht***. Die Ausdehnung seiner Macht in China seit den dreißiger Jahren verletzte das seit der Jahrhundertwende von den Kolonialmächten anerkannte Prinzip der *„Politik der Offenen Tür“** und machte Asien neben Europa zum zweiten großen Kriegsschauplatz der Welt.

„Politik der offenen Tür“ – „Neue Ordnung Ostasiens“: Seit 1899 galt die von den USA erklärte „Politik der offenen Tür“ als Grundlage der Poltik der Großmächte im Fernen Osten (bestätigt auf der *Konferenz von Washington 1922)*. Sie beruhte auf der Zusicherung des gleichberechtigten Zugangs aller Länder zum chin. Markt und der Garantie der terr. Integrität Chinas. Durch die im Nov. 1938 von Japan proklamierte *„Neue Ordnung Ostasiens“*, die einen autarken Wirtschaftsraum in Asien unter japanischer Vorherrschaft vorsah, trat Japan in scharfen Gegensatz zu diesem Prinzip, v. a. zu den USA.

Japanische Expansion in Ostasien

Ausdruck der immer aggressiveren jap. Außenpolitik war 1931/32 die ***Eroberung der Mandschurei***, die zum jap. Satellitenstaat ***Mandschukuo*** wurde. Ziel war die Schaffung eines von Japan beherrschten Wirtschaftsraumes. Der ***Angriff auf China 1937*** führte zur Konfrontation mit den USA. Bis 1939 eroberte Japan weite Teile des Reiches der Mitte. Sein brutales Vorgehen gegen die Zivilbevölkerung zeigte sich in Massakern und Massenvergewaltigungen (ca. 300 000 Tote) bei der Einnahme der provisor. chin. Hauptstadt Nanking. 1940 erfolgte der Einmarsch in ***Frz.-Indochina*** unter Ausnutzung der geschwächten Position Frankreichs, worauf die USA, Großbritannien und die Niederlande im Juli 1940 mit einem Wirtschaftsembargo reagierten.

Kriegsbeginn im Pazifik

Am ***7.12.1941*** erfolgte ohne vorherige Kriegserklärung der jap. Angriff auf die amer. Pazifikflotte in ***Pearl Harbor*** (Hawaii-Inseln), um die überlegene amer. Marine entscheidend zu schwächen. Bis zum ***Juni 1942*** verzeichnete Japans Expansion große Erfolge im Pazifik entlang eines dreigeteilten Operationsplanes. Der Hauptstoß zielte auf die Inselwelt der Philippinen und Niederländisch-Indien. Der Vorstoß über das verbündete Thailand nach *Burma* zielte letztendlich auf Britisch-Indien und die *Schließung der Burmastraße* als Hauptversorgungslinie nach China (April 1942). In wenigen Monaten nahmen die Japaner Indonesien, Indochina, Malaysien und die Philippinen ein. Mit der Landung auf *Neuguinea* und den *Aleuten* (Juni 1942) erreichte die jap. Ausdehnung ihren Höhepunkt. Japan beherrschte zu diesem Zeitpunkt ca. 450 Mio. Menschen, kontrollierte 95% der Produktion an Rohgummi, 90% an Chinin und je 70% an Reis und Zinn. Von Neuguinea aus erfolgte die *Bombardierung austral. Küstenstädte* (Darwin im Febr. 1943); die Bevölkerung des nördlichen Australiens musste evakuiert werden.

Kriegswende und japanische Niederlage

Die ***Wende*** im pazifischen Krieg bildete die ***Schlacht um die Midway-Inseln*** im ***Juni 1942***, die mit einer schweren jap. Niederlage endete; durch den Verlust von vier seiner Flugzeugträger verlor Japan die Überlegenheit im See-Luftkrieg. Dadurch wurde es den USA möglich, im Jahre 1943 in verlustreichen Landeoperationen im sog. *Inselspringen*, die jap. Positionen langsam aufzurollen. Unter Umgehung jap. Stützpunkte drangen Amphibienunternehmungen bis in den Kern des jap. Reiches vor, so dass von den Marianen aus massive Luftangriffe auf das jap. Festland möglich wurden. Die *Seeschlacht bei Leyte* (Okt. 1944) bei der Rückeroberung der Philippinen bedeutete das Ende der jap. Seemacht.

Am 8.8. 1945 erfolgte die ***Kriegserklärung der Sowjetunion*** und der Einmarsch der Roten Armee in die Mandschurei sowie die Besetzung der *Kurilen* und *Sachalins*. Um die amer. Verluste möglichst gering zu halten und den Führungsanspruch bei der Gestaltung der Nachkriegsordnung zu demonstrieren, erfolgten am 6.8.1945 die Abwürfe der amer. ***Atombomben*** auf ***Hiroshima*** und am 9.8. auf ***Nagasaki***. Am ***2.9. 1945*** fand die Unterzeichnung der ***jap. Kapitulation*** an Bord des Schlachtschiffes „Missouri“ statt.

Japanische Expansion 1931–1941
japan. Besitz vor 1931
Besetzung der Mandschurei 1931/33 (Gründung des Satellitenstaates „Mandschukuo“)
japan. Eroberungen Juli 1937–Dez. 1941
Kampfhandlungen im 2. Weltkrieg
japan. Angriffe
Dez. 1941 und 1942 und japanische Eroberungen
Grenze des japan. Machtbereiches Ende 1942
Gebiet der Alliierten Ende 1942
neutrale Staaten
Kriegserklärung der Sowjetunion u. der Mongol. VR am 8.8.1945
Stoßrichtung alliierter Angriffe
amerikanische Atombomben-Abwürfe am 6. und 9.8.1945
Frontlinie beim japanischen Zusammenbruch (21.8.1945)
0
1000
2000 km
SOWJETUNION
(1941 jap.-sowj. Nichtangriffspakt)
Tannu-Tuwa (1944 sowj.)
Baikalsee
Ulan-Bator
MVR
Amur
MANDSCHUKUO (1931/32)
Hsinking
Mukden
Wladiwostok
Korea
Söul
Japanisches Meer
Tokio
Hiroshima
6.8.1945
Nagasaki
9.8.1945
JAPAN
Sachalin
Ochotskisches Meer
Kamtschatka
Kurilen
Alaska (USA)
Aleuten
5.-8.1943
6.1942
Luftangriff auf Pearl Habor 7.12.1941
Hawaii (USA)
Pearl Harbor
Midway-In. (USA)
3.–6.6.1942
PAZIFISCHER OZEAN
1.1944
Wake (USA)
12.1941
Marianen
7.1944
Saipan
Guam (USA)
8.1944
Iwojima (jap.)
2./3.1945
Karolinen (Japan. Mandat)
Jap
Eniwetok
Kwajalein
Marshall-In.
11.1943
Tarawa
Gilbert-In. (brit.)
Nauru
Guadalcanal
11.1942
Salomonen (brit.)
2.1944
7.–8.5.1942
Korallenmeer
1.1942
3.1942
Dez. 1941
Neuguinea
AUSTRALIEN
Port Darwin
Timor
CHINA
Peking
Gelbes Meer
Shanghai
Nanking
Jenan
Hsian
Huang He
Jangtsekiang
Tschungking
Kunming
Okinawa
4./6.1945
Taiwan
Hongkong (brit.) 25.12.1941
Philippinen (USA)
Leyte
10.1944
9.1944
Manila
6.1945
Dez. 1941
3.1942
1.1942
Celebes
Frz. Indochina
Hanoi
1940 besetzt
Südchinesisches Meer
12. 1941
Sarawak (brit.)
Borneo
THAILAND
14.12.1941 Bündnis
Bangkok
Burmastraße
Burma (brit.)
Lashio
Rangun
1942
12.1941
Brit. Malaya
Singapur 15.2.1941
2./3. 1942
Sumatra
Java
Batavia
Nikobaren
Niederl.-Indien
TIBET
Lhasa
NEPAL
BHUTAN
Brit.-Indien
Kalkutta
Äquator
INDISCHER OZEAN

„Judenstern": *zuerst im Generalgouvernement 1939, 1941 auch im „Reich" eingeführt. Gehörte zu einer Reihe von Maßnahmen zur äußeren Kennzeichnung von Juden („J" im Pass, das Führen bestimmter Vornamen usw.). Reichspropagandaminister Goebbels entwarf das Zeichen. Alle Juden über sechs Jahre mussten sichtbar auf der linken Brustseite der Kleidung „fest angenäht" den gelben Stern tragen.*

Der ***Völkermord im europ. Maßstab*** war Teil eines gezielten Planes, dem im Deutschen Reich bereits vor 1939 eine umfassende Diskriminierung und Entrechtung der Juden vorausgegangen war. Er ließ sich nur im Rahmen eines ***Krieges*** radikal verwirklichen. Besondere Bedeutung hatte der erfolgreiche ***Polenfeldzug*** (September 1939), durch den sich die Zahl der jüdischen Bevölkerung unter deutscher Herrschaft versechsfachte. Die Errichtung der *Besatzungsherrschaft in Europa* mit besonders fanatischen Vertretern der NSDAP und der SS an der Spitze schuf die Voraussetzung für den Aufbau einer „effizienten" Mordmaschinerie.

Definition: Judenfeindschaft, Antisemitismus

Die Vernichtung der europ. Juden war die Folge eines fanat. ***Rassenantisemitismus***. Gegenüber der religiös motivierten ***trad. Judenfeindschaft***, gründete der ***Antisemitismus*** auf primitiver biolog. Vorstellung von unterschiedl. Rassen und deren Kampf ums Dasein ***(Sozialdarwinismus)***. Die Vorstellung der Bedrohung einer Rasse durch „artfremde" Elemente begründete die ***Züchtungs- und Vernichtungsideologie*** des NS-Staates und die Aufgabe aller moral. Wertvorstellungen von Toleranz, Schutz und Fürsorge als Teil der Zivilisation.

Etappen der Judenvernichtung im Zweiten Weltkrieg

Die Einrichtung von **Ghettos** *(abgeriegelte Wohnbezirke, in denen in Warschau bis zu 500 000 Menschen zusammengepfercht wurden)* in Polen schuf die Voraussetzung zur Konzentration der jüdischen Bevölkerung. Später entwickelten sie sich zu Sammel- und Durchgangslagern für die Zentren der Vernichtung. Beim ***„Russlandfeldzug"*** Juli/August 1941 stellten ***massenhafte Erschießungen*** jüdischer Frauen, Kinder und Männer durch die ***vier Einsatzgruppen*** – mobile Einheiten, die unmittelbar hinter den vorrückenden Armeen mit Unterstützung der Wehrmacht ihr Mordwerk verrichteten – den Übergang zur ***systematischen Vernichtung*** dar.

Zum ***Wendepunkt in der „Judenpolitik"*** des Dritten Reiches wurde der Jahreswechsel 1941/42. Die Großoffensive der sowj. Armee und der Kriegseintritt der USA machten die Hoffnung auf einen raschen „Endsieg" und die Pläne einer Massendeportation nach Sibirien oder auf die Insel Madagaskar zunichte. Daher verstärkten sich die fanat. Anstrengungen zur Durchführung der *Judenvernichtung noch im Krieg*. Auf der Berliner ***Wannseekonferenz vom 20. Jan. 1942*** wurde die Planung eines europ. Vernichtungsprojektes durch die verantwortl. Stellen der SS und der Ministerien koordiniert. Bei der Ermordung behinderter Menschen (*sog. Aktion T 4*, 1939–41) waren bereits Erfahrungen mit dem *Einsatz von Gaskammern* zur massenhaften Tötung von Menschen gesammelt worden, die die „Experten" zum Bau großer Vernichtungslager im Osten nutzten. ***Auschwitz-Birkenau*** wurde zur größten dieser Mordfabriken, in denen der größte Teil der Ermordung von bis zu 6 Mio. Menschen geschah. Besonders makaber war die systematische industrielle *Verwertung* aller Hinterlassenschaften, sogar des Zahngoldes oder der Haare der Opfer.

Massenmord im europäischen Maßstab

Wurde in Osteuropa im Rahmen der Besatzungsherrschaft rücksichtslos gemordet, so war der Zugriff auf die jüdische Bevölkerung im übrigen Europa unterschiedlich. Auf ***verbündete Staaten*** wie Italien nahm das NS-Regime aus taktischen Gründen Rücksicht, wenn sie ihre Juden schützten, so dass es davon abhing, wie stark die Regime jeweils mit dem Deutschen Reich *kollaborierten*. Aus den ***besetzten Staaten***, wie den Niederlanden, wurde der größte Teil der jüdischen Bevölkerung in die Vernichtungslager deportiert. Dies galt auch für ***Ungarn***, das nach der deutschen Besetzung 1944 Gegenstand der letzten großen Deportations- und Vernichtungswelle wurde. In einer beispiellosen Rettungsaktion gelang es dagegen 1943 in ***Dänemark***, fast die gesamte jüdische Bevölkerung auf Fischerbooten in das neutrale Schweden zu retten.

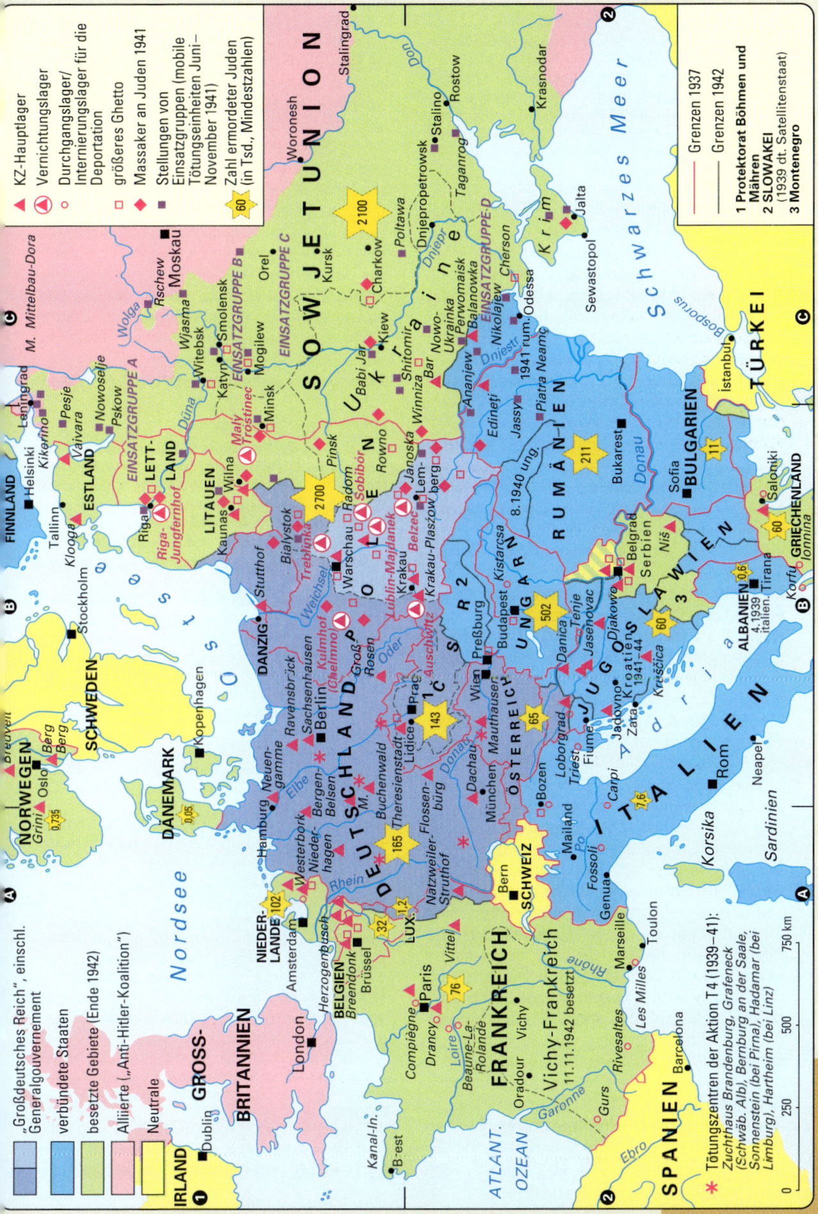
KZ-Hauptlager
Vernichtungslager
Durchgangslager/ Internierungslager für die Deportation
größeres Ghetto
Massaker an Juden 1941
Stellungen von Einsatzgruppen (mobile Tötungseinheiten Juni–November 1941)
Zahl ermordeter Juden (in Tsd., Mindestzahlen)
„Großdeutsches Reich", einschl. Generalgouvernement
verbündete Staaten
besetzte Gebiete (Ende 1942)
Alliierte („Anti-Hitler-Koalition")
Neutrale
Grenzen 1937
Grenzen 1942
1 Protektorat Böhmen und Mähren
2 SLOWAKEI (1939 dt. Satellitenstaat)
3 Montenegro
* Tötungszentren der Aktion T4 (1939–41): Zuchthaus Brandenburg, Grafeneck (Schwäb. Alb), Bernburg an der Saale, Sonnenstein (bei Pirna), Hadamar (bei Limburg), Hartheim (bei Linz)
0 250 500 750 km
DEUTSCHLAND
SOWJETUNION
POLEN
FRANKREICH
ITALIEN
JUGOSLAWIEN
RUMÄNIEN
UNGARN
ÖSTERREICH
Nordsee
Ostsee
Schwarzes Meer

Mahnmal der Friedland-Gedächtnisstätte
Das Grenzdurchgangslager Friedland (bei Göttingen) für Flüchtlinge, Vertriebene und Heimkehrer aus sowj. Gefangenschaft wurde 1945 an der Grenze dreier Besatzungszonen eingerichtet.

Der „totale Krieg“, der auch vor der Zivilbevölkerung nicht Halt machte, schuf in Europa ein ***Flüchtlingsproblem***, das einer Völkerwanderung gleichkam. Bereits nach dem Ersten Weltkrieg entstanden Zwangsumsiedlungen (z. B. Türkei und Griechenland) und Massenflucht vor Völkermord (Armenien) oder revolutionären Ereignissen (Russ. Revolution 1917). Für die Vielzahl staatenloser Menschen schuf der Völkerbund den sog. *Nansenpass*. Im Zweiten Weltkrieg erreichten Massenflucht und Vertreibungen ihren Höhepunkt, so dass es bei Kriegsende 1945 ca. 40 Mio. entwurzelte Menschen gab. Besonders ***Osteuropa*** wurde Schauplatz der Verschiebung von Völkergrenzen auf brutale Weise.

1939/40 „Hitler-Stalin-Pakt“ und deutscher Überfall auf die Sowjetunion

Nach dem ***Hitler-Stalin-Pakt (23.8. 1939)*** und der Besetzung Polens begannen beide Regime mit einer *„ethnischen Flurbereinigung“* in ihren Interessenssphären, die die UdSSR auch nach Kriegsende mit der Vertreibung von Millionen Menschen fortsetzte. Die dem Deutschen Reich angegliederten Teile Westpolens wurden durch die Deportation der polnischen Bevölkerung in das sog. *„Generalgouvernement“* und die Ansiedlung von Volksdeutschen aus mehreren Staaten (ca. 500 000) „germanisiert“. In ***Ostpolen*** und anderen Gebieten unter sowj. Einfluss folgten Zwangsumsiedlungen nach Sibirien. Der deutsche ***Überfall auf die Sowjetunion 1941*** sollte eine dramatische Verschiebung von Volkstumsgrenzen nach Osten bewirken. ***„Lebensraum im Osten“*** sollte durch den 1941 erstellten dt. *„Generalplan Ost“* (Aussiedlung von 30 Mio. Menschen nach Sibirien) geschaffen werden.

Kriegsende

Die ***Niederlage Deutschlands*** im Zweiten Weltkrieg löste gewaltige Wanderungsbewegungen der Deutschen von Osten nach Westen aus. Besonders dramatisch gestaltete sich die Flucht vor der Roten Armee aus den deutschen Ostgebieten, da keinerlei Vorsorge für die Zivilbevölkerung getroffen worden war. Aus Ostpreußen mussten ca. 2 Mio. Flüchtlinge mit Schiffen über die Ostsee evakuiert werden, da der Landweg durch die Rote Armee bereits abgeschnitten war. Oftmals waren Vertreibungen aus den Ostgebieten, dem Sudetenland und Ungarn begleitet von der Rache der Osteuropäer, die unter der deutschen Besatzungsherrschaft gelitten hatten. Auf der ***Potsdamer Konferenz 1945*** wurde das Gebiet östlich der Oder-Neiße-Linie als polnisches Gebiet (Westverschiebung Polens) bestätigt, so dass sich ***Zwangsumsiedlungen*** bis 1951 hinzogen.

Umsiedlung, Vertreibung

21.10.1933 Vertrag Hitler-Deutschlands mit dem faschistischen Italien: sog. ***„Option für Deutschland“***: Bis 1944 verlassen deutsch- und ladinischsprachige Südtiroler Italien und werden im östl. Mitteleuropa nach der Vertreibung der slawischen Bevölkerung als „Wehrbauern“ angesiedelt.

1939 Vertreibungen nach dem Hitler-Stalin-Pakt
Deutsche Seite:
Deportation der polnischen und jüdischen Bevölkerung des *„Warthelandes“* und *Danzig-Westpreußens* in das Generalgouvernement. Städte wie Gdynia (in *„Gotenhafen“* umbenannt) wurden zwangsgermanisiert. Ansiedlung von Volksdeutschen aus dem Baltikum (Okt. bis Dez. 1939), aus Wolhynien, Galizien und vom Narew (Nov.. 1939 bis Jan. 1940), aus der Region Chelm und Lublin (Sommer 1940), aus Bessarabien, der Nord- und Südbukowina und der Dobrudscha (Sept. bis Dez. 1940) und Litauen.
Sowjetische Seite:
1940/41 Deportation von 2 Mio. Polen nach Sibirien.
1940 und 1944 Nach den Kriegen gegen Finnland Umsiedlungsaktionen aus *Karelien*.

Nach dem dt. Überfall auf die Sowjetunion:
1941/44 Zwangsumsiedlung der Völker, die im Verdacht standen, mit dem Feind zu sympathisieren aus ihren Siedlungsgebieten zwischen Kaukasus und Mittlerer Wolga nach Mittelasien (Wolgadeutsche, Karatschaier, Kalmücken, Inguschen, Tschetschenen, Krimtataren).

1945 Nach der deutschen Niederlage:
Seit Anfang 1945 Flucht vor der Roten Armee (ca. 4–5 Mio.). Enteignung, Entrechtung und Vertreibung von mehr als 3 Mio. Sudetendeutschen und Ungarn aus der Tschechoslowakei (sog. Beneš-Dekrete).
Juli/August 1945 Die bereits in Gang gesetzte Vertreibung der Deutschen östlich der Oder und Neiße wird von den Siegermächten bestätigt.

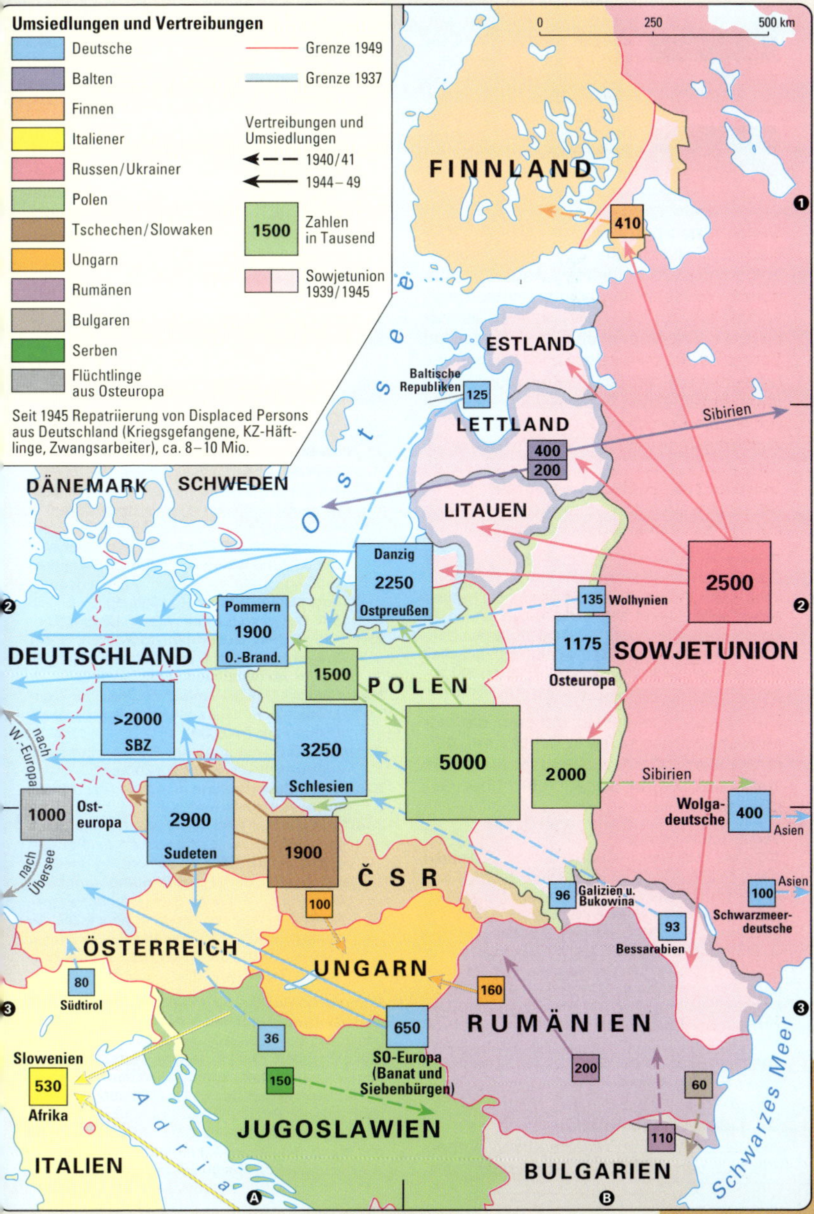
Umsiedlungen und Vertreibungen
Deutsche
Balten
Finnen
Italiener
Russen/Ukrainer
Polen
Tschechen/Slowaken
Ungarn
Rumänen
Bulgaren
Serben
Flüchtlinge aus Osteuropa
Grenze 1949
Grenze 1937
Vertreibungen und Umsiedlungen
1940/41
1944–49
1500 Zahlen in Tausend
Sowjetunion 1939/1945
Seit 1945 Repatriierung von Displaced Persons aus Deutschland (Kriegsgefangene, KZ-Häftlinge, Zwangsarbeiter), ca. 8–10 Mio.
0 250 500 km
FINNLAND
410
ESTLAND
Baltische Republiken
125
LETTLAND
400
200
Sibirien
LITAUEN
Ostsee
DÄNEMARK
SCHWEDEN
Danzig 2250 Ostpreußen
2500
135 Wolhynien
Pommern 1900 O.-Brand.
DEUTSCHLAND
1500
1175 Osteuropa
SOWJETUNION
POLEN
>2000 SBZ
3250 Schlesien
5000
2000
Sibirien
Wolga-deutsche 400
Asien
nach W.-Europa
1000 Ost-europa
nach Übersee
2900 Sudeten
1900
ČSR
100
96 Galizien u. Bukowina
100 Asien
Schwarzmeer-deutsche
93 Bessarabien
ÖSTERREICH
UNGARN
160
80 Südtirol
650 SO-Europa (Banat und Siebenbürgen)
RUMÄNIEN
36
Slowenien 530 Afrika
150
200
60
Adria
JUGOSLAWIEN
110
ITALIEN
BULGARIEN
Schwarzes Meer

Flaggen der Bundesrepublik Deutschland und der DDR
Beide Staaten nahmen die Farben Schwarz-Rot-Gold (die Farben der Revolution von 1848) an. Die Flagge der DDR wurde zusätzlich mit dem sozialistischen Staatsemblem versehen.

Deutschland unter alliierter Herrschaft

Nach der militär. Niederlage und der Kapitulation des Dritten Reiches gingen Staatshoheit und Regierungsgewalt Deutschlands vollständig auf die Oberbefehlshaber der alliierten Streitkräfte über. Die Aufteilung Deutschlands in ***vier Besatzungszonen*** der Siegermächte UdSSR, USA u. Großbritann. unter Einbeziehung Frankreichs war bereits auf der ***Konferenz von Jalta*** im Febr. 1945 beschlossen worden. Sie sollten Teile eines von den Alliierten gemeinsam verwalteten Gebietes sein. Wichtige Beschlüsse zur Besatzungsherrschaft wurden von den Alliierten auf der ***Potsdamer Konferenz**** gefasst.

Potsdamer Konferenz 17. Juli bis 2. August 1945
Einrichtung des Alliierten Kontrollrates, *Entmilitarisierung und Entnazifizierung* Deutschlands, *Reparationen* sollen durch Entnahme in den jeweiligen eigenen Besatzungszonen befriedigt werden (zentraler sowj.-amer. Konfliktpunkt). Die dt. Wirtschaft wird alliierter Kontrolle unterstellt, Deutschland soll aber als *wirtschaftliche Einheit* behandelt werden.

Die oberste Zivilgewalt bildeten die vier Militärgouverneure, die in Berlin zum ***„Alliierten Kontrollrat"*** zusammentraten, dem Herrschaftsorgan der Alliierten über Gesamtdeutschland.

Berlins Sonderstatus
Die ehem. Reichshauptstadt wurde in ***vier Sektoren*** geteilt (Räumung von 12 von 20 Berliner Stadtbezirken durch die Rote Armee), was die Insellage Westberlins inmitten der Sowj. Besatzungszone (SBZ) begründete. Im Nov. 1945 wurden Vereinbarungen über „Luftkorridore" zu den drei Berliner Westsektoren als Teil der Sicherung der Versorgungswege getroffen. Die Abhängigkeit vom Einvernehmen der Besatzungsmächte zeigte sich bei der ***Berlin-Blockade 1948/49***. Eine Regelung der Berlin-Frage erfolgte erst nach zwei Krisen und dem ***Mauerbau (1961)*** im ***Viermächteabkommen*** von ***1971***, das bis zur deutschen Wiedervereinigung Bestand hatte.

Die Teilung Deutschlands

Die zwischen den Siegermächten aufbrechenden wirtschaftl. und gesellschaftspolit. Konflikte und der daraus resultierende *Kalte Krieg* führten schließlich zur *Gründung von zwei deutschen Staaten.* Während in der Sowjetischen Besatzungszone (SBZ) das sozialist. Gesellschaftsmodell durchgesetzt wurde und schließlich die DDR entstand, wurden die Westzonen der USA und Großbritanniens zur *Bi-Zone* zusammengefasst und schließlich mit der frz. Zone zur sog. *Tri-Zone* zum Staatsgebiet der späteren Bundesrepublik Deutschland vereinigt.

Gründung von zwei deutschen Staaten

7./9.5.1945 Kapitulation der dt. Wehrmacht.
17.7–2.8.1945 Potsdamer Konferenz
Nov. 1945 Beginn des Internationalen Militärtribunals in Nürnberg ***(Nürnberger Prozesse)*** gegen die Hauptkriegsverbrecher.
April 1946 Vereinigung der Parteien KPD und SPD in der Sowj. Besatzungszone zur ***SED***.
23.8.1946 Bildung der Länder Schleswig-Holstein, Niedersachsen (Hannover unter Einbeziehung weiterer Länder) und Nordrhein-Westfalen in der brit. Zone aus dem ehem. Preußen (*Länderneubildung* auch in den anderen Zonen).
1.1.1947 Vereinigung der Zonen der USA u. Großbritanniens zur ***Bi-Zone***. Der „Wirtschaftsrat" der Bi-Zone wird zum ersten dt. Selbstverwaltungsorgan im Westen, Ausgangspunkt der späteren Weststaatsgründung.
Juni 1947 Bekanntgabe des ***„Marshallplans"***.
25.11.–15.12.1947 Außenministerkonferenz der Siegermächte in London ohne Einigung in der Deutschlandfrage.
März 1948 Die UdSSR verlässt den Alliierten Kontrollrat aus Protest gegen den Beschluss zur Bildung der ***Tri-Zone***.
August 1948 Erweiterung der Bi-Zone durch die französische Zone zur ***Tri-Zone***.
20.6.1948 Währungsreform (Einführung der D-Mark) in den Westzonen führt zur
Juni 1948 bis Mai 1949 Blockade Berlins durch die UdSSR. – ***„Luftbrücke"*** Großbritanniens und der USA zur Versorgung Berlins.
1.9.1948 Zusammentritt des ***Parlamentarischen Rates*** zur Ausarbeitung des Grundgesetzes.
23.5.1949 Verkündigung des Grundgesetzes der ***Bundesrepublik Deutschland*** .
7.10.1949 Gründung der ***Deutschen Demokratischen Republik*** (DDR).

Österreichs Rückkehr zur Selbständigkeit
Österreich wurde ebenfalls in vier Besatzungszonen und Wien mit Ausnahme der Innenstadt in vier Sektoren geteilt. Der am 15. Mai 1955 in Wien unterzeichnete ***Staatsvertrag für Österreich*** sah die Aufhebung des Besatzungsstatuts vor. Österreich (Zweite Republik) wurde ein unabhängiger Staat in den Grenzen vom 1.1.1938 mit der Verpflichtung, keine politische und wirtschaftliche Vereinigung mit Deutschland einzugehen.

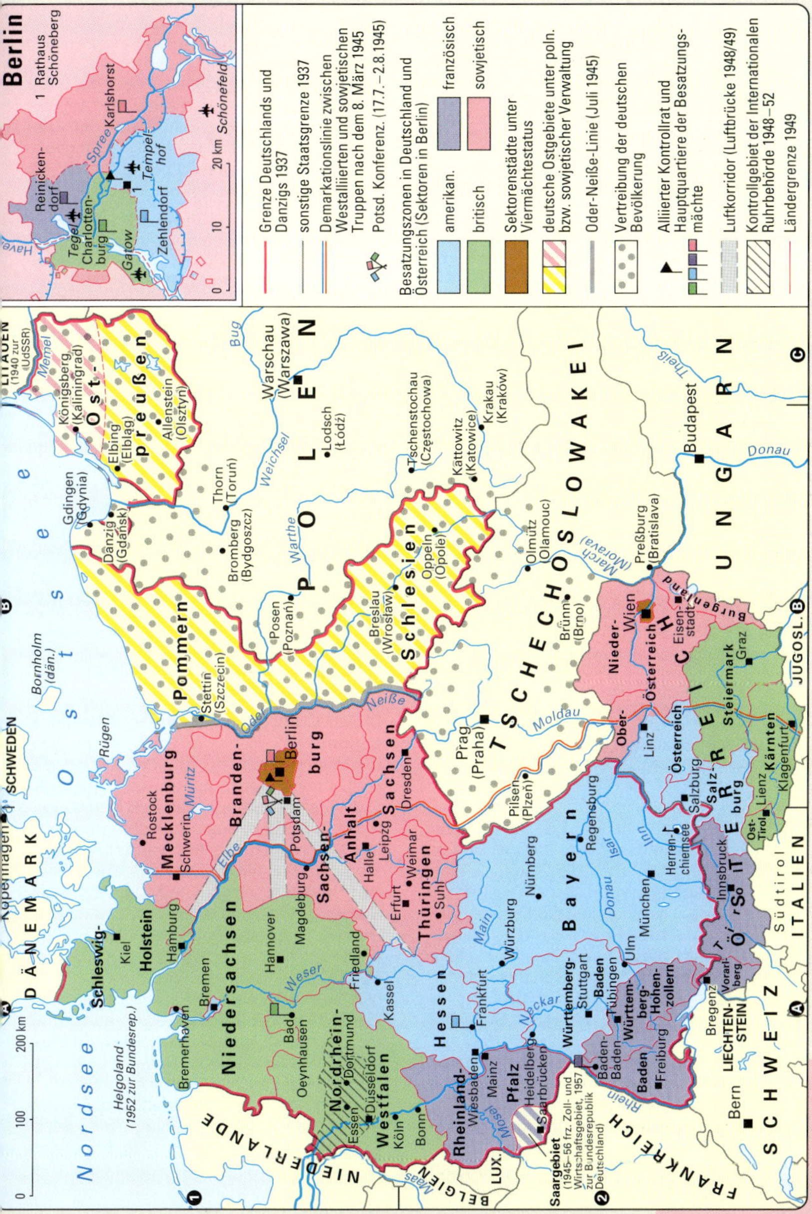
Berlin
1 Rathaus Schöneberg
Reinickendorf
Tegel
Charlottenburg
Gatow
Zehlendorf
Tempelhof
Karlshorst
Schönefeld
Spree
Havel
Grenze Deutschlands und Danzigs 1937
sonstige Staatsgrenze 1937
Demarkationslinie zwischen Westalliierten und sowjetischen Truppen nach dem 8. März 1945
Potsd. Konferenz. (17.7.–2.8.1945)
Besatzungszonen in Deutschland und Österreich (Sektoren in Berlin)
amerikan.
britisch
französisch
sowjetisch
Sektorenstädte unter Viermächtestatus
deutsche Ostgebiete unter poln. bzw. sowjetischer Verwaltung
Oder-Neiße-Linie (Juli 1945)
Vertreibung der deutschen Bevölkerung
Alliierter Kontrollrat und Hauptquartiere der Besatzungsmächte
Luftkorridor (Luftbrücke 1948/49)
Kontrollgebiet der Internationalen Ruhrbehörde 1948–52
Ländergrenze 1949
Nordsee
Ostsee
DÄNEMARK
SCHWEDEN
Bornholm (dän.)
Helgoland (1952 zur Bundesrep.)
Schleswig-Holstein
Kiel
Hamburg
Mecklenburg
Rostock
Schwerin
Rügen
Niedersachsen
Bremen
Bremerhaven
Hannover
Brandenburg
Berlin
Potsdam
Sachsen-Anhalt
Magdeburg
Halle
Leipzig
Sachsen
Dresden
Thüringen
Erfurt
Weimar
Suhl
Nordrhein-Westfalen
Essen
Düsseldorf
Dortmund
Köln
Bonn
Bad Oeynhausen
Hessen
Kassel
Frankfurt
Wiesbaden
Rheinland-Pfalz
Mainz
Pfalz
Saargebiet (1945–56 frz. Zoll- und Wirtschaftsgebiet, 1957 zur Bundesrepublik Deutschland)
Saarbrücken
Heidelberg
Baden
Baden-Baden
Freiburg
Württemberg-Baden
Stuttgart
Württemberg-Hohenzollern
Tübingen
Bayern
Würzburg
Nürnberg
Regensburg
München
Ulm
Herrenchiemsee
Friedland
Pommern
Stettin (Szczecin)
Schlesien
Breslau (Wrocław)
Oppeln (Opole)
Ostpreußen
Königsberg (Kaliningrad)
Elbing (Elbląg)
Allenstein (Olsztyn)
Memel
LITAUEN (1940 zur UdSSR)
Danzig (Gdańsk)
Gdingen (Gdynia)
Thorn (Toruń)
Bromberg (Bydgoszcz)
Posen (Poznań)
POLEN
Warschau (Warszawa)
Lodsch (Łódź)
Tschenstochau (Częstochowa)
Kattowitz (Katowice)
Krakau (Kraków)
TSCHECHOSLOWAKEI
Prag (Praha)
Pilsen (Plzeň)
Brünn (Brno)
Olmütz (Olomouc)
Preßburg (Bratislava)
UNGARN
Budapest
ÖSTERREICH
Wien
Niederösterreich
Oberösterreich
Linz
Salzburg
Steiermark
Graz
Kärnten
Klagenfurt
Burgenland
Eisenstadt
Tirol
Innsbruck
Ost-Tirol
Lienz
Vorarlberg
Bregenz
Südtirol
ITALIEN
JUGOSL.
SCHWEIZ
Bern
LIECHTENSTEIN
FRANKREICH
LUX.
BELGIEN
NIEDERLANDE
Elbe
Oder
Neiße
Weser
Main
Neckar
Rhein
Mosel
Maas
Donau
Inn
Isar
Moldau
March (Morava)
Weichsel
Warthe
Bug
Theiß
0 100 200 km
0 10 20 km

*Die **UNO-Flagge** wurde 1947 eingeführt. Die blaue Farbe und der Olivenzweig symbolisieren Frieden und Versöhnung, die Darstellung der Welt die Globalität der Institution.*

Die Ursprünge der UNO (engl. *United Nations Organisation*) lagen in der Anti-Hitler-Koalition des Zweiten Weltkrieges. Ihre Grundidee der „Einen Welt" wurde bereits in der *Atlantik Charta 1941* formuliert und auf den alliierten Kriegskonferenzen weiterentwickelt [→180/181]. Das Konzept einer *Weltfriedensordnung* knüpfte an den Völkerbund an, den die UNO ablöste [→174/175]. Bereits 1944 arbeitete eine Konferenz der Vertreter der USA, Großbritanniens, der UdSSR und Chinas in *Dumbarton Oaks* (USA) Vorschläge für die Gestaltung der UNO aus. Von April bis Juni 1945 trafen sich Vertreter von 51 Staaten zur Gründungskonferenz der Vereinten Nationen. Die Ziele, die vor allem auch unter dem Eindruck der Brutalität und Willkürakte des NS-Regimes formuliert wurden, fanden ihren Niederschlag in der ***UNO-Charta**** (26.6. 1945). Der *Gründungsakt* fand am *24.10. 1945* statt.

Die Prinzipien der UNO-Charta vom 26.6. 1945

1. Erhaltung des Weltfriedens und der internat. Sicherheit; 2. Garantie der persönl. Freiheit und der Menschenrechte; 3. Weltweite Verbesserung der sozialen Lebensbedingungen und des allg. Lebensstandards. Die UNO beruht auf der Souveränität und Gleichheit aller Mitglieder. Insofern ist die UNO „Friedensvermittler", „Entwicklungshelfer" und Konstrukteur einer neuen Weltordnung zugleich.

Die Mitgliederzahl hat sich seit der Gründung mehr als verdreifacht (bis 1985 von 51 auf 159 Staaten). Vor allem die Dekolonisierung (1960/61 Aufnahme von allein 17 jungen afrikan. Staaten) bedingte die Öffnung der UNO für die Dritte Welt. Hatten die USA gemeinsam mit den lateinamerik. Staaten zunächst das Übergewicht in der Generalversammlung, so zeigte sich die Verschiebung der Gewichte an der Wahl des ersten Generalsekretärs aus einem Staat der Dritten Welt 1961 (U Thant aus Burma). Seither wurde die UNO auch zum Forum für Fragen des Nord-Süd-Konfliktes (1964 Bildung der UNCTAD = *Konferenz der Vereinten Nationen für Handel und Entwicklung* zur Verbesserung der wirtschaftl. Position der Entwicklungsstaaten).

Die Gründung der Volksrepublik China 1949 verlagerte die Mitgliedschaft des Gründungs- und Sicherheitsratsmitgliedes National-China auf die Insel Taiwan, das seine UN-Mitgliedschaft aufgrund des Einflusses der USA zunächst behaupten konnte (1971 hingegen Aufnahme der Volksrepublik China in die UNO und Ausschluss Taiwans).

Aufbau und Institutionen der UNO

Die UNO hat sechs Hauptorgane und eine Vielzahl von Unter- und Sonderorganisationen, die als Instrumente der Friedenssicherung dienen sollen. Im Zentrum stehen die ***Generalversammlung*** und der ***Sicherheitsrat***. In der Generalversammlung haben alle Staaten eine Stimme, die USA das gleiche Gewicht wie z.B. Botswana. Dem Sicherheitsrat gehören fünf Großmächte als ständige Mitglieder an (USA, Sowjetunion – seit 1991 Russ. Föderation –, Großbritannien, Frankreich und China), gegen deren Veto nichts entschieden werden kann, und zehn nichtständige Mitglieder, die jeweils für zwei Jahre gewählt werden. Der Sicherheitsrat kann als einziges Organ für die Mitglieder bindende Beschlüsse fassen (Funktion einer „Weltpolizei"). Der *Wirtschafts- und Sozialrat (ECOSOC)* ist für wirtschaftl. und soziale Entwicklung zuständig und koordiniert die Arbeit einer Reihe von selbständigen Sonderorganisationen in diesem Bereich (z.B. *FAO – Organisation für Ernährung und Landwirtschaft* oder *GATT*). Das *Sekretariat*, an dessen Spitze ein durch die Generalversammlung gewählter Generalsekretär steht, ist das Hauptverwaltungsorgan der UNO. Die Finanzierung der UNO erfolgt durch Beiträge der Mitgliedsstaaten.

Die UNO als Organ konkreter Konfliktregelung

Die UNO wurde in der Zeit des Kalten Krieges oftmals Plattform zur Austragung des Ost-West-Konfliktes, was ihre Möglichkeiten zur Konfliktregelung behinderte. Die UNO kann auch als „Weltpolizist" Friedensstörer durch militär. Einsatz in die Schranken weisen, wozu ein einstimmiger Beschluss des Sicherheitsrates notwendig ist (z.B. in Korea 1950). Seit 1956 erfolgte die Praktizierung eines neuen Konzeptes des "Peace-Keeping", bei dem die UNO nicht als kriegführende Partei, sondern flankierend bei der Friedenswahrung auftrat: Beobachtung, Verhandlung, Vermittlungshilfen, Pufferbildung, Patrouillendienste durch neutrale UN-Truppen (*„Blauhelme"*). Es wurde v.a. dort angewandt, wo die Interessen der Großmächte nicht unmittelbar tangiert waren: z.B. im Nahen Osten, Zypern, Kaschmir, West-Irian, Kongo (Zaire).

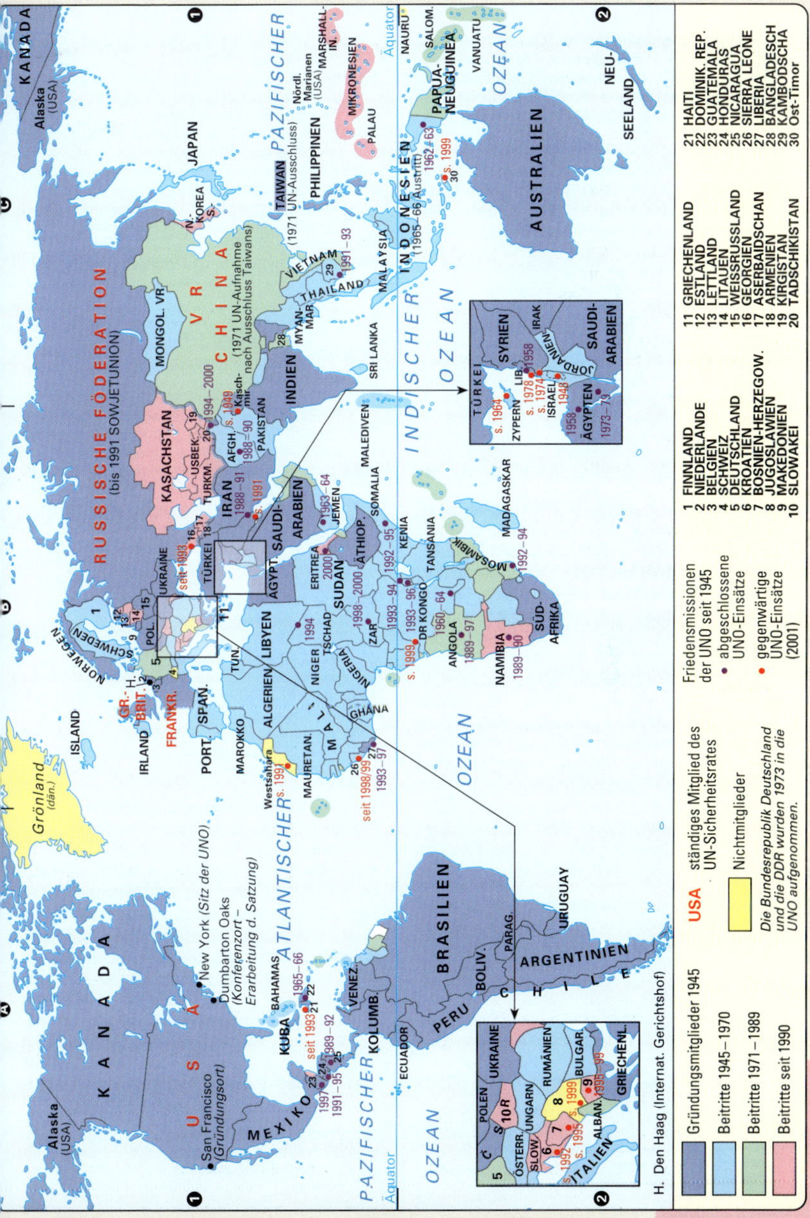
KANADA
Alaska (USA)
USA
San Francisco (Gründungsort)
New York (Sitz der UNO)
Dumbarton Oaks (Konferenzort – Erarbeitung d. Satzung)
MEXIKO
KUBA
BAHAMAS
VENEZ.
KOLUMB.
ECUADOR
PERU
BOLIV.
PARAG.
BRASILIEN
URUGUAY
ARGENTINIEN
CHILE
PAZIFISCHER OZEAN
ATLANTISCHER OZEAN
INDISCHER OZEAN
PAZIFISCHER OZEAN
Äquator
Grönland (dän.)
ISLAND
IRLAND
GR.-BRIT.
FRANKR.
PORT.
SPAN.
NORWEGEN
SCHWEDEN
POL.
UKRAINE
TÜRKEI
MAROKKO
Westsahara
ALGERIEN
TUN.
LIBYEN
ÄGYPT.
MAURETAN.
MALI
NIGER
TSCHAD
SUDAN
ERITREA
ÄTHIOP.
SOMALIA
NIGERIA
GHANA
ZAR
DR KONGO
KENIA
TANSANIA
ANGOLA
NAMIBIA
SÜD-AFRIKA
MOSAMBIK
MADAGASKAR
SAUDI-ARABIEN
JEMEN
IRAN
AFGH.
PAKISTAN
Kaschmir
INDIEN
SRI LANKA
MALEDIVEN
KASACHSTAN
USBEK.
TURKM.
RUSSISCHE FÖDERATION (bis 1991 SOWJETUNION)
MONGOL. VR
VR CHINA (1971 UN-Aufnahme nach Ausschluss Taiwans)
TAIWAN (1971 UN-Ausschluss)
N-KOREA
S.
JAPAN
MYANMAR
THAILAND
VIETNAM
MALAYSIA
PHILIPPINEN
INDONESIEN (1965–66 Austritt)
PALAU
MIKRONESIEN
MARSHALL-IN.
Nördl. Marianen (USA)
NAURU
PAPUA-NEUGUINEA
SALOM.
VANUATU
AUSTRALIEN
NEU-SEELAND
s. 1991
seit 1998/99
1993–97
seit 1993
1965–66
1989–92
1991–95
1997
1994
1998–2000
1993–94
1993–96
1992–95
1960–64
1989–97
1989–90
1992–94
s. 1999
2000
1963–64
1988–91
s. 1991
seit 1993
1988–90
s. 1949
1994–2000
1991–93
1962–63
s. 1999
TÜRKEI
s. 1964
ZYPERN
LIB.
s. 1978
s. 1974
ISRAEL
1958
1948
SYRIEN
IRAK
JORDANIEN
SAUDI-ARABIEN
ÄGYPTEN
1958
1973–79
POLEN
UKRAINE
Č
S
10R
ÖSTERR.
UNGARN
RUMÄNIEN
SLOW.
BULGAR.
ITALIEN
ALBAN.
GRIECHENL.
s. 1992
s. 1995
s. 1999
1995–99
H. Den Haag (Internat. Gerichtshof)
Gründungsmitglieder 1945
Beitritte 1945–1970
Beitritte 1971–1989
Beitritte seit 1990
USA ständiges Mitglied des UN-Sicherheitsrates
Nichtmitglieder
Die Bundesrepublik Deutschland und die DDR wurden 1973 in die UNO aufgenommen.
Friedensmissionen der UNO seit 1945
abgeschlossene UNO-Einsätze
gegenwärtige UNO-Einsätze (2001)
1 FINNLAND
2 NIEDERLANDE
3 BELGIEN
4 SCHWEIZ
5 DEUTSCHLAND
6 KROATIEN
7 BOSNIEN-HERZEGOW.
8 JUGOSLAWIEN
9 MAKEDONIEN
10 SLOWAKEI
11 GRIECHENLAND
12 ESTLAND
13 LETTLAND
14 LITAUEN
15 WEISSRUSSLAND
16 GEORGIEN
17 ASERBAIDSCHAN
18 ARMENIEN
19 KIRGISTAN
20 TADSCHIKISTAN
21 HAITI
22 DOMINIK. REP.
23 GUATEMALA
24 HONDURAS
25 NICARAGUA
26 SIERRA LEONE
27 LIBERIA
28 BANGLADESCH
29 KAMBODSCHA
30 Ost-Timor

***Flagge der NATO**: Das blaue Feld repräsentiert den Atlant. Ozean, der Kreis symbolisiert die Einheit, der Kompass die gemeinsame Richtung der 19 Nationen zum Frieden.*

Als Ergebnis des Zweiten Weltkrieges erfolgte die Ausdehnung des sowj. Machtbereiches um ca. 1200 km nach Westen, was letztendlich bis 1948 etwa 100 Mio. Osteuropäer unter kommunistische Herrschaft brachte.

Sicherheitskonzept der Sowjetunion (UdSSR)
Beruhte gegenüber dem Westen auf drei Dingen: 1. Annexion der baltischen Staaten und Ostpolens seit 1939, – 2. Gürtel von „Volksdemokratien“ in Polen, Rumänien, Bulgarien, Ungarn usw. durch die Einsetzung von Führungskadern, die die ideolog. Führungsrolle der Sowjetunion bzw. der KPdSU im „sozialist. Lager“ anerkannten und durch ein Netz bilateraler Verträge über Wirtschafts- und Militärhilfe an die UdSSR gebunden waren, – 3. ein möglichst neutralisiertes Deutschland, das dann aber zw. dem östl. und dem westl. Lager geteilt wurde [→188/189].

Der Westen reagierte auf die Sowjetisierung Osteuropas mit dem *Marshall-Plan* und der Gründung des *Nordatlantikpaktes*, d. h. der zunehmenden Verschmelzung Westeuropas mit den USA auf dem Gebiet der militär. Sicherheit, während Ansätze zu einer eigenständigen europäischen Verteidigungsgemeinschaft scheiterten.

Obwohl der sowj. Vormachtsanspruch im Osten massiv durchgesetzt wurde, gab es auch Unterschiede und Differenzen im soz. Lager etwa im Fall von Rumänien, das in den sechziger Jahren einen eigenständigen außenpolit. Kurs verfolgte, während sich der Block der fünf „harten“ Warschauer Paktstaaten (UdSSR, Polen, DDR, Ungarn, Bulgarien) herausbildete, die auch den Reformkurs in der ČSSR 1968 beendeten.

Etappen der Geschichte der NATO und der WEU

17.3.1948 Gründung des ***Brüsseler Paktes*** als westeurop. Sicherheitsbündnis: Erweiterung des *Vertrages von Dünkirchen* (1937) Großbritanniens und Frankreichs um die Benelux-Staaten.

4.4.1949 Gründung des ***Nordatlantikvertrages (NATO)*** in Washington. Gründungsmitglieder: USA, Benelux-Staaten, Dänemark, Frankreich, Großbritannien, Island, Italien, Kanada, Norwegen und Portugal.

1952 Beitritt Griechenlands (1974–80 Austritt wegen Zypern-Konflikt) u. der Türkei zur NATO. Die Gründung der *Europ. Verteidigungsgemeinschaft (EVG)* scheitert nach der Ablehnung durch die frz. Nationalversammlung (sog. *„Pléven-Plan“*).

5.5.1955 Erweiterung des Brüsseler Paktes durch den Beitritt Italiens und Deutschlands zur ***Westeurop. Union (WEU).***

9.5.1955 Beitritt Deutschlands zur NATO (*Pariser Verträge* vom 23.10.1954)

1966 Frankreich entzieht seine Truppen dem integrierten NATO-Kommando und erzwingt die Verlegung der NATO-Behörden von Paris nach Belgien und den Niederlanden.

Daten zur Geschichte des Warschauer Paktes

1947 Gründung des ***„Kominform“*** *(Kommunist. Informationsbüro)*, das die Arbeit der kommunistischen Parteien unter sowj. Führung straffer koordinieren soll (1956 Schließung).

1948 Ausschluss Jugoslawiens.

5.3.1953 Tod Stalins.

17.6.1953 Proteste gegen die Erhöhung der Arbeitsnorm in der DDR wachsen sich zum ***Aufstand gegen die SED*** aus. Niederschlagung durch sowj. Truppen und Volkspolizei.

1955 Unterzeichnung des ***„Vertrages über Freundschaft, Zusammenarbeit und gegenseitigen Beistand“*** durch osteurop. Staaten (UdSSR, Albanien, Bulgarien, Polen, Rumänien, die Tschechoslowakei und Ungarn, DDR 1956) – gemeinsames Oberkommando der Streitkräfte ergänzt durch Truppenstationierungsverträge.

1956 Die Reformkommunisten unter Ministerpräsident Imre Nagy verkünden am 1.11. den Austritt Ungarns aus dem Warschauer Pakt. Sowj. Truppen marschieren in Budapest ein u. schlagen den ***Ungar. Volksaufstand*** nieder.

1962 Austritt Albaniens, das sich stärker an der VR China orientiert.

1968 Nach dem *„Prager Frühling“* – Reformen unter Alexander Dubček – besetzen Truppen des Warschauer Paktes die ČSSR.

Von der Konfrontation zur Entspannung

Die Veränderung des Klimas zw. den Supermächten in den sechziger Jahren erlaubte auch eine Entwicklung hin zur Normalisierung in Europa: *Ostverträge**, KSZE-Prozess. Die letzte Etappe des Kalten Krieges stellte die Auseinandersetzung um die Mittelstreckenraketen in Europa dar, die der SALT-II-Vertrag nicht berücksichtigt hatte. Der *„NATO-Doppelbeschluss“* (1979) führte seit 1983 zum Aufbau von Pershingraketen und Marschflugkörpern als Reaktion auf die Stationierung von SS-20-Raketen. Über ihren Abbau wurde 1987 im ***INF-Vertrag*** Einigung erzielt (erstmalig Vernichtung einer Waffengattung).

Ostverträge der Bundesrepublik Deutschland
UdSSR (1970), Polen (1970), DDR (Grundlagenvertrag 1972) und ČSSR (1973).

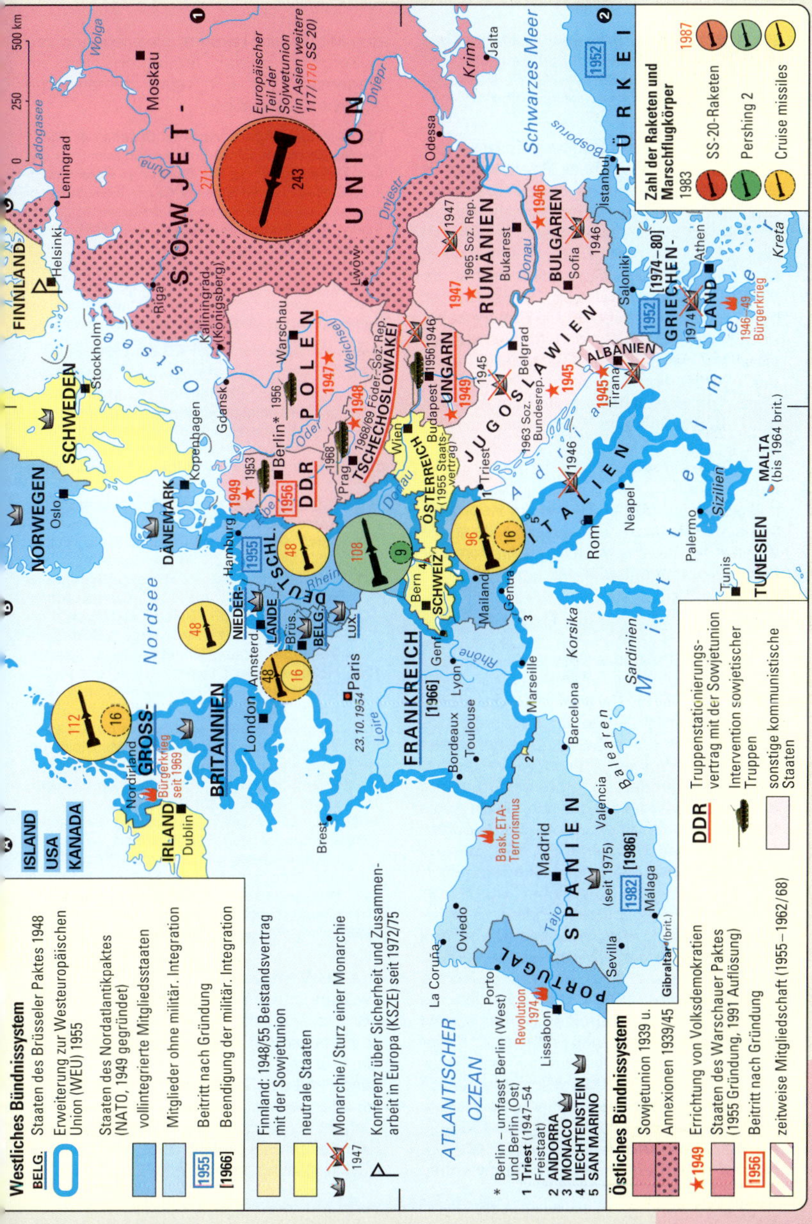
Westliches Bündnissystem
BELG. Staaten des Brüsseler Paktes 1948
Erweiterung zur Westeuropäischen Union (WEU) 1955
Staaten des Nordatlantikpaktes (NATO, 1949 gegründet)
vollintegrierte Mitgliedsstaaten
Mitglieder ohne militär. Integration
1955 Beitritt nach Gründung
[1966] Beendigung der militär. Integration
Finnland: 1948/55 Beistandsvertrag mit der Sowjetunion
neutrale Staaten
1947 Monarchie/Sturz einer Monarchie
Konferenz über Sicherheit und Zusammenarbeit in Europa (KSZE) seit 1972/75
* Berlin – umfasst Berlin (West) und Berlin (Ost)
1 Triest (1947–54 Freistaat)
2 ANDORRA
3 MONACO
4 LIECHTENSTEIN
5 SAN MARINO
Östliches Bündnissystem
Sowjetunion 1939 u.
Annexionen 1939/45
1949 Errichtung von Volksdemokratien
Staaten des Warschauer Paktes (1955 Gründung, 1991 Auflösung)
1956 Beitritt nach Gründung
zeitweise Mitgliedschaft (1955 – 1962/68)
DDR Truppenstationierungsvertrag mit der Sowjetunion
Intervention sowjetischer Truppen
sonstige kommunistische Staaten
Zahl der Raketen und Marschflugkörper
1983 1987
SS-20-Raketen
Pershing 2
Cruise missiles
Europäischer Teil der Sowjetunion (in Asien weitere 117/170 SS 20)
SOWJET-UNION
ISLAND
USA
KANADA
NORWEGEN
SCHWEDEN
FINNLAND
DÄNEMARK
GROSS-BRITANNIEN
IRLAND
NIEDER-LANDE
BELG.
LUX.
DEUTSCHL.
FRANKREICH
SCHWEIZ
ÖSTERREICH (1955 Staatsvertrag)
ITALIEN
SPANIEN
PORTUGAL
DDR
POLEN
TSCHECHOSLOWAKEI
UNGARN
RUMÄNIEN
BULGARIEN
JUGOSLAWIEN
ALBANIEN
GRIECHENLAND
TÜRKEI
TUNESIEN
MALTA (bis 1964 brit.)
ATLANTISCHER OZEAN
Nordsee
Ostsee
Mittelmeer
Schwarzes Meer
Nordirland Bürgerkrieg seit 1969
Bask. ETA-Terrorismus
Revolution 1974
1946–49 Bürgerkrieg
Gibraltar (brit.)
23.10.1954 Paris
1968/69 Föder.-Soz. Rep.
1965 Soz. Rep.
1963 Soz. Bundesrep.

EU-Flagge: *Zunächst Flagge des Europarates (1955), seit 1986 von der Europäischen Union übernommen.*

Der militär. und polit. Spaltung Europas entsprach auch die wirtschaftl. Blockbildung. Es entstanden zwei konkurrierende überstaatl. Organisationen: Die marktwirtschaftl.-kapitalist. ***Europäischen Gemeinschaften (EG)*** im Westen und der planwirtschaftl.-kommunist. ***Rat für Gegenseitige Wirtschaftshilfe (RGW)*** im Osten. Während sich im militär. Bereich die Anbindung an die Supermächte UdSSR und USA in Ost und West entsprach, stand nur der östliche RGW unter Führung der UdSSR, wohingegen die westeurop. Staaten im wirtschaftlichen Bereich einen von den USA unabhängigen Weg gingen.

Die EG im Westen

Zum entscheidenden Impuls für die Europabewegung wurde der Zwang zur Koordination des Marshallplanes*, dessen Hilfe an die Bedingung einer engen Kooperation der europ. Empfängerländer geknüpft war.

Marshallplan
Vom amer. Außenminister 1947 initiierte Wiederaufbauhilfe für Europa. Die europ. Staaten erhielten insgesamt 12, 4 Milliarden Dollar Wirtschaftshilfe.

Aus diesem Grund wurde 1948 die ***OEEC*** *(Organization for European Economic Cooperation)* als erster Schritt zu einer engen wirtschaftl. Kooperation von 16 westeurop. Staaten gegründet. Es folgte die Gründung des ***Europarates*** als moralisch-ideelle Autorität der gemeinsamen europ. Werte (*Europ. Menschenrechtskonvention* 1950), dessen Entscheidungen allerdings keine Rechtsgültigkeit besitzen. Erfolgreicher wurde der ökonom. Einigungsprozess von sechs Gründerstaaten seit 1952, ausgehend von drei Teilgemeinschaften *(Montanunion, EWG, EURATOM)*, die ***1967*** zu den ***Europäischen Gemeinschaften (EG)*** vereinigt wurden. Sie führten zur Schaffung eines *Gemeinsamen Marktes* mit seinen „vier Freiheiten“: Freier Verkehr von Waren, Dienstleistungen, Personen und Kapital. Bis 1986 wuchs die EG von der urspr. Sechser- zur Zwölfergemeinschaft.

Neben der EG bildete sich seit ***1960*** die ***Europ. Freihandelsassoziation (EFTA)***, die auf einem zollfreien Handel zwischen den Mitgliedern beruhte, die allerdings ihre Außenzölle selbst festlegten und im Gegensatz zur EG keine gemeinsame Agrarpolitik besaßen.

Die wichtigsten gemeinsamen Organe der EG:
Der ***Ministerrat*** stellt das Entscheidungszentrum dar, den „Gesetzgeber“ der EG. Die ***Europ. Kommission*** in Brüssel ist das ausführende Organ (Exekutivorgan) als ständige Zentralbehörde und einflussreichste Institution. Das ***Europ. Parlament*** (seit 1979 direkt gewählt) hat nur begrenzte Macht (Beratung, Kritik und Kontrolle) und beschließt den Haushalt der EG. Der ***Europ. Gerichtshof*** entscheidet bei Streitigkeiten über die Auslegung der Gemeinschaftsverträge u. bei Konflikten zw. Mitgliedsstaaten und Organen der EG.

Daten zur Geschichte der EG bis 1990

1949 Gründung des ***Europarates*** durch zehn west-europ. Staaten mit Sitz in Straßburg, beste-hend aus *Parlamentarischer Versammlung* (Abgeordnete aus den nationalen Parlamen-ten) und *Ministerkomitee*.
1950 ***Europ. Menschrechtskonvention.*** Jeder Bürger kann diese anrufen.
1952 Gründung der ***Europ. Gemeinschaft für Kohle und Stahl*** (*EGKS*, sog. ***Montanunion***) durch die Bundesrep. Deutschland, Frankreich, Italien und die drei Beneluxstaaten.
1958 Gründung der ***Europ. Wirtschaftsgemeinschaft*** *(EWG)* und der ***Europ. Atomgemeinschaft*** *(EURATOM, EAG)* durch die Montanunionsstaaten, sog. ***„Römische Verträge“*** (unterzeichnet am 25.3.1957).
1965 Höhepunkt der schwersten EG-Krise (Agrarmarktfragen – Ablehnung eines brit. Beitritts) ausgelöst durch Frankreich – Beilegung durch den *Luxemburger Kompromiss* (Prinzip der Einstimmigkeit im Ministerrat).
1967 Vereinigung der drei europ. Gemeinschaften (EGKS, EWG und EAG) zu den ***Europäischen Gemeinschaften*** *(EG)*.
1973 Beitritt Großbritann., Irlands und Dänemarks.
1979 Einführung des Europäischen Währungssystems (feste gemeinsame Wechselkurse mit einer gemeinsamen Leitwährung *ECU*), dem sich Großbritannien nicht anschließt.
1981 Beitritt Griechenlands.
1986 Beitritt Portugals und Spaniens.

Der RGW im Osten

1949 erfolgte als Antwort auf den Marshallplan die Gründung des *Rates für Gegenseitige Wirtschaftshilfe* (RGW – engl. *COMECON* gen.). Er beruhte v.a. auf bilateralem Außenhandel mit der Sowjetunion. Den Volkswirtschaften wurden arbeitsteilige Spezialisierungen vorgeschrieben. 1949 folgten der Beitritt Albaniens (Austritt 1962) und 1950 der DDR (Auflösung des RGW am 28.6.1991).

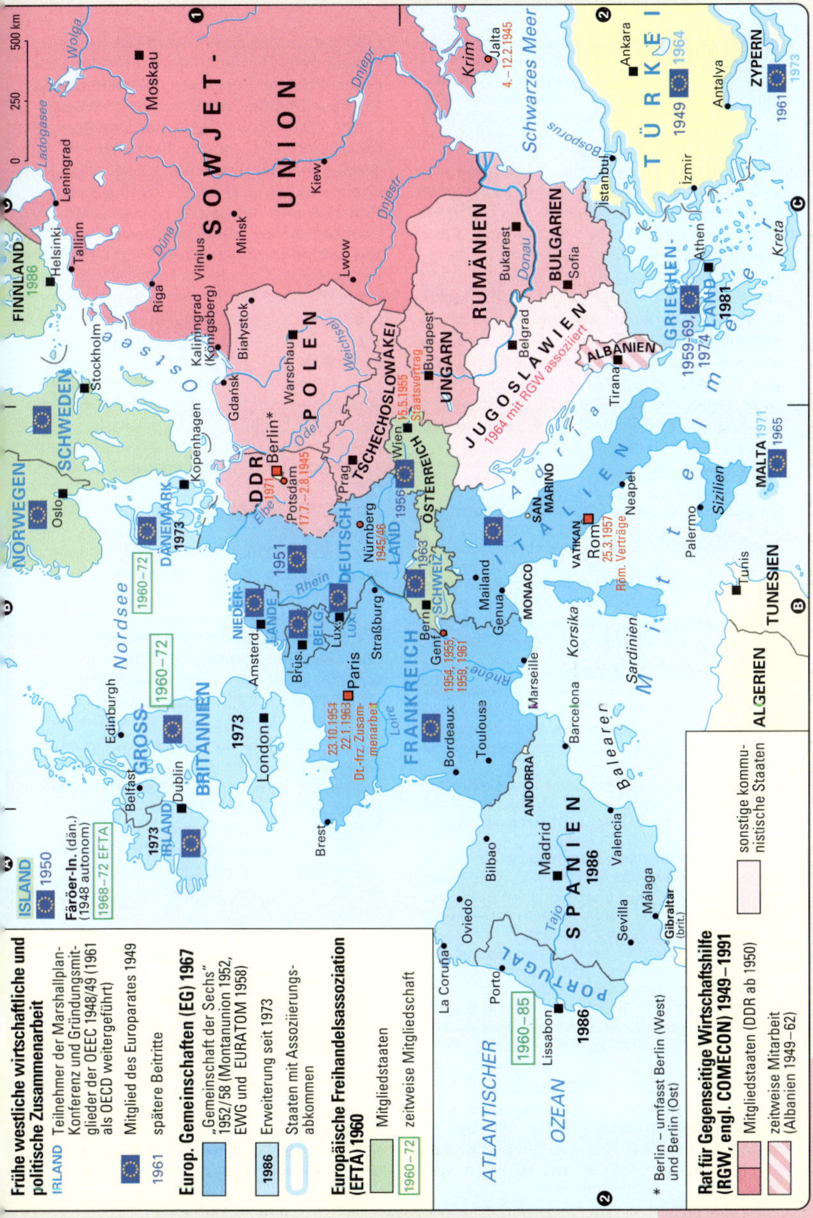
Frühe westliche wirtschaftliche und politische Zusammenarbeit
IRLAND Teilnehmer der Marshallplan-Konferenz und Gründungsmitglieder der OEEC 1948/49 (1961 als OECD weitergeführt)
Mitglied des Europarates 1949
1961 spätere Beitritte
Europ. Gemeinschaften (EG) 1967
„Gemeinschaft der Sechs" 1952/58 (Montanunion 1952, EWG und EURATOM 1958)
1986 Erweiterung seit 1973
Staaten mit Assoziierungsabkommen
Europäische Freihandelsassoziation (EFTA) 1960
Mitgliedstaaten
1960–72 zeitweise Mitgliedschaft
* Berlin – umfasst Berlin (West) und Berlin (Ost)
Rat für Gegenseitige Wirtschaftshilfe (RGW, engl. COMECON) 1949–1991
Mitgliedstaaten (DDR ab 1950)
zeitweise Mitarbeit (Albanien 1949–62)
sonstige kommunistische Staaten
0 250 500 km
ISLAND 1950
Färöer-In. (dän.) (1948 autonom)
1968–72 EFTA
NORWEGEN
SCHWEDEN
FINNLAND 1986
DÄNEMARK 1973
1960–72
GROSS-BRITANNIEN 1973
1960–72
IRLAND 1973
NIEDER-LANDE
BELG.
LUX.
DEUTSCHLAND 1951
DDR
Berlin*
Potsdam 17.7.–2.8.1945
Nürnberg 1945/46
FRANKREICH
Paris 23.10.1954 22.1.1963 Dt.-frz. Zusammenarbeit
Genf 1954, 1955, 1959, 1961
SCHWEIZ 1963
ÖSTERREICH 1956
Wien 15.5.1955 Staatsvertrag
ITALIEN
Rom 25.3.1957 Röm. Verträge
VATIKAN
SAN MARINO
MONACO
ANDORRA
SPANIEN 1986
PORTUGAL 1986
1960–85
Gibraltar (brit.)
POLEN
TSCHECHOSLOWAKEI
UNGARN
RUMÄNIEN
BULGARIEN
JUGOSLAWIEN 1964 mit RGW assoziiert
ALBANIEN
GRIECHENLAND 1959–69, 1974 1981
TÜRKEI 1949 1964
ZYPERN 1961 1973
MALTA 1971 1965
SOWJETUNION
Jalta 4.–12.2.1945
Krim
Schwarzes Meer
Nordsee
Ostsee
Mittelmeer
Adria
ATLANTISCHER OZEAN
ALGERIEN
TUNESIEN
Moskau
Leningrad
Ladogasee
Wolga
Dnjepr
Dnjestr
Düna
Kiew
Minsk
Lwow
Vilnius
Riga
Tallinn
Helsinki
Stockholm
Oslo
Kopenhagen
Kaliningrad (Königsberg)
Białystok
Warschau
Gdańsk
Weichsel
Oder
Elbe
Rhein
Prag
Budapest
Bukarest
Donau
Sofia
Belgrad
Tirana
Istanbul
Bosporus
Ankara
Izmir
Antalya
Athen
Kreta
Sizilien
Palermo
Neapel
Sardinien
Korsika
Mailand
Genua
Marseille
Rhône
Bern
Straßburg
Lux.
Brüs.
Amsterd.
London
Edinburgh
Belfast
Dublin
Brest
Bordeaux
Toulouse
Loire
Barcelona
Balearen
Valencia
Madrid
Tajo
Bilbao
Oviedo
La Coruña
Porto
Lissabon
Sevilla
Málaga
Tunis

Flagge des Commonwealth
Heute gehören 54 unabhängige Länder zum Commonwealth. – Der Anfangsbuchstabe „C" umschließt einen Globus als Symbol für die weltumspannende Bedeutung der Organisation.

Das Ende des Zweiten Weltkrieges brachte auch das Ende Europas als Zentrum der Weltpolitik und den Niedergang der europäischen Kolonialmächte mit sich. Die bipolare Weltordnung führte zu einer Teilung der Welt. Der Ost-West-Konflikt überlagerte und verschärfte zahlreiche regionale Konflikte in der ***Dritten Welt****. Oftmals schlossen sich Dekolonisierungskonflikten wie in Angola unmittelbar Bürgerkriege oder Regionalkonflikte an, in denen die Supermächte USA und UdSSR eine der beiden Parteien unterstützten.

Der Begriff „Dritte Welt"

Der Begriff wurde im Zusammenhang mit dem Ost-West-Konflikt geprägt, d.h. die Staaten der Dritten Welt grenzten sich vom Westen („Erste Welt") und Osten („Zweite Welt") ab. Bis 1989 galten als Länder der „Dritten Welt" alle Staaten Lateinamerikas, Afrikas (mit Ausnahme der Südafrikanischen. Republik), alle Länder Asiens (außer Israel, Japan, Südkorea, Taiwan) und alle Gebiete Ozeaniens ohne Australien und Neuseeland.

Gründe für die Dekolonisierung

- Wachsendes Nationalbewusstsein der kolonialisierten Völker und die zunehmende Ablehnung der weißen Kolonialherrschaft – in Asien bereits seit dem Ende des 19. Jh., in Afrika nach dem Zweiten Weltkrieg.
- Einstellungswandel bei den Kolonialmächten: Verlust des Glaubens an den eigenen kolonialen Herrschaftsanspruch und das Sendungsbewusstsein.
- Der Niedergang und Machtverlust der europ. Kolonialmächte infolge des Zweiten Weltkrieges. Als Lohn für die Unterstützung im Kampf gegen die Achsenmächte wurde einigen Kolonien die Unabhängigkeit in Aussicht gestellt.
- Die Unvereinbarkeit des Kolonialismus mit den Ideen des Völkerbundes (1919) und der Charta der Vereinten Nationen (1945). Bereits die Völkerbundssatzung von 1919 enthielt den Auftrag an die Mandatsmächte, die Kolonialgebiete zur Unabhängigkeit zu leiten, deren Verwaltung sie im Auftrag der Gemeinschaft des Völkerbundes übernahmen.

Hatte ***Großbritannien*** mit dem Umbau des brit. Kolonialreiches in ein *"Comonwealth of Nations"* einen Weg des stufenweisen Übergangs der Kolonien in die Selbständigkeit gefunden, fochten die Niederlande, Frankreich und Portugal in Afrika und Asien teilweise blutige *Dekolonisierungskriege*.

Die erste große Welle der Dekolonisierung nach 1945 setzte in ***Asien*** ein, wo 1946 die Philippinen die Unabhängigkeit von den USA erlangten. 1947 gewannen Pakistan und Indien die Souveränität von Großbritannien, 1949 Indonesien von den Niederlanden. Asien wurde nach 1949 zur ersten Region, in der sich Dekolonisierung und Ost-West-Konflikt in blutigen Kriegen (Korea, Indochina, Malaya) überschnitten und sich schwere Regionalkonflikte anschlossen (z.B. Kaschmir).

Die zweite Welle der Dekolonisierung in ***Afrika*** begann mit dem Sudan (1956) und der brit. Kolonie Ghana (ehemals „Goldküste"), die 1957 in die Unabhängigkeit entlassen wurde. 1960 erlangten alleine 17 der schwarzafrikan. Kolonien die Selbständigkeit von Frankreich, Großbritannien und Belgien. Während in den schwarzafrikan. Ländern die Kolonien Frankreichs weitgehend unblutig die Unabhängigkeit erlangten (Beitritt zur frz. Staatengemeinschaft *Communauté Française*), erfolgte das Ende der frz. Kolonialherrschaft in ***Algerien,*** das seit 1881 Teil des Mutterlandes gewesen war, in einem schmutzigen Bürgerkrieg (1954–1962, 1958 Offiziersputsch und Ende der IV. Republik in Frankreich). 1975/76 endete für die portugiesischen Afrikabesitzungen die Kolonialzeit nach längeren blutigen Befreiungskämpfen (ermöglicht durch das Ende der Diktatur in Portugal – *„Nelkenrevolution" 1974*).

Auf dem ***lateinamerikanischen Subkontinent*** wurde die Mehrzahl der Länder im 19. Jh. bereits nach Befreiungskriegen selbständig. Allerdings gestaltete sich die Entwicklung dieser Staaten auch nach 1945 wirtschaftlich und politisch instabil.

Dekolonisierung und Ost-West-Konflikt

Im Rahmen des Kalten Krieges versuchten die Supermächte, die jungen Staaten Asiens und Afrikas für das eigene Lager zu gewinnen, so dass sich seit den sechziger Jahren Nord-Süd-Konflikt und Ost-West-Konflikt überlagerten. Die Sowjetunion sah sich aus ideolog. Gründen als Sachwalterin der Dritten Welt an, da sie Imperialismus und Kapitalismus gleichsetzte und deshalb „Befreiungsbewegungen" in Asien und Afrika (z. B. Ägypten, Somalia, Mosambik) unterstützte. Kuba, als Staat der Dritten Welt, agierte hier oftmals als sowjetischer „Stellvertreter" mit der Entsendung von Militärberatern und Truppen. Auf der anderen Seite versuchten die USA, die Ausbreitung des Kommunismus in Asien und Afrika einzudämmen und sogar zurückzudrängen (z. B. Korea, Vietnam).

Containment – Rollback – Truman-Doktrin
Die Prinzipien der amer. Außenpolitik beruhten im Kalten Krieg zunächst auf dem Prinzip des ***Containment*** (engl. *Eindämmung*). Sie sollte die Eindämmung des Kommunismus durch gezielte Außenpolitik, die Schaffung von Bündnissystemen und antisowj. „Bollwerken" leisten. Aggressiver war die ***Roll-Back Doktrin*** (engl. *Zurückdrängen*), die auf eine Zurückdrängung des sowj. Einflusses zielte. Die ***Truman-Doktrin*** meinte die polit.-diplomat. Ebene, da sie ausgehend von der Türkei und Griechenland allen vom Kommunismus bedrohten *freien Völker der Welt* massive Unterstützung anbot.

Jede der beiden Supermächte achtete im eigenen Einflussbereich darauf, dass die Staaten nicht die Seiten wechselten oder intervenierten, wenn dieser Fall drohte. Als Machtmittel dienten auch der Ausbau und die Festigung von Bündnissystemen, voran des Warschauer Paktes und der NATO. Die USA waren maßgeblich in weiteren regionalen Bündnissystemen mit den lateinamerikanischen Staaten (OAS, 1948 gegr.), im Pazifik (ANZUS-Pakt 1951), im südasiatischen Raum (SEATO 1954) und bilateralen Verteidigungsverträgen [→200/201]. Auch erfolgte der Ausbau von Militärstützpunkten auf der ganzen Welt.

Die Angst vor Ausbreitung des Kommunismus führte bei den USA, die sich als Vertreter der demokratischen Weltordnung verstanden, zur Zusammenarbeit mit Militärregimen u. a. Diktaturen.

Bewegung der Blockfreien

Als Reaktion auf den zunehmenden Druck der Supermächte vereinigten sich Staaten mit dem Ziel der **Bündnis- und Blockfreiheit** (erste Konferenzen in Kairo 12.12.1952 und Belgrad 1961), um aus der Bipolarität auszubrechen und einen Weg unabhängig vom Ost-West-Konflikt (Höhepunkt: Harare-Konferenz 1986) zu gehen.

Ziele der Blockfreien:
Unterstützung der nationalen Unabhängigkeitsbewegungen; Abbau der Ost-West-Spannungen, friedliche Koexistenz und Unabhängigkeit gegenüber den Supermächten. Teilweise ermöglichte die Blockfreiheit den Staaten, sich durch eine Pendelpolitik im Rahmen des Ost-West-Konfliktes Vorteile zu verschaffen und Militär- und Wirtschaftshilfe von beiden Supermächten zu erhalten.

Der Politisierungsprozess der Dritten Welt wurde auch durch das Rohstoffkartell der 1960 gegründeten ***OPEC*** (engl. *Organization of the Petroleum Exporting Countries = Organisation der Erdöl exportierenden Länder*) verstärkt. Das im vierten Nahostkrieg 1973 ausgesprochene Ölembargo erzwang die Neutralität Europas und Japans im Nahostkonflikt.

Die UNO wurde seit den sechziger Jahren zum Forum für die Nöte der Staaten der Dritten Welt (UNCTDAD seit 1964): Meilenstein war die ***7. Generalversammlung der UNO von 1974***, die eine *„Charta der wirtschaftlichen Rechte und Pflichten der Staaten"* beschloss.

Kein Jahr seit 1945 ohne Krieg in der Dritten Welt: Dekolonisierungskriege, Stellvertreterkriege und Regionalkonflikte [→200/201]

1945–1949 Indonesischer Unabhängigkeitskrieg.
1946–1954 Indochinakrieg Frankreichs.
1947/48 Erster Indisch-Pakistanischer Krieg.
1948/49 Erster Nahostkrieg.
1950–1953 Koreakrieg.
1954–1962 Unabhängigkeitskrieg Algeriens von Frankreich.
1956 Suezkrieg und zweiter Nahostkrieg
1960–1965 Bürgerkrieg im Kongo.
1961/64–1975 Vietnamkrieg.
1965 Zweiter Indisch-pakistanischer Krieg.
1967 Dritter Nahostkrieg (Sechstagekrieg: Israel – arab. Staaten).
1969 Fußballkrieg Honduras – Salvador.
1962–1975 Unabhängigkeitskriege in Angola und Mosambik (Portugal).
1967–1970 Vergeblicher Unabhängigkeitskrieg Biafras in Nigeria.
1973 Vierter Nahostkrieg (Yom-Kippur-Krieg).
1973 Umsturz in Chile.
1974 Zypernkrieg.
1974 Krieg Äthiopien – Eritrea (Unabhängigkeit Eritreas 1993).
1975–1992 Bürgerkrieg im Libanon.
1975–1994 Bürgerkrieg in Angola.
1979 Bürgerkrieg in Nicaragua und El Salvador.
1979–1988 Sowj. Invasion in Afghanistan.
1980–1988 Erster „Golfkrieg" (Irak – Iran).
1982 Tschadkrieg (Bürgerkrieg).

Staaten mit Kolonialbesitz 1945
(farbige Unterstreichung: Kolonialbesitz)

- Großbritannien
- brit. Dominien (seit 1931 selbständig)
- Frankreich
- Spanien
- Portugal
- Dänemark
- Niederlande
- Belgien
- Italien
- USA
- Japan

Erlangung der Unabhängigkeit ehemaliger Kolonien

- 1945–1949
- seit 1950
- nach 1945 als UNO-Treuhandgebiete verwaltet
- MALTA Staat des Commonwealth (1990)
- 1960 Jahr der Unabhängigkeit
- ■ 1990 noch bestehende Stützpunkte und Kolonien

Kommunistischer Machtbereich

- Sowjetunion bis 1991
- Staaten des RGW 1949–1990
- sonstige kommunistische Staaten
- unabhängige Staaten 1945

Weitere politische u. wirtschaftl. Zusammenschlüsse

- Europäische Gemeinschaften (EG) 1990
- OPEC – Mitglieder der Organisation Erdöl exportierender Länder 1990 (gegr. 1960)
- **Arab. Liga** (1945 gegr.) *vgl. Seite 219*
- **OAU** (1963 gegr.) *vgl. Seite 219*
- **ASEAN** (1967 gegr.) *vgl. Seite 219*
- **OAS** (1948 gegr.) *vgl. Seite 201*

1 BELIZE 1981
2 Cayman-In.
3 HAITI
4 DOMINIK. REP.
5 Niederl. Antillen
6 Amer. Jungfern-In., Brit. Jungfern-In., Anguilla, Montserrat
7 SAINT KITTS UND NEVIS 1983
8 ANTIGUA UND BARBUDA 1981
9 Guadeloupe
10 DOMINICA 1978
11 Martinique
12 BARBADOS 1966
13 SAINT LUCIA 1979
14 SAINT VINCENT 1979
15 GRENADA 1974
16 SENEGAL 1960
17 GAMBIA 1965
18 GUINEA-BISSAU 1973
19 SIERRA LEONE 1961
20 CÔTE D'IVOIRE 1960
21 BURKINA FASO 1960
22 TOGO 1960
23 BENIN 1960
24 DJIBOUTI 1977
25 ZENTRALAFRIKA 1960
26 ÄQUAT.-GUINEA 1968
27 SÃO TOMÉ U. PR. 1975
28 UGANDA 1962
29 RWANDA 1962
30 BURUNDI 1962
31 Mayotte
32 MALAWI 1964
33 SIMBABWE 1980
34 BOTSWANA 1966
35 SWASILAND 1968
36 SYRIEN 1946
37 LIBANON 1943
38 ISRAEL 1948
39 JORDANIEN 1946
40 BAHREIN 1971
41 KATAR 1971
42 VER. ARAB. EMIRATE 1971
43 BANGLAD. (bis 1971 zu Pak.)
44 Frz. Besitz in Ind. bis 1954

Westliche Karrikatur zur Kuba-Krise
Chruschtschow zu Kennedy: „Einverstanden, Herr Präsident, wir wollen verhandeln."

Globale Konfrontation

Die sowjetisch-amerikanische Konfrontation begann in Mitteleuropa. In ihrem Zentrum stand zunächst Berlin. Es folgte eine Serie von Konflikten an immer neuen Brennpunkten, die sich schließlich zum globalen Ost-West-Konflikt auswuchsen. Schwerpunkte waren zunächst Mitteleuropa, dann Asien (seit 1949), Afrika (seit 1960) und Lateinamerika. Ausgehend von einem ideolog. Gegensatz zwischen liberal-kapitalist. und marxist.-kommunist. Wertordnung kam es zu einem Ringen um regionale Einflusszonen. Diese Rivalität führte zur Teilung der Welt in zwei Lager *(Bipolarität)*.

Supermächte

Nach dem Machtverlust der „klassischen" europ. Großmächte formulierten Supermächte einen wesentl. umfassenderen Herrschaftsanspruch, der auf einer globalen Ausübung von Macht und einer ideolog. fundierten und weltweit vertretenen polit. und gesellschaftl. Wertvorstellung beruhte. Ihr Fundament im Zeitalter der atomaren Rüstung stellte die militär.-strateg. atomare *„Zweitschlagfähigkeit"* dar. Die Dominanz im eigenen Lager beruhte auf der klaren militär. Überlegenheit gegenüber den Partnerstaaten, der Führungsrolle in regionalen Paktsystemen und der wissenschaftl., technolog. und wirtschaftl. Überlegenheit, die im Falle der Sowjetunion v. a. auf der Autarkie bei Rohstoffen beruhte.

Die atomare Bedrohung und der Übergang zur begrenzten Kooperation

Die beiden Supermächte gerieten nie direkt in einen militär. Konflikt. Länder, die in den Konflikt hineingerieten, *führten Stellvertreterkriege*. Die Atomwaffe schuf eine völlig neue Situation der Abschreckung, seit 1949 die UdSSR ebenfalls zur Atommacht wurde. Die ***Kuba-Krise 1962*** zeigte, dass keine der beiden Supermächte tatsächlich einen Atomschlag aus Angst vor Vergeltung führen wollte. Sie wurde zum *Wendepunkt im Ost-West-Verhältnis*, da sie zunächst zur begrenzten Kooperation und schließlich zur Entspannungspolitik führte. Allerdings verhinderte die Kooperation nicht, dass die Supermächte zur Sicherung ihrer Einflusssphären militär. intervenierten oder eine Ausdehnung des anderen ideolog. Blockes mit kriegerischen Mitteln zu verhindern suchten.

Phasen des Kalten Krieges und der Entspannung

1947/48 Beginn des ***Kalten Krieges*** – Bildung der Blöcke nach Anfang der *Marshallplan-Hilfe*.

Erste Phase 1948–1953

1946–1949 Griech. Bürgerkrieg, ausgelöst durch die kommunist. Gegenregierung im Norden. Die Zentralregierung siegt mit Unterstützung der USA. *(„Truman-Doktrin")*.

1948/49 Die ***Berlin-Blockade*** wird durch die Berliner *Luftbrücke* der USA und Großbritanniens unterlaufen.

1949 Die UdSSR bricht das Atomwaffenmonopol der USA.

1949 Die Gründung der VR China macht Asien zum neuen Konfliktherd des Kalten Krieges.

1950–53 Koreakrieg.

1953 Stalins Tod – kurze *Tauwetterperiode* in der Anfangszeit Chruschtschows.

Zweite Phase 1958–1962

Beginn der Rüstung mit Interkontinentalraketen.

1958 Berlin-Ultimatum Chruschtschows.

1961 Bau der Berliner Mauer, Scheitern eines durch die USA unterstützten Landeunternehmens von Exilkubanern im kommunist. Kuba.

1962 Die **Kuba-Krise**, ausgelöst durch die heimliche Stationierung von Raketen durch die UdSSR, bringt die Supermächte an den Rand eines Krieges – ***Wendepunkt im Ost-West-Konflikt***.

1964–75 Beginn der begrenzten Kooperation

1963 Einrichtung einer direkten Fernschreiberverbindung Moskau-Washington („Heißer Draht"), der Eskalationen verhindern soll.

Seit 1964 Neue Atommächte China und Frankreich *(«force de frappe»)*.

1969/70 Entspannungs- und Kooperationspolitik

1971 Viermächteabkommen über Berlin.

1972 SALT-I-Vertrag zur Reduktion der strateg. Waffen- und Raketenabwehrsysteme. Beginn der „Sicherheitspartnerschaft".

1972 Beginn der *„Konferenz für Sicherheit und Zusammenarbeit in Europa"* (KSZE). Höhepunkt des west-östlichen Entspannungsprozesses (1975 *Schlussakte von Helsinki*).

1979 SALT-II- Vertrag – Präzisiert die Bestimmungen des SALT-I-Vertrages. Beide Seiten halten sich i. W. an den Vertrag, obwohl er vom amer. Kongress nicht ratifiziert wurde.

Seit 1979 – Krise der Entspannung und Rückkehr zum Wettrüsten

1979 Einmarsch der UdSSR in Afghanistan.

Seit 1982 Verstärktes Wettrüsten und erneuter Beginn des Kalten Krieges.

Seit 1985 Letzte Entspannungsphase bis 1991

1985 Amtsantritt Gorbatschows und Beginn der Reformpolitik in der UdSSR.

1991 Auflösung des Warschauer Paktes und der UdSSR: Ende der UdSSR als Supermacht.

Bündnissystem des Westens

- USA
- NATO (1949 gegr.)
- OAS (1948 gegr.)
- ANZUS (1951 gegr.)
- SEATO (1954–77)
- CENTO (1955–79)
- JAPAN bilaterale Pakte der USA
- sonst. Verteidigungs- u. Stützpunktabkommen

Östliches Bündnissystem

- Sowjetunion (UdSSR)
- Warschauer Pakt
- weitere kommunist. Länder mit enger Bindung an die UdSSR
- sonstige Länder mit Wirtschafts-, Beistands- und Militärabkommen mit der Sowjetunionum 1980
- kommunistische Staaten, die sich aus sowjetischer Abhängigkeit gelöst hatten

- militärische Konflikte
- Weltkrisen
- Atommacht
- inoffizielle Atommacht
- Atomwaffenprogramm vermutet
- 1. Zündung von Atom- und Wasserstoffbomben

Flaggen der VR China und der Rep. China (Taiwan)
Die Flaggen zeigen den Systemgegensatz zw. kommunist. Volksrepublik (der große Stern als Zeichen der KP, die vier Sterne repräsentieren die sozialen Gruppen) und der Republik China mit drei Farben, die sich auf die Grundlagen des Volkes beziehen: Demokratie (Blau), Lebensunterhalt (Weiß) und Nationalismus (Rot).

Der Zerfall der Kolonialreiche in Asien war eine unmittelbare Auswirkung des Zweiten Weltkrieges. Die geschwächten europ. Mächte Frankreich, Großbritannien, die Niederlande und Portugal mussten ebenso wie der Kriegsverlierer Japan ihre gesamten kolonialen Besitzungen aufgeben. Während des Krieges hatten die Kolonialmächte die Völker für den Kampf gegen Japan und Deutschland mit dem Versprechen ihrer Unabhängigkeit zu gewinnen versucht. Als man in den ndl. (Indonesien) und frz. Besitzungen (Indochina) diese Zusagen brach, folgten Aufstände und Befreiungskriege. Seit 1917 wuchs der Einfluss der UdSSR auf die Kolonialvölker, die für die kommunist. Weltrevolution gewonnen werden sollten. Teilweise nutzten die Kolonien 1945 die Frist zwischen dem Abzug der Japaner und dem Einrücken der Alliierten bereits zur Ausrufung ihrer Unabhängigkeit.

Chinesischer Bürgerkrieg*

Der Chin. Bürgerkrieg war von besonderer hist. Bedeutung. Zum ersten Mal gewann eine kommunist. Partei (KPCh) die Macht in einem nichteurop. Land. Gleichzeitig gelang China die Befreiung von kolonialer Abhängigkeit. Mao Tse-tung* versuchte, den Marxismus auf die Verhältnisse eines kolonial abhängigen rückständigen Agrarlandes der Dritten Welt anzupassen.

Mao Tse-tungs Lehre

Im Gegensatz zu Karl Marx sah Mao nicht das Industrieproletariat als Vorreiter der Revolution an, sondern die unterdrückten Kleinbauern und die ausgebeuteten Landarbeiter Chinas. Der rev. „Volkskrieg" musste auf dem Land beginnen, dann erst sollten die Städte durch die Bauernheere kommunist. werden. Die Befreiung von kolonialer Abhängigkeit gehörte zur maoistischen Revolution.

Nach dem Abzug der Japaner aus China erhoben zwei Gruppen Anspruch auf die Macht: Die Nationalregierung Chinas *(Kuomintang = KMT)* unter Tschiang Kaishek und die Kommunistische Partei Chinas *(KPCh)*, die sich beide bereits vor 1937 erbittert bekämpft hatten.

Chinesischer Bürgerkrieg

1927 ***Massaker von Nanking*** und ***Shanghai*** und Rückzug der KPCh auf das Land, Sowjetgebiete in West-Kiangsi und West-Fukien.

1934/35 Nach dem Vernichtungsfeldzug der KMT gegen die Kiangsi-Sowjets erfolgte der ***Lange Marsch*** der Kommunisten nach Nordchina (Jenan) und die Durchführung der Landreform in den kommunist. kontrollierten Gebieten.

1937–45 Ruhen des Bürgerkrieges in der Zeit der *Japanisch-Chinesischen Krieges* (Einheitsfront von Kuomintang und Kommunisten).

1946/47 Wiederausbruch des Bürgerkrieges zwischen Kuomintang und Kommunisten.

1948 Nach anfänglichen Erfolgen der Kuomintang Übergang der Initiative an die Kommunisten. Eroberung der Mandschurei.

1949 Peking und die wichtigsten Städte werden kommunistisch. Rückzug Tschiang Kaisheks (21.1. 49) auf die Insel Taiwan mit dem Alleinvertetungsanspruch als ***„Rep. China".***

1.5 1949 Ausrufung der ***Volksrep. China*** am Tor des Himml. Friedens durch Mao Tse-tung.

Unabhängigkeit und Teilung Indiens

Entgegen den Absichten des Freiheitskämpfers Indiens, „Mahatma" Ghandi, wurde der indische Subkontinent bei seiner Unabhängigkeit in einen Hindustaat, die ***Indische Union***, und einen Moslemstaat, ***Pakistan***, geteilt. Schwerste religiöse Kämpfe folgten. „Jammu und Kaschmir" wurde zum dauernden Zankapfel zwischen den beiden Staaten.

15.8 1947 Die Indische Union und Pakistan erhalten den Dominion-Status und werden aus der brit. Herrschaft entlassen (Pakistan: Kunstname aus den Buchstaben mehrerer Provinzen).

1947 Ausbruch des ***Kaschmir-Konflikts.*** Der Sonderfall einer überwieg. muslim. Bevölkerung unter hinduistischer Herrschschaft bietet beiden Seiten Anlass zur Intervention.

1.1. 1949 Waffenstillstand unter UNO-Vermittlung in der Kaschmir-Frage, das ehem. Fürstentums Jammu und Kaschmir bleibt geteilt in einen pakistan. und einen südl. ind. Teil.

26.11. 1949 Indien konstituiert sich als Republik. Eingliederung der 562 Fürstenstaaten.

1962 ***Ind.-Chin. Krieg*** um Grenzgebiete. Streit um die britische *„McMahon-Linie"* im Nordosten und die *Ardagh-Linie* im Norden.

1965 ***2. Indisch-Pakistanischer Krieg.***

1971 Der Bürgerkrieg in Ost-Pakistan (Bangladesch) weitet sich zum ***3. Ind.-Pakistan. Krieg*** aus. ***Bangladesch*** wird unabhängig.

Kolonialgebiete 1945
britisch
französisch
niederländisch
portugiesisch
japanisch
US-amerikanisch
Sowjetunion (1991 GUS)
sowjetischer Machtbereich (1945/46)
China, 1949 Volksrepublik
sonstige selbständige Staaten 1945
1947 Jahr der Unabhängigkeit (ehem. Kolonialgebiete u. GUS-Staaten)
Unabhängigkeitskrieg
Krieg, Bürgerkrieg, Grenzkonflikt
bedeutendes Krisengeb.
Demarkationslinie in Kaschmir vom 31.12.1949
zwischen der VR China u. Indien strittige Gebiete
Chines. Bürgerkrieg (1946–50)
Machtbereich der chinesischen Kommunisten
im August 1945
bis März 1947
bis März 1949
bis Dezember 1949
bis Dezember 1950
Amoy 10.1949 endgültige Einnahme
1 Jammu und Kaschmir (seit 1947/49 zwischen Indien u. Pakistan strittig u. geteilt)
2 Aksai-Chin (chin. Besetzung)
3 BANGLADESCH (bis 1971 zu Pakist.)
4 NORDVIETNAM (1954 Volksrep.)
5 SÜDVIETNAM (1955 Rep.)
6 West-Irian (ndl., 1963 zu Indones.)
7 Osttimor (bis 1975 port., 1975 indones. Besetzung, 1999 unter UNO-Verw.)
D. Dalian/Lüda (Port Arthur) (1945–55 sowjet. Basis)
Q. Qingdao/Tsingtau (1946–49 USA-Basis)
K. Kwangschouwan (frz., 1946 chin.)
S. Srinagar
T. Tschandernagar (frz., 1952 ind.)
KASACHSTAN 1991
MONGOLEI (1924–92 Volksrep.)
VR CHINA
INDIEN (1947 INDISCHE UNION, 1949 Republik)
PAKISTAN 1947 (1956 Islam. Rep.)
AFGHANISTAN (1973 Rep.)
JAPAN (1945–51 USA-Administration)
NORDKOREA (1948 Volksrep.)
SÜDKOREA (1948 Rep.)
Koreakrieg 1950–53
TAIWAN (1949 REP. CHINA) Taiwan-Konflikt 1954–58
PHILIPPINEN 1946
INDONESIEN 1945/49
MYANMAR 1948 (bis 1989 BURMA)
THAILAND
LAOS 1953
VIETNAM 1946/54 (1954–75 geteilt)
Vietnamkrieg 1961/64–75
KAMBODSCHA 1945/55
MALAYSIA 1963
Malaya 1957
SINGAPUR 1965
BRUNEI 1984
SRI LANKA (Ceylon) (1948 Domin., 1972 Rep.)
MALEDIVEN 1965
NEPAL
BHUTAN
Tibet 1962 (autonom, 1950 von chines. Kommunisten besetzt)
Sinkiang (seit 1928 sowjet. Einflussgebiet, 1949 von chines. Kommunisten besetzt)
Innere Mongolei (1947 auton. Gebiet)
Mandschurei (1945–46 sowjet. bes.)
Chin. Bürgerkrieg 1946–50
Indochina-Krieg 1946–54
Kaschmir-Konflikt seit 1947
Sowjet. Invasion 1979–88, Bürgerkrieg
PAZIFISCHER OZEAN
Golf von Bengalen
Südchinesisches Meer
Ostchines. Meer
Japan. Meer
0 500 1000 km

Flagge des Vietcong
1955 eingeführt, zeigte die Flagge Vietnams mit dem gelben Stern, dazu ein zusätzliches blaues Feld.

Mit den Kriegen in Korea und Vietnam kam es zum Ausbruch der schwersten bewaffneten Konflikte seit dem Zweiten Weltkrieg. Beide Länder wurden künstlich geteilt und gerieten schließlich in einen Krieg im Zeichen des Ost-West-Gegensatzes. Der Korea-Krieg hatte Auswirkungen auf die Eskalation des Kalten Krieges (massive Aufrüstung, Beschleunigung der Blockbildung).

Koreakrieg (1950–1953)

Aufgrund alliierter Absprachen erfolgte nach dem jap. Abzug die sowj.-amer. Besetzung Koreas (entlang des 38. Breitengrades), die die spätere Teilung vorwegnahm. Im Norden, der durch Bergbau und Industrie charakterisiert war, bildeten sich Volksfrontkomitees, im landwirtschaftlichen Süden erfolgte die Errichtung einer US-Militärregierung. Die Teilung Koreas vertiefte sich 1948 durch die *Gründung zweier unabhängiger Staaten* mit den Wahlen zur Nationalversammlung im Süden und durch die Proklamation der kommunistischen Volksrepublik im Norden.

Koreakrieg

1950 ausgelöst durch nordkoreanischen Überfall auf Südkorea nach Konflikten an der Demarkationslinie (38. Breitengrad). UN-Truppen unter General Douglas MacArthur hielten den nordkorean. Vorstoß am Naktong–Fluss auf. Der Angriff auf Nordkorea folgte unter Billigung der UNO: Einnahme von Pjöngjang und Vorrücken bis zum Jalu-Fluss an der chinesischen Grenze.

1951 Eingreifen Chinas, das sich an seiner Grenze bedroht sah: Vorstoß chinesischer Verbände mit nordkoreanischen Einheiten bis südlich von Seoul.

1953 Waffenstillstand von Panmunjom macht den Frontverlauf fakt. zur Staatsgrenze (Teilung Koreas).

Vietnamkrieg

In Vietnam übernahmen die USA aus Furcht vor einem Machtvakuum und der Ausbreitung des Kommunismus in weiteren Staaten Südostasiens („Domino-Theorie") immer mehr die Rolle Frankreichs. Das amer. Engagement zur Zurückdrängung des Kommunismus („Roll-Back-Doktrin") in Vietnam geriet aber polit. und moralisch zu einem Debakel und endete mit dem Sieg des Kommunismus nicht nur in Vietnam, sondern auch in den Nachbarstaaten Laos und Kambodscha (Errichtung der Schreckensherrschaft der Roten Khmer).

David besiegt Goliath

Wie konnte der Vietcong mit nordvietnames. Unterstützung der Supermacht USA eine so vernichtende Niederlage zufügen? Die seit 1965 angewandte *Guerrilla-Taktik*, die bereits im Krieg gegen Japan und Frankreich erprobt worden war, vermied jede offene Schlacht mit dem Gegner. Eine Stärke des Vietcong lag auch in der *Nutzung der natürlichen Gegebenheiten des Dschungels*. Verborgene Tunnelsysteme dienten als Unterschlupf. Cu Chi, eine der größten dieser Versorgungsbasen mit zahlreichen Kampfständen, befand sich nahe Saigon. Als wichtigster Versorgungspfad führte der *Ho-Chi-Minh-Pfad* durch Laos und Kambodscha. Allerdings bremsten auch die Furcht der USA vor einer direkten Konfrontation mit der UdSSR oder der VR China und die wachsende öffentliche Kritik einen noch massiveren Einsatz der amerikanischen Militärmacht.

Vietnamkrieg

1946–54 Französischer Indochinakrieg gegen die kommunist. Guerilla unter Ho Chi Minh endet nach der frz. Niederlage bei ***Dien Bien Phu***.

1954 Waffenstillstand in Genf: Teilung Vietnams entlang des 17. Breitengrades, Nordvietnam enthält die industriellen Zentren, Südvietnam ausschließlich Agrargebiete.

1954 Gründung der SEATO *(South East Asia Treaty Organization)* zur Eindämmung der kommunistischen Bedrohung in Südostasien.

Seit 1960 Bildung der *Nationalen Befreiungsfront FNL (Front National de liberation du Vietnam Sud)* – militärisch führend ist die kommunist. Gruppe Vietcong.

1964 Ein Zwischenfall im Golf von Tonking wird Anlass zum Eingreifen der USA.

1967/68 Höhepunkt der Eskalation des Krieges. ***Tet-Offensive*** auf über 100 südvietnames. Städte führt zu vorübergehenden Einnahme Saigons: Die USA erkennen, dass der Krieg nicht mehr zu gewinnen ist. Amer. Massaker von My Lai an mehr als 200 Zivilisten.

1969 Beginnende Vietnamesierung des Krieges – Rückzug der USA, vorbereitet durch Ausdehnung des Krieges auf Kambodscha und verstärkte Luftangriffe auf Laos, um den Ho-Chi-Minh-Pfad zu zerstören.

1973 Waffenstillstand von Paris beendet direkte Verwicklung der USA in den Krieg.

1975 Sieg des Nordens: Eroberung Saigons.

1976 Wiedervereinigung von Nord- und Südvietnam als ***„Sozialistische Rep. Vietnam"***.

1978 Beitritt zum RGW als 10. Vollmitglied.

1979 Einmarsch in ***Kambodscha*** nach Grenzzwischenfällen – Sturz des ***Terrorregimes der Roten Khmer*** Pol Pots, Beginn des Bürgerkrieges in Kambodscha (bis 1992).

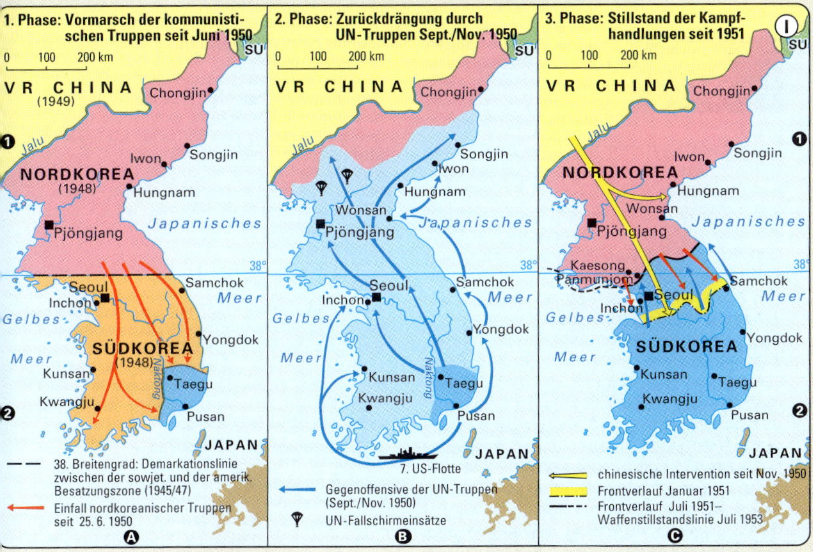

I
1. Phase: Vormarsch der kommunistischen Truppen seit Juni 1950
0 100 200 km
VR CHINA (1949)
SU
Chongjin
Jalu
Iwon
Songjin
NORDKOREA (1948)
Hungnam
Pjöngjang
Japanisches Meer
38°
Seoul
Inchon
Samchok
Gelbes Meer
SÜDKOREA (1948)
Yongdok
Kunsan
Naktong
Taegu
Kwangju
Pusan
JAPAN
38. Breitengrad: Demarkationslinie zwischen der sowjet. und der amerik. Besatzungszone (1945/47)
Einfall nordkoreanischer Truppen seit 25. 6. 1950
A
2. Phase: Zurückdrängung durch UN-Truppen Sept./Nov. 1950
0 100 200 km
VR CHINA
SU
Chongjin
Jalu
Songjin
Iwon
Hungnam
Wonsan
Pjöngjang
Japanisches Meer
38°
Seoul
Inchon
Samchok
Gelbes Meer
Yongdok
Kunsan
Naktong
Taegu
Kwangju
Pusan
JAPAN
7. US-Flotte
Gegenoffensive der UN-Truppen (Sept./Nov. 1950)
UN-Fallschirmeinsätze
B
3. Phase: Stillstand der Kampfhandlungen seit 1951
0 100 200 km
VR CHINA
SU
Chongjin
Jalu
Iwon
Songjin
NORDKOREA
Hungnam
Wonsan
Pjöngjang
Japanisches Meer
38°
Kaesong
Panmunjom
Seoul
Inchon
Samchok
Gelbes Meer
SÜDKOREA
Yongdok
Kunsan
Taegu
Kwangju
Pusan
JAPAN
chinesische Intervention seit Nov. 1950
Frontverlauf Januar 1951
Frontverlauf Juli 1951– Waffenstillstandslinie Juli 1953
C

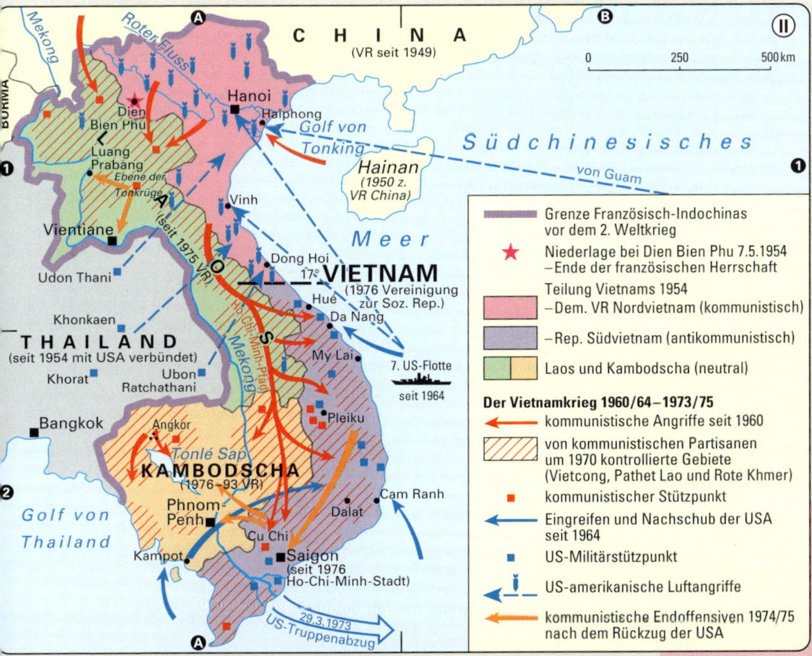

II
A
B
Mekong
Roter Fluss
CHINA (VR seit 1949)
0 250 500 km
BURMA
Hanoi
Haiphong
Dien Bien Phu
Golf von Tonking
Südchinesisches Meer
L
Luang Prabang
Ebene der Tonkrüge
A
Hainan (1950 z. VR China)
von Guam
(seit 1975 VR)
Vientiane
Vinh
Udon Thani
O
Dong Hoi
17°
VIETNAM (1976 Vereinigung zur Soz. Rep.)
Hue
Da Nang
Khonkaen
S
Ho-Chi-Minh-Pfad
THAILAND (seit 1954 mit USA verbündet)
My Lai
Mekong
7. US-Flotte seit 1964
Khorat
Ubon Ratchathani
Bangkok
Pleiku
Angkor
Tonlé Sap
KAMBODSCHA (1976–93 VR)
Golf von Thailand
Phnom-Penh
Cam Ranh
Dalat
Cu Chi
Kampot
Saigon (seit 1976 Ho-Chi-Minh-Stadt)
29.3.1973 US-Truppenabzug
A
Grenze Französisch-Indochinas vor dem 2. Weltkrieg
Niederlage bei Dien Bien Phu 7.5.1954 – Ende der französischen Herrschaft
Teilung Vietnams 1954
– Dem. VR Nordvietnam (kommunistisch)
– Rep. Südvietnam (antikommunistisch)
Laos und Kambodscha (neutral)
Der Vietnamkrieg 1960/64–1973/75
kommunistische Angriffe seit 1960
von kommunistischen Partisanen um 1970 kontrollierte Gebiete (Vietcong, Pathet Lao und Rote Khmer)
kommunistischer Stützpunkt
Eingreifen und Nachschub der USA seit 1964
US-Militärstützpunkt
US-amerikanische Luftangriffe
kommunistische Endoffensiven 1974/75 nach dem Rückzug der USA

Flagge der Arabischen Liga *mit dem Namen der Organisation in der Mitte. Grün und der Halbmond stehen für den Islam.*

Besondere Faktoren machten den Nahen Osten zu einer der wichtigsten Konfliktregionen der Welt:

- Die Bedeutung für die Energieversorgung mit über 60 % der Erdölreserven der Welt. Dies schuf auch Konfliktzonen entlang der Seetransportwege Persischer Golf, Suezkanal, Horn von Afrika. Ebenso entstand ein extremes Wohlstandsgefälle zwischen den Staaten mit und ohne Ölvorkommen.
- Der arab.-israel. Konflikt als besonderer Unruheherd und andererseits auch als einigendes Band zwischen den arab. Staaten.
- Unterschiedl. ideolog. Entwicklung: In den „fortschrittlichen“ Staaten fanden Revolutionen gegen die informelle Abhängigkeit vom Westen statt (Ölgesellschaften, Militärbasen usw.). Als Modell gilt die ägypt. Revolution (1952) für einen arab. Weg zum Sozialismus (Irak, Syrien, Libyen). In den „konservativen“ Staaten konnten sich die Monarchien (Kuwait, Saudi-Arabien, Golf-Emirate usw.) als polit. Kraft behaupten, v. a. durch die Etablierung eines Wohlfahrtsstaates.
- Unklare, teilw. willkürliche Grenzziehungen zw. den Staaten durch die Kolonialmächte.
- Wasserknappheit und Streit um die Nutzung der Flüsse (Schlüsselrolle der Türkei, in der wichtige Flüsse der Region entspringen).

Wichtigste Institution zur Schlichtung von Konflikten im Nahen Osten ist die ***Arabische Liga****, die allerdings oftmals durch Gegensätze zwischen ihren Mitgliedern – für die ein Beschluss nur bindend ist, wenn sie ihm zugestimmt haben – blockiert war.

Arabische Liga

Die A. L. (gegr. 1945) mit Sitz in Kairo hat 21 Mitgliedsstaaten und die PLO als Vollmitglied. Zentrales Ziel ist die Unabhängigkeit Palästinas. Die A. L. dient u. a. der Streitschlichtung der Mitglieder untereinander, der Wahrung ihrer Souveränität und der arabischen Außeninteressen.

Kriege und Konflikte *(Zahlen vgl. Karte Seite 207)*

1. Sandschakfrage seit 1939 (Syrien – Türkei)

Das Sandschak von Alexandrette (türk. *Iskenderun*), in dem mehrheitl. Türken wohnten (1937 als *Rep. Hatay* autonom), wurde von der Mandatsmacht Frankreich 1939 der Türkei zugesprochen .

2. Israel.-arabische Kriege seit 1948 [→ 208/209].

3. Suezkrieg 1956 (Ägypten – Frankreich, Großbritannien, Israel)

Auslöser war die Verstaatlichung (Juli 1956) der Betriebsgesellschaft des Suezkanals (88 % der Kanalaktien in brit. und frz. Besitz); die Passagegebühren waren für den Bau eines 5,5-Milliarden-Staudammes bei Assuan zur Entwicklung Ägyptens gedacht. Es folgte die militärische Intervention der Briten und Franzosen zur Sicherung der Präsenz im Suezraum parallel zur israelischen Invasion auf dem Sinai. – Auf Druck der Supermächte (u. a. drohte die UdSSR mit einem Atomschlag) und der UNO erfolgte am Ende der frz. und brit. Rückzug vom Suezkanal – Prestigegewinn der UdSSR im Nahen Osten.

4. Bahrain-Konflikt (1957 mit Iran, seit 1939 zw. Bahrain und Katar um den Besitz der Hawar-In.)

Seit Großbritannien 1939 die Hawar-Inseln Bahrain zugesprochen hatte, dauerte der Streit an, der 1986 fast zum Krieg geführt hätte. Er wurde 2001 durch einen Spruch des Internationalen Gerichtshofs zugunsten Bahrains beigelegt.

5. Zypern-Konflikt seit 1960/64

Seit der Unabhängigkeit der Insel von Großbritannien 1960 war sie ein ständiger Zankapfel zw. den NATO-Mitgliedern Türkei und Griechenland. Das Abkommen von 1960 schützte die türk. Minderheit, schuf aber polit. Probleme. Ende 1963 brachen Kämpfe zw. der griech. Bevölkerungsmehrheit und der türk. Minderheit aus. 1974 kam die türk. Invasion dem drohenden Anschluss Zyperns an Griechenland zuvor. 1975 erfolgte die Proklamation eines türk.-zypriot. Bundesstaates (1983 Proklamation der ***Türk. Rep. Nordzypern*** (internat. aber nicht anerkannt). Der gescheiterte Zypern-Putsch führte zum Abdanken der Militärjunta in Athen.

6. Libanon-Konflikt (Bürgerkrieg 1958, 1975–92)

Das Scheitern des polit. Proporzes von Christen und Moslems im Libanon führte zum Ersten Bürgerkrieg 1958, der durch die Intervention von US-Truppen beschwichtigt wurde. Die Gewährung einer Zufluchtsstätte für Palästinenser im Grenzgebiet zu Israel 1967 machte Libanon zur Basis der PLO, die einen Staat im Staate errichtete. Demgegenüber erfolgte der Aufbau christl. Milizen *(Falange)* gegen die PLO. 1975/76 brach der Bürgerkrieg zw. Falange und PLO aus (Intervention Syriens und 1982 Israels).

7. Kurden-Konflikt seit 1975/76 [→ 226/227].

8. Erster Golfkrieg 1980–88 (Irak.-Iran. Krieg)

Auslöser dieses verlustreichen Stellungskrieges war der Streit um den Grenzfluss Schatt-al Arab. Der Iran setzte gegen die militärtechn. Überlegenheit des Irak sog. „Menschenwellen“ ein, bei denen auch viele Kinder als „Märtyrer“ umkamen.

9. Ägäis-Konflikt 1994 (Türkei – Griechenland)

Griech. und türk. Spannungen um die Frage der Ausdehnung der Hoheitsgewässer durch Griechenland von sechs auf zwölf Seemeilen, wie es die neue internat. Seerechtskonvention erlaubt.

10. Zweiter Golfkrieg 1990 [→ 226/227].

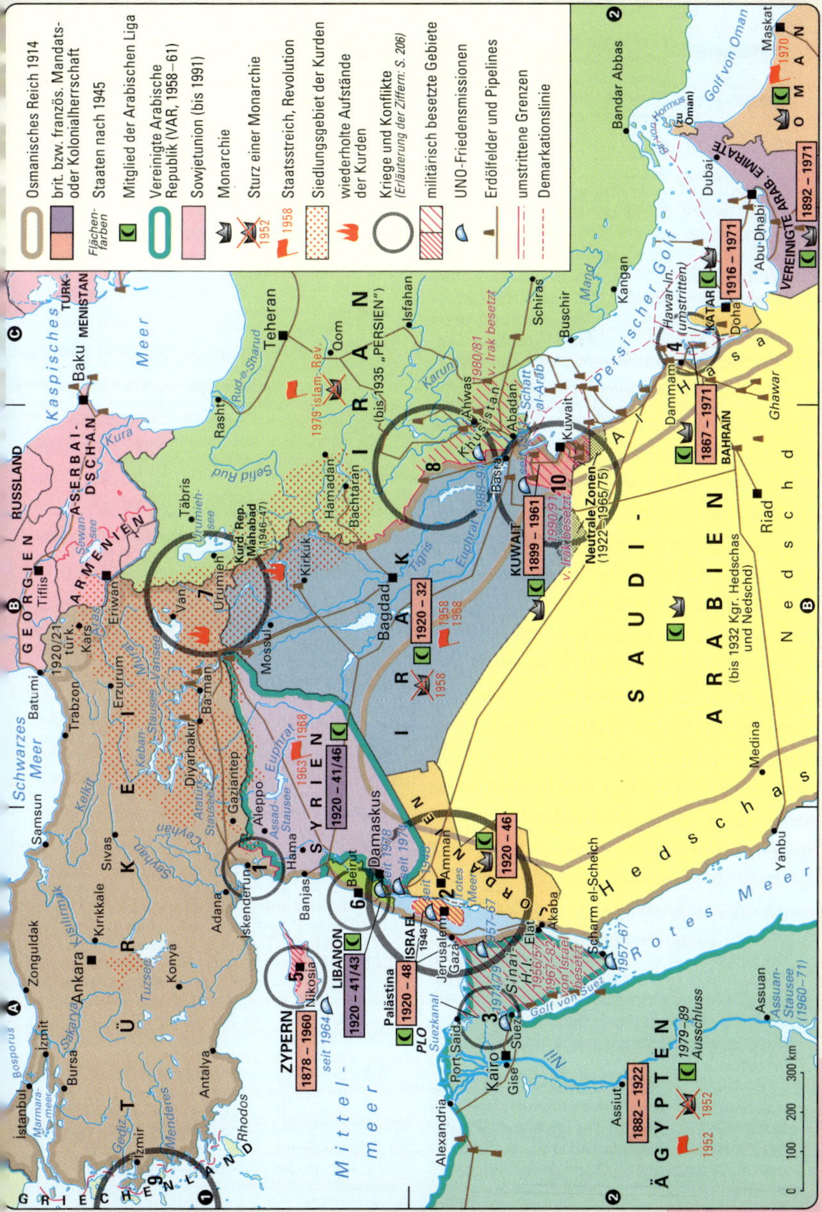
Osmanisches Reich 1914
brit. bzw. französ. Mandats- oder Kolonialherrschaft
Flächenfarben
Staaten nach 1945
Mitglied der Arabischen Liga
Vereinigte Arabische Republik (VAR, 1958–61)
Sowjetunion (bis 1991)
Monarchie
Sturz einer Monarchie
1952
1958
Staatsstreich, Revolution
Siedlungsgebiet der Kurden
wiederholte Aufstände der Kurden
Kriege und Konflikte (Erläuterung der Ziffern: S. 206)
militärisch besetzte Gebiete
UNO-Friedensmissionen
Erdölfelder und Pipelines
umstrittene Grenzen
Demarkationslinie
RUSSLAND
GEORGIEN
ARMENIEN
ASERBAIDSCHAN
TURKMENISTAN
Kaspisches Meer
Schwarzes Meer
TÜRKEI
GRIECHENLAND
SYRIEN
1920 – 41/46
LIBANON
1920 – 41/43
ISRAEL 1948
Palästina 1920 – 48
PLO
JORDANIEN
1920 – 46
IRAK
1920 – 32
IRAN
(bis 1935 „PERSIEN“)
KUWAIT
1899 – 1961
SAUDI-ARABIEN
(bis 1932 Kgr. Hedschas und Nedschd)
Neutrale Zonen (1922–1965/75)
BAHRAIN
1867 – 1971
KATAR
1916 – 1971
VEREINIGTE ARAB. EMIRATE
1892 – 1971
OMAN
ZYPERN
1878 – 1960
seit 1964
ÄGYPTEN
1882 – 1922
1979–89 Ausschluss
Mittelmeer
Rotes Meer
Persischer Golf
Golf von Oman
Golf von Suez
Suezkanal
Nil
Tigris
Euphrat
Kurd. Rep. Mahabad (1946–47)
1979 islam. Rev.
1980/81 v. Irak besetzt
1990/91 v. Irak besetzt
Khusistan
Schatt al-Arab
Hawar-In. (umstritten)
Sinai
1956/57 1967–82 von Israel besetzt
Assuan-Stausee (1960–71)
Hedschas
Nedschd
Hasa
Ghawar
Istanbul
Ankara
Kairo
Damaskus
Beirut
Jerusalem
Amman
Bagdad
Teheran
Riad
Kuwait
Maskat
0 100 200 300 km

*Die **Flagge Israels** wurde für die zionistische Bewegung 1891 entworfen. Sie erinnert an den Tallit (jüdischen Gebetsschal). Das Hexagramm, der „Schild Davids" (irrtümlich auch „Stern Davids" genannt) ist das Symbol des Judentums.*

Der Nahost-Konflikt hat seine Wurzeln in der widersprüchl. Politik der Kolonialmächte im Ersten Weltkrieg. Zur Schwächung des Osmanischen Reiches schürte Großbritannien den nationalen arabischen Traum von einem Großreich [→156/157] und versprach gleichzeitig den ***Zionisten**** die Schaffung einer Heimstätte für die Juden in Palästina (*Balfour-Declaration* vom *8.11. 1917*). Im Widerspruch zu beiden Versprechungen stand ein Geheimabkommen mit Frankreich über die koloniale Aufteilung des Mittleren Ostens zur Sicherung des Zugriffs auf die Ölvorkommen (*Sykes-Picot-Abkommen* vom *16. Mai 1916*). 1919/20 wurde ***Palästina Mandatsgebiet*** Großbritanniens.

Zionismus, zionistische Bewegung
Ihr Vorkämpfer Theodor Herzl (1860–1904) gründete 1897 in Basel die *Zionistische Weltbewegung*. Ziel war die Schaffung einer gesicherten „Heimstätte" durch einen eigenständigen Staat für die Juden in Palästina auf dem Hintergrund der osteuropäischen Judenverfolgungen und der Assimilationsschwierigkeiten westeuropäischer Juden.

Die nationalsozialistische Judenverfolgung verstärkte die Zuwanderung nach Palästina und verschärfte die jüdisch-arabischen Auseinandersetzungen. 1947 trat Großbritannien sein Palästina-Mandat an die UNO ab, deren Beschluss zur Teilung Palästinas die ***Gründung des Staates Israel am 14. Mai 1948*** ermöglichte.

Da die arabischen Nachbarn das Existenzrecht des Staates Israel nicht anerkannten, kam es allerdings im Anschluss an die Staatsgründung zu vier Kriegen, deren Resultat die Entstehung des palästinensischen Flüchtlingselends und das ungelöste Palästinaproblem waren, da die im UNO-Teilungsplan vorgesehene Gründung eines palästinensischen Staates nicht erfolgte.

Zusätzliche Brisanz bekam der Nahost-Konflikt als Stellvertreterkrieg der Supermächte, indem die USA zur Schutzmacht Israels avancierten und die Sowjetunion die arabischen Gegner unterstützte.

Die israelisch-arabischen Kriege

Terroranschläge der Palästinenser gegen jüd. Einwanderer werden durch die Gründung der Schutzorganisation *Haganah* der Juden beantwortet.

1947 ***Beschluss der UNO zur Teilung Palästinas*** in einen palästinens. und einen jüd. Staat.

14.5.1948 ***Gründung des Staates Israel*** und Abzug der brit. Truppen – ***Erster Krieg mit den arabischen Nachbarn***: Ausdehnung des israel. Staatsgebietes um mehr als ein Drittel über den UNO-Plan hinaus; Wiedervereinigung Jerusalems mit der Altstadt (als künftige Hauptstadt) scheitert. Massenflucht von ca. 700 000 Palästinensern.

1948–54 Einwanderungswelle von Juden aus aller Welt (ca. 576 000) .

1949 Waffenstillstandsabkommen unter Vermittlung der UNO: Ägypten besetzt den Gaza-Streifen, Jordanien den arab. Teil Palästinas (Westjordanland). Erster Einsatz der UNO (UNTSO) zur Beobachtung und Überwachung des Abkommens (seither mehrere Einsätze/Friedensmissionen der UNO).

1956 Während der ***Suezkanal-Krise*** besetzt Israel die Sinai-Halbinsel und den Gazastreifen. Auf Druck beider Supermächte muss Israel die eroberten Gebiete räumen, dafür erhält es freie Schifffahrt im Golf von Akaba. Überwachung der israelisch-ägyptischen Grenze durch UN-Truppen.

1964 Gründung der PLO *(Palestinian Liberation Organization)* mit dem Ziel der Befreiung Palästinas und der Vernichtung des Staates Israel.

5.6.1967 Beginn des ***„Sechstagekrieges"*** als Präventivkrieg durch Israel: Eroberung des Sinai, des Gazastreifens, des Westjordanlandes, der Altstadt von Jerusalem und der syrischen Golanhöhen (Gebiet dreimal größer als das Staatsgebiet Israels). Verschärfung des arabischen Flüchtlingsproblems (1,6 Mio.).

1967–77 Beginn der israelischen Siedlungspolitik im Westjordanland *(Allon-Plan)*.

1973 ***Jom-Kippur-Krieg***: Angriff Ägyptens und Syriens am höchsten jüdischen Feiertag *(6. Okt. „Jom-Kippur-Fest")*; gleichzeitig Einsatz des Ölboykotts durch die OPEC. (Allen Staaten, die Israel unterstützen, wird mit einem Lieferstopp gedroht.)

1979 ***Ägyptisch-israelischer Friedensvertrag***: Israel. Rückgabe des Sinai-Gebietes gegen Frieden mit Ägypten. Ausschluss Ägyptens aus der Arabischen Liga.

1982 Vertreibung der PLO aus dem Libanon durch israelische Truppen.

1987 Beginn der ersten ***Intifada*** (arab. *Erhebung, Aufstand*) in den von Israel besetzten palästinensischen Gebieten – v. a. Jugendliche mit Barrikaden und Molotowcocktails („Krieg der Steine").

[Zur weiteren Entwicklung vgl. Seiten 230/231.]

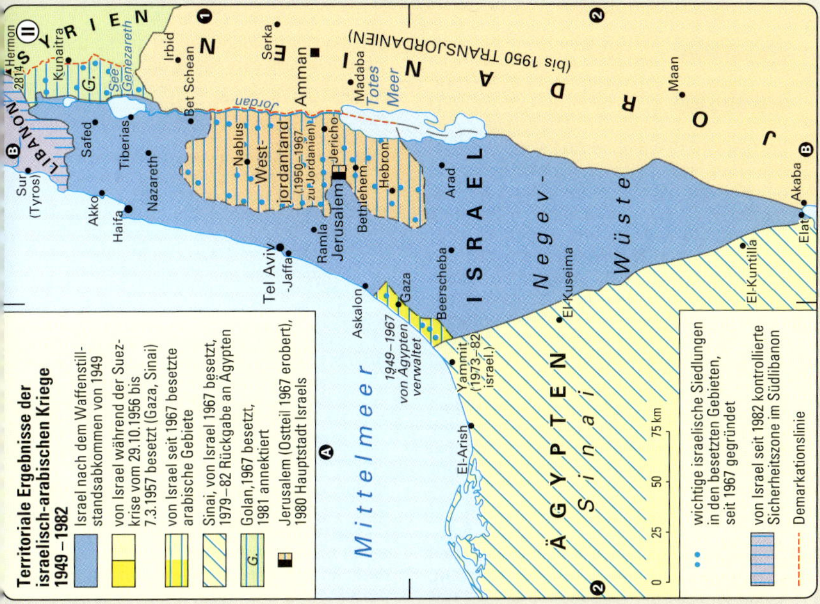

Territoriale Ergebnisse der israelisch-arabischen Kriege 1949 – 1982
Israel nach dem Waffenstillstandsabkommen von 1949
von Israel während der Suezkrise vom 29.10.1956 bis 7.3.1957 besetzt (Gaza, Sinai)
von Israel seit 1967 besetzte arabische Gebiete
Sinai, von Israel 1967 besetzt, 1979–82 Rückgabe an Ägypten
Golan, 1967 besetzt, 1981 annektiert
Jerusalem (Ostteil 1967 erobert), 1980 Hauptstadt Israels
wichtige israelische Siedlungen in den besetzten Gebieten, seit 1967 gegründet
von Israel seit 1982 kontrollierte Sicherheitszone im Südlibanon
Demarkationslinie
0 25 50 75 km
II
LIBANON
SYRIEN
TRANSJORDANIEN (bis 1950 TRANSJORDANIEN)
ISRAEL
ÄGYPTEN
Mittelmeer
Sinai
Negev-Wüste
West-jordanland (1950–1967 zu Jordanien)
1949–1967 von Ägypten verwaltet
Yammit (1973–82 israel.)
Hermon 2814
See Genezareth
Totes Meer
Jordan
Sur (Tyros)
Akko
Haifa
Safed
Tiberias
Nazareth
Kunaitra
Irbid
Bet Schean
Nablus
Jericho
Jerusalem
Bethlehem
Hebron
Ramla
Tel Aviv-Jaffa
Askalon
Gaza
Beerscheba
Arad
Amman
Serka
Madaba
Maan
Akaba
Elat
El-Kuntilla
El-Kuseima
El-Arish

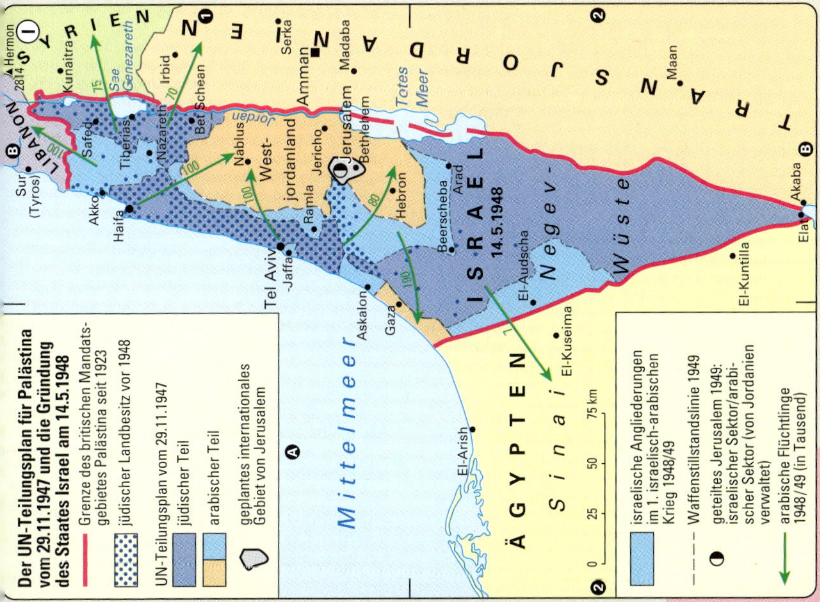

Der UN-Teilungsplan für Palästina vom 29.11.1947 und die Gründung des Staates Israel am 14.5.1948
Grenze des britischen Mandatsgebietes Palästina seit 1923
jüdischer Landbesitz vor 1948
UN-Teilungsplan vom 29.11.1947
jüdischer Teil
arabischer Teil
geplantes internationales Gebiet von Jerusalem
israelische Angliederungen im 1. israelisch-arabischen Krieg 1948/49
Waffenstillstandslinie 1949
geteiltes Jerusalem 1949: israelischer Sektor/arabischer Sektor (von Jordanien verwaltet)
arabische Flüchtlinge 1948/49 (in Tausend)
0 25 50 75 km
I
LIBANON
SYRIEN
TRANSJORDANIEN
ISRAEL 14.5.1948
ÄGYPTEN
Mittelmeer
Sinai
Negev-Wüste
West-jordanland
Hermon 2814
See Genezareth
Totes Meer
Jordan
Sur (Tyros)
Akko
Haifa
Safed
Tiberias
Nazareth
Kunaitra
Irbid
Bet Schean
Nablus
Jericho
Jerusalem
Bethlehem
Hebron
Ramla
Tel Aviv-Jaffa
Askalon
Gaza
Beerscheba
Arad
El-Audscha
Amman
Serka
Madaba
Maan
Akaba
Elat
El-Kuntilla
El-Kuseima
El-Arish
100
15
70
100
100
80
190

***OAU-Flagge**: Die Farben der Flagge symbolisieren die Natur Afrikas (Grün), die goldene Zukunft (Gelb) und die friedliche Koexistenz (Weiß).*

Im Jahre 1945 waren in Afrika, das im Zeitalter des Imperialismus rücksichtslos zw. den Kolonialmächten aufgeteilt worden war [→146/147], nur drei Länder (Äthiopien, Ägypten und Liberia) und Südafrika selbständig. In den fünfziger Jahren bildeten sich Unabhängigkeitsbewegungen, die in der ***Panafrikan. Bewegung*** zusammenfanden (erste *"All-African-People's Conference" 1958*). In Nordafrika wurden Libyen (1951), Marokko, Tunesien und Sudan (1956) unabhängig. 1957 machte sich die brit. Kolonie Goldküste (unter dem Namen „Ghana") als erster schwarzafrik. Staat auf friedlichem Weg selbständig. Höhepunkt der Dekolonisierung war ***1960 „das Jahr Afrikas"***, in dem allein 17 afrikan. Staaten ihre Unabhängigkeit feiern konnten. Die frz. und brit. schwarzafrikan. Besitzungen gelangten friedlich in die Unabhängigkeit (Beitritt zur frz. *Communauté* oder zum brit. *Commonwealth*). Algerien, das als Teil des frz. Mutterlandes angesehen wurde, erreichte erst 1962, nach 12 Jahren blutigen Bürgerkrieges, die Unabhängigkeit von Frankreich. Auch den port. Kolonien gelang nach grausamen Kriegen (Angola und Mosambik 1975) die Lösung vom Mutterland.

Probleme der jungen Staaten:

• Verlust der europ. Fachleute und fortbestehende wirtschaftl. Abhängigkeit von den ehem. Kolonialmächten. So blieben Industrien und Plantagen oftmals in der Hand ausländischer Konzerne.

• Folgen der wirtschaftl. Interessenpolitik der Kolonialmächte in den Kolonien: Einseitige Nutzung afrikanischer Gebiete als Rohstofflieferanten, mangelhafte industrielle Entwicklung, Monokulturen, Entwicklungsgefälle Stadt-Land.

• Die Staaten waren künstliche koloniale Gebilde, die ohne Rücksicht auf ethnische, religiöse und sprachl. Grenzen geschaffen wurden. In Tansania etwa lebten Angehörige von über 120 Stämmen (Stammesrivalitäten, Tribalismus).

• Im Zeichen des Ost-West-Gegensatzes folgten in einigen der instabilen jungen Staaten Bürgerkriege, in denen die Supermächte jeweils eine Partei unterstützten.

Unabhängigkeit Afrikas

1957 Unabhängigkeit der brit. Kolonie Goldküste als Ghana.

1958 Guinea stimmt in einer Volksabstimmung gegen die neue frz. Verfassung der V. Republik und erklärt sich für unabhängig.

1960 13 frz. Kolonien erlangen die Unabhängigkeit. – Dem völlig unvorbereiteten Übergang der belgischen Kongo-Kolonie in die Unabhängigkeit folgt ein blutiger Bürgerkrieg.

18.3.1962 Unabhängigkeitskrieg Algeriens endet mit dem *Waffenstillstand von Evian*.

1964 Nordrhodesien (unter dem Namen Sambia) und Njassaland (Malawi) unabhängig.

1974/75 Das Ende der Diktatur in Portugal (*„Nelkenrevolution"*) leitet das Ende der port. Kolonialherrschaft in Afrika ein: Guinea-Bissau, Mosambik, Angola, São Tomé und Príncipe sowie die Kapverdischen Inseln.

Südafrika u. die Apartheidgesetzgebung

Seit der Unabhängigkeit Südafrikas 1910 [→146/147] war die farbige Bevölkerung Opfer einer strikten Rassendiskrimierung, die sich seit dem Wahlsieg der Nationalpartei 1948 als ***Apartheid*-Gesetzgebung*** noch einmal erheblich verschärfte.

Apartheid (Afrikaans, *„Trennung"*): bez. die für Südafrika spezif. Politik der Rassentrennung und -diskriminierung nach dem *„Prinzip der getrennten Entwicklung"*. Durch entsprechende Gesetze wurde eine völlige territoriale Trennung zwischen Schwarz und Weiß angestrebt. Entscheidend war der *Population Registration Act* von 1950, der die schwarze Bevölkerung als ***„Bantu"*** klassifizierte. Weitere Bevölkerungsgruppen waren: ***Coloureds*** (*Farbige* = „Mischlinge"), ***Weiße*** und ***Asiaten*** (Inder, Malaien). Seit 1959 wurden 10 Bantustaaten ***(Bantustans)*** geschaffen, die weitgehend scheinautonom wurden, und in denen jeder Schwarze zwangsweise Bürger sein musste. Den Weißen vorbehaltene Gebiete durften von Farbigen nicht mehr bewohnt werden, was ihnen vielfach den Status von *„Wanderarbeitern"* aufzwang.

Innerhalb Südafrikas stieß die Apartheidgesetzgebung auf den Widerstand des ANC *(African National Congress)*, dem mit scharfer Repression begegnet wurde (u. a. lebenslange Haftstrafen für acht Führer des ANC 1964). Außenpolitisch geriet Südafrika immer mehr in die Isolation (Austritt aus dem Commonwealth 1961) und wurde mit Wirtschaftssanktionen belegt.

Entwicklung Afrikas seit 1956/60

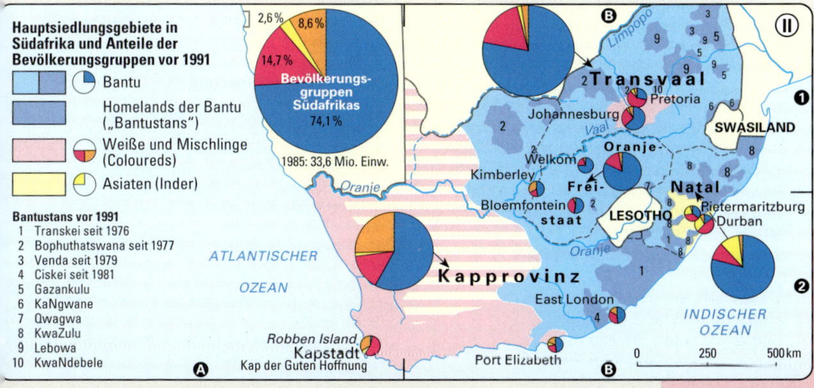

Flagge der Islam. Konferenz
Die Flagge (seit 1981) zeigt die panarab. Farben. Grün und der Halbmond symbolisieren den Islam, die Aufschrift bedeutet „Allahu Akbar" („Gott ist groß").

Mehr als eine Milliarde Menschen bekennen sich zum Islam als zweitgrößte und wachstumsstärkste Weltreligion. Die islam. Staaten liegen in einem Gürtel zw. Nordafrika, Zentralasien und dem ind. Subkontinent und Südostasien. Obwohl die hl. Stätten des Islams im Orient liegen, leben die meisten Muslime in Süd- und Südostasien.

Herausforderung des Islamismus*

Die islam. Gesellschaften unterlagen seit den siebziger Jahren einem tiefgreifenden Wandel, der v. a. durch das Auftreten des ***Islamismus**** (auch *Re-Islamisierung, Fundamentalismus*) gekennzeichnet war. Seit der islam. Revolution Ayatollah Khomeinis (1978/79) und der Errichtung des schiitischen Gottesstaates im Iran wuchs der Islamismus zur bed. polit. Kraft heran. Seine Errichtung war verbunden mit der Einführung der *Scharija** als islam. Recht. [Zur Ausbreitung des Islam vgl. S. 60/61.]

Islamismus, Scharija

Der *„Islamismus"* gilt als glaubensstrenge, antiwestl. Richtung des Islams. Die Islamisten möchten den Koran und die Sunna (Leben, Aussprüche und Ratschläge Mohammeds) des Propheten zur Richtschnur allen Denkens und Handelns machen und die öffentl. Ordnung auf konkrete religiöse Handlungsanweisungen gründen. Gesetzliche Regelungen betreffen das Familien-, Erb- und Strafrecht sowie ganz alltägliche Verrichtungen, von der Hygiene bis zur Kleidung (z. B. Verschleierungspflicht für Frauen). Die Scharija droht mit drastischen Strafen, z. B. für Ehebruch, und archaischen Hinrichtungsmethoden (Schwert, Steinigung usw.).

Ein weiterer Gottesstaat wurde in Afghanistan errichtet, nachdem sich die *Mudschaheddin* (Paschtu = *hl. Krieger*) dort erfolgreich gegenüber der Supermacht UdSSR behauptet hatten (1979–88) und sich in der anschließenden Auseinandersetzung zwischen den Siegern die radikal-islamischen *Taliban* in Kabul durchsetzten [→ 224/225].

Ursachen für den Islamismus

Beim Islamismus handelt es sich um ein vielschichtiges Phänomen, das nicht als geschlossene Front verstanden werden darf. Moslem-Bruderschaften in Ägypten, die Veränderungen innerhalb des herrschenden politischen Systems herbeiführen wollen, zählen genauso dazu wie konspirative und terrorristische Gruppen.

Die Ursachen für eine Rückbesinnung auf die traditionellen islamischen Werte waren vielschichtig:

• Erinnerung an die islam. Expansion und Erfolge in der Vergangenheit gemischt mit der Wahrnehmung der Demütigung durch den Westen in der Neuzeit.
• Die Niederlagen in den Kriegen gegen Israel.
• Die teilweise korrupten und undemokratischen Systeme seit der Unabhängigkeit der islamischen Staaten.
• Soziale Probleme aufgrund von negativen Modernisierungseffekten (unkontrollierte Urbanisierung, Wohlstandsgefälle auch innerhalb der islam. Gesellschaften, Auflösung der Familie und anderer traditioneller Werte), für die die „Verwestlichung" verantwortlich gemacht wird.

Reaktionen in der arabischen Welt

Manche Staaten empfanden den Islamismus als Gefährdung und reagierten deshalb mit Repression (z. B. Algerien, Ägypten, Tunesien). Bes. schwierig gestaltete sich die Gradwanderung gegenüber den islamist. Gruppen in Saudi-Arabien („Hüter der hl. Stätten des Islam"), wo besonders radikale islam. Gruppierungen entstanden. Auch innerhalb der ***Ständigen Islamischen Konferenz**** blieb das Verhältnis zum Islamismus gespalten. Außerdem verschärfte sich seit der iranisch-islamischen Revolution die Konkurrenz zw. dem Iran (Schiiten als Imamiten) und Saudi-Arabien (Sunniten) um die Führung der Muslime. [Richtungen des Islam vgl. S. 60/61.]

Ständige Islamische Konferenz (OIC)

Sitz in Dschidda (Saudi-Arabien) seit 1971. Ziel der Konferenz ist die Förderung der islam. Solidarität und der wirtschaftl. und kulturellen Zusammenarbeit der Mitglieder. Ein Anliegen ist die Unterstützung des palästinens. Volkes im Kampf um die Befreiung seines Landes. Zugehörig sind 51 Staaten und die PLO. Jährliche Außenministerkonferenzen und Gipfelkonferenzen. 1994 auf ihrer siebten Gipfelkonferenz versuchte die S. I. K., eine eindeutige Unterscheidung zwischen islam. Freiheitskämpfern *(Mudschaheddin)* und terroristischen islamischen Extremisten festzulegen.

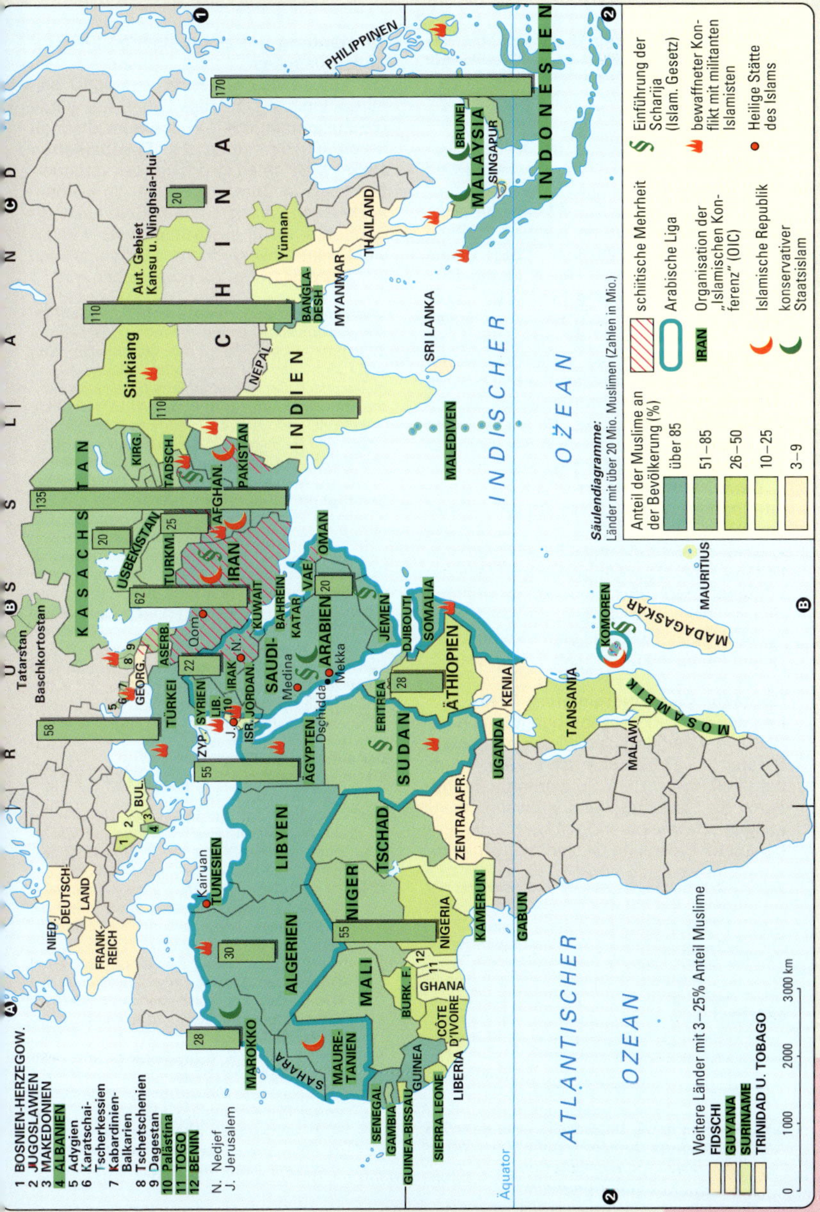
1 BOSNIEN-HERZEGOW.
2 JUGOSLAWIEN
3 MAKEDONIEN
4 ALBANIEN
5 Adygien
6 Karatschai-Tscherkessien
7 Kabardinien-Balkarien
8 Tschetschenien
9 Dagestan
10 Palästina
11 TOGO
12 BENIN
N. Nedjef
J. Jerusalem
Anteil der Muslime an der Bevölkerung (%)
über 85
51–85
26–50
10–25
3–9
schiitische Mehrheit
Arabische Liga
IRAN Organisation der „Islamischen Konferenz" (OIC)
Islamische Republik
konservativer Staatsislam
Einführung der Scharija (Islam. Gesetz)
bewaffneter Konflikt mit militanten Islamisten
Heilige Stätte des Islams
Säulendiagramme: Länder mit über 20 Mio. Muslimen (Zahlen in Mio.)
Weitere Länder mit 3–25% Anteil Muslime
FIDSCHI
GUYANA
SURINAME
TRINIDAD U. TOBAGO
0 1000 2000 3000 km
R U S S L A N D
Tatarstan
Baschkortostan
K A S A C H S T A N
USBEKISTAN
TURKM.
KIRG.
TADSCH.
AFGHAN.
PAKISTAN
IRAN
Qom
ASERB.
GEORG.
TÜRKEI
ZYP.
SYRIEN
LIB.
ISR.
JORDAN.
IRAK
KUWAIT
BAHREIN
KATAR
VAE
OMAN
SAUDI-ARABIEN
Medina
Mekka
Dschidda
JEMEN
DJIBOUTI
SOMALIA
ÄTHIOPIEN
ERITREA
SUDAN
ÄGYPTEN
LIBYEN
TUNESIEN
Kairuan
ALGERIEN
MAROKKO
SAHARA
MAURE-TANIEN
MALI
NIGER
TSCHAD
NIGERIA
KAMERUN
GABUN
ZENTRALAFR.
UGANDA
KENIA
TANSANIA
MALAWI
MOSAMBIK
KOMOREN
MADAGASKAR
MAURITIUS
SENEGAL
GAMBIA
GUINEA-BISSAU
GUINEA
SIERRA LEONE
LIBERIA
CÔTE D'IVOIRE
GHANA
BURK. F.
BUL.
NIED.
DEUTSCH-LAND
FRANK-REICH
C H I N A
Sinkiang
Aut. Gebiet Kansu u. Ninghsia-Hui
Yünnan
NEPAL
I N D I E N
BANGLA-DESH
MYANMAR
THAILAND
SRI LANKA
MALEDIVEN
MALAYSIA
BRUNEI
SINGAPUR
PHILIPPINEN
I N D O N E S I E N
INDISCHER OZEAN
ATLANTISCHER OZEAN
Äquator
58
55
30
28
55
22
62
20
135
25
20
28
110
110
20
170

Flagge der Solidarność, *die Flagge der poln. Gewerkschaft Solidarność steht für den Widerstand gegen die kommunistische Herrschaft.*

Die Wende 1989/90 begann mit der Demokratisierung Osteuropas und führte zur Auflösung des Ostblocks. Ermutigt wurde diese Entwicklung durch den *KSZE-Prozess* (*Helsinki-Schlussakte* von 1975 mit der Verpflichtung auf die Menschenrechte). In der ČSSR (*Charta 77*) und in Polen mit der *Gewerkschaft Solidarność* bildeten sich seit 1980 Demokratiebewegungen, die in Polen 1989 zu den ersten freien Wahlen führten. Parallel begann seit 1985 ein Reformprozess in der UdSSR, der den sowjet. Griff auf Ostmitteleuropa lockerte [→220/221]. Staats- und Parteichef Michail Gorbatschow entwickelte die Vision eines gemeinsamen *„Europäischen Hauses“* zur Überwindung der Spaltung Europas.

Dem Druck der reformorientierten Staaten konnten sich auch die letzten reformunwilligen Länder in Osteuropa nicht mehr entziehen, wie sich etwa in der Flucht von DDR-Bürgern über Ungarn zeigte. Mit dem blutigen Sturz und der Hinrichtung des rumän. Staats- und Parteichefs Ceauçescu fiel am 25.12. 1989 das letzte kommunist. Regime in Osteuropa.

Deutsche Wiedervereinigung 1990

Der Wandel in Osteuropa bahnte auch die Wiedervereinigung der beiden deutschen Staaten an. Er bewirkte das Ende der Einschränkungen der Souveränitätsrechte durch die Siegermächte des Zweiten Weltkrieges sowie eine endgültige Friedensregelung für Berlin und Gesamtdeutschland.

9.11.1989 Öffnung der ***Mauer in Berlin*** und der Grenze der DDR als Ergebnis der friedlichen Revolution (Massendemonstrationen u.ä.).

Mai–Sept. 1990 Die ***2+4 Verhandlungen*** (beide dt. Staaten und die Siegermächte des Zweiten Weltkrieges) schaffen die außenpolit. Voraussetzungen der dt. Wiedervereinigung.

12.9.1990 Unterzeichnung des 2+4 Vertrages in Moskau. Voraussetzungen der dt. Wiedervereinigung sind: 1. Westbindung; 2. endgültige Anerkennung der durch den 2. Weltkrieg geschaffenen Grenzen (v.a. Oder-Neiße); 3. Verzicht auf atomare, biolog. und chem. Waffen.

3.10.1990 Beitritt der Deutschen Demokratischen Republik zur ***Bundesrepublik Deutschland*** nach Art. 23 des Grundgesetzes.

Verstärkung des europäischen Integrationsprozesses

Die Wende in Osteuropa verstärkte den europ. Einigungsprozess. Einerseits wurde die Zusammenarbeit in der Gemeinschaft durch die Gründung der ***Europäischen Union (EU)**** intensiviert, um der veränderten Lage in Europa gerecht zu werden. Andererseits drängten neue Beitrittskandidaten auf Vollmitgliedschaft, was voraussichtl. eine Erweiterung der EU von 15 auf 27 Mitgliedsstaaten zur Folge haben wird.

Charakter und Aufnahmebedingungen der EU

Die *Europäische Union* erweitert die europ. Zusammenarbeit neben der Wirtschafts- und Währungsunion um zwei weitere Pfeiler: 1. Gemeinsame *Außen- und Sicherheitspolitik* im Rahmen der NATO (Integration der WEU in die EU). 2. Polizeil. und gerichtl. Zusammenarbeit in der *Innen- und Rechtspolitik*: Koordinierung der Asyl- und Einwanderungspolitik als Voraussetzung der Schaffung gemeinsamer Außengrenzen ***(Zweites Schengener Abkommen 1995)*** sowie zur Bekämpfung des organisierten Verbrechens. Die Staaten, die der EU beitreten wollen, müssen sich dem europ. Kulturkreis zurechnen, eine demokrat. Staatsform besitzen, die Menschenrechte achten und über eine wettbewerbsfähige Wirtschaft verfügen. So stellen die Menschenrechtslage und die mangelnde Meinungsfreiheit in der Türkei ein schweres Hemmnis für den gewünschten EU-Beitritt dar. ***Assoziierungsverträge*** sehen eine umfassende politische, wirtschaftliche und kulturelle Zusammenarbeit vor und bilden eine Vorstufe für einen späteren Beitritt.

Der europäische Einigungsprozess

6.11.1990 Als erstes osteuropäisches Land tritt Ungarn dem Europarat bei.

1993 Gründung der ***Europäischen Union (EU)*** durch Inkrafttreten des ***Vertrages von Maastricht.***. Die EU-Staaten sollen bis 1999 eine Wirtschafts- und Währungsunion bilden.

1994 Inkrafttreten des ***EWR*** *(Europ. Wirtschaftsraum)*: 15 Mitgliedsstaaten der EU und die EFTA-Staaten Island, Liechtenstein und Norwegen (nur die Schweiz hat sich per Volksentscheid gegen eine Teilnahme am EWR entschieden). Gemeinsamer Markt nach den Regeln des EU-Binnenmarktes, allerdings keine Vertretung in EU-Gremien und keine gemeinsame Agrarpolitik.

1995 Beitritt Österreichs, Schwedens und Finnlands zur EU.

1.1.1999 Beginn der ***Europäischen Währungsunion:*** Einführung des *EURO* (bis Ende 2001 bargeldlos). Alle EU-Staaten außer Großbritannien, Dänemark (negativer Volksentscheid) und Schweden nehmen teil.

Die Wende in Europa 1989/90/91
3.1990 Staaten mit Übergang zum Mehrparteiensystem, Durchführung freier Wahlen
Öffnung der Grenzen 1989 (9.11.1989 „Fall der Mauer“ der DDR)
nationale Souveränitätserklärungen
Gemeinschaft Unabhängiger Staaten (GUS), Dez. 1991 nach dem Zerfall der Sowjetunion gegründet
ESTLAND 30.3.90 Erlangung bzw. Wiederherstellung der staatl. Selbständigkeit nach 1989
Bürgerkrieg, bürgerkriegsähnliche Unruhen
ehemaliges Jugoslawien (seit 1990/91 Bürgerkrieg u. Auflösung)
Europäischer Integrationsprozess
EG, einschließlich ostdeutsches Beitrittsgebiet, bis 1992
Europäische Union (1993), einschließlich Erweiterung 1995
EFTA-Staaten, mit der EU seit 1994 im „Europäischen Wirtschaftsraum“ (EWR) verbunden – die Schweiz ausgenommen
M. Maastricht 1993
S. Schengen 1995
EU-Binnengrenzen (Schengener Abkommen)
Staaten der Währungsgemeinschaft (EURO) 1.1.1999
MONACO Nichtmitglied, aber Teil des EU-Zollgebietes
EU-Osterweiterung
1995 Beitrittsgesuch
Staaten mit „Europaabkommen“ (Beitrittsverhandl. 1998 bzw. 2000 aufgenommen)
assoziierte Staaten
Partnerschaftsabkommen mit den GUS-Staaten
Mitgliedstaaten der NATO
0 250 500 km
ISLAND
Färöer-In. (dän.)
USA
KANADA
NORWEGEN
Oslo
SCHWEDEN
Stockholm
FINNLAND
Helsinki
Tallinn 1995
ESTLAND 3.1990/8.1991
RUSSLAND 6.1990 Souveränitätserklärung
1989 Moskau 8.1991
Wolga
Nordsee
Ostsee
Nord-Irland
IRLAND
Man
Dublin
GROSS-BRITANNIEN
London
DÄNEMARK
Kopenhagen
Riga 1.1991 5.1990/8.1991
LETTLAND 1995
LITAUEN 3.1990/8.1991 1995
Vilnius 1.1991
(Russl.)
Minsk
WEISS-RUSSLAND 8.1991
NIEDER-LANDE
Amsterdam
Elbe
Berlin
3.1990 3.10.1990 Wiedervereinigung
DDR
POLEN 1994
Warschau 6.1989/12.1990
Kanal-In.
Brüssel BELG.
M.
Rhein
DEUTSCHLAND
Oder
Tschernobyl
Kiew
Dnjepr
Charkow
S.
LUX.
Paris
Straßburg
Prag 1996
TSCHECHISCHE REP. 6.1990
1995 SLOWAKEI 1.1993
Weichsel
UKRAINE 7.1990/8.1991
Dnjestr
MOLDAU 6.1990/8.1991
Chișinău seit 3.1989
Loire
FRANKREICH
Bern
SCHWEIZ
Wien
ÖSTERREICH
Bratislava 1994
3.1990 Budapest
UNGARN
12.1989
RUMÄNIEN 5.1990 1995
Krim
6.1991 SLOW. 1996
KROATIEN 1991–95
Bukarest
Donau
Schwarzes Meer
ATLANTISCHER OZEAN
Rhône
ANDORRA
MONACO
BOSNIEN-HERZEG. 3.1992
6.1991
Belgrad JUGOSLAWIEN
Kossovo
1992–95
1998/99
5.1989
BULGARIEN
Sofia 6.1990 1996
Lissabon
PORTUGAL
Tajo
Madrid
SPANIEN
Korsika
SAN MARINO
VATIKAN
Rom
ITALIEN
Adria
Tirana
ALBANIEN 1992
MAKED. 9.1991
Ankara
TÜRKEI (Zollunion mit EU) 1987
Sardinien
Mittelmeer
MAROKKO
Gibraltar (brit.)
GRIECHENLAND
Athen
Sizilien
MALTA 1990
Kreta
Nikosia
ZYPERN 1990

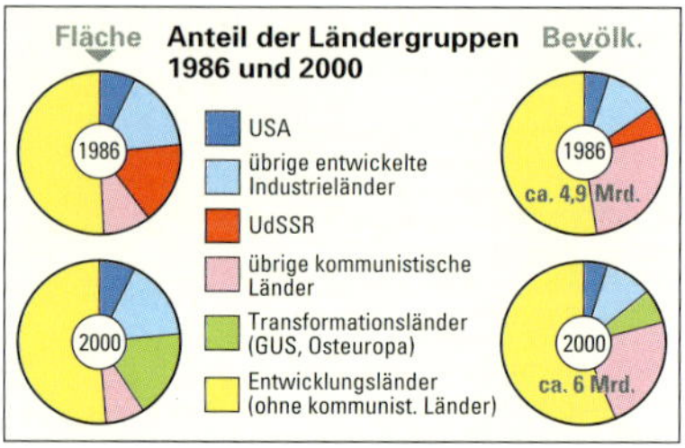

Die Wende 1989/90 [→214/215] und der Zusammenbruch der Sowjetunion [→220/221] brachten auch dramat. Veränderungen der internat. Ordnung mit sich. Als einzige kommunist. Großmacht schaffte es China, sich dem Wandel zu entziehen (Niederschlagung der Studentenrevolte auf dem Platz des Himmlischen Friedens 1989). Drei wesentliche Veränderungen brachte das abrupte Ende der Teilung der Welt nach der Beendigung des Ost-West-Gegensatzes mit sich: Erstens bot die veränderte Weltlage die Chance, Konflikte zu entschärfen oder zu beenden, die teilweise noch aus der Zeit des Kalten Krieges andauerten, etwa die Beendigung der Bürgerkriege in Kambodscha und Angola. Zweitens bewirkte die Auflösung der Blöcke das Aufflammen neuer Konflikte und Kriege. Drittens veränderten sich die supranat. Organisationen, da sie ihre Aufgabenstellungen im Rahmen des Ost-West-Konfliktes verloren (z.B. NATO).

Entschärfung u. Beilegung alter Konflikte
Die neunziger Jahre brachten in ***Südafrika*** [→210/211] das *Ende des Apartheidregimes*, eine neue Verfassung und die ersten freien Wahlen (1994) mit dem Sieg des ANC. Im ***Nahen Osten*** schien sich durch die Gewährung der Autonomie an die Palästinenser eine Lösung des Konfliktes mit Israel abzuzeichnen, was sich aber letztendlich als trügerische Hoffnung erwies. Auch konnte der seit den siebziger Jahren dauernde Bürgerkrieg in ***Kambodscha*** durch das *Friedensabkommen von Paris (1991)* beendet werden. In ***Angola*** wurde der seit 1975 andauernde Krieg 1994 nach dem Abzug der kuban. Truppen in einem Friedensabkommen zwischen der Regierung und der Rebellenorganisation UNITA beendet. Die Entwaffnung der Contras brachte 1990 auch in ***Nicaragua*** das Ende des Bürgerkrieges. Allerdings dauerten andere bewaffnete Auseinandersetzungen an, v.a. in Afrika (Tschad) und Asien.

Neue Konflikte und Kriege
Die Zeit des Kalten Krieges war auch geprägt vom gemeinsamen Stabilitätsinteresse („Status quo") der Supermächte, die bemüht waren, Konflikte innerhalb des eigenen Machtbereiches einzudämmen oder niederzuhalten. Das Ende des Kalten Krieges ließ deshalb eine Vielzahl alter tiefverwurzelter ethn. und religiöser Konflikte, die über Jahrzehnte niedergehalten worden waren, erneut aufbrechen. Minderheiten verlangten einen eigenen Staat oder suchten Anschluss an einen Staat ihrer Volkszugehörigkeit. Der schwierige Übergangsprozess in ehem. kommunist. Staaten förderte solche separatist. Tendenzen. Nicht überall geschahen diese Teilungen friedlich wie im Fall der *Trennung der Slowakei von der Tschech. Republik* (1993). Als Folge war bei den Kriegen oftmals die Grenze zwischen Bürgerkrieg und zwischenstaatl. Konflikt, wie z.B. im ehem. Jugoslawien kaum zu ziehen. Die Zahl dieser Konflikte ist überwältigend. In verschiedenen Teilen der Welt breiten sie sich wie ein Flächenbrand aus.

Konflikte und Kriege nach 1990 [→200/201]

1988 Abzug der sowj. Truppen aus ***Afghanistan***. Fortführung als afghan. Bürgerkrieg.
1989 ***China:*** Massaker auf dem Platz des Himmlischen Friedens in Peking.
1991–95 Krieg und ethnische Säuberungen im ***ehemaligen Jugoslawien*** [→228/229].
1990 Einmarsch Iraks in Kuwait. ***2. Golfkrieg:***
1991 Befreiung Kuwaits durch UN-Intervention [→226/227].
1992 Schwere Eskalation der Konflikte im ***Kaukasus:*** Krieg in Berg-Karabach und Süd-Ossetien (Georgien) [→224/225].
1993 Die Auseinandersetzungen um die Öffnung eines Tunnels am Tempelberg (*El-Aksa*-Aufstand) in Jerusalem eröffnen eine neue Welle der ***Gewalt im Nahen Osten***.
1994 Einmarsch Russlands in ***Tschetschenien*** zur Beendigung der Unabhängigkeitsbestrebungen.
1994 ***Massenmord in Ruanda*** der Hutu an der Minderheit der Tutsi (ca. 500 000 Opfer), beendet durch das Eingreifen frz. Truppen von Zaire (Kongo) aus.
1999 ***Kosovo-Krieg*** [→228/229].

Man spricht von einem Krisenbogen, der sich vom südlichen Afrika über Nordafrika, den Nahen und Mittleren Osten und das südöstl. Europa bis in die zentralasiatischen Gebiete der früheren Sowjetunion und Ostasien spannt.

Hoffnungen auf eine „neue Weltordnung“
Der Zusammenbruch des Ostblocks brachte auch Veränderungen in den supranationalen (überstaatl.) Organisationen mit sich. In der neuen multipolaren Weltordnung gewannen regionale und überregionale Zusammenschlüsse immer mehr an Gewicht. Die USA brachten als einzige verbliebene Supermacht ihren Einfluss als Mitglied zahlreicher supranationaler Organisationen sowie auch als einziger Staat mit weltweiter militärischer Präsenz trotz des Wegfalls der kommunistischen Herausforderung weiterhin zur Geltung .

Für die ***UNO*** bedeutete die Auflösung der starren Blöcke das Abrücken vom Nichteinmischungsprinzip, das durch das Ende der wechselseitigen Blockade der Supermächte im Sicherheitsrat [→190/991] möglich wurde. Die Intervention von außen zur Eindämmung von regionalen Konflikten oder Durchsetzung von Menschrechten (Art. 39 UN-Charta) schien nun möglich und wirkungsvoller als Wirtschaftsboykotte oder humanitäre Maßnahmen allein. Sie weckte Hoffnungen auf eine „neue Weltordnung“. 1991 beendete eine Streitmacht im Auftrag der UNO unter Führung der USA die ***Aggression des Iraks in Kuwait***. Allerdings zeigte bereits das Eingreifen *beim Massensterben in* ***Somalia*** die Grenzen von UN-Interventionen. Die unter großem Medienspektakel inszenierte Operation *„Neue Hoffnung“*, die erstmals vorsah, ein Land aus humanitären Gründen zu befrieden, endete nach Unstimmigkeiten über das Ausmaß des Auftrages 1995 mit dem ergebnislosen Abzug der UN-Truppen. – Auch konnten Blauhelme weder 1994 in ***Ruanda*** den Völkermord der Hutus an der Minderheit der Tutsi noch im ehem. Jugoslawien die serb. Gräueltaten verhindern. 1995 intervenierten die USA in ***Haiti*** (UN-Resolution 940) zur Wiedereinsetzung des demokratisch gewählten und 1991 durch einen Militärputsch gestürzten Präsidenten Aristide.

Zunehmende Bedeutung regionaler Zusammenschlüsse
Regionale und überregionale Zusammenschlüsse gewannen nach dem Ende des Kalten Krieges an Gewicht und mussten teilweise ihr Konzept neu überdenken. Nach der Auflösung des Warschauer Paktes veränderte sich auch das Sicherheitskonzept der ***NATO*** als einziges verbliebenes globales Militärbündnis. An die Stelle kollektiver Verteidigung trat „kollektive Sicherheit“. Ihre Aufgabe bestand nun nicht mehr nur darin, die Mitglieder im Falle des Angriffs zu verteidigen, sondern auch in Bereichen außerhalb des Bündnisses zur Friedenserhaltung und Krisenbewältigung zu intervenieren (“out of area”). So konnte die NATO auch im Auftrag der Vereinten Nationen in Konflikte eingreifen, wie z.B. bei ihrem ersten Kriegseinsatz überhaupt im ehem. Jugoslawien. Genauso wie die Europäische Union begann die *NATO* mit der *Osterweiterung*, als ihr 1999 die Tschechische Republik, Ungarn und Polen beitraten. Parallel wurde versucht, durch den ***Euro-Atlantischen Partnerschaftsrat (EAPC)*** eine Sicherheitspartnerschaft zwischen der NATO und den *PfP-Staaten (= Partnerschaft für den Frieden)* herzustellen, dem die blockfreien Staaten und mit einem Sonderstatus auch Russland und die Ukraine angehören. – Auch die ***OSZE*** (*Organisation für Sicherheit und Zusammenarbeit in Europa*, bis 1995 *KSZE*) setzte ihre Arbeit zur Kontrolle von Abrüstungs- und vertrauensbildenden Maßnahmen mit der Entsendung von Beobachtermissionen in Krisengebiete fort.

In Afrika versuchte die ***OAU*** *(Organisation der Afrikanischen Einheit)* durch die Gründung einer *Afrikanischen Union* 2002, den afrikanischen Kontinent nach dem Vorbild der EU zu einen. Allerdings bestehen aufgrund der vielen kriegerischen Konflikte Zweifel am Gelingen dieses Projektes. – Die ***ASEAN-Staaten*** *(Verband Südostasiatischer Staaten)* bemühten sich um den Ausbau ihrer Freihandelszone *(AFTA)*, während die amer. Staaten die Gründung der größten Freihandelszone der Welt ***(NAFTA)*** von Alaska bis Feuerland bis zum Jahre 2005 beschlossen (Gipfelkonferenz in Quebec am 22.4. 2001). Ihr sollen allerdings nur Demokratien beitreten dürfen.

A
B
1
2
3
RUSSLAND
Alaska (USA)
KANADA
Mackenzie
Ottawa
USA
Missouri
Mississippi
Washington
Thule
Grönland (dän., auton.)
Spitzbergen
Svalbard und Jan Mayen (norw.)
Jan Mayen
ISLAND
Färöer (dän., auton.)
NORWEGEN
SCHWEDEN
GROSS-BRIT.
DÄNEM.
IRLAND
London
NIED.
BELG.
POLEN
Paris
FRANKREICH
ITALIEN
PORTUGAL
SPANIEN
Gibraltar
St-Pierre u. Miquelon (frz.)
Azoren (zu Port.)
Madeira (zu Port.)
Kanarische In. (zu Span.)
Bermuda (brit.)
MEXIKO
BAHAMAS
KUBA
JAMAICA
1991–95
GUAT.
HOND.
NICARAGUA
COSTARICA
PANAMA
Clipperton (frz.)
VENEZ.
1994/95
TRINIDAD U. TOBAGO
GUYANA
SURINAME
Frz.-Guayana
KOLUMB.
ECUADOR
1995, 99
Galápagos-In. (zu Ecuador)
PAZIFISCHER OZEAN
Äquator
ATLANTISCHER OZEAN
Amazonas
Madeira
BRASILIEN
Brasília
PERU
BOLIVIEN
PARAGUAY
Paraná
ARGENTINIEN
CHILE
URUGUAY
Buenos Aires
Frz.-Polynesien
Oster-I. (zu Chile)
Falkland-In. (Malwinen) (brit., von Argent. beanspr.)
Südgeorgien u. Südl. Sandwich-In. (brit.)
Bouvet-I. (norw.)
Tristan da Cunha (brit.)
St. Helena (brit.)
Ascension (brit.)
MAROKKO
s. 1992
ALGERIEN
TUN.
MALTA
LIBYEN
SAHARA (von Marokko besetzt)
MAURET.
MALI
NIGER
TSCHAD
KAP VERDE
GUINEA
Niger
NIGERIA
KAMERUN
seit 1989/90
GABUN
KONGO
ANGOLA
NAMIBIA 1990
SÜDAFRIKA
1991 Aufhebung der Apartheid
1994 Regierung der nat. Einheit
(Ende der Vorherrschaft der Weißen)
Staaten im Pazifik:
FIDSCHI
KIRIBATI
NAURU
SAMOA
TONGA
TUVALU
USA
Europäische Union (seit 1992) und Europäischer Wirtschaftsraum (EWR) seit 1995
Staaten mit „Europa-Abkommen" und assoziierte Staaten der EU
AKP-Länder (assoziierte Staaten Afrikas, der Karibik und des Pazifik)
Staaten des Nordatlantikpaktes
Japan
Russische Föderation und die Gemeinschaft Unabhängiger Staaten (GUS), 1991 gegründet
kommunistische Staaten
Organisation Amerikanischer Staaten (OAS)
Organisation für die Afrikanische Einheit (OAU)
Arabische Liga
Verband Südostasiatischer Nationen (ASEAN)
sonstiger Staat
ESTL. 1991
Erlangung bzw. Wiedererlangung der staatlichen Selbständigkeit seit 1989/9
Internationales Krisengebiet
Krieg zwischen Staaten
Bürgerkrieg
noch bestehende koloniale Stützpunkte und abhängige Gebiete („Überseegebiete", autonome Regionen u.ä.)

1 DEUTSCHLAND (1990 Wiedervereinigung)
2 LUXEMBURG
3 SCHWEIZ
4 ÖSTERREICH
5 TSCHECHISCHE REP.
6 SLOWAKEI 1993
7 UNGARN
8 LITAUEN 1991
9 LETTLAND 1991
10 ESTLAND 1991
11 WEISSRUSSLAND 1991
12 MOLDAU 1991
13 SLOWENIEN 1991
14 KROATIEN 1991
15 BOSNIEN UND HERZEGOWINA 1992
16 JUGOSLAWIEN
17 MAKEDONIEN 1991
18 ALBANIEN
19 GRIECHENLAND
20 BELIZE
21 EL SALVADOR
22 HAITI
23 DOMINIKAN. REPUBLIK
24 Guadeloupe u.Martinique (frz.)
25 SAINT KITTS U. NEVIS
26 ANTIGUA U. BARBUDA
27 DOMINICA
28 BARBADOS
29 SAINT LUCIA
30 SAINT VINCENT
31 GRENADA
32 SENEGAL
33 GAMBIA
34 GUINEA-BISSAU
35 SIERRA LEONE
36 LIBERIA
37 CÔTE D'IVOIRE
38 BURKINA FASO
39 GHANA
40 TOGO
41 BENIN
42 ZENTRALAFRIKAN. REP.
43 ÄQUATORIALGUINEA
44 SÃO TOMÉ U. PRÍNCIPE
45 ERITREA 1993
46 DJIBOUTI
47 UGANDA
48 RWANDA
49 BURUNDI
50 MALAWI
51 SIMBABWE
52 BOTSWANA
53 SWASILAND
54 LESOTHO
55 GEORGIEN 1991
56 ARMENIEN 1991
57 ASERBAIDSCHAN 1991
58 TADSCHIKISTAN 1991
59 KIRGISISTAN 1991
60 BANGLADESCH
61 KAMBOSCHA
62 Hongkong (1997 an VR CHINA)
63 Macao (1999 an VR CHINA)

Flagge der Russischen Föderation: *Seit dem Zerfall der UdSSR (1991) wurde die 1918 abgeschaffte russ. Nationalflagge wieder eingeführt.*
Flagge der GUS *(seit 1996): Das Emblem auf blauem Grund steht für Gleichberechtigung und Partnerschaft, Einheit, Frieden und Stabilität.*

Ursachen des Zusammenbruchs der Sowjetunion (UdSSR)

Die Auflösung der seit 1922 bestehenden Sowjetunion [→168/169] bedeutete gleichzeitig das Ende einer die Weltordnung der Vor- und Nachkriegszeit mitgestaltenden Supermacht. Bereits seit Ende der siebziger Jahre hatte die wirtschaftliche und soziale Entwicklung der UdSSR stagniert. Die militärische Bedeutung und die innere Entwicklung klafften aufgrund folgender Probleme auseinander:

- Die *zentrale Kommandowirtschaft* und der *ruinöse Rüstungswettlauf* mit dem Westen.
- *Mangel und Misswirtschaft* im Alltag der Sowjetbürger und eine überalterte Führungselite.
- *Nationalitätenkonflikte* im Baltikum, im Kaukasus und in Mittelasien. *Die Invasion in Afghanistan* 1978, um die Ausbreitung der islamischen Revolution auch in die Kaukasusrepubliken zu verhindern, erwies sich als Fehlschlag und innenpolitische Belastung.
- *Technologische Unterlegenheit und Mängel*, wie sie zu dem Super-GAU im Kernkraftwerk von Tschernobyl 1986 führten.

Die Einsicht in die Notwendigkeit eines Wandels ließen den 1985 an die Macht gekommenen Generalsekretär der KPdSU, Michail Gorbatschow, ***Reformen*** einleiten, deren zentrale Anliegen er mit *„Perestroika“* (russ. *Umgestaltung, Umbau, Veränderung*) und *„Glasnost“* (russ. *Transparenz, Offenheit, Wahrhaftigkeit*) umschrieb. Gorbatschow beendete das Wettrüsten mit dem Westen und leitete eine umfassende Demokratisierung der sowj. Gesellschaft ein. Allerdings setzte diese auch die unterdrückten Nationalitätenkonflikte („Explosion des Ethnischen“) frei, die sich seit 1988 wie ein Steppenbrand ausbreiteten. Mehr und mehr Regionen, Nationalitäten und Völkerschaften verlangten die Selbstbestimmung und schließlich die Unabhängigkeit von der UdSSR. Der sowjetische ***Abzug aus Afghanistan 1988*** bedeutete einen radikalen Kurswechsel, da erstmals der Sturz eines kommunist. Regimes in einem Nachbarstaat in Kauf genommen wurde. Auch die Wende 1989/90 in Ostmitteleuropa ohne sowjetische Intervention war ein deutliches Signal nach innen.

Das Ende der Sowjetunion 1991

Die Auflösung begann mit der Unabhängigkeitserklärung aller 15 Unionsrepubliken im Jahre 1990. Sie pochten auf ihr verfassungsmäßiges Recht zum Austritt aus der UdSSR oder wiesen auf ihre zwangsweise Eingliederung in die UdSSR hin, z.B. die baltischen Staaten nach dem Hitler-Stalin-Pakt 1939. Der *Zerfall der Sowjetunion** fand seinen Abschluss in der ***Gründung der GUS*** am 21.12.1991. Die führende Rolle innerhalb der GUS hat die *Russische Föderation*, die als Nachfolgerin der UdSSR auch den Sitz im UN-Sicherheitsrat innehat. Höchstes Organ der GUS ist der Rat der Staatsoberhäupter, der zweimal im Jahr zusammentritt.

Die Auflösung der Sowjetunion und die Gründung der GUS

11.3. 1990 Als erste Republik erklärt ***Litauen*** die Unabhängigkeit. Es folgen im Mai die restlichen baltischen Staaten in den seit dem Hitler-Stalin-Pakt besetzten Gebieten.
Insgesamt erklären sich alle 15 Unionsrepubliken nacheinander für souverän (in der Verfassung der UdSSR bereits angelegt). An die zwei Dutzend Minderheiten, die Teil von Unionsrepubliken sind, folgen diesem Schritt und wollen ihrerseits als eigene Unionsrepubliken anerkannt werden, z.B. Tschetschenien.

Aug. 1991 Ein ***Putsch konservativer Funktionäre*** scheitert am Widerstand der Moskauer Bevölkerung und am russischen Präsidenten Boris Jelzin. Es folgt das Verbot der KPdSU in der UdSSR.

8.12.1991 Die Ministerpräsidenten der drei slawischen Kernrepubliken Russland, Weißrussland und Ukraine beschließen die Schaffung der *„Gemeinschaft Unabhängiger Staaten“*.

21.12.1991 Gründung der GUS *(Gemeinschaft Unabhängiger Staaten)* von elf ehem. Sowjetrepubliken in Alma-Ata (nur die baltischen Staaten treten der GUS nicht bei; Beitritt Georgiens erst Dez. 1993).

25.12.1991 Der Rücktritt Gorbatschows als Präsident markiert das ***Ende der Sowjetunion***.

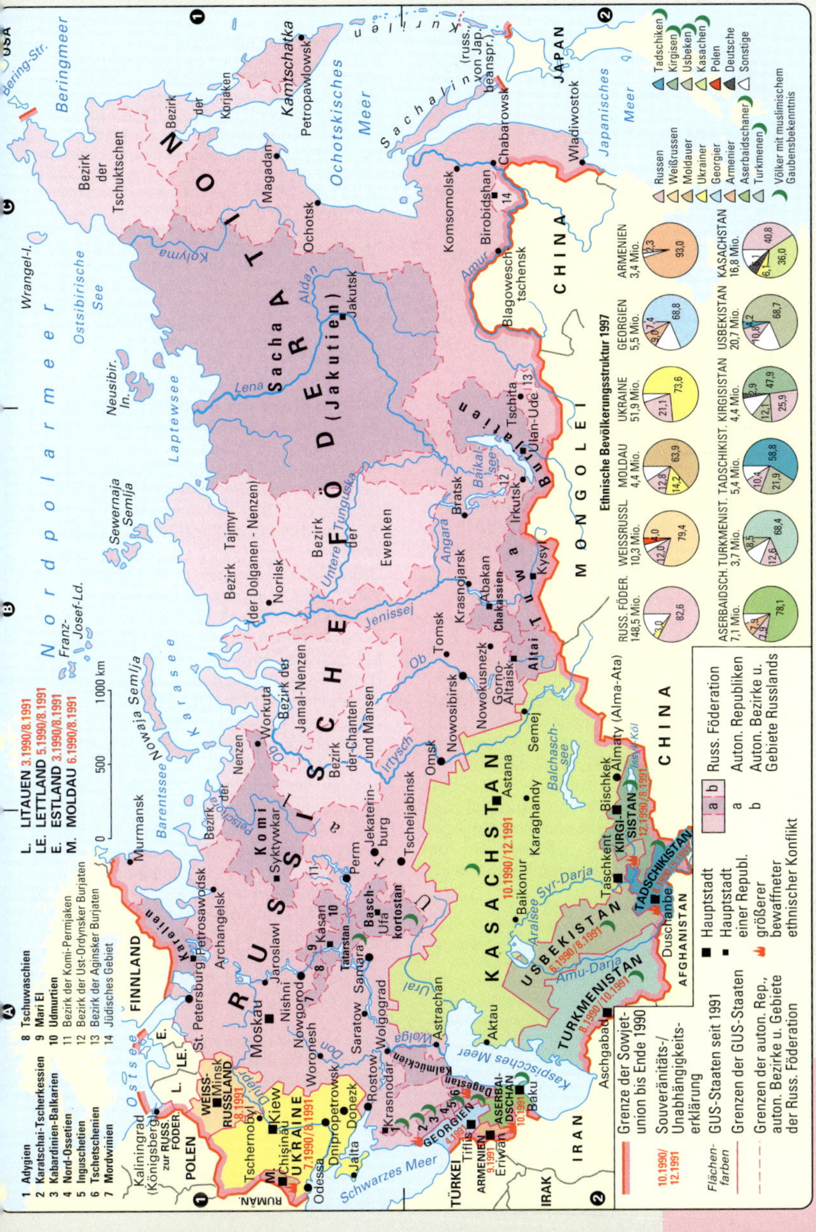
Nordpolarmeer
Beringmeer
Bering-Str.
USA
Ochotskisches Meer
Japanisches Meer
Ostsibirische See
Laptewsee
Karasee
Barentssee
Ostsee
Schwarzes Meer
Kaspisches Meer
Wrangel-I.
Neusibir. In.
Sewernaja Semlja
Franz-Josef-Ld.
Nowaja Semlja
Kamtschatka
Sachalin (russ., von Jap. beanspr.)
Kurilen
RUSSISCHE FÖDERATION
Sacha (Jakutien)
Komi
Karelien
Tatarstan
Baschkortostan
Kalmückien
Dagestan
Tuwa
Burjatien
Altai
Chakassien
Bezirk der Tschuktschen
Bezirk der Korjaken
Bezirk der Nenzen
Bezirk der Jamal-Nenzen
Bezirk Tajmyr (der Dolganen - Nenzen)
Bezirk der Ewenken
Bezirk der Chanten und Mansen
KASACHSTAN
USBEKISTAN
TURKMENISTAN
TADSCHIKISTAN
KIRGISISTAN
ASERBAIDSCHAN
ARMENIEN
GEORGIEN
UKRAINE
WEISSRUSSLAND
M.
L.
LE.
E.
FINNLAND
POLEN
RUMÄN.
TÜRKEI
IRAN
IRAK
AFGHANISTAN
CHINA
MONGOLEI
JAPAN
Kaliningrad (Königsberg) zur RUSS. FÖDER.
Moskau
St. Petersburg
Murmansk
Archangelsk
Petrosawodsk
Syktywkar
Workuta
Jaroslawl
Nishni Nowgorod
Kasan
Perm
Jekaterinburg
Tscheljabinsk
Ufa
Samara
Saratow
Wolgograd
Woronesh
Rostow
Krasnodar
Astrachan
Omsk
Nowosibirsk
Tomsk
Nowokusnezk
Gorno-Altaisk
Abakan
Kysyl
Krasnojarsk
Norilsk
Bratsk
Irkutsk
Ulan-Ude
Tschita
Jakutsk
Blagoweschtschensk
Birobidshan
Chabarowsk
Komsomolsk
Wladiwostok
Ochotsk
Magadan
Petropawlowsk
Kiew
Minsk
Chişinău
Odessa
Jalta
Dnjepropetrowsk
Donezk
Tschernobyl
Tiflis
Eriwan
Baku
Aktau
Aschgabad
Taschkent
Duschanbe
Bischkek
Almaty (Alma-Ata)
Astana
Karaghandy
Semej
Baikonur
Lena
Aldan
Kolyma
Amur
Jenissej
Angara
Untere Tunguska
Ob
Irtysch
Petschora
Wolga
Don
Dnjepr
Ural
Syr-Darja
Amu-Darja
Aralsee
Balchaschsee
Issyk-Köl
Baikalsee
1 Adygien
2 Karatschai-Tscherkessien
3 Kabardinien-Balkarien
4 Nord-Ossetien
5 Inguschetien
6 Tschetschenien
7 Mordwinien
8 Tschuwaschien
9 Mari El
10 Udmurtien
11 Bezirk der Komi-Permjaken
12 Bezirk der Ust-Ordynsker Burjaten
13 Bezirk der Aginsker Burjaten
14 Jüdisches Gebiet
L. LITAUEN 3.1990/8.1991
LE. LETTLAND 5.1990/8.1991
E. ESTLAND 3.1990/8.1991
M. MOLDAU 6.1990/8.1991
0 500 1000 km
Ethnische Bevölkerungsstruktur 1997
RUSS. FÖDER. 148,5 Mio.
WEISSRUSSL. 10,3 Mio.
MOLDAU 4,4 Mio.
UKRAINE 51,9 Mio.
GEORGIEN 5,5 Mio.
ARMENIEN 3,4 Mio.
ASERBAIDSCH. 7,1 Mio.
TURKMENIST. 3,7 Mio.
TADSCHIKIST. 5,4 Mio.
KIRGISISTAN 4,4 Mio.
USBEKISTAN 20,7 Mio.
KASACHSTAN 16,8 Mio.
Russen
Weißrussen
Moldauer
Ukrainer
Georgier
Armenier
Aserbaidschaner
Turkmenen
Tadschiken
Kirgisen
Usbeken
Kasachen
Polen
Deutsche
Sonstige
Völker mit muslimischem Glaubensbekenntnis
Grenze der Sowjetunion bis Ende 1990
10.1990/12.1991 Souveränitäts-/Unabhängigkeitserklärung
GUS-Staaten seit 1991
Grenzen der GUS-Staaten
Grenzen der auton. Rep., auton. Bezirke u. Gebiete der Russ. Föderation
Flächenfarben
Russ. Föderation
a Auton. Republiken
b Auton. Bezirke u. Gebiete Russlands
Hauptstadt
Hauptstadt einer Republ.
größerer bewaffneter ethnischer Konflikt

Das Transfair Symbol *steht für Produkte, die faire langfristige Handelsbeziehungen mit der „Dritten Welt“ und gerechte Preise garantieren, die die Produktionskosten decken und angemessene Löhne ermöglichen.*

Seit dem Ende des Ost-West-Konflikts wird die Bez. *Entwicklungsländer* dem Begriff *Dritte Welt* [→196/199] vorgezogen. Der komplexen Realität in den unterentwickelten Staaten, die nicht alleine nach dem Bruttosozialprodukt (Wirtschaftskraft) gemessen werden kann, versucht die UNO durch ihre Klassifizierung der Staaten nach dem ***HDI**** gerecht zu werden.

HDI – Human Development Index
Der *Human Development Index* wird seit 1990 von der UNO aufgrund von drei Indikatoren errechnet: Pro-Kopf-Kaufkraft, Lebenserwartung und Alphabetisierungsrate. Dabei ist nicht ausschließlich die Wirtschaftskraft eines Landes ausschlaggebend, sondern auch die Umsetzung der Wirtschaftskraft in soziale Errungenschaften. Deshalb schneiden manche Erdöl exportierenden Länder infolge der hohen Analphabetenquote unter den Frauen in islamischen Staaten vergleichsweise schlecht ab und die Transformationsländer in Osteuropa wegen ihres hohen Bildungsstandards besser als ihre Wirtschaftsdaten vermuten lassen.

75 % der südl. Weltbevölkerung verfügen über nur 20 % des Welteinkommens. Die meisten der unterentwickeltsten LDC-Länder *(LDC = Least Developed Countries)* befinden sich in Afrika, wobei sich hier die zahlreichen krieger. Konflikte besonders negativ auswirken. Manche Länder Asiens und Lateinamerikas konnten sich hingegen zu *Schwellenländern* (Länder an der „Schwelle“ zu Industrieländern) entwickeln.

Faktoren der Unterentwicklung
- Zahlreiche *kriegerische Konflikte*: „nachkoloniale“ Grenz- und Stammeskriege, Auseinandersetzungen aus religiösen und separatist. Motiven.
- *Förderung von Exportkulturen* in manchen Entwicklungsländern unter Vernachlässigung der Nahrungsmittelproduktion, z. B. Baumwolle und Erdnüsse in der Sahelzone.
- *Rasantes Bevölkerungswachstum* etwa in Asien, wo die Nutzung agrarischer Flächen begrenzt ist.
- Ungleiche Besitzverhältnisse, z. B. durch das Pachtsystem in Lateinamerika oder andere Formen des sog. „Rentenkapitalismus“.
- Überschuldung der Staaten und Korruption der politischen Eliten.

Strukturen des Welthandels
Eine Ursache der ungleichen Verteilung des Wohlstandes sind die Strukturen des Welthandels, begründet im Welthandelsabkommens ***GATT*** *(General Agreement on Tarifs and Trade 1947)*, dem multilateralen Handelsvertrag zur Herabsetzung der Zolltarife und Handelsschranken. Eine Minderheit hoch entwickelter Industrienationen sichert sich gegenüber der Mehrheit den Hauptanteil am Welthandel. ***Multinat. Konzerne*** mit grenzüberschreitendem Verkehr von Waren, Kapital u. Arbeit beeinflussen die ***Terms of Trade*** für Rohstoffe zu ihren Gunsten. Terms of Trade sind internat. Austauschverhältnisse für Waren und Dienstleistungen. Da dem Sinken der Rohstoffpreise ein Anstieg der Preise für Industriegüter gegenübersteht, sehen sich die Entwicklungsländer einer Verschlechterung der Terms of Trade gegenüber.

Verbesserung der Ungleichgewichte?

Bei der Frage, wie sich die ärmsten Länder aus ihrer Armut befreien können, rückte zunehmend die Frage der Überschuldung in den Mittelpunkt. Der ***„Brady-Plan“*** 1989 zur Lösung der Verschuldungskrise sah einen Teilschuldenerlass durch IWF *(International. Währungsfond)* und Weltbank vor, dessen Gegenwert in Programmen zur Armutsbekämpfung verwendet werden sollte.

Die ***UNCTAD*** (seit 1964 *Konferenz der Vereinten Nationen für Handel und Entwicklung*) hat sich die Verbesserung der Position der Rohstoffe liefernden gegenüber den Rohstoffe verarbeitenden Staaten zum Ziel gesetzt. Allerdings konnte trotz mehrerer UNCTAD-Konferenzen eine andere Weltwirtschaftsordnung nicht erreicht werden. Ein Zusammenschluss von Entwicklungsländern zur *Gruppe 77* fungiert als deren Sprachrohr in wirtschaftl. und entwicklungspolit. Fragen. Die EG bemühte sich seit der 1975 beschlossenen ***Konvention von Lomé*** um Handelsverträge mit 46 *AKP-Staaten* (Afrika, Karibik, Pazifik), die den europ. Markt öffnen sollten (zinsgünstige Darlehen, zollfreier Zugang zum europ. Binnenmarkt). Ziel war der Abbau von Spannungen im Nord-Süd-Konflikt: 1979 zweites Abkommen mit 57 AKP-Staaten [→218/219].

Neue Konzepte der Entwicklungspolitik
Aufgabe eines für alle Länder gleichen Entwicklungsweges und Suche nach individuellen Lösungen (angepasste Entwicklung), die den unterschiedlichen Entwicklungsstand der Länder, die Unterschiede in der Ressourcenausstattung, die spezifischen Umweltbedingungen, die unterschiedlichen soziokulturellen und politischen Faktoren berücksichtigen.

1 DÄNEMARK
2 NIEDERLANDE
3 BELGIEN
4 DEUTSCHLAND
5 SCHWEIZ
6 ÖSTERREICH
7 GRIECHENLAND
8 KUWAIT
9 VAE
10 NEPAL
11 BHUTAN
12 BANGLADESH
13 KAMBODSCHA
14 GAMBIA
15 GUINEA-BISSAU
16 SIERRA LEONE
17 TOGO
18 BENIN
19 ÄQUATORIAL-GUINEA
20 GABUN
21 ZENTRALAFRIK. REP.
22 ERITREA
23 DJIBOUTI
24 UGANDA
25 RWANDA
26 BURUNDI
27 MALAWI
Basis ist der HDI des UN-Entwicklungsprogramms (Stand 1996, modifiziert)
reiche Länder
relativ hoher Lebensstandard
mittlerer Lebensstandard
mäßiger Lebensstandard
arme Länder
sehr arme Länder (LDC-Länder – „Vierte Welt")
Industrieländer („Erste Welt")
Transformationsländer, bis 1990/91 Sowjetunion und europäische RGW-Länder („Zweite Welt")
Entwicklungsländer („Dritte Welt")
– darunter Schwellenländer
Mitglied der OPEC

*Flaggen **Tschetscheniens**, **Abchasiens** (beide mit grüner islamischer Farbe) und **Berg-Karabachs** (in den armenischen Nationalfarben)*

Nationalitätenkonflikte und Auseinandersetzungen zwischen den Ethnien haben in den Vielvölkergebieten sowohl in Kaukasien als auch in Afghanistan eine lange Tradition. Beide Gebiete sind schwer zugängliche Gebirgsregionen und erwiesen sich als widerspenstig gegenüber Eroberern.

Kaukasus

Nach der Eingliederung Georgiens (1801) und der Eroberung Aserbaidschans (1804 bis 1806) sowie Armeniens (1828) wurde der Kaukasus 1830–64 endgültig von Russland erobert. Ein kurzer Versuch der Eigenstaatlichkeit nach der Russ. Revolution wurde durch die Rote Armee beendet [→168/169). Im Zerfallsprozess der Sowjetunion kamen alte ethnische Konflikte und separatist. Tendenzen wieder zum Tragen. ***Georgien*** trat der GUS zunächst nicht bei [→220/221], was zu fortlaufenden Spannungen mit der Russ. Föderation führte. Separatist. Konflikte innerhalb Georgiens gab es in Abchasien und Südossetien, dessen Bevölkerung die Vereinigung mit dem russ. Nordossetien wünschte. Der Konflikt in Abchasien führte 1992 zum Verlust dieses Gebietes und zur Vertreibung von 250 000 Georgiern. Bes. kompliziert war die Lage der christl.-armen. Enklave ***Berg-Karabach*** *(Nagorny Karabach)*, die nach der Unabhängigkeit des islam. ***Aserbeidschans*** um den Anschluss an Armenien kämpfte. Die Angst vor einem „Domino-Effekt" bei anderen Völkern und die wirtschaftl. Bedeutung des Gebietes (Öl) führten zum russ. Einmarsch in ***Tschetschenien*** (1994), der dem dortigen Streben nach Unabhängigkeit (Erklärung 1991) ein Ende setzte und einen grausamen Krieg eröffnete.

Afghanistan

Afghanistan konnte im 19. Jh. seine Unabhängigkeit gegenüber Russland und Großbritannien behaupten. Mehrfach scheiterten Versuche, das schwer zugängliche Bergland Britisch-Indien anzugliedern (drei Kriege 1838–42, 1878–81 und 1919). Trotzdem teilten die Kolonialmächte die Stämme Afghanistans willkürl. zw. ihren Besitzungen auf. Die Teilung des Gebietes der *Paschtunen* durch die Grenze zu Pakistan (*Durand-Linie*) führte zur *„Paschtunistan-Frage"*. Charakteristisch blieb eine starke Stellung der regionalen Stammesfürsten, deren Widerstand gegen Modernisierung jeder Zentralmacht Grenzen setzte. Tribalismus und Einflüsse der Supermächte, v.a. der UdSSR, führten zu andauernden Bürgerkriegen.

Die **Stämme Afghanistans** sind in viele ethn. und tribale Gruppen gegliedert, die sich auch in den Lebensweisen (z.B. als Nomaden) unterscheiden. Hauptgruppe bilden die sunnit. ***Paschtunen*** (ca. 50 % der Bevölkerung), die auch die Herrscher und polit. Eliten des Landes hervorbrachten (Hauptmerkmal: iran. Sprache *Paschtu* und Stammessystem). – Die den Persern nahe verwandten ***Tadschiken*** (Sprache: das pers. *Dari*) sind überwiegend Sunniten. Die ***Hasara*** und ***Aimak*** sprechen pers. Dialekte, sind aber mongol. Herkunft und deshalb leichter erkennbar; sie wurden als Schiiten oftmals Ziel von Racheakten der radikal-islam. Taliban. Die turksprachigen sunnit. ***Usbeken*** sind vorwiegend Bauern und Viehzüchter. Eine starke Einwanderungswelle nach der Sowjetisierung Mittelasiens seit den zwanziger Jahren hat das usbekische Stammessystem bedeutungslos werden lassen.

Daten zur neueren Geschichte Afghanistans

1973 ***Sturz der Monarchie*** Zahir Schahs: Afghanistan wird Republik.

1978 Kommunistischer Putsch.

1979 ***Sowjetischer Einmarsch*** zur „Unterstützung" des kommunist. Regimes. 15 afghan. Mudschaheddingruppen, die über Pakistan Waffen aus dem Westen erhalten, fügen den sowjetischen Truppen schwere Verluste zu.

1988 ***Afghanistanvertrag:*** Abzug der Sowjets.

1992 Sturz der Regierung „Najibullah": Blutiger Bürgerkrieg zwischen den Mudschaheddin.

1996 Die radikal-islam. ***Taliban-Milizen*** erobern Kabul und rufen den ersten „reinen" islamischen Staat aus, der z.B. das Verbot der Schulausbildung, des Reisens und der Erwerbsarbeit für Frauen beinhaltet.

11.9.2001 Entführte Flugzeuge schlagen im World Trade Center in New York und im Pentagon in Washington ein (ca. 3300 Tote). Eine internat. Allianz unter Führung der ***USA interveniert militärisch*** in Afghanistan, um das Terrornetzwerk des saudischen Dissidenten Osama Bin Laden zu zerschlagen.

22.12.2001 *„Petersberger Konferenz"* beschließt eine Interimsregierung (Hamid Karzai) und ein UN-Mandat zur Befriedung.

18.4.2002 Rückkehr des Ex-Königs Zahir nach fast dreißigjährigem Exil in Rom.

RUSSISCHE FÖDERATION
KASACHSTAN
Stawropol
Noworossisk
Maikop
Adygien
Tuapse
Tscherkessk
Pjatigorsk
Sotschi
Karatschai-Tscherkessien
Kabardinien-
Mosdok
Tschetschenien
Naltschik
Balkarien
Nasran
Grosny
Gudermes
Machatschkala
Dagestan
Kaukasus
Abchasien
Suchumi
1992–94
Wladikawkas
Nord-Ossetien
Ingu-schetien
seit 1994
1991–94
1999
Kaspisches Meer
Schwarzes Meer
Süd-Ossetien
Kutasi
1993
1990–96
Zchinwali
Derbent
Poti
Batumi
GEORGIEN
Tiflis (Tbilissi)
Adscharien
1992/93
TÜRKEI
Sumgait (Sumqayıt)
1990
Baku (Baki)
Gümri
Ganca
Sewan-see
ASERBAIDSCHAN
Eriwan
ARMENIEN
1992–94
Berg-Karabach
Kura
Etsch-miadsin
Aras
Stepanakert
TÜRKEI
Nachi-tschewan
Nachitschewan (Naxcivan)
IRAN
Russen
Ukrainer
Aserbaidschaner
Armenier
Georgier
Osseten
Inguschen
Tschetschenen
Dagestaner
Völker mit muslimisch. Gaubensbekenntnis
Abchasen
Karatschaier
Tscherkessen
Balkaren
Kabardiner
Kurden
Sonstige
wenig oder nicht besiedelt
Konfliktzentrum
Staatsgrenze
Grenze einer autonomen Republik und eines Gebietes
Erdölleitung
0 100 200 km

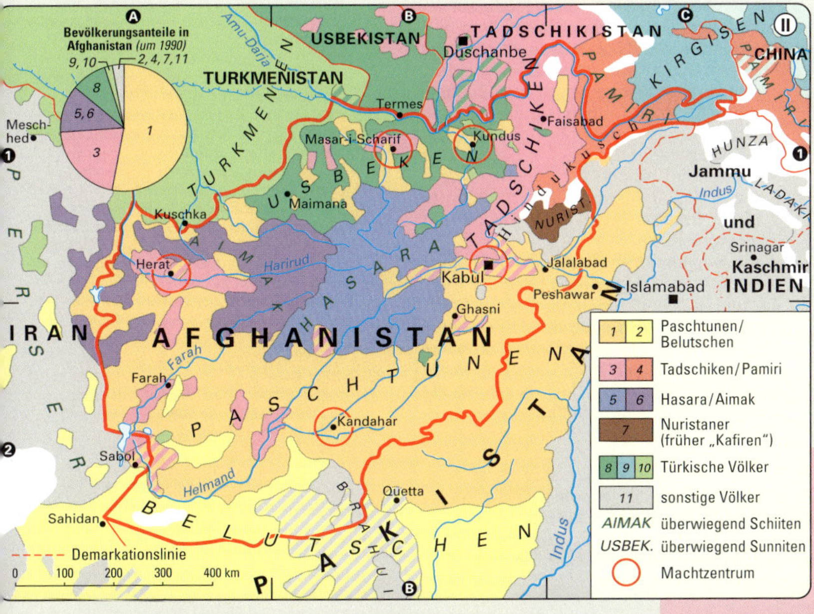
Bevölkerungsanteile in Afghanistan (um 1990)
9, 10
2, 4, 7, 11
8
5, 6
1
3
USBEKISTAN
TADSCHIKISTAN
Duschanbe
KIRGISEN
CHINA
PAMIRI
Amu-Darja
TURKMENISTAN
TURKMENEN
Termes
Faisabad
Mesch-hed
Masar-i-Scharif
Kundus
USBEKEN
TADSCHIKEN
HUNZA
Jammu
und
Kaschmir
Indus
LADAKH
Maimana
Hindukusch
NURISTAN
Kuschka
AIMAK
Harirud
HASARA
Herat
Kabul
Jalalabad
Srinagar
Peshawar
Islamabad
INDIEN
Ghasni
IRAN
AFGHANISTAN
PERSER
Farah
PASCHTUNEN
Kandahar
Sabol
Helmand
Quetta
BRAHUI
Sahidan
BELUTSCHEN
PAKISTAN
Demarkationslinie
0 100 200 300 400 km
1 2 Paschtunen/Belutschen
3 4 Tadschiken/Pamiri
5 6 Hasara/Aimak
7 Nuristaner (früher „Kafiren“)
8 9 10 Türkische Völker
11 sonstige Völker
AIMAK überwiegend Schiiten
USBEK. überwiegend Sunniten
Machtzentrum

„Das Schicksal des kurdischen Volkes“
Die Karikatur zeigt Kurden als Volk ohne Staat, verteilt auf vier Länder.

Die andauernden Konflikte der arabischen Nachbarn im Nahen Osten, die im Zweiten Golfkrieg 1990/91 eskalierten, brachten auch das seit der Kolonialzeit ungelöste Problem der Kurden in dieser Region in den Blickpunkt des internationalen Interesses zurück. Die Vertreibung des Irak aus Kuwait wurde nach dem Aufmarsch von 31 Staaten mit der größten Streitmacht seit dem Vietnamkrieg bewerkstelligt. V. a. von den USA wurde die *Operation Wüstensturm* als Prüfstein einer neuen Weltordnung nach dem Ende des Kalten Krieges gesehen.

Das Kurdenproblem

Das nichtarabische Bergvolk der 22 Mio. ***Kurden*** spricht eine dem Persischen verwandte Sprache und ist mehrheitlich sunnitisch-islam. Die Kurden leben überwiegend in geschlossenen Siedlungsgebieten im nördlichen Irak, im nordwestl. Iran und im Südosten der Türkei sowie zu kleineren Teilen in Syrien und im südl. Kaukasien. Eigentlich wurde ihnen nach dem Zusammenbruch des Osmanischen Reiches (*Friedensvertrag von Sèvres* 1920) ein eigener Staat zugesagt. Tatsächlich wurde das Kurdengebiet jedoch entsprechend dem *Sykes-Picot-Abkommen* von 1916 unter den vier Staaten Türkei, Irak, Syrien und Iran aufgeteilt.

Kurd. Autonomiebestrebungen führten zu blutig niedergeschlagenen Aufständen in der ***Türkei*** (1925 und 1937) und seit der Gründung der *PKK (Arbeiterpartie Kurdistans)* 1978 zu einem Guerrillakrieg. Die kurzlebige kurd. *Rep. Mahabad* (1946/47) im Iran wurde militär. aufgelöst [→207]. Im ***Irak*** kam es seit 1958 zu immer wieder aufflackernden Aufständen in den nördl. Provinzen Dahuk, Arbil, Suleimaniya und Kirkuk. Zwar wurde den Kurdengebieten 1974 ein Autononmiestatus eingeräumt, jedoch ging die Regierung in Bagdad nach dem Ersten Golfkrieg mit großer Härte, u. a. mit Giftgasangriffen, gegen die kurdische Zivilbevölkerung vor.

Die irakische Invasion in Kuwait und der Zweite Golfkrieg 1990/91

Die Entscheidung des Irak zur Invasion in Kuwait hatte vor allem ökonom. Motive, darunter auch die als Folge des Ersten Golfkrieges gestiegenen hohen Staatsschulden. Durch die Einverleibung der kuwaitischen Ölfelder wäre der Irak zum viertgrößten Ölproduzenten der Welt und zur Großmacht am strateg. wichtigen Persischen Golf aufgestiegen. Die Golf-Allianz im Auftrag der UNO unter Führung der USA vertrieb den Irak aus Kuwait. Durch die Errichtung einer *Schutzzone im Nordirak* (Flugverbotszone) konnte sich eine autonome kurdische Verwaltung etablieren.

Zweiter Golfkrieg und das Kurdenproblem im Nordirak

1988 Einsatz von Giftgas gegen die Kurden im Nordirak (sog. Anfal-Kampagne, 5000 Tote allein in Halabja.).

1990 Irak beschuldigt Kuwait der Grenzverletzung und der Ausbeutung des beiderseits der Grenze gelegenen Ölfeldes in Rumaila.

2.8. 1990 Irak. Truppen besetzen Kuwait, das als 19. Provinz des Iraks annektiert wird. Unter Bruch des Völkerrechts werden alle Ausländer durch den Irak festgehalten und als „menschliche Schutzschilde“ gegen Angriffe missbraucht.

2.8. 1990 Der UN-Sicherheitsrat verlangt mit der Resolution 660 den sofortigen und bedingungslosen Rückzug aus Kuwait.

10.8. 1990 Die irak. Besetzung Kuwaits spaltet die Arab. Liga: 12 Staaten der Arab. Liga entsenden eine panarabische Truppe nach Saudi-Arabien zur Befreiung Kuwaits.

29.11. 1990 Die Frist zum Verlassen Kuwaits wird für den Irak auf den 15.1.1991 festgelegt.

17.1. 1991 Beginn der Luftoffensive des ***Zweiten Golfkrieges***, Angriff auf den Irak (*„Operation Wüstensturm“)*. Mehrere irak. Angriffe mit Scud-Raketen auf Israel bleiben unbeantwortet, um den Zusammenhalt in der anti-irakischen Koalition nicht zu gefährden.

24.2. 1991 Beginn der Bodenoffensive: Vorstoß nach Kuwait und in den Süden Iraks.

28. 2.1991 Bedingungslose Annahme aller zwölf Resolutionen des Sicherheitsrates zum Golfkrieg durch den Irak.

11.4. 1991 Waffenstillstand.

1994–97 Kampf um die Vorherrschaft im Nord-Irak zw. den kurdischen Parteien KDP *(Kurdistan Democratic Party)* und PUK *(Patriotic Union of Kurdistan)*, beigelegt durch die *Vereinbarung von Washington* (17.9. 1998).

1998 Amerikanische und britische Luftangriffe gegen den Irak (*„Operation Wüstenfuchs“*).

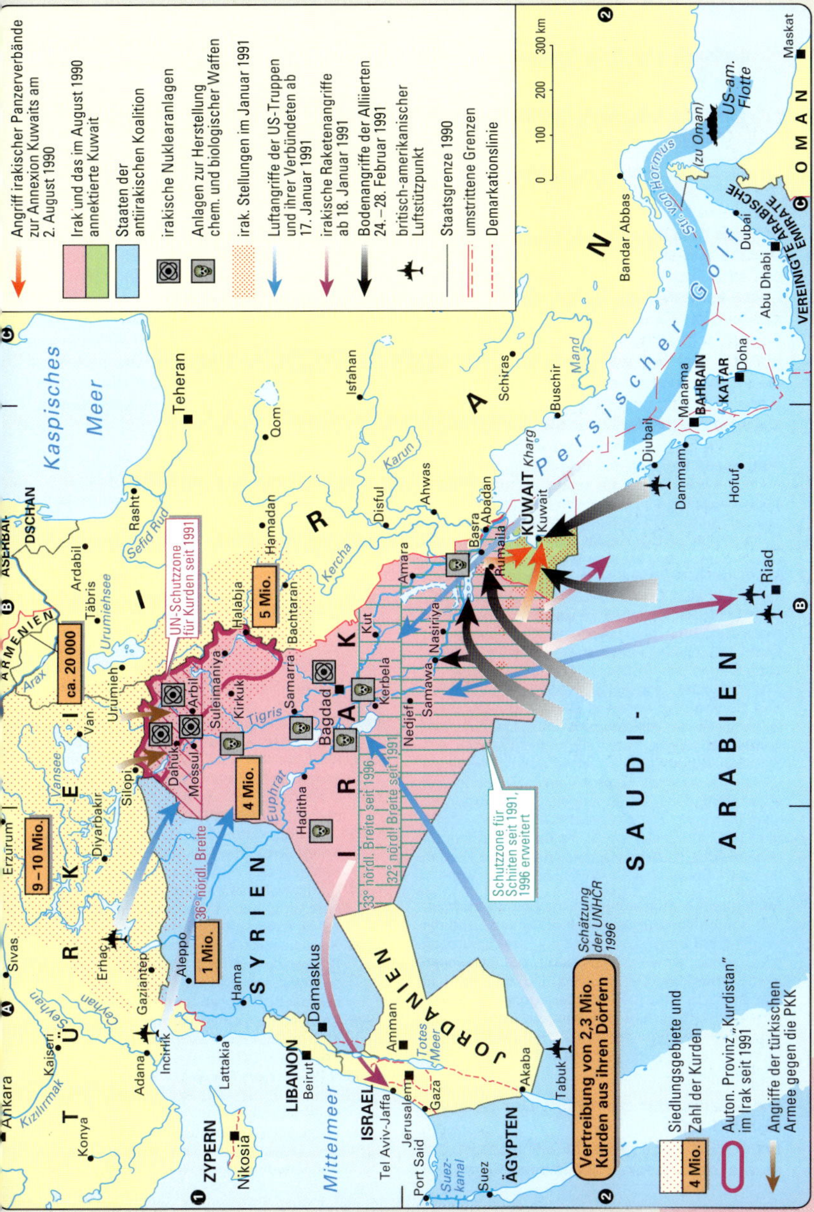
Angriff irakischer Panzerverbände zur Annexion Kuwaits am 2. August 1990
Irak und das im August 1990 annektierte Kuwait
Staaten der antiirakischen Koalition
irakische Nuklearanlagen
Anlagen zur Herstellung chem. und biologischer Waffen
irak. Stellungen im Januar 1991
Luftangriffe der US-Truppen und ihrer Verbündeten ab 17. Januar 1991
irakische Raketenangriffe ab 18. Januar 1991
Bodenangriffe der Alliierten 24.–28. Februar 1991
britisch-amerikanischer Luftstützpunkt
Staatsgrenze 1990
umstrittene Grenzen
Demarkationslinie
0 100 200 300 km
Siedlungsgebiete und Zahl der Kurden
4 Mio.
Auton. Provinz „Kurdistan" im Irak seit 1991
Angriffe der türkischen Armee gegen die PKK
Vertreibung von 2,3 Mio. Kurden aus ihren Dörfern
Schätzung der UNHCR 1996
UN-Schutzzone für Kurden seit 1991
Schutzzone für Schiiten seit 1991, 1996 erweitert
36° nördl. Breite
33° nördl. Breite seit 1996
32° nördl. Breite seit 1991
9–10 Mio.
ca. 20 000
5 Mio.
4 Mio.
1 Mio.
TÜRKEI
IRAN
IRAK
SYRIEN
JORDANIEN
SAUDI-ARABIEN
KUWAIT
ISRAEL
LIBANON
ZYPERN
ÄGYPTEN
ARMENIEN
ASERBAI-DSCHAN
BAHRAIN
KATAR
VEREINIGTE ARABISCHE EMIRATE
OMAN
Kaspisches Meer
Mittelmeer
Persischer Golf
Str. von Hormus
(zu Oman)
US-am. Flotte
Totes Meer
Suezkanal
Ankara
Konya
Kaiseri
Sivas
Adana
Incirlik
Gaziantep
Erhaç
Erzurum
Diyarbakir
Silopi
Van
Vansee
Kizilirmak
Seyhan
Ceyhan
Arax
Nikosia
Lattakia
Beirut
Damaskus
Hama
Aleppo
Tel Aviv-Jaffa
Jerusalem
Gaza
Amman
Akaba
Port Said
Suez
Tabuk
Haditha
Euphrat
Tigris
Mossul
Dahuk
Arbil
Kirkuk
Suleimaniya
Halabja
Samarra
Bagdad
Kerbela
Nedjef
Samawa
Nasiriya
Kut
Amara
Basra
Rumaila
Kuwait
Abadan
Kharg
Ahwas
Disful
Karun
Kercha
Bachtaran
Hamadan
Qom
Teheran
Rasht
Sefid Rud
Täbris
Urumiehsee
Urumieh
Ardabil
Isfahan
Schiras
Buschir
Mand
Bandar Abbas
Dschubail
Dammam
Manama
Hofuf
Doha
Riad
Abu Dhabi
Dubai
Maskat

Keraterm – Die Kriegsgräuel und ihre Aufarbeitung
Keraterm war eines von drei serb. Konzentrationslagern in Bosnien, die für ethnische Säuberung, Vertreibung und Völkermord stehen. Der Int. Gerichtshof in Den Haag klagt Schuldige an.

Der Vielvölkerstaat Jugoslawien, der in der Zeit des Kalten Krieges einen vom Ostblock unabhängigen Weg gegangen war, geriet seit Titos Tod 1980 in eine tiefe Krise. Militär. Auseinandersetzungen seit 1991 führten zu schwersten Menschenrechtsverletzungen bei den sog. „ethnischen Säuberungen" (ca. 250 000 Tote und 2,2 Mio. Flüchtlinge). Sie bedingten die Auflösung der 1945 gegr. *Föderativen Volksrepublik Jugoslawien* (seit 1963 *„Sozialistische Föderative Republik J."*).

Historische Wurzeln des Konfliktes
Als bes. konfliktträchtig erwiesen sich die komplizierten Volkstums- und Religionsgrenzen, die sich seit Jahrhunderten herausgebildet hatten. An der Drina verlief in der Antike die *Grenze zw. dem Oströ{m}. und dem Weström. Reich*, was sich bis heute in der Trennung in orthodoxe (Serben) und kathol. (Kroaten) Christen niederschlägt. In der Neuzeit war die Region Militärgrenze zum Osmanischen Reich und damit auch Grenze zw. Christentum und Islam. 1535 siedelte die habsb. Verwaltung vertriebene Serben und Kroaten in Wehrdörfern auf einem 170 km langen Landstreifen (Krajina) an. In Bosnien und Südkroatien entstand ein gemischtes Siedlungsmuster der Volksgruppen wie auf einem „Leopardenfell". Hinzu traten die tiefen Wunden des „totalen Bürgerkrieges" im Zweiten Weltkrieg (1941–45), als *kroat. Ustascha, serb. Tschetniks* und *serb. Partisanen* erbarmungslos gegeneinander kämpften. In der *Bundesrepublik Jugoslawien* klaffte die Entwicklung der sechs Teilrepubliken extrem auseinander, so dass v.a. der entwickelte Norden (Kroatien, Slowenien) zur Unabhängigkeit drängte.

Multikulturell, multi-ethnisch, multikonfessionell
Tito sprach von ***Jugoslawien*** als einem Land mit zwei Alphabeten (kyrill., latein.), drei Sprachen (serbokroat., slowen., makedon.), vier Religionen (serb.-orthodox, kath., muslim. und jüd.) und fünf Nationalitäten (Serben/Montenegriner, Kroaten, Slowenen, muslim. Bosniaken und Makedonen), die in sechs Republiken lebten, von sieben Nachbarn umgeben seien und mit acht Minderheiten auskommen müssten.

Die Kriege 1991 bis 1995 – Der Kosovo-Konflikt 1999

Seit 1989 stießen großserb. Stimmungen auf separatist. Tendenzen der Teilrepubliken. Den ***Unabhängigkeitserklärungen Sloweniens, Kroatiens*** und ***Bosnien-Herzegowinas*** folgte die militär. Intervention der serb. dominierten Bundesarmee. In gemischt besiedelten Gebieten Bosniens und Kroatiens wurde versucht, durch ethnische Vertreibungen Gebiete zu gewinnen. Die schweren Menschenrechtsverletzungen riefen die internat. Gemeinschaft auf den Plan: Vermittlungsversuche, Entsendung von Friedenstruppen und direkte militärische Interventionen der NATO seit 1995.

1999 eskalierte die Situation im ***Kosovo*** zw. der UÇK (Befreiungsarmee des Kosovo) und serb. Einheiten. Die NATO reagierte auf Massenvertreibungen der Albaner mit 79 Tagen Luftangriffen auch auf serbische Gebiete. Schließlich wurde die Provinz Kosovo unter internat. Verwaltung gestellt.

Kriege in Jugoslawien 1991–95

1980 Tod des jugoslaw. Präsidenten Josip Tito.

1981 Erstmals Ausnahmezustand im Kosovo.

28.6.1989 Rede des serb. Präsid. Milosevic zur Erinnerung an die *Schlacht auf dem Amselfeld* im Kosovo (1389) vor über 1 Mio. Serben heizt großserb. Stimmungen an. Aufhebung der Autonomie (seit 1963) des Kosovo.

Juni/Juli 1991 Krieg in Slowenien: Der slowen. Unabhängigkeitserklärung folgt der „Kleine Krieg" zw. der jugoslaw. Bundesarmee und den slowen. Territorialstreitkräften. Waffenstillstand auf Vermittlung der EU *(Brioni-Abkommen).*

Juni 1991 bis Januar 1992 Krieg in Kroatien als Folge der Unabhängigkeitserklärung.

1993 Die *Krajina* sagt sich von Kroatien los und erklärt den Anschluss an die Rep. Serbien.

April 1992 *(bis Nov. 1995)* ***Krieg in Bosnien-Herzegowina*** folgt der Unabhängigkeitserklärung.

1992 Gräueltaten im Sommer 1992 trotz Anwesenheit von UN-Friedenstruppen in Bosnien-Herz.

1993 *UNO-Resolution 827*: Einrichtung eines int. Kriegsverbrechertribunals in Den Haag zur Ahndung der Verbrechen in Jugoslawien.

1994 Erster militärischer Einsatz der NATO seit ihrer Gründung – Abschuss serbischer Flugzeuge über der Flugverbotszone.

1995 Serb. Einnahme der bosn. Sicherheitszonen Srebrenica und Žepa wird erstmals mit massiven Luftschlägen der NATO gegen Stellungen der bosnischen Serben beantwortet.

1995 Kroatische Armee erobert die Gebiete Krajina und Westslawonien: Vertreibung von mehr als 170 000 Serben.

14.12.1995 Dayton-Friedensabkommen zw. Serbien, Kroatien und Bosnien-Herzegowina: Erhaltung der staatl. Einheit Bosnien-H. als Dach einer *Bosniakisch-Kroat. Föderation* und einer *Serbischen Republik* mit der Hauptstadt Sarajewo (wirksam 20.3.1996).

- Staatsgrenzen (1999)
- Grenze eines Bundesstaates in Rest-Jugoslawien
- Grenzen der serbischen Provinzen, deren Autonomie 1989/90 aufgehoben wurde

Siedlungsgebiete der Völker vor 1991

Südslawische Völker
- Slowenen (Katholiken)
- Kroaten (Katholiken)
- Serben (Orthodoxe Christen)
- Montenegriner (Orthodoxe Christen)
- Bosniaken (Muslime)
- Makedonier (Orthodoxe Christen)
- Bulgaren (Orthodoxe Christen)

Nichtslawische Völker
- Albaner (z.T. Muslime)
- Ungarn (überwiegend Protestanten)

Minderheiten sind in der Karte mit punkthaften Zeichen in der entsprechenden Farbe dargestellt.

- 25.6.1991 Unabhängigkeitserklärung
- 1992–95 Bürgerkrieg, Krieg
- Ort von KZs/Internierungslagern

Dayton-Friedensabkommen (Ende 1995)
- Grenze zwischen der Bosniakisch-Kroatischen Föderation (Federacija Bosnia i Hercegoviana) und dem serbischen Gebiet
- Serbische Republik in Bosnien
- serbisch besetzter Teil Ostslawonies (15.1.1998 Rückgabe an Kroatien)

Kosovo-Krieg 1999
- Massenvertreibung der Albaner
- Hauptziele der NATO-Bombardements 1999

Wappen der Fatah
Die Fatah-Bewegung von Yassir Arafat stellt die wichtigste Gruppe in der PLO dar. Aus ihr rekrutieren sich auch die „Märtyrerbrigaden" von Al-Aksa.

Scheitern des Friedensprozesses von Oslo

Die neunziger Jahre begannen zunächst mit der Einleitung des hoffnungsvollen histor. *Friedensprozesses von Oslo*. In der vom israel. Premier Yitzak Rabin und dem PLO-Führer Yassir Arafat getroffenen Vereinbarung war erstmals die Rede von wechselseitiger Anerkennung legitimer polit. Rechte und einer Beilegung der seit 1948 dauernden Konflikte [→ 208]. – Das ***Gaza-Jericho-Abkommen*** sah palästinens. Autonomiegebiete im Westjordanland und im Gaza-Streifen und den schrittweisen Rückzug der israel. Truppen aus den besetzten Gebieten vor. In der Normalisierung der Beziehungen Israels zu Jordanien deutete sich auch ein neues Verhältnis zu den arab. Nachbarn an, während die Beziehung zu Syrien wegen der Golanhöhen gespannt blieb. Eine Serie von Attentaten und die Ermordung des für den Friedensprozess maßgebl. israel. Premier Yitzak Rabin führten zu einer erneuten Eskalation der Gewalt. Sowohl der polit. Wechsel zum konservativ. Likud-Block in Israel und die Wiederaufnahme der israel. Siedlungspolitik als auch die ***Zweite Intifada*** seit 2000 mit einer Serie von Selbstmordattentaten radikaler palästinens. Gruppen wie *Hamas, Jihad* (*Hl. Krieg*) oder den *Al-Aksa-Aktivisten,* verhärteten erneut die Fronten.

Weiter ungelöste Konflikte

Sowohl die israel. als auch die palästinens. Gesellschaft blieben in der Frage der Akzeptanz des Friedensprozesses tief gespalten. Auf beiden Seiten standen sich „Falken" und „Tauben" gegenüber. Auch sparte der Oslo-Friedensprozess ***wichtige Konfliktpunkte*** aus. Sie sind durch den Anspruch beider Gruppen auf dasselbe Land bedingt:

• Die palästinens. Forderung nach vollständiger Rückgabe aller durch Israel seit 1967 besetzten Gebiete und das syrische Verlangen nach Räumung der Golanhöhen.

• Die palästinens. Forderung nach einem eigenen Staat. Israel will demgegenüber nur in einen Autonomiestatus einwilligen. Die Autonomiegebiete sind wirtschaftlich kaum lebensfähig und gleichen einem Flickenteppich. Die Überlandwege zw. den palästinensischen Zentren Hebron, Ramallah, Nablus und Gaza-Stadt werden weiterhin von der Besatzungsmacht kontrolliert. Ungeklärt ist auch die Frage der *Wasserreserven.**

• Israel verweigert einen Baustopp jüdischer Siedlungen im Gazastreifen und Westjordanland (erneuter Ausbau seit 1993).

• Die Israelis sehen Jerusalem als Hauptstadt an, einschließlich des 1967 annektierten Ostteils, den ihrerseits auch die Palästinenser beanspruchen.

Kampf um Wasserreserven

Das Regenwasser, das als Grundwasser des cisjordan. Hochlandes in die Ebene treibt, kommt den dortigen Bewohnern zu Gute, während es den Palästinensern in den besetzten Gebieten seit 1967 kaum genehmigt wurde, neuere und bessere Brunnen zu graben. Vom ***Wasser des Jordans*** gelangt faktisch nichts in die palästinensischen Gebiete. Die israel. Wasserversorgung saugt dem Jordanbecken 600 Mio. Liter im Jahr ab und leitet das Wasser bis in die Negev-Wüste, während Syrien und Jordanien den Jordan-Zufluss Yarmuk abpumpen.

Das Scheitern des Nahost-Friedensprozesses

Okt. 1991 Nahostkonferenz in Madrid. Erstmals Palästinenser offiziell auf einer int. Konfererenz vertreten (nicht offizielle Vertreter der PLO).

13.9. 1993 Auf Vermittlung Norwegens und der USA wird das ***Gaza-Jericho-Abkommen*** (Oslo I) abgeschlossen, ergänzt durch ein zweites *Autonomieabkommen über die palästinensische Selbstverwaltung im Westjordanland* 28.9.1995 (Oslo II).

1994 *Friedensvertrag zwischen Israel und Jordanien.* Ende des seit 1948 bestehenden Kriegszustandes.

25.2. 1994 Massaker in einer Moschee in Hebron durch einen extremist. israelischen Siedler.

1995 Ermordung Yitzak Rabins durch einen extremist. israelischen Studenten.

1996 Arafat siegt bei der ersten Wahl zum Vorsitzenden der Autonomiebehörde in den palästinensischen Autonomiegebieten. Seine Bewegung al-Fatah gewinnt die Mehrheit im Autonomierat.

25.9. 1996 Die Öffnung eines Tunnels unter dem Tempelberg löst schwere Unruhen aus.

Mai 2000 Friedensgespräche in *Camp David* scheitern v. a. wegen des Streites um Ost-Jerusalem.

28.9. 2000 Der Besuch des israelischen Oppositionsführers A. Scharon auf dem Tempelberg in Jerusalem wird zum Auslöser der ***Zweiten Intifada*** (*Al-Aksa-Intifada,* benannt nach der Al-Aksa-Moschee auf dem Tempelberg).

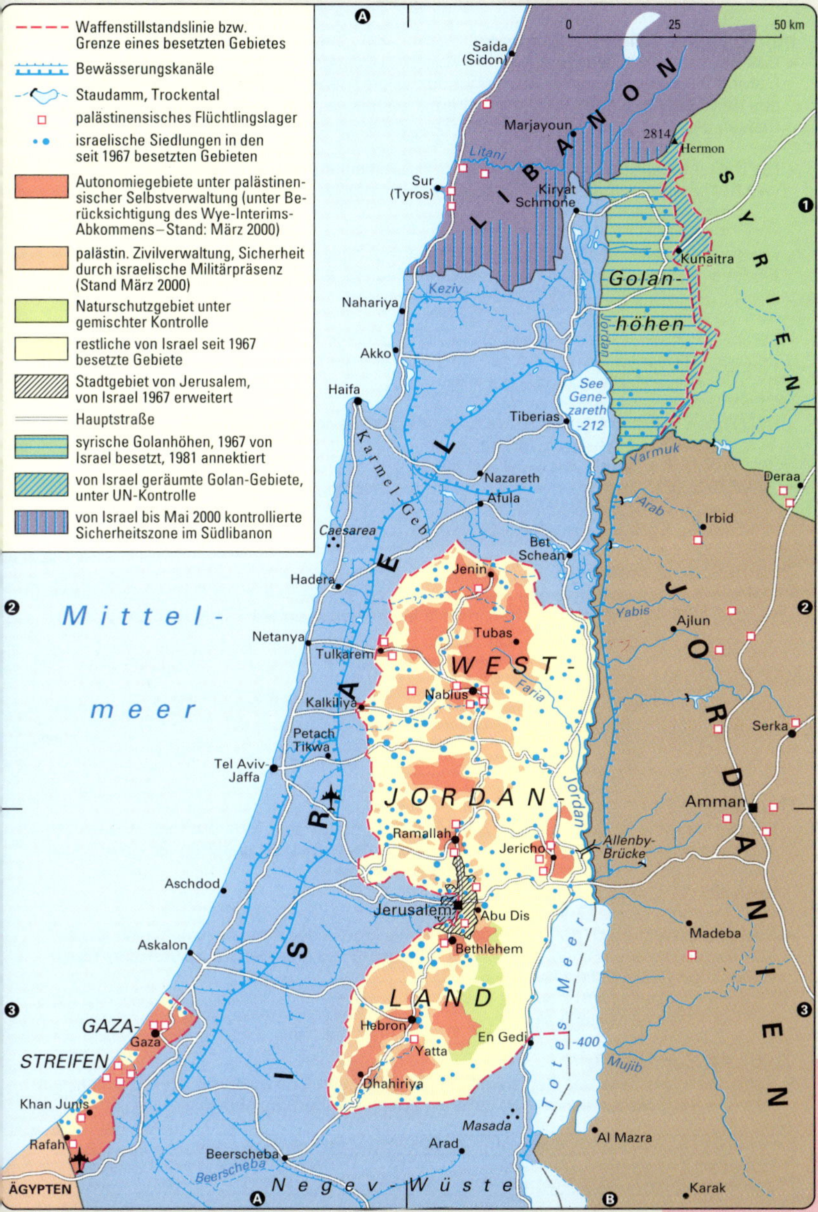

Waffenstillstandslinie bzw. Grenze eines besetzten Gebietes
Bewässerungskanäle
Staudamm, Trockental
palästinensisches Flüchtlingslager
israelische Siedlungen in den seit 1967 besetzten Gebieten
Autonomiegebiete unter palästinensischer Selbstverwaltung (unter Berücksichtigung des Wye-Interims-Abkommens – Stand: März 2000)
palästin. Zivilverwaltung, Sicherheit durch israelische Militärpräsenz (Stand März 2000)
Naturschutzgebiet unter gemischter Kontrolle
restliche von Israel seit 1967 besetzte Gebiete
Stadtgebiet von Jerusalem, von Israel 1967 erweitert
Hauptstraße
syrische Golanhöhen, 1967 von Israel besetzt, 1981 annektiert
von Israel geräumte Golan-Gebiete, unter UN-Kontrolle
von Israel bis Mai 2000 kontrollierte Sicherheitszone im Südlibanon
0 25 50 km
A
B
1
2
3
LIBANON
SYRIEN
JORDANIEN
ISRAEL
WESTJORDANLAND
Golanhöhen
GAZA-STREIFEN
ÄGYPTEN
Mittelmeer
Totes Meer
-400
See Genezareth -212
Negev-Wüste
Saida (Sidon)
Marjayoun
2814
Hermon
Litani
Sur (Tyros)
Kiryat Schmone
Kunaitra
Keziv
Nahariya
Akko
Haifa
Jordan
Karmel-Geb.
Tiberias
Yarmuk
Nazareth
Afula
Deraa
Arab
Irbid
Caesarea
Bet Schean
Jenin
Hadera
Yabis
Ajlun
Tubas
Netanya
Tulkarem
Faria
Nablus
Kalkiliya
Serka
Petach Tikwa
Tel Aviv-Jaffa
Amman
Ramallah
Jericho
Allenby-Brücke
Aschdod
Jerusalem
Abu Dis
Madeba
Askalon
Bethlehem
Hebron
En Gedi
Gaza
Yatta
Mujib
Dhahiriya
Khan Junis
Masada
Al Mazra
Rafah
Arad
Beerscheba
Karak

Inhalt, Reihenfolge der Namen

- Das Register erschließt den Inhalt der Karten, Legenden und Texte. Es umfasst neben dem historisch-geographischen Namengut auch Personennamen und wichtige Sachbegriffe aus den Kartenlegenden und Texten. Ferner enthält es Namen von Flüssen, Seen, Bergen, Pässen usw., zu denen ein historischer Bezug existiert.

- Die Reihenfolge der Namen entspricht dem lateinischen Alphabet. Dabei wurden Umlaute und Buchstaben mit diakritischen Zeichen wie einfache Buchstaben eingereiht, z. B.
  ä = a; ê = e.

- Die abgekürzten Namen sind im Register zumeist ausgeschrieben. Abkürzungen von Eigennamen und Organisationen werden im Register erklärt.
  USA → Vereinigte Staaten von Amerika

- Von historischen Namen wird auf die heutige Namenform verwiesen, sofern dies von Bedeutung ist oder es die historische Kontinuität erfordert, z. B.
  Südwestafrika → Namibia

- Bei Namen mit Klammerzusätzen erfolgt eine zusätzliche Verweisung:
  Jekaterinburg (Swerdlowsk)
  Swerdlowsk → Jekaterinburg
- Gleich lautende Ortsnamen wurden zur Unterscheidung mit einem Zusatz versehen, z. B.
  Theben/Ägypten
  Theben/Griechenland

Erläuternde Zusätze

- Außer den Sachbegriffen sind nahezu alle Namen des Registers mit Gattungssignaturen in Form von Piktogrammen versehen, die auf jeder rechten unteren Seite erläutert sind:
  ⊙ Siedlung, Ort, Stadt
  ⚔ Schlacht, Eroberung
  § Vertrag, Bündnis, Gesetz
  □ Reich, Staat, Land, Provinz, Landschaft, Insel
  ∽ Gewässer (Fluss, Meer usw.)
  ♀ Person
  ♀♀ Völkergruppe, Volk, Stamm

Suchangaben

- Die Suchangabe besteht aus der arabischen Zahl für die Text- oder Kartenseite und der römischen Zahl für die Kartennummer auf dieser Seite (bei Nebenkarten mit dem Zusatz Nk.). Wichtige Seitenhinweise sind fett hervorgehoben.
  Beispiele: Mesopotamien □ 21.II
  Attika □ **35.Nk.**
- Suchangaben, die sich auf die topographische Lage in der Karte beziehen, sind aus den Suchfeldern zu entnehmen, die sich mit Hilfe der Index-Angaben für Spalten (Großbuchstaben) und Zeilen (Ziffern) ergeben, z. B.
  Bagdad ⊙ 21.II B 2
  Slawen ♀♀ 49 AB 1

Zeitliche Zuordnung

- Auf jeder linken Seite des Registers befindet sich unten eine Zeitleiste, die die schnelle Zuordnung der Seitenzahlen zu den üblichen Epochen (Altertum, Mittelalter usw.) ermöglicht:

S. 10–19	20–53	54–81	82–115	116–165	166–187	188–231
Vor- und Frühgeschichte	Altertum bis ca. 500	Mittelalter 500–ca. 1500	Neuzeit 1500–1789	Neuzeit 1789–1918	Zeitgeschichte 1918–1945	Zeitgeschichte seit 1945

A

⊙	Siedlung, Ort, Stadt	□	Reich, Staat, Land, Provinz, Landschaft, Insel	👤	Person
⚔	Schlacht, Eroberung			👥	Völkergruppe, Volk, Stamm
§	Vertrag, Bündnis, Gesetz	∽	Gewässer (Fluss, Meer usw.)	→	Verweis

⊙	Siedlung, Ort, Stadt	□	Reich, Staat, Land, Provinz, Landschaft, Insel	👤	Person
⚔	Schlacht, Eroberung			👥	Völkergruppe, Volk, Stamm
§	Vertrag, Bündnis, Gesetz	∽	Gewässer (Fluss, Meer usw.)	→	Verweis

⊙	Siedlung, Ort, Stadt	□	Reich, Staat, Land, Provinz, Landschaft, Insel	👤	Person
⚔	Schlacht, Eroberung			👥	Völkergruppe, Volk, Stamm
§	Vertrag, Bündnis, Gesetz	∽	Gewässer (Fluss, Meer usw.)	→	Verweis

C

⊙	Siedlung, Ort, Stadt	□	Reich, Staat, Land, Provinz, Landschaft, Insel	👤	Person
⚔	Schlacht, Eroberung			👥	Völkergruppe, Volk, Stamm
§	Vertrag, Bündnis, Gesetz	ᔓ	Gewässer (Fluss, Meer usw.)	→	Verweis

D

⊙	Siedlung, Ort, Stadt	□	Reich, Staat, Land, Provinz, Landschaft, Insel	ꕤ	Person
⚔	Schlacht, Eroberung			ꕀ	Völkergruppe, Volk, Stamm
§	Vertrag, Bündnis, Gesetz	ᔕ	Gewässer (Fluss, Meer usw.)	→	Verweis

E

⊙	Siedlung, Ort, Stadt	□	Reich, Staat, Land, Provinz, Landschaft, Insel	ꆛ	Person
⚔	Schlacht, Eroberung			ꆜ	Völkergruppe, Volk, Stamm
§	Vertrag, Bündnis, Gesetz	∽	Gewässer (Fluss, Meer usw.)	→	Verweis

G

⊙	Siedlung, Ort, Stadt	□	Reich, Staat, Land, Provinz, Landschaft, Insel	ꕤ	Person
⚔	Schlacht, Eroberung			ꕥ	Völkergruppe, Volk, Stamm
§	Vertrag, Bündnis, Gesetz	∽	Gewässer (Fluss, Meer usw.)	→	Verweis

H

⊙	Siedlung, Ort, Stadt	□	Reich, Staat, Land, Provinz, Landschaft, Insel	♙	Person
⚔	Schlacht, Eroberung			♙♙	Völkergruppe, Volk, Stamm
§	Vertrag, Bündnis, Gesetz	∽	Gewässer (Fluss, Meer usw.)	→	Verweis

I

⊙	Siedlung, Ort, Stadt	□	Reich, Staat, Land, Provinz, Landschaft, Insel	👤	Person
⚔	Schlacht, Eroberung			👥	Völkergruppe, Volk, Stamm
§	Vertrag, Bündnis, Gesetz	∽	Gewässer (Fluss, Meer usw.)	→	Verweis

J

K

⊙ Siedlung, Ort, Stadt	□ Reich, Staat, Land, Provinz, Landschaft, Insel	⚲ Person
⚔ Schlacht, Eroberung		ꕥ Völkergruppe, Volk, Stamm
§ Vertrag, Bündnis, Gesetz	∽ Gewässer (Fluss, Meer usw.)	→ Verweis

S. 10–19	20–53	54–81	82–115	116–165	166–187	188–231
Vor- und Frühgeschichte	Altertum bis ca. 500	Mittelalter 500–ca. 1500	Neuzeit 1500–1789	Neuzeit 1789–1918	Zeitgeschichte 1918–1945	Zeitgeschichte seit 1945

⊙	Siedlung, Ort, Stadt	□	Reich, Staat, Land, Provinz, Landschaft, Insel	♙	Person
⚔	Schlacht, Eroberung			♙♙	Völkergruppe, Volk, Stamm
§	Vertrag, Bündnis, Gesetz	∽	Gewässer (Fluss, Meer usw.)	→	Verweis

⊙	Siedlung, Ort, Stadt	□	Reich, Staat, Land, Provinz, Landschaft, Insel	👤	Person
⚔	Schlacht, Eroberung			👥	Völkergruppe, Volk, Stamm
§	Vertrag, Bündnis, Gesetz	∽	Gewässer (Fluss, Meer usw.)	→	Verweis

⊙	Siedlung, Ort, Stadt	☐	Reich, Staat, Land, Provinz, Landschaft, Insel	⚲	Person
⚔	Schlacht, Eroberung			⚲⚲	Völkergruppe, Volk, Stamm
§	Vertrag, Bündnis, Gesetz	∽	Gewässer (Fluss, Meer usw.)	→	Verweis

⊙	Siedlung, Ort, Stadt	□	Reich, Staat, Land, Provinz, Landschaft, Insel	👤	Person
⚔	Schlacht, Eroberung			👥	Völkergruppe, Volk, Stamm
§	Vertrag, Bündnis, Gesetz	∽	Gewässer (Fluss, Meer usw.)	→	Verweis

⊙	Siedlung, Ort, Stadt	□	Reich, Staat, Land, Provinz, Landschaft, Insel	♙	Person
⚔	Schlacht, Eroberung			ꆜ	Völkergruppe, Volk, Stamm
§	Vertrag, Bündnis, Gesetz	∽	Gewässer (Fluss, Meer usw.)	→	Verweis

P

⊙	Siedlung, Ort, Stadt	□	Reich, Staat, Land, Provinz, Landschaft, Insel	♙	Person
⚔	Schlacht, Eroberung			♙♙	Völkergruppe, Volk, Stamm
§	Vertrag, Bündnis, Gesetz	∽	Gewässer (Fluss, Meer usw.)	→	Verweis

⊙	Siedlung, Ort, Stadt	□	Reich, Staat, Land, Provinz, Landschaft, Insel	ꆜ	Person
⚔	Schlacht, Eroberung			ꆜꆜ	Völkergruppe, Volk, Stamm
§	Vertrag, Bündnis, Gesetz	ᔕ	Gewässer (Fluss, Meer usw.)	→	Verweis

S. 10–19	20–53	54–81	82–115	116–165	166–187	188–231
Vor- und Frühgeschichte	Altertum bis ca. 500	Mittelalter 500–ca. 1500	Neuzeit 1500–1789	Neuzeit 1789–1918	Zeitgeschichte 1918–1945	Zeitgeschichte seit 1945

⊙	Siedlung, Ort, Stadt	□	Reich, Staat, Land, Provinz, Landschaft, Insel	👤	Person
⚔	Schlacht, Eroberung			👥	Völkergruppe, Volk, Stamm
§	Vertrag, Bündnis, Gesetz	∽	Gewässer (Fluss, Meer usw.)	→	Verweis

⊙	Siedlung, Ort, Stadt	☐	Reich, Staat, Land, Provinz, Landschaft, Insel	ꆜ	Person
⚔	Schlacht, Eroberung			ꙮ	Völkergruppe, Volk, Stamm
§	Vertrag, Bündnis, Gesetz	ᔓ	Gewässer (Fluss, Meer usw.)	→	Verweis

T

⊙	Siedlung, Ort, Stadt	□	Reich, Staat, Land, Provinz, Landschaft, Insel	ዩ	Person
⚔	Schlacht, Eroberung			𐀀	Völkergruppe, Volk, Stamm
§	Vertrag, Bündnis, Gesetz	ᔕ	Gewässer (Fluss, Meer usw.)	→	Verweis

U

⊙	Siedlung, Ort, Stadt	□	Reich, Staat, Land, Provinz, Landschaft, Insel	ጰ	Person
⚔	Schlacht, Eroberung			ጵጵ	Völkergruppe, Volk, Stamm
§	Vertrag, Bündnis, Gesetz	ᔕ	Gewässer (Fluss, Meer usw.)	→	Verweis

S. 10–19	20–53	54–81	82–115	116–165	166–187	188–231
Vor- und Frühgeschichte	Altertum bis ca. 500	Mittelalter 500–ca. 1500	Neuzeit 1500–1789	Neuzeit 1789–1918	Zeitgeschichte 1918–1945	Zeitgeschichte seit 1945

⊙	Siedlung, Ort, Stadt	□	Reich, Staat, Land, Provinz, Landschaft, Insel	♀	Person
⚔	Schlacht, Eroberung			♀♀	Völkergruppe, Volk, Stamm
§	Vertrag, Bündnis, Gesetz	∽	Gewässer (Fluss, Meer usw.)	→	Verweis